Ramón Rosa/Rafael H. Valle/Ramón Oquelí/Julio
Escoto/Rómulo E. Durón/Jorge Fidel Durón/Alejandro
Alfaro Arriaga/Eliseo Pérez Cadalso/Jorge Mario
García y Carlos Meléndez

BIOGRAFÍA DE JOSÉ CECILIO DEL VALLE

ERANDIQUE

COLECCIÓN

BIOGRAFÍA DE JOSÉ CECILIO DEL VALLE

Ramón Rosa/Rafael H. Valle/Ramón Oquelí/Julio Escoto/Rómulo E. Durón/Jorge Fidel Durón/Alejandro Alfaro Arriaga/Eliseo Pérez Cadalso/Jorge Mario García y Carlos Meléndez

©Colección Erandique
Supervisión Editorial: Óscar Flores López
Diseño de portada: Andrea Rodríguez—Mariana Turcios
Administración: Tesla Rodas—Jessica Cordero
Director Ejecutivo: José Azcona Bocock
Primera Edición
Tegucigalpa, Honduras—Noviembre 2025

CONTENIDO

UN GRAN HOMBRE VISTO POR GRANDES ESCRITORES E INVESTIGADORES

Esta antología recoge a algunos de los escritores e investigadores con mayor conocimiento de la obra y vida de José Cecilio del Valle, y sirve para conocer a profundidad las prodigiosas ideas del Prócer.

En un solo tomo encontramos a Ramón Rosa, Ramón Oquelí, Rafael Heliodoro Valle, Julio Escoto, Rómulo E. Durón y a su hijo Jorge Fidel, Jorge Mario García y Carlos Menéndez.

Aunque los ensayos y artículos poseen distintos títulos, decidimos utilizar Biografía de José Cecilio del Valle, escrito por Ramón Rosa en 1882, pero publicado en forma de libro hasta 1965.

"La vida de Valle significa trabajo, estudio, conocimientos, ciencia, virtudes privadas, virtudes cívicas, honradez, abnegación, patriotismo. Este libro resume, en compendio, la expresión de tan grandes méritos", escribió Rosa.

Para luego agregar:

"Cuanto en él se dice tal vez por hoy sea un eco perdido, un eco que no llegue a los oídos de la viciada cuanto infeliz generación presente; pero estoy seguro de que el eco de las palabras que consagro a Valle llegará a los oídos de la juventud que se levanta; y la juventud, siempre buena, desinteresada y generosa, se inspirará en la vida y en las obras del sabio hondureño; y a la inmortalidad opondrá la honradez, y a la ruina opondrá la ciencia, y a la injusticia opondrá la rectitud, y a la mentira opondrá la verdad, y a la venalidad opondrá la probidad, y a la fuerza opondrá la ley, y al terror opondrá la siempre respetable y querida libertad."

El doctor Rosa, con treinta y cuatro años, escribió uno de los mejores ensayos sobre el Sabio Valle.

¿Y qué podemos decir de Rafael Heliodoro Valle, uno de los grandes intelectuales no solo de Honduras, sino de América Latina?

"José Cecilio del Valle tiene derecho a que América —su paraíso entrevisto— le estime entre sus mejores hijos. Por sus anticipaciones sobre muchos de los problemas insolutos de América, por haberle interesado la grandeza y la miseria del hombre, porque vivió en una época en que todo le confabulaba para hacerle fracasar, Valle recobra la importancia que en la lejanía del tiempo asumen los héroes de la inteligencia amorosa. Y por lo que va dicho en esta disertación que pretende dar el perfil de su figura, volvemos a oír, claras, nítidas, sus palabras, y nos parece que, con la voz más acendrada y con menos angustia, esa figura se desencarna del mármol y vuelve a andar", escribió nuestro Rafael.

Ahora, debemos preguntarnos: ¿estimamos a Valle entre los mejores hijos de la gran nación centroamericana? Y más aún: ¿qué lugar le damos los hondureños a quien nació un 22 de noviembre de 1780 en lo que hoy es Choluteca?

En su ensayo, Rafael Heliodoro Valle nos presenta distintas facetas del Sabio: el estadista, el estudioso, el funcionario, el jurista, el periodista, el sociólogo, el orador, el americanista, el indigenista, el defensor de la libertad de prensa…

Rafael Heliodoro Valle rescata dos frases del Valle político:

"Que triunfe la razón y adoremos su estatua…" y "Pido que los hombres dignos de escribir hagan a la patria el servicio que debe hacer un sabio: presentar sus pensamientos y observaciones, indicar el mal que puede hacer una providencia mal combinada, o designar el bien que puede producir otras medidas."

Mientras los enemigos políticos calificaban a Valle de ambicioso y pretencioso —"Es un sabio verdaderamente —escribía don Mariano de Aycinena a Iturbide—, y acaso sin igual en Guatemala; pero sin ningún mundo, y de un corazón tan pequeño que, agotada la política del gobierno y de los vecinos de probidad para hacerlo útil al común, nada ha bastado. Un orgullo sin tamaño lo pierde"—, Rafael Heliodoro Valle señala: "Pertenecía Valle a la inmensa minoría de los capacitados para dirigir."

Y no podía —continuaba diciendo— que, por lo impetuoso de su desdén hacia el medio que le rodeaba, permaneciera impasible ante la vocinglería de los demagogos o las intrigas de quienes, como Aycinena, deseaban conservar sus antiguos privilegios. Por eso tomó la decisión de participar activamente en la política y oponer su sabiduría y su prudencia a las maniobras de los rapaces y los arbitrarios.

Hermoso es el ensayo Valle, una ética contemporánea, escrito por Julio Escoto y publicado por la Fundación para el Museo del Hombre Hondureño en 1990:

"Con don José Cecilio del Valle ocurre lo que con los faros anclados a distancia de la playa: ellos emanan sus luces en las noches oscuras de los pueblos para agotar su energía en un infatigable esfuerzo por disipar las brumas que entorpecen la marcha de los navegantes, que enredan los mapas apergaminados de los capitanes. Trazan rumbos, extienden su claridad más allá de la comprensión inculta del marinero y son guía indispensable en el parto de la noche real, en el alumbramiento de la noche histórica. Luego se extinguen y asedian su presencia, sobrepasados por otros hombres y nuevos acontecimientos que olvidan su irradiación, hasta que, décadas después, siglos después, se les vuelve a descubrir irreductibles e inclaudicables en el paisaje, imprescindibles cuando se torna la vista para justipreciar el avance de una civilización."

¡Qué palabras, maestro Escoto!

Ramón Oquelí, uno de los últimos estudiosos de José del Valle (como él le llamaba), escribió el ensayo Certidumbres y vacilaciones de un provinciano.

Vale la pena, en estos tiempos tristes del clientelismo político, rescatar estas palabras del Sabio:

"Yo no soy de ningún partido. No tengo necesidad de empleos, ni los he pretendido, ni los admitiré: quiero emplear el último tercio de mi vida en coordinar mis pensamientos y presentarlos a mi patria en algunos ensayos que comencé y no he podido acabar por servir los destinos a que he sido llamado."

La Providencia premió a la naciente nacionalidad centroamericana con un estado mayor de hombres ejemplares, pero entre ellos, las dos máximas figuras son José Cecilio del Valle, el más fuerte pensador istmeño de todos los tiempos, y Francisco Morazán, militar y estadista —expuso otro estudioso del pensamiento de José Cecilio del Valle, Eliseo Pérez Cadalso.

¡Que las luces de José Cecilio del Valle iluminen a Honduras!

ÓSCAR FLORES LÓPEZ
Editor Colección Erandique

BIOGRAFÍA DE JOSÉ CECILIO DEL VALLE por Ramón Rosa

PALABRAS DE RAMÓN ROSA

INFORME

Excelentísimo señor doctor don Marco Aurelio Soto,
Presidente de la República

Excelentísimo Señor:

En 22 de diciembre del año próximo pasado tuvisteis a bien darme oficialmente la delicada cuanto honrosa comisión de que revisase y ordenase, para imprimirlas, las obras de don José Cecilio del Valle, y de que escribiese la biografía de tan distinguido centroamericano, para que sirviese de introducción al libro en que deben aparecer sus principales escritos.

No son para dichas, Señor, pero sí para sufridas muy penosamente, las dificultades con que he tropezado al poner por obra la ejecución de mi encargo. Entre nosotros no se ha prestado atención a los estudios históricos, ni ha habido gusto por ellos; y de aquí ha provenido la pérdida de muchos materiales y datos preciosos, la cual ha embarazado en gran manera el cumplimiento de mi comisión.

No obstante, después de haber superado graves obstáculos, a fuerza de pacientes investigaciones y de laboriosos estudios, he dado remate a mis trabajos; y hoy tengo el honor de presentaros, ordenadas y revisadas, las copias de los principales escritos del ilustre Valle, lo mismo que la biografía que ha de precederles en el libro que va a publicarse por cuenta del Estado.

La biografía de don José Cecilio del Valle, por su extensión, es una obra completa, aunque por su mérito muy lejos está de ser una obra acabada. Está dividida en ocho capítulos, y cada capítulo contiene un sumario de los principales puntos que abraza.

Los capítulos de la biografía se refieren a los períodos importantes de la vida de Valle, períodos que he dividido tomando en cuenta los sucesos de mayor interés, personal o político, que formaron, por decirlo así, verdaderas épocas para el hombre cuyos hechos y vicisitudes me he ocupado en historiar.

El primer capítulo comprende el período transcurrido desde 1780, en que nació Valle, hasta 1803, en que se recibió de abogado en la Real Audiencia de Guatemala; el segundo capítulo se extiende desde 1803 hasta 1812, en que Valle contrajo matrimonio, y en que, en toda la madurez de sus facultades, expuso sus ideas de economista como regente de la Cátedra de Economía Política; el tercer capítulo recorre desde 1812 hasta 1821, en que Valle redactó el Acta de Independencia de Centroamérica; el cuarto capítulo comprende desde 1821 hasta 1822, en que Guatemala se anexó al Imperio de México, y en que Valle fue, como diputado, a la capital imperial; el quinto capítulo se extiende desde 1822 hasta 1824, en que, recobrada la independencia centroamericana, Valle regresó a Guatemala a hacerse cargo del Poder Ejecutivo provisional de Centroamérica; el sexto capítulo comprende desde 1824 hasta 1829, en que, domeñada por Morazán la reacción liberticida del presidente Arce y de los conservadores de Guatemala, Valle volvió a ocupar su puesto de diputado en el Congreso Federal; el séptimo capítulo abarca desde 1829 hasta 1834, en que falleció Valle, cuando había sido electo, por segunda vez, presidente de la República Federal de Centroamérica; y el octavo y último capítulo se refiere a la gran sensación y consecuencias políticas que produjo la muerte de Valle, al olvido que se hizo después de su vida y de sus obras, a la justicia que hoy se hace en Honduras a su memoria y a las enseñanzas morales y políticas que ha dejado a la posteridad aquel sabio hondureño.

Imposible historiar la vida y hechos de Valle, ligados íntimamente con la sociedad, con la política y vicisitudes de su tiempo, sin historiar, aunque a grandes rasgos, los sociales acaecimientos de capital carácter de la época en que vivió, y en que fue actor o espectador en la escena de los sucesos políticos. He aquí por qué, Señor, he tenido que hacer de la biografía de Valle un gran cuadro histórico en que aparece, en lugar preferente, su noble figura. A la manera que, en el arte plástico, el pintor tiene que formar un cuadro con un fondo de luz y de sombras, para que puedan verse distintamente las formas, líneas y rasgos fisonómicos del retrato que su pincel produce, así el biógrafo, pintor de almas, si se me permite la frase, tiene que formar un cuadro de hechos históricos, fielmente apuntados y con crítica apreciados, para que puedan conocerse clara y distintamente los móviles de conducta, las acciones, las obras, las ideas, las tendencias, aspiraciones e ideales del personaje cuya vida, por la virtud de la palabra escrita, reproduce para que se perpetúe en las páginas de la historia.

El pincel y la pluma, al retratar, emplean procedimientos análogos, con la diferencia de que el pintor debe impresionar, ante todo, de un modo estético, la vista; y el biógrafo debe impresionar, ante todo, de un modo científico, el espíritu de los contemporáneos y de las generaciones venideras.

Debo, además, deciros, Señor, cuál es el criterio a que obedecen mis apreciaciones históricas. Como bien lo sabéis, hay un criterio de circunstancias, interesado, de provechos positivos; y hay un criterio impersonal, de desinterés y de justicia, ajeno a las pequeñeces y miserias que oponen los límites del tiempo y del espacio. Entre nosotros, en que la política, la mal entendida política, lo ha dominado todo, hasta la historia, que debe ser soberana, se ha adoptado, por lo común, el criterio de las circunstancias, el criterio de la pasión y de la conveniencia del momento, cuando algo se ha escrito sobre nuestros sucesos históricos y nuestros hombres públicos. ¿Se tienen ideas conservadoras?

Pues es necesario presentar a los liberales como monstruos de la anarquía. ¿Se tienen ideas liberales? Pues es necesario presentar a los conservadores como fieras, en sus antros, incapaces de toda idea acertada y de todo sentimiento generoso. ¿Se tienen ideas clericales? Pues es necesario presentar a los librepensadores como desnaturalizados impíos y corruptores de oficio. ¿Se tienen ideas anticlericales? Pues es necesario presentar siempre a los clérigos como amigos del absolutismo, del retroceso y de la inquisición. Tal ha sido y tal es, en lo general, el criterio histórico en Centroamérica: es el criterio de la subordinación de una conveniencia que infama, al predominio de las pasiones de un partido triunfante, que oprime, que degrada, que envilece.

El iracundo exclusivismo político ha traído el irracional exclusivismo histórico. Tan impudente ha sido la falsificación que se ha hecho de los principios de la república, como horrible la falsificación que se ha hecho de la historia.

Señor: Vos habéis tenido piedad del pasado, rehabilitando la memoria del gran Valle; y yo he querido tener piedad de la historia, rechazando el estrecho, el inmoral criterio de las circunstancias, al escribir su biografía y juzgar los principales acontecimientos de su época. Ese criterio no es el criterio de la ciencia, no es el criterio de la razón, no es el criterio de la recta justicia, no es el criterio del noble sentimiento. Señor: yo, que tengo la buena suerte de estar de acuerdo con vuestras elevadas ideas, sé que Vos estáis de acuerdo con mi criterio histórico; sé que no queréis hacer de la historia un Santo Oficio, una despiadada inquisición. Nosotros no podemos decir a liberales ni a conservadores: "Creed o arded". Nosotros somos y debemos ser de nuestro siglo de tolerancia, de libertad y de crítica imparcial; nosotros, cueste lo que cueste, debemos mirar al porvenir de las ideas, que es el porvenir de nuestra patria.

Por tristísima experiencia, que ha agostado casi en flor la vida de mi alma, de mi pensamiento, sé, Señor, lo que ha de costarme lo que os digo, lo que han de costarme los juicios políticos que encierra la biografía de Valle. Sé que he de atraerme la malevolencia de liberales y conservadores exaltados. En realidad, ¿cuál será el principal éxito inmediato de esta obra? A buen seguro, el odio ya, y la venganza en perspectiva. Los más benévolos, por hoy, se encogerán de hombros y verán, con soberano desdén, mi escrito; los menos benévolos, tal vez me calumnien y me injurien de una manera soez, porque los unos me verán muy reaccionario, y los otros me verán muy rojo; cuando, a la verdad, Señor, no he sido más que imparcial y justiciero.

Muchos habrá que, puesto que hablo de éxito, me preguntarán qué títulos tengo para esperar que alguien se ocupe en mi escrito, para esperar que en lo político, en lo literario o en lo científico, llame en alguna manera la atención. ¿Títulos? No los tengo; pero cuando escribo, tengo una excusa: la de tener corazón, sinceridad y franqueza; y esto basta para que, hoy que esas prendas brillan por su ausencia, pueda ser el blanco del desdén, de la calumnia o de la injuria. No importa. Pocos, como yo, tendrán tanta altivez y tan profundo desprecio para todos los que se yerguen, ostentando falsos títulos en política, para difamar a los que piensan con su cabeza y sienten con su corazón.

Pero basta, Señor, en este informe, tal vez de impropias digresiones; basta de pesimismo, pues aún quedan hombres de conciencia en la América Central. Concluyo, pues, Señor, diciéndoos que, al mirar al pasado, rehabilitando la memoria de Valle y de nuestros más ilustres hombres[1], habéis mirado al porvenir. La causa del porvenir es la causa de aquellos hombres. Centroamérica unida bajo un régimen de moralidad política, bajo un régimen de efectivas instituciones republicanas: he aquí la fórmula del pasado; he aquí la enseñanza para el porvenir. La revolución de ideas, la revolución de principios, que sean en espíritu y en verdad, está por hacerse en Centroamérica. Contra exaltados y espurios liberales y conservadores, Vos, con la biografía del sabio Valle, dais una enseñanza regeneradora, un elemento revolucionario, en la despejada esfera de las ideas. Por ello, ante las disociadoras y enconadas pasiones, vuestro crimen es grande, Señor. ¿Quién os absolverá de tan enorme crimen? Os absolverá el tribunal a donde no se necesita acudir en grado de apelación o de súplica: os absolverá el más respetable de los tribunales, el augusto Tribunal de la Historia.

RAMÓN ROSA

Tegucigalpa, 10 de diciembre de 1882.

---

[1] En virtud de decretos del señor Presidente Soto, se están erigiendo estatuas en las plazas principales de esta capital, al sabio don José del Valle, al Benemérito General don Francisco Morazán, al inmaculado héroe, General don José Trinidad Cabañas y al ilustre poeta Presbítero Doctor don José Trinidad Reyes, uno de los fundado-res de la Universidad de la República.

CAPÍTULO I: LOS PRIMEROS AÑOS

Consideraciones preliminares. — Nacimiento de Valle. — Sus primeros años. — Su traslación de Honduras a Guatemala. — Su aprendizaje primario. — Su segunda enseñanza. — Sus estudios privados. — Su grado de Bachiller en Filosofía en la Universidad y su recibimiento de Abogado en la Real Audiencia de Guatemala. — Descripción del físico y del carácter moral de Valle.

DOS AÑOS HACE que Centroamérica, por deber, por gratitud, y aun por su propia honra, estuvo en el caso de celebrar el primer centenario de José Cecilio del Valle. Pero Centroamérica no paró mientes en el recuerdo del sabio estadista que redactó el acta inmortal de Independencia. Centroamérica casi ha perdido la memoria; Centroamérica casi lo ha olvidado todo; ha hecho silencio, completo silencio al sueño de la muerte de sus más ilustres hijos, como si temiera despertarlos, como si temiera que se levantasen de improviso para lanzarle una severa, amarga y cruel reconvención.

Lo que pasa es muy lógico. No existe la nación centroamericana de quien José Cecilio del Valle fue uno de los más esclarecidos fundadores; no existe el pueblo respetable de quien José Cecilio del Valle fue uno de los más valientes y abnegados defensores; no existe la noble y grande patria a quien José Cecilio del Valle consagró los votos de su corazón, las inspiraciones de su alma, la actividad de su genio. La que fuera Centroamérica es hoy, en lo político, un pueblo degenerado y destrozado, lleno de un aturdimiento tal, que casi le impide tener grandes recuerdos y grandes ideales.

Natural, y muy natural, es lo que sucede con respecto a la memoria del sabio Valle, tan digna de venerarse. Natural es que reine un profundo silencio; que casi no se pronuncie el nombre del sabio estadista; que no se recuerden los hechos de su vida fecunda en beneficios públicos y en altas enseñanzas; que no se conozcan sus obras, verdaderos monumentos de sabiduría, tan dignas de ser estudiadas, tan idóneas para enriquecer la inteligencia de la juventud y elevar el sentimiento nacional, y tan merecedoras de formar, para exhibirla ante propios y extraños, la ejecutoria de nuestras instituciones y de nuestras letras.

Pero el verdadero mérito tiene el privilegio singularísimo de abrirse paso, aunque a veces tarde, a través de las generaciones que olvidan o de las generaciones que maldicen. Por esto, a José Cecilio del Valle, que debe gozar de los privilegios que trae aparejados un innegable y sobresaliente mérito, se empieza a hacer justicia, salvando su ilustre nombre y sus obras valiosísimas de un ingrato y criminal olvido. La justicia de la posteridad comienza. He aquí por qué el Gobierno de esta sección de Centroamérica, de este girón desgarrado de la Gran Patria, ha acordado nobilísimamente se escriba la biografía de José Cecilio del Valle y se publiquen sus obras por cuenta de la Nación; he aquí por qué, como encargado del Gobierno de mi país, aunque falto de aptitudes y merecimientos, pero sobrado de buenos deseos, tengo la señalada honra de escribir la biografía del célebre hijo de Honduras, del sabio estadista que supo honrar, en el más alto grado, las instituciones y las letras centroamericanas.

José Cecilio del Valle nació el día 22 de noviembre del año de 1780, en la villa de Choluteca[2], situada a la margen del río que lleva su nombre, y perteneciente, durante la dominación española, a la antigua provincia de Tegucigalpa. Según consta en la relación oficial[3] de los títulos y méritos de Valle, hecha en Madrid, a 3 de septiembre de 1815, por la Secretaría de la Cámara de Gracia y Justicia y del Estado de Castilla, José Cecilio del Valle «fue hijo legítimo de don José Antonio Díaz del Valle y de doña Gertrudis Díaz del Valle; noble hijodalgo, y de las más distinguidas familias españolas de la provincia de Guatemala, quienes, por lo tanto, han obtenido en ella los más principales empleos políticos y militares».

---

[2] Choluteca es hoy la capital del Departamento de su nombre.

[3] La copia de esta relación, autorizada con la firma autógrafa del Secretario de S. M., Fernando de Harrolas, está en poder del autor de esta Biografía, quien ha obsequiado una segunda copia a la Biblioteca Nacional de Honduras, en donde puede verse ese importante documento, al que ha de referirse varias veces en algunos capítulos de esta obra.

Los primeros años de Valle transcurrieron en esta provincia, como transcurrían los años de los hijos de todas las familias distinguidas de aquel tiempo; esto es, en medio de un absoluto retraimiento y casi sin recibir otras impresiones que las producidas en el seno del hogar doméstico. El apartamiento colonial, ley de desamor que presidía a las sociedades hispanoamericanas, labrando su desunión y haciendo imposible su armonía y su progreso, se hacía sentir en la nación, en la provincia, en la ciudad, en la villa, en la familia y en el individuo. Bajo los auspicios de ley social tan huraña y lúgubre, pasó la infancia de José del Valle, del hijodalgo que había nacido con un alma expansiva, predispuesta para amar la más grande armonía social de nuestros tiempos: la armonía de la República.

Los padres de Valle, aunque poseedores de grandes riquezas, consistentes principalmente en valiosas haciendas de ganado —la de «Ola», situada al oeste de Choluteca, y la inmediata a «Namasigüe», situada al norte[4]—, aunque ricos en materiales propiedades, carecían moralmente de todo recurso para dar educación, siquiera fuese mediana, al hijo de su predilección, objeto de su cariñosa solicitud, de sus tiernos afanes y de sus lisonjeras esperanzas. La provincia de Tegucigalpa estaba falta, en aquel entonces, hasta de escuelas primarias elementales. Con suma dificultad aprendían algunos niños, hijos de padres pudientes, a leer y escribir en escuelas privadas, costeadas por las familias interesadas en su sostenimiento. Respecto a enseñanza superior, tan sólo había en Comayagua, capital de la provincia de su nombre, un Colegio Tridentino, fundado por el obispo Vargas y Abarca, destinado a la enseñanza teológica, a la que se aumentó en 1784, por iniciativa del obispo Antonio de Guadalupe, una clase de Filosofía Escolástica[5]. Tales eran los únicos medios de cultivar, en Honduras, la inteligencia de la juventud, a fines del pasado siglo.

Dada esa situación, los padres de Valle, sin duda cediendo, más que todo, al noble deseo de educar a su hijo, se trasladaron con toda

---

[4] Datos tomados de la parte histórica del Cuadro estadístico del Departamento de Choluteca, formado bajo el Gobierno del señor Soto, por el Director de Estadística, don Francisco Cruz.
[5] Datos tomados del Archivo de la Catedral de Comayagua, incendiado en 1872 por el General José María Medina.

su familia, en 1789, de la provincia de Tegucigalpa a la ciudad de Guatemala, centro de la Capitanía General que constituían las provincias de Centroamérica. Valle, pues, dejó su tierra nativa a la edad de 9 años; pero no la olvidó nunca, pues siempre conservó de su provincia amada[6], como él la llamaba, los más tiernos recuerdos filiales y los más fervientes votos por su prosperidad y engrandecimiento.

Establecida la familia de Valle en Guatemala, una de sus primeras atenciones fue la de proporcionarle la primera enseñanza. Al logro de este fin, fue colocado en la escuela de «Belén», en donde el niño, apenas salido de la infancia, aprendió con provecho las primeras letras.

Aunque la situación de Guatemala, en lo tocante a la vida moral y literaria, aventajaba en mucho a la de Honduras, empero era sumo el atraso que se notaba en orden a la enseñanza, al desarrollo de las ideas, entorpecido, casi paralizado, por la influencia de las instituciones de la colonia y de las funestas preocupaciones que formaban su cortejo. Refiriéndose a la situación social de Guatemala, existente a fines del pasado siglo, decía, en 1867, el erudito don José Milla y Vidaurre lo que sigue: «Las doctrinas atrevidas que en el antiguo mundo habían producido una transformación completa en las ciencias morales y políticas, apenas eran conocidas en este reino, que por sus escasas y tardías comunicaciones con la Europa, permanecía casi enteramente extraño al movimiento intelectual del resto del mundo y a los acontecimientos que cambiaban la faz de las naciones. De la tempestad deshecha que destruía las creencias e instituciones seculares, llegaba solamente algún rumor lejano a estas remotas y pacíficas comarcas, que hacían de la conservación de la fe religiosa y de la lealtad al soberano sus más espléndidos blasones. Las ciencias exactas eran casi enteramente ignoradas, y los pocos hombres estudiosos que se dedicaban a cultivarlas excitaban las sospechas del vulgo, que creía ver el resultado de artes diabólicas en las operaciones más inocentes y sencillas de la física experimental. Relativamente adelantados los conocimientos en las ciencias eclesiásticas, en la

---

[6] Véase el Manifiesto de don José del Valle a la nación guatemalana.
—1825.

jurisprudencia y en la bella literatura, eran desconocidos los estudios de la economía política y de las matemáticas; y la filosofía no había logrado desembarazarse de los embrollados sistemas de los peripatéticos».[7]

Tal era el medio social, si así vale decirlo, de Guatemala, cuando Valle hacía el aprendizaje de las primeras letras. Pero los adelantamientos de la sociedad se operan bajo la ley infalible de las oposiciones, ley de penosos contrastes y de acerbas luchas, pero de resultados armónicos que realizan, de manera gradual, el bien de la humanidad. Reacción hubo, pues, a fines del pasado siglo, contra las preocupaciones, contra las supersticiones, contra el escolasticismo triunfantes. Villaurutia, Flores, Rayón, Mociño, Martínez, y sobre todo Fray José Antonio de Liendo y Goicoechea, oriundo de Cartago de Costa Rica, fueron los grandes representantes de reacción tan fecunda en beneficios públicos. Goicoechea, de alma grande, de acerado carácter, de talento superior y de vastos y sólidos conocimientos, formado en la escuela del escolasticismo, escéptico después y casi positivista por último, fue el más activo reformador del plan de estudios en Guatemala, estableciendo los principios fundamentales y útiles de que las ciencias exactas debían subordinarse a la demostración; las ciencias naturales a los experimentos; las ciencias políticas y morales al bien de los pueblos; y las ciencias filosóficas al examen crítico de la razón humana. Valle, refiriéndose a los trabajos de aquel reformador atrevido, dice: «En el seno mismo de los escolásticos, en la edad de los errores, supo elegir los libros más sublimes de las ciencias a que fue dedicado; apropiarse los conocimientos más grandes, darles las gracias de su genio y comunicarlos a nosotros y a nuestros mayores. Ved aquí su justo valor. Fue lo que Fontenelle dice de un filósofo: el Prometeo de la fábula que robó el fuego de los dioses para comunicarlo a los hombres».[8]

---

[7] Véase el discurso, en el elogio de Fr. Matías Córdova que leyó el socio consultor don José Milla, en el salón principal de la Sociedad Económica de Guatemala el día 13 de enero de 1867.

[8] Véase el elogio que de Fr. José Antonio de Liendo y Goicoechea, que murió el 2 de julio de 1814, hizo don José del Valle, por encargo de la Sociedad Económica de Guatemala, el día 7 de agosto del mismo año.

La reforma social, aun en la esfera pacífica de las ciencias y de las letras, nunca se opera impunemente. El reformador tiene que ser víctima de las pasiones y preocupaciones de los contemporáneos, a la vez que victimario de un sistema de errores. El anatema y la condenación en el presente, y la honra y la gloria en el porvenir: he aquí la suerte de todo verdadero reformador. Goicoechea lo fue en alto grado. Por las ideas que difundió, por los nuevos libros que trajo de España, que conoció bajo el reinado glorioso de Carlos III, por el nuevo criterio que dio a la enseñanza, por las heridas mortales que infirió al estéril escolasticismo, atrajo contra su persona la malevolencia, los anatemas y aun las persecuciones del clero ignorante y de las clases sociales que rendían pleito homenaje a las más añejas y retrógradas ideas. Pero, a despecho del encono y de la persecución, Goicoechea alcanzó un éxito feliz: la reforma triunfó, el plan de estudios se transformó benéficamente en Guatemala.

No es fuera de propósito que haya tratado de la transformación social que en materia de enseñanza se operó en Guatemala a fines del pasado siglo. Esa transformación dichosa fue la que dio a Valle oportunidad de cultivar su claro talento bajo los auspicios de la verdadera ciencia. Valle, en aquella época esencialmente revolucionaria, y que, en términos ortodoxos, podría llamarse herética, apenas salido de la escuela primaria, fue el discípulo de Rayón, de Escoto y del gran reformador Fray José Antonio de Liendo y Goicoechea. Goicoechea abrió las amplias y despejadas vías que debía recorrer, como hombre de ciencia y de letras, José del Valle. Goicoechea, aquel fraile reformador, aquel fraile de las herejías, aquel nuevo Savonarola, aquel nuevo Lutero en la esfera de la reforma de las ciencias, fue el Bautista, el sabio que, un poco más tarde, había de atraerse, por su positivo saber, la admiración de todos los centroamericanos y el alto aprecio de algunos sabios de Europa.

Sin la reforma, sin las enseñanzas del franciscano Goicoechea y sus adeptos, no puede explicarse, ante la Filosofía de la Historia, cómo en aquella oscurísima época colonial, cómo en Guatemala, uno de los limbos más remotos de los pueblos colonizados por España, pudo formarse un hombre que, a principios de este siglo, divulgó en todos los ramos de las ciencias verdades tan útiles como trascendentales, que hoy mismo tan sólo comprenden y popularizan los más célebres y afamados escritores del antiguo y nuevo continente. Es indudable que nada se pierde, así en lo físico como en lo moral: en la vida y en las producciones fecundas de José del Valle palpita el alma creadora y luminosa de Liendo y Goicoechea.

Bajo los auspicios de la nueva época de transformación en la enseñanza de las ciencias y de las letras, época que dio de sí, en 1794, el planteamiento provechosísimo de la Sociedad Económica de Amigos de Guatemala[9] ; bajo auspicios tan felices, el joven Valle estudió gramática latina en el Colegio Tridentino, y siguió después los cursos de filosofía, de derecho civil y de derecho canónico en la Pontificia Universidad encargada de proporcionar la enseñanza secundaria y profesional.

Autorizada y antigua costumbre ha sido en nuestros establecimientos de enseñanza, calcados sobre constituciones y tradiciones españolas, la de elegir, al fin de cada año escolar, uno de los alumnos de más talento e instrucción para sostener un examen público, revelador del estado y progresos de la enseñanza; y Valle fue elegido, en la antigua Universidad de Guatemala, para que sustentase el primer acto público de Lógica, Metafísica y Física Experimental. Lucidísimo fue el acto, inusitada la sensación que produjo. Valle, con todo el despejo de su clarísimo talento, discurrió sobre el origen, construcción y usos de varios instrumentos de física que se expusieron a la vista de los concurrentes[10]. Harto justificada fue la novedad: el acto público debió ser un acontecimiento literario para quienes de antiguo estaban acostumbrados a oír abstrusas disertaciones teológicas y controversias metafísicas, tan insustanciales como faltas de atractivo y útil enseñanza.

Desde temprano el estudio de las ciencias y de las letras fue para Valle una vocación irresistible, enérgico estímulo de sus más perseverantes esfuerzos, y fuente perenne de sus más puros goces. Así

---

[9] La Sociedad Económica, por sus trabajos progresivos, inspirados en las ideas modernas, se atrajo la malevolencia del Gobierno de la Colonia, quien la disolvió en 1799. La Sociedad fue restablecida en 1811, y perseveró en la prosecución de utilísimos trabajos. A esta Corporación Benemérita tuvo la honra de pertenecer el autor de esta Biografía, lo que es para él un grato recuerdo.

[10] Relación de los méritos y títulos de José del Valle, ya citada.

es que Valle, en su juventud, no se limitó, como por deber, a hacer los estudios de las ciencias y artes oficialmente establecidos en el Seminario y en la Universidad. Ávido de saber, recibió, en lo privado, de las personas más instruidas, lecciones de álgebra, de geometría, de literatura y de los idiomas inglés, francés e italiano, distinguiéndose en el aprendizaje de tan variados e importantes ramos, tanto por su decidida aplicación como por sus notables aprovechamientos. Valle trataba de complementar, por su propio esfuerzo, la deficiente instrucción que recibiera en el Seminario y en la Universidad. Particularmente el estudio de las lenguas vivas, más preciadas en el mundo civilizado, le interesaba en gran manera. Él sabía que el conocimiento de los idiomas extranjeros multiplica, por decirlo así, las facultades, las aptitudes perceptivas de nuestra alma; él sabía que cada idioma que se posee es un nuevo sentido, es un nuevo órgano de que se sirve la inteligencia para ensanchar, de modo prodigioso, sus ideas. Por esto no es extraño que Valle se familiarizase con las literaturas latina, española, francesa, inglesa e italiana, y que viviese en intimidad espiritual con Tácito y Virgilio, con Mariana y Cervantes, con Buffon y Cuvier, con Newton y Bentham, con Dante y Gioberti.

Viviendo vida austerísima, casi olvidado de su juventud, edad hermosa que de ordinario se deshoja por la mano febricitante de inconsideradas pasiones, Valle continuó honrada y pacientemente sus estudios hasta graduarse, en diciembre de 1794, de Bachiller en Filosofía en la Universidad de Guatemala. Con la misma disposición de ánimo, con la misma rigidez de costumbres, continuó sus estudios mayores hasta obtener, en julio de 1799, el grado de Bachiller in utroque iure, como se decía en aquel tiempo; esto es, en derecho civil y canónico.

Graduado de Bachiller en Derecho, hizo los estudios de lo que, hasta en nuestros días, se ha denominado la pasantía, es decir, los estudios prácticos de la legislación objetiva, de las leyes de procedimientos. Después de haberlas estudiado, con provecho, asistiendo a los tribunales y observando sus prácticas en los diversos géneros de enjuiciamiento, Valle dio término a sus estudios forenses. En agosto de 1803 fue examinado, aprobado y recibido de Abogado en la Audiencia de la ciudad de Guatemala e incorporado en ella. De esta suerte, a los 22 años y meses de edad, y tras afanes y estudios sin cuento, José del Valle vio coronados sus votos y esfuerzos, teniendo una profesión honrosa y un título expresivo de grandes e incontestables merecimientos.

A la edad en que se recibió de Abogado, José del Valle era ya, física y moralmente, como suele decirse, un hombre completo. Voy a intentar describirlo en su físico, y fijar, a seguida, los rasgos característicos de su fisonomía moral, puesto que pueden dar idea de lo que prometía para lo porvenir el joven Abogado, incorporado en la Real Audiencia, cuyos altos destinos no eran siquiera presentidos en la época en que dio feliz remate a sus estudios.

José del Valle era de regular estatura, ni alto ni bajo; era de esos hombres que no impresionan ni por lo exiguo ni por lo grande: sus formas constituían un conjunto armónico; su color era trigueño; su cabeza era pequeña, pero esférica; su frente era ancha, espaciosa, pero un tanto limitada por el pelo echado hacia adelante; tenía ojos pequeños y vivísimos, y de un negro profundo en que reverberaba mucho de la luz meridional de las ardientes playas de Choluteca; su nariz era regular, y sus mejillas, ligeramente cóncavas y empalidecidas, hacían resaltar sus pómulos, dándole un interesante aspecto reflexivo; su boca era graciosa, con sus labios un tanto contraídos, contracción que se notaba más por la ausencia del bigote; el resto de su cuerpo era proporcionado y delgado, aunque no flexible, pues había en los movimientos y en la apostura de Valle algo de tiesura, y mucho de severidad. Vestía con cierta sencilla elegancia. Usaba blanquísima camisa de alto cuello que casi le ocultaba las partes laterales de la barba; llevaba enorme corbata, de finísima seda blanca, muy anudada; levita de paño negro, abotonada de arriba abajo, que ocultaba en su totalidad el chaleco, y pantalones del mismo color, perfectamente tallados.

En lo moral, Valle era hombre entero, inflexible en la línea de su deber, de costumbres regulares, austeras, severísimas, y, no obstante, poseía un alma muy afectuosa, muy apasionada. Tenía la conciencia clara de su propio valer, y era hasta orgulloso; tenía tal vez el único orgullo excusable; y, sin embargo, era dulce, afabilísimo en el seno de la amistad y de la familia, y muy caritativo para con los desvalidos. Tenía cierta seriedad de carácter muy propia del hombre de la reflexión profunda y de los cálculos matemáticos; y, a pesar de esto, amaba apasionadamente las artes bellas, en especial, la música y la poesía. Tenía una conversación animadísima y variada, y, particularmente, cuando explicaba una materia, lo hacía hasta la saciedad: parecíale que sus amigos o contertulios no le entendían lo bastante, o que no se explicaba como debía, y usaba y abusaba de la palabra en sus conversaciones, cuando en ellas creía ver algo instructivo, algo de enseñanza.

Tal era, física y moralmente, a la edad de 23 años, el joven Abogado, José del Valle. En su persona había un bello conjunto de eminentes cualidades, prometedoras de grandes cosas. ¿Qué faltaba a aquel joven extraordinario para que llegase a ser grande, y legase su nombre, lleno de enseñanzas, a la posteridad? Le faltaban vida y movimiento en lo social; espacio y teatro en lo político; atmósfera respirable para hombres de carácter, de talento y de saber; libertad e instituciones; verdadera patria. ¡Que el carácter se quebranta, que el talento se eclipsa, que el saber es infecundo, cuando las densas sombras del Escorial monárquico oscurecen los horizontes de la vida de las sociedades, o cuando las tinieblas, aún más espesas y odiosas, de brutales e indianas dictaduras, de caricaturescas repúblicas, llevan el caos a la conciencia, y oponen, si así puede decirse, un veto infame a los progresos del genio, a los progresos de la libertad, de la razón y la justicia!

CAPÍTULO II: ¡POBRE CENTROAMÉRICA!

Género de vida de Valle después de haber terminado su carrera. — Empleos y distinciones que obtuvo. — Su actitud con motivo de los primeros movimientos de insurrección, ocurridos en el año de 11, en favor de la Independencia. — Su enseñanza de Economía Política en la Sociedad Económica de Guatemala. — Su matrimonio celebrado en el año de 1812.

VALLE, DESPUÉS de terminar su carrera de Abogado, no tuvo cambios notables en su modo de vivir, en sus costumbres. Dejó de concurrir a las aulas y de hacer, a horas fijas, determinados estudios requeridos por la disciplina escolar; pero su vida continuó siendo una vida de observación, de aprendizaje. Distribuía su tiempo entre las atenciones que dedicaba a su familia y amigos, y las que siempre consagraba al estudio. Era un trabajador infatigable que no quería dormirse sobre sus laureles. Se acostaba, con toda regularidad, a las once de la noche, y a las cinco de la mañana estaba ya en pie, dispuesto al trabajo. Leía, meditaba profundamente y escribía mucho; y, siguiendo el consejo de Boileau, corregía, limaba y volvía a limar sus escritos. Tales eran sus ocupaciones ordinarias.

Como Valle llamara la atención por su conducta intachable y por sus sólidos y vastos conocimientos, y como, en su calidad de hijodalgo, aunque nacido en América, tuviese alguna parte en los privilegios de los peninsulares; debido a estas causas, obtuvo la confianza del Capitán General y Gobernador del antiguo Reino de Guatemala, quien le dispensó señaladísimas consideraciones.

En mérito de los precedentes indicados, en el mes de mayo de 1805, Valle fue nombrado por el Capitán General Diputado interino de la Comisión Gubernativa de Consolidación, de nueva creación; Defensor de obras pías; y Censor de La Gaceta de la Ciudad de Guatemala, en atención —señala la redacción de sus títulos y méritos—, «a su literatura y prudencia». Pero no pararon aquí los nombramientos que recibió Valle. En febrero de 1806 fue nombrado

Asesor del Consulado de Guatemala; en marzo de 1807, Fiscal del Juzgado de los Reales Cuerpos de Artillería e Ingenieros del Reino, a propuesta de la Comandancia de los mismos cuerpos; y en abril de 1808, Asesor de los referidos cuerpos, «cuyos destinos —asegura la Relación citada— y la Asesoría de los Juzgados Ordinarios de la Capital desempeñó con el mayor tino y general aprobación, y los más de ellos, sin sueldo alguno, como igualmente otras comisiones de la Real Hacienda que también se le encargaron».

Como se ve, el joven Abogado estaba lleno de empleos y de honoríficas distinciones. Mas al escribir la biografía de hombre tan notable, tan extraordinario, me da profunda pena el apuntar que haya merecido y aceptado la confianza de ejercer el cargo de Censor, por más que éste se contrajese a la prensa oficial, única que, de materias sociales y políticas, podía tratar en aquellos aciagos tiempos de opresión y de absolutismo autoritario. Repugna ver cómo, en fuerza de las instituciones de aquella época, la alta inteligencia de un gran pensador, que en el fondo reconocía los fueros sagrados del pensamiento, tuvo por ministerio ejercer la censura, que aun en lo oficial tiene siempre mucho de inquisitorial, de degradante y de odioso.

Gran cosa era, socialmente, en aquellos tiempos, un convento; en aquellos tiempos en que se reproducían, en América, las sombrías fases de la Edad Media. Valiosas cosas eran también los intereses de los conventos, poseedores de fincas rústicas y urbanas y de pingües rentas. Los representantes de tan cuantiosos intereses eran muy favorecidos, y Valle obtuvo el beneficio, en 1808, de ser nombrado Abogado del Convento de Santo Domingo de la Ciudad de Guatemala y su provincia.

¡Contrariedades notables las que ofrece la suerte! ¡Singulares contrastes los que presenta la posición de ciertos hombres, cuando las ideas que profesan no están en armonía con el organismo de la sociedad en que viven! Valle, como verdadero economista, no podía ser partidario de las manos muertas, de la propiedad vinculada, inmovilizada, poseída por individuos avezados a la inactividad, a la pereza, y sustraída al movimiento del cambio, de la circulación activa y reproductora[11]. Y, sin embargo, el economista Valle, cediendo a las exigencias de su tiempo y de su posición, fue el Abogado, el Defensor de las manos muertas. Sólo en los países libres, en que tienen ancho campo para desarrollarse de un modo armónico todas las actividades, todas las aspiraciones de los asociados, puede notarse la falta de las repugnantes inconsecuencias que hacen aparecer a los hombres como en un teatro donde se representan indignas comedias, desempeñando papeles opuestos a sus convicciones y a los votos íntimos de su conciencia.

En el mes de abril del año de 1809 fue propuesto, en terna, a pluralidad de votos, para el cargo de Diputado Vocal de la Junta Central de la Provincia y, en consecuencia, fue electo, habiendo merecido igualmente que se le nombrase Secretario de la Junta Preparatoria, formada para el efecto de constituir la Junta definitiva.

La situación creada en España a causa de la invasión injustificable de Napoleón I[12], el destronamiento de la familia reinante de los Borbones, que movió al heroico pueblo español a hacer un ensayo de gobierno propio, por medio de sus Juntas revolucionarias; el ejemplo de la independencia de los Estados Unidos, ocurrida en el último cuarto del siglo XVIII, y la gigantesca lucha de independencia, comenzada en México y en la América del Sur desde 1810; todos estos grandiosos acontecimientos, que debían cambiar los destinos de Hispanoamérica, vinieron a ejercer influencia, aunque al principio muy débil, en los ánimos de los colonos pertenecientes al antiguo Reino de Guatemala, a quienes se adormecía y se halagaba con el título de "fidelísimos y muy leales vasallos"[13].

No obstante el sistema de opresión, de engaños y de supercherías que emplearan las autoridades coloniales para contrarrestar el espíritu de independencia; no obstante sus grandes y repetidos esfuerzos para

---

[11] Valle condenaba las leyes "que dificultan la circulación de la propiedad, poniendo trabas que embarazan su giro". Véase su escrito: El Economista.
[12] La invasión de España no ha podido justificarla ni Mr. Thieres, tan hábil Historiador como adorador del genio de Napoleón. Véase su Historia del Consulado y el Imperio.
[13] Bandos del Capitán General don Antonio González Saravia,de 15 y 27 de Mayo de 1810. Véase el Bosquejo Histórico de las Revoluciones de Centro América, por don Alejandro Marure, Capítulo I.

ahogar, en germen, todo principio de libertad; en el año de 1810 empezó a abrirse paso, aunque lentamente, la idea de independencia; y en el año de 1811 ocurrieron, en El Salvador y Nicaragua, los primeros movimientos de insurrección contra el régimen de la colonia, movimientos que, malogrados, se repitieron en 1812 y 1814, teniendo también, desde el punto de vista del éxito, un fin desdichadísimo.

En el año de 1811, en que se efectuaron las primeras insurrecciones de los independientes, Valle era empleado del Gobierno colonial, y aunque por su carácter de americano, por su ilustración y por sus aspiraciones, debió simpatizar con la causa de la independencia, no obstante, su posición social, sus compromisos de amistad y sus deberes de empleado leal, le impidieron, sin duda, manifestarse en favor de los independientes, quienes, por otra parte, no podían inspirar confianza a los hombres reflexivos, atendido a que sus planes revolucionarios carecían de dirección y de concierto.

Tal vez por tales motivos, Valle fue un simple espectador de los acontecimientos del año de 11, siendo consecuente con su puesto de amigo de las autoridades de la colonia. Esta actitud y algunas condescendencias posteriores le valieron que el Arzobispo de Guatemala, Fray Ramón Casaus, certificara ante el Gobierno de la Metrópoli, en 1815, lo que sigue: «Este sujeto ha brillado como modelo de lealtad española, de patriotismo verdadero y de adhesión heroica al legítimo Gobierno, a pesar de lo que por estos nobles sentimientos ha tenido que sufrir por los tiros de la envidia y malignidad de los propensos a la disolución del Estado monárquico. Si los demás americanos de distinción e instrucción le hubieran imitado, la América hubiera sido feliz, y los pueblos no hubieran sido seducidos».

Hay elogios que hacen daño, mucho daño. El Arzobispo Casaus, presentando a Valle como modelo de lealtad española, afea la figura de aquel gran centroamericano. Valle fue tan pequeño por su adhesión heroica al legítimo Gobierno de la colonia como grande fue después por su firme adhesión a la independencia y a los principios de la República. Valle, subordinado a la colonia, y el Arzobispo Casaus, afirmando que la América hubiera sido feliz si los demás americanos de distinción e instrucción le hubieran imitado, estaban de acuerdo con su educación, con sus antecedentes históricos, con sus intereses del momento, y seguían las corrientes de las ideas de las clases sociales a que pertenecían; pero no estaban acordes con algo más impersonal, con algo más elevado, con algo más noble y duradero, con las exigencias de la justicia, con las inspiraciones de la humanidad. No es para todos el heroísmo de las revoluciones redentoras: Valle no tuvo ese heroísmo, y lo siento, y debe deplorarlo la Historia, pues es de desearse que el sabio estadista hubiese dado, en todo y por todo, un alto ejemplo de desprendimiento, de abnegación y de elevadas miras. Su sumisión a la colonia, según el criterio del Arzobispo Casaus, imitada por los americanos, habría hecho la felicidad de América. Este es el absurdo de los absurdos.

Y no se crea que hago esta afirmación en menosprecio, y menos en odio, a España. España nos dio todo lo que podía darnos: su noble sangre, su habla hermosísima, su religión, sus caballerosas costumbres, su genio atrevido, espiritual, y sus protectoras Leyes de Indias, que han permitido, para su eterna honra, que hayan vivido y vivan al lado de sus bisnietos millones de bisnietos de los indios que han venido, de manera gradual, civilizándose y formando un gran elemento social de nuestra América. Dígase lo que se quiera de la conquista de España, cuyos extravíos y excesos no justifico[14], pero ella, por el espíritu y tendencias del Gobierno de la Madre Patria, no tuvo por principio el odio y el exterminio de los aborígenes,

---

[14] Los excesos, las crueldades de los españoles, en daño de los indios, que disminuyeron la población aborigen, no fueron estimulados ni autorizados por el Gobierno de la Metrópoli. Las leyes del Gobierno de España fueron esencialmente protectoras; sus agentes, amparados por la distancia y avezados al militarismo, son, ante la Historia, los responsables de las iniquidades cometidas en América. Isabel la Católica, Carlos III y otros monarcas benéficos valen más, para mí, que muchos de los dictatoriales y sanguinarios caudillos que hemos tenido con el irrisorio nombre de Presidentes de la República. El absolutismo de España, en América, era siquiera lógico. El brutal y arbitrario caudillaje, sobre ser funesto y execrable, es ilógico. Jamás la Historia tendrá una palabra de benevolencia para justificarlo. Entre Felipe II y un bárbaro caudillo indiano, estoy por Felipe II: su genio era sombrío y terrible, pero al menos tenía genio. Prefiero la garra del león majestuoso del África a la picadura envenenadora del miserable insecto.

inhumano principio que se ha visto realizado en los Estados Unidos de Norteamérica, bajo los auspicios de un sistema frío como el cálculo, exterminador como la muerte. En las repúblicas hispanoamericanas vivimos los descendientes de españoles al lado de los descendientes de los caciques, principales y proletarios indianos; y vivimos como elementos armónicos, puestos al servicio de una misma causa, de la causa de la justicia y de la civilización. Este honor insigne corresponde a España, nuestra Madre Patria, de quien tenemos los vicios, pero también las preclaras virtudes. Nuestra independencia se ha operado porque debía operarse, en cumplimiento de indefectibles leyes históricas. Fue natural el resentimiento, fue natural el odio en tiempos de acerbas y crueles luchas; pero hoy, ley de amor debe presidir nuestras relaciones con la Madre Patria. Sus dolores son nuestros dolores, sus errores son nuestros errores, sus alegrías son nuestras alegrías, sus glorias son nuestras glorias, su historia es nuestra historia, y a buen seguro, en lo porvenir, sus destinos serán nuestros destinos. Por esto, en la independencia de América, yo no he visto ni veo más que la realización de la gran verdad expresada en una de esas maravillosas síntesis históricas que sólo es dado formular a mi ilustre amigo, el primer orador del siglo, don Emilio Castelar: «Los pueblos tienen que ser ingratos con los pueblos para ser agradecidos con la Humanidad».

Por acuerdo de 15 de febrero del año de 1812 la Sociedad de Amigos de Guatemala, restablecida en 1811, dispuso se diese, bajo el patrocinio de la Corporación, la enseñanza de la Economía Política. La Junta Directiva de la Sociedad nombró a Valle Regente de la nueva cátedra, y éste, en 12 de marzo del mismo año, presentó su plan de enseñanza, precedido de una exposición sobre el origen, caracteres, desarrollos y fines de las ciencias.

Luminosísima fue la exposición de Valle, y asequible y práctico su plan de enseñanza, que fue aprobado, en un todo, por la Sociedad Económica. Consideró las ciencias, aplicando un criterio profundamente analítico, como originadas de las naturales necesidades del hombre; las consideró tan diversas como diversas son las necesidades humanas; dio a las ciencias caracteres fundamentales, universales, con todas las zonas; y particulares caracteres, provenientes de sus distintos medios de aplicación en el tiempo y en el espacio; les atribuyó un carácter progresivo, sin límites asignables; les reconoció el sello de la unidad y de la variedad en la historia de sus desarrollos; las consideró como elementos de bienestar y de progreso para las sociedades, y como encaminadas a labrar la felicidad de los hombres. La elevada y brillante síntesis que, sobre las ciencias, nos ha dejado Valle, en mi pobre concepto, no habría podido formularla ni presentarla mejor ninguno de los sabios de su tiempo.

Con respecto a la Economía Política, tanto en la exposición a que acabo de referirme como en el gran discurso que pronunció ante la Sociedad Económica, al inaugurarse la cátedra, expresó ideas exactísimas, de vasto alcance en los dominios de la teoría científica, y de incalculable trascendencia en el terreno de la práctica. La ciencia de la riqueza era para Valle una ciencia de observación, relacionada con todas las actividades sociales, y auxiliada por todas las investigaciones y progresos de las demás ciencias; debía tener, por seguro criterio, el análisis completo de las causas que favoreciesen o contrariasen el desarrollo de los agentes de la producción, para afirmar y fortificar los estímulos, y desechar o suprimir los obstáculos; juzgaba que la ciencia económica no debía ser, lo que había sido en sus principios, una ciencia incompleta y de exclusivismos, ya en beneficio de la industria rural, ya en provecho de la industria fabril, ya en pro del comercio; conceptuaba que la ciencia económica estaba llamada a armonizar los múltiples y complicados intereses de la producción, de la distribución y del consumo de la riqueza; afirmaba que la Economía tenía su parte universal y sus especialidades de aplicación, sus especialidades de localidad. «Cada reino —decía— tiene su Economía Política, del mismo modo que tiene su Botánica, su Gramática y su Jurisprudencia».

Elevándose a consideraciones de otro género, impugnaba, aunque con toda la mesura requerida por su posición, el sistema antieconómico implantado por España en sus colonias; condenaba el retraimiento de los pueblos, su falta de comunicaciones y de inmigración; condenaba los procedimientos empleados en orden a la educación; y condenaba, en fin, las trabas y entorpecimientos opuestos por la legislación, en nombre de restricciones protectoras, de privilegios o de los intereses fiscales, al firme arraigo y al fácil desarrollo de la riqueza de los particulares y de la riqueza pública. Tales son, a grandes rasgos expuestas, las principales ideas que en lo económico enunció Valle, en el año de 1812, ideas propias de un verdadero estadista, ideas que en aquellos tiempos, en América, y aun en Europa, solo podían ser concebidas y divulgadas por hombres que se adelantasen a su época, que fuesen los precursores de la revolución económica que se ha operado en este siglo, dando en tierra con mil errores funestos, y asentado las sólidas bases sobre que reposan los progresos industriales de los pueblos modernos.

Cuando, después de más de medio siglo de enunciadas tales ideas, recibí, en Economía, las sabias lecciones del Doctor don Mariano Ospina, uno de los hombres más instruidos y pensadores de la pensadora Colombia; cuando leí las obras de Rossi y de Courcelle-Seneuil, con que se honra la Francia, las de Stuart Mill, con que se honra Inglaterra, las de Minghetti, con que se honra Italia, las de Flores Estrada y Colmeiro, con que se honra España, y los famosos escritos sobre Política Económica del argentino Juan Bautista Alberdi, obra monumental con que se honra la América Latina[15]; cuando reflexioné sobre las enseñanzas fecundas de publicistas tan eminentes, me sentí orgulloso, como centroamericano, al reconocer que el centroamericano José Cecilio del Valle, a principios de este siglo, había dado ya en Guatemala las mismas enseñanzas, coincidiendo con el sentir de tan modernos publicistas, cuyo criterio forma hoy un voto decisivo en materias económicas. Lástima grande que las doctrinas de Valle no hayan sido conocidas, que no hayan salvado, recogidas en un libro, las fronteras de Centroamérica. Lástima grande que nuestra incuria haya dejado en los archivos, apolillándose, los escritos luminosos de Valle. Lástima grande que nuestra juventud no haya sacado provecho de ellos, para renovar la faz de esta tierra centroamericana. Achaque inveterado es el nuestro de ensalzar, de endiosar los militarismos triunfantes sobre ruinas, y de llevar al extranjero, en alas de la adulación, tan solo el ruido de los atentados del caudillaje, que han hecho de esta tierra privilegiada,

---

[15] Véase la Organización de la Confederación Argentina. Esta obra, a mi juicio, es la más digna de ser estudiada por los Estadistas hispanoamericanos.

para los países cultos, la tierra clásica de la anarquía o del despotismo. Achaque inveterado, y que ha de costarnos lágrimas de sangre, es el achaque nuestro de otorgarlo casi todo a la fuerza y de negarlo casi todo a las ideas; y he aquí que la enfermedad moral de nuestros pueblos es arraigada y cruel; y he aquí que necesita de remedios heroicos. ¡Pobre Centroamérica!

En el año de 1812, no solo ocupaban las ideas el alma de Valle; llenaba también un grande amor su corazón. Habíase prendado de la señorita doña Josefa Valero, dama muy principal, y en el mismo año santificó los votos de su afecto, uniéndose en matrimonio a la mujer de sus amores, de sus ensueños y esperanzas. La vida del matrimonio cuadraba mucho con el carácter de Valle. Hombre incapaz de disipar su actividad en locos devaneos, necesitaba buscar en la familia un centro de gravedad; así es que su enlace matrimonial no fue tan solo la obra de la pasión, fue también la obra del convencimiento. Valle, por sus severas costumbres, no podía ser el hombre de los galanteos, de las amorosas conquistas. Tenía que ser, como lo fue, el honrado, el intachable padre de familia. Fue amantísimo para su señora esposa, y tuvo en ella cinco hijos: don José Bernardo, y las señoritas doña Dolores, doña Mercedes, doña Juana y doña Bautista. Alentó para con sus hijos un alma siempre llena de bondad y de ternura. En la actualidad tan solo le sobreviven dos de sus hijas, que residen en Guatemala y habitan la antigua casa paterna, guardando, con religioso respeto, todos los recuerdos y todas las reliquias de su ilustre padre[16].

---

[16] Por una especie de tierna piedad filial, muy digna de encomio, la familia de Valle conserva su gabinete de estudio tal como estaba al ocurrir su muerte. El gabinete tiene la forma de un gran cuadro, rodeado de estantes de dos metros de alto, llenos de obras escogidas. Los puntos intermedios de los estantes están adornados con retratos en medallón de los autores predilectos del sabio Valle. Allí figuran Linneo, Nicolás Copérnico, Galileo Galilei, Cristián Wolff, Buffon (Conde José Luis), Isaac Newton, Bernardo Bobier de Fontenelle, Godofredo G. Leibnitz, Tasso, Ariosto, Cervantes, &., &.

En el mismo gabinete se ven, por todas partes, colecciones de plantas disecadas, colecciones de minerales, familias de animales, instrumentos matemáticos, globos, mapas, petrificaciones curiosísimas, bustos mitológicos e históricos, &, &. El gabinete de Valle es el de un sabio. Allí tan solo se ve una silla: esa silla la ocupaba el hombre estudioso que no gustaba de visitas importunas ni de pláticas insustanciales. Muchos, por esto, daban a Valle el epíteto de orgulloso. El ilustrado y dulcísimo poeta, mi amigo J. J. Palma, que visitó el gabinete de Valle, me ha dicho "que le pareció estar en el templo de la sabiduría y ver vagar la sombra venerable del sabio".

Si Valle volviera a la vida, experimentaría un gozo inefable al ver conservado su gabinete de estudio como se conserva religiosamente una reliquia. Nada es más grato que pensar en la perennidad de los recuerdos. De mí sé decir que me halaga la esperanza de que mi hijo conserve siempre, como el mayor tesoro, el libro que cierre por última vez, y que sea objeto de mis últimos pensamientos. Perdónese a un pobre aficionado a las letras este rasgo de inocente vanidad, pero hay tanta ternura cuando se piensa en la muerte y en los seres queridos que han de consagrarnos algún recuerdo...

CAPÍTULO III: EL ACTA DE INDEPENCIA

Nuevos cargos que obtuvo Valle desde 1813. — Sus principales escritos hasta 1815. — Valle es recomendado por el Gobierno de la Metrópoli para que se le tenga presente en las vacantes que ocurran en las Audiencias de la Península. — Situación del Reino de Guatemala después de los movimientos de insurrección de los años 11, 12 y 14. — Indulto de los independientes, para cuyo acuerdo Valle dictaminó como Fiscal. — El Gobierno de Guatemala pasa de Bustamante a Urrutia. — Restablecimiento de la Constitución española en 1820, lo que generaliza la opinión por la independencia. — Valle funda "El Amigo de la Patria", combate a Molina, y las ideas de libertad progresan. — Valle jefe de los Gazistas. — Urrutia delega el poder en Gainza, y éste se ve impelido a proclamar la independencia el 15 de septiembre de 1821. — Opinión de Valle respecto a la emancipación nacional. — Valle redacta el Acta de Independencia.

LAS DOTES PERSONALES de Valle y su reputación, de día en día mejor sentada, le hicieron obtener nuevos cargos y distinciones. En mayo de 1813 la Regencia le concedió los honores de Auditor de Guerra del Ejército y Provincia de Guatemala, recomendándolo, por dos veces, al Consejo de Estado a fin de que lo tuviese presente para los empleos de su carrera en las provincias de ultramar; y en agosto del mismo año fue nombrado por el Capitán General de Guatemala Asesor de la renta de tabaco. La relación de sus títulos y méritos, con referencia a sus servicios, dice: «Que en la Real Audiencia, así en clase de Abogado como en la de Relator nombrado para las causas promovidas con motivo del último indulto concedido ahí, dio pruebas de su instrucción, actividad y celo por el mejor servicio, dejándose ver sus conocimientos nada vulgares, en filosofía, oratoria, lenguas, historia, matemáticas y jurisprudencia, y su tino, solidez y buena conducta moral y política, como lo certifican el Capitán General, el

Regente, el Oidor Decano y un Alcalde del Crimen de la Real citada Audiencia, asegurando el primero que este interesado es muy digno de una toga en aquel tribunal, hallándose con la ventaja de no tener relaciones en el pueblo, por estar distante del de su naturaleza».

A la vez que Valle desempeñaba, con celo e inteligencia, los cargos que le fueran encomendados, continuaba ocupado en estudiar y en publicar escritos, algunos de ellos muy notables por los útiles conocimientos que difundían. Sus principales escritos hasta 1815 fueron: una Memoria o Instrucción sobre la langosta y modo de exterminarla, y de precaver la escasez de comestibles, que se imprimió de orden del Gobierno; una Exposición de lo practicado por el Comercio en demostración de su lealtad, con motivo de las circunstancias creadas por los independientes; en este escrito indicó las providencias que convendría dictar para que prosperase el comercio del Reino; de esta Exposición se hizo mención honrosa en La Gaceta de México; varios artículos anónimos publicados en los primeros tomos de La Gaceta de Guatemala; una Memoria sobre el método que debe seguirse en el estudio de Jurisprudencia, complementándolo con los conocimientos de la Historia civil y particular del Derecho patrio; un Prospecto o plan de enseñanza para la clase de Economía Política, en que ofreció escribir unas Instituciones de esta ciencia[17]; una Memoria sobre el plan de estudios que convendría adoptar en la Universidad de Guatemala; una Instrucción sobre los derechos y facultades de los Jueces árbitros, los de las partes comprometientes, y el método con que deben proceder aquéllos; y numerosas alegaciones en derecho sobre asuntos graves que defendió en la Real Audiencia.

Habiendo recurrido Valle al Gobierno de S. M., por medio de un memorial, informado favorablemente por el Capitán General de Guatemala, solicitando plaza togada en una de las Audiencias de la Península, se dirigió su instancia de real orden, en 15 de junio de 1815, por el Ministerio de Indias, con recomendación para que, con presencia de los méritos del interesado, se le tuviese presente en las vacantes que ocurriesen. La Cámara acordó de conformidad, en 17 de

---

[17] Hasta ahora no he podido averiguar si Valle dejó escritas las Instituciones de que se ha hecha mérito.

junio del mismo año, y en cumplimiento de la real resolución. Valle, con tal acuerdo, alcanzó una de las más grandes ventajas y uno de los honores más insignes a que en aquellos tiempos podían aspirar los hijos de españoles nacidos en América.

A consecuencia de los progresos de la revolución de independencia que había estallado en México y en el Sur de América, y de los movimientos de insurrección ocurridos en El Salvador y Nicaragua en 1811, repetidos en 1812, de la conjuración de Belén habida en Guatemala en 1813, y de los trabajos de insurrección vueltos a ocurrir en El Salvador en 1814; a causa de estas manifestaciones revolucionarias de los pueblos, y de las duras y aun bárbaras represiones que empleara para sofocarlas en el Reino de Guatemala el Capitán General don José de Bustamante y Guerra, que sucedió a don Antonio González Saravia en 14 de mayo de 1811[18]; a causa de todo esto, aun bajo el terror que sabía inspirar Bustamante, la idea de independencia ganaba terreno en Guatemala. No podía hacerse valer porque habían fracasado los independientes, ocultos unos, prisioneros otros, y teniendo en perspectiva el confinamiento, el garrote vil o la horca; pero los mismos excesos del despotismo hacían avivar más en los ánimos el justo y vehemente anhelo de hacer independientes las provincias del Reino de Guatemala; y tal sentimiento y tal propósito se generalizaban de día en día, más y más. La fuerza de vapor de las ideas estaba muy comprimida por el terror; pero esa fuerza, que hace las grandes revoluciones beneficiosas a la humanidad en razón directa de la presión del despotismo, era cada vez más enérgica y potente. Debía producir una explosión, un estallido, en no lejano día, y romper la pesada y vieja maquinaria del sistema colonial, y hacer cesar las industrias criminales de tres siglos; industrias que, degradando, que desnaturalizando al hombre, lo desposeían de sus más preciosas dotes: de su razón y de su libertad.

Cuando tal situación, preñada de dificultades y de injusticias, existía en Guatemala, Valle continuaba siendo el empleado sumiso y hasta obsequioso del régimen de la colonia; él, que no tenía necesidad de empleos, porque era rico, porque muchos de ellos los servía gratuitamente; él, que no podía amar el despotismo, porque era

---

[18] Véase el capítulo I del Bosquejo Histórico de Marure.

hombre de talento, de honrados sentimientos y de elevadas miras. Y, sin embargo, Valle escribió una manifestación del comercio de Guatemala en favor del régimen colonial; Valle servía a los intereses egoístas del comercio, que ha sido y será siempre el cálculo, nunca el sentimiento generoso, el corazón abnegado; Valle, conociendo que el Capitán General Bustamante, españolista cruel, había burlado la honrosa capitulación de los insurgentes granadinos para tratarlos como rebeldes, con duro e infame tratamiento, continuaba siendo el Asesor y el Fiscal de las autoridades coloniales; Valle, que conocía los intereses reaccionarios, las tendencias retrógradas, los engaños y las supercherías del clero, se mostraba complaciente para con el oscurantismo, y se hacía acreedor a que lo recomendase el Arzobispo Casaus como modelo de lealtad española.

Explicable es la conducta de Valle en aquella época, pero de ninguna manera honrosa para sus sentimientos de americanismo, de que dio más tarde relevantes pruebas. Valle había obtenido confianza, consideraciones y honores de los peninsulares; se había educado bajo los auspicios del antiguo régimen, y era empleado de la colonia. Pudo creer que sus sentimientos de lealtad lo comprometían, de manera indeclinable, a ser consecuente con sus antecedentes, con sus relaciones y con su posición; así debió creerlo cuando tuvo la conducta que observó contrariando la causa de los independientes, quienes, por otra parte, carecían en sus planes, como antes he dicho, de dirección y de concierto.

Mas, tales deberes, tales consideraciones, ¿podían hacer desconocer a Valle la justicia de los independientes? ¿Podían hacerle desconocer los horribles atentados de las autoridades de la colonia? Valle, si no quería, si no podía o no debía ser revolucionario, por lo menos pudo y debió guardar silencio, pudo y debió dejar de ser el empleado de un Gobierno que hostilizaba, que perseguía, que martirizaba a sus hermanos, los centroamericanos, defensores de una noble y santa causa. Valle, en aquella época, debió, por lo menos, con su retraimiento absoluto, hacer una protesta en contra de las brutalidades de Bustamante y en pro de los desgraciados, de los oprimidos, de las nobilísimas y primeras víctimas de la gran causa de la independencia de Centroamérica. Pero en Valle, a pesar de su talento, a pesar de sus luces, a pesar de su rectitud de conciencia, pudo más la tradición que la nueva idea redentora; pudo más su posición que el sentimiento de la generosidad; pudo más su interés del momento que los grandes intereses del porvenir de la Patria. En tales aberraciones, aunque excusables, no caen impunemente los hombres que llegan a grande altura: la Historia las recuerda y las reprueba. José del Valle, durante la época precursora de la independencia, aparecerá siempre como el hombre del cálculo, como el hombre de la fría reflexión, como el hombre del presente; pero de ninguna manera como el hombre de los nobles arranques, como el hombre de la espontánea y abnegada generosidad, como el hombre inspirado que mira al porvenir.

En vista de los antecedentes indicados, no es extraño que Valle haya sido el Fiscal de los reos de Estado, de los independientes, cuando se acordó su indulto. En efecto, el rey Fernando VII, en celebración de la paz y tranquilidad de sus dominios, y de su matrimonio, por el que dio a los españoles una tierna madre en su muy amada y querida esposa, la reina, en real cédula expedida el 25 de enero de 1817[19], dio un indulto general a los infelices que gemían en España, Indias y Filipinas bajo el peso de sus crímenes. El Presidente de la Real Audiencia de Guatemala, Gobernador y Capitán General del Reino, don José de Bustamante y Guerra, como era de uso, tomó en sus manos la real cédula, la besó y puso sobre su cabeza estando en pie y destocado[20]; y hecho esto, para la ejecución de la real cédula, pasó el asunto al Fiscal. Valle, que era el Fiscal interino, pidió en 4 de julio del mismo año que se cumpliese la real cédula, para el rasgo de piedad en el día venturoso del augusto matrimonio del monarca: que se viesen con preferencia las causas de los reos independientes, que causaban muchos gastos a la Real Hacienda, los que debían salir de América, según la real cédula, como perturbadores y trastornadores (8).

Valle, dada su posición voluntariamente aceptada, voluntariamente sostenida, no podía menos de tener el criterio de la

---

[19] Marure dice, a mi juicio, equivocadamente, "Real orden de 25 de junio de 1817".

[20] Esta ceremonia humillante era la que usaban las autorida-des supremas al recibir una real orden del Rey su Señor. El Escribano daba fe de haberse efectuado ese acto de servil obediencia.

monarquía absoluta. Los independientes gemían bajo el peso de sus crímenes, y el indulto no era otra cosa que un rasgo de la real piedad. Impresiona dolorosamente ver a Valle como Fiscal de sus oprimidos y tiranizados compatriotas; ver a Valle doblar la cerviz ante las circunstancias; verlo de satélite del despotismo; verlo reconocer como un crimen lo que no era más que un arranque noble y generoso del patriotismo; lo que no era más que un sacrificio hecho en aras de la libertad de Centroamérica.

En el año de 1818 empezó a ser menos adversa la suerte de los independientes centroamericanos. El férreo, el implacable Bustamante, dejó en ese año el poder, y le sustituyó don Carlos Urrutia, hombre de carácter debilísimo y, por ende, muy apto para dar algún respiro a los independientes, que harto lo necesitaban después de largos y aciagos años en que el terror había llegado a entronizarse.

Bajo el Gobierno de Urrutia las ideas de independencia cobraron nuevos bríos y ganaron más terreno, pero su empuje fue más vigoroso y su expansión fue completa en el año de 1820, en que se restableció la famosa Constitución española del año 12. Hermosos rayos de libertad que partieron del foco revolucionario de la Metrópoli penetraron al fin en los entenebrecidos horizontes del antiguo Reino de Guatemala. Se declaró la imprenta libre, y el pensamiento, lleno de calor y de vida, brotó avasallador y luminosísimo del seno de la conciencia de los oprimidos. El doctor don Pedro Molina, sujeto de cultivada inteligencia y de grandes virtudes cívicas, fundó El Editor Constitucional, y habló el lenguaje convincente y ardoroso del patriotismo. Valle, a su vez, fundó El Amigo de la Patria, periódico notabilísimo en que evidenció las ventajas de la civilización, en que trató, de un modo superior, importantes materias científicas, y en que combatió las ideas políticas de Molina, quien no quería consideraciones ni contemplaciones tratándose de los derechos del hombre, tratándose de la independencia.

Molina representaba la idea radical; Valle representaba la idea moderada: Molina era el órgano de la revolución; Valle era el órgano de una evolución. El antagonismo de tales hombres, el choque de tales ideas hizo más luz, esclareció más conciencias, acabó de vigorizar los ánimos, y la idea de independencia convirtióse en un verdadero sentimiento nacional, poderosísimo, imponente, irresistible. Nada como las luchas del pensamiento, nada como las luchas de la prensa para desprestigiar y soterrar las malas causas, y para hacer triunfar, sobre sus ruinas, las causas que entrañan un nuevo principio, un principio de vida, de rehabilitación o de perfeccionamiento para las sociedades.

Las opuestas ideas de Molina y de Valle tuvieron, como era natural y como sucede siempre, sus órganos encargados de llevarlas a la práctica. Se crearon dos partidos, dos organismos políticos: el de los Gazistas y el de los Cacos. El partido Gazista estaba compuesto de los españoles europeos y de la clase de artesanos; el partido Caco estaba formado por las familias llamadas nobles y por los independientes, en su mayor parte. Los Gazistas contaban con la protección de las autoridades coloniales y halagaban con medidas de proteccionismo a los artesanos; los Cacos contaban con el entusiasmo de los independientes y con el apoyo del pueblo desheredado. Los Gazistas pretendían ganar las elecciones de Diputados a Cortes y de individuos de los Ayuntamientos para hacer valer sus ideas de moderación, de treguas y de contemplaciones; los Cacos aspiraban al mismo fin, para hacer valer su idea radical de absoluta independencia. Valle era el jefe autorizadísimo de los Gazistas; Molina y Barrundia eran los jefes populares de los Cacos. Los Gazistas triunfaron en las elecciones, merced a la intervención del poder y a la influencia del oro, que hicieron rodar comprando votos; los Cacos sufrieron una derrota electoral, pues no contaban más que con las ideas y con el entusiasmo popular, elementos bien pobres cuando aún no tiene profundo arraigo la virtud republicana que sabe sobreponerse a los halagos o amenazas del poder y a las seducciones del interés.

Mas efímero fue el costoso triunfo del partido Gazista. Los Cacos se atrajeron a mucha parte de las familias nobles, y se organizó un partido medio, más disciplinado, más enérgico, más influyente. Por inspiración de este partido, la Diputación Provincial de Guatemala, reinstalada en 13 de junio de 1820, estrechó al Capitán General Urrutia para que delegase el mando en don Gabino Gainza, Subinspector General del Ejército. El torrente de la opinión era incontrastable, y Gainza empezó a ejercer el poder en 9 de marzo de 1821. El régimen de la colonia estaba en plena decadencia, flaco, envejecido, tocado de mortal enfermedad. A las épocas de decadencia corresponden, por lo común, los hombres que declinan. Gainza estuvo en su puesto al representar, en Guatemala, al poder colonial en sus postrimerías: Gainza era débil de carácter, voluble en sus resoluciones, de edad muy avanzada y de salud quebrantadísima por frecuentes achaques; Gainza era el hombre quebradizo, el organismo gastado de que necesitaban los independientes; Gainza debía asistir, con profundo duelo en el alma, a los funerales de la colonia en la América Central.

La volcánica sacudida de los sucesos de México aceleró, por decirlo así, el hundimiento de la colonia en Centroamérica. El tornadizo Gainza veíase desorientado en medio de una situación dificilísima, llena de dudas, incertidumbres y peligros, y fluctuaba entre opuestos propósitos, entre contrarias e inconciliables pretensiones, ora inclinándose a restaurar el despotismo colonial, ora siendo propicio a la causa de los independientes. Pero he aquí que resuena en Guatemala el grito de Iturbide proclamando el Plan de Iguala en combinación con Guerrero; he aquí que este suceso gravísimo se agravó con el pronunciamiento de Chiapas en favor del Plan de Iguala[21]. México era libre, y la libertad tocaba, con golpes redoblados, a las puertas del antiguo Reino de Guatemala: era ya imprescindible la necesidad de que oyera llamamiento tan enérgico y declarase su independencia.

Los independientes guatemaltecos así lo comprendieron: apremiaron a Gainza con sus instancias y representaciones, halagando a la vez su vanidad e intereses, haciéndole comprender que él sería el jefe de la nueva nación. Gainza, cediendo a la necesidad y a la conveniencia, a los grandes y diversos estímulos que lo impulsaban,

---

[21] Chiapas pertenecía al antiguo Reino de Guatemala: era provincia centroamericana. Los errores del partido conservador de Guatemala nos hicieron perder aquella rica provincia, hoy Estado de México. Más tarde, contra todo derecho, por un acto de militarismo del General Santa Ana, perdimos el territorio de Soconuzco, proverbial por sus producciones. Soconuzco es también un territorio mexicano. Nuestra debilidad, que es la obra de nuestros errores y del fraccionamiento de nuestros pueblos, nos ha hecho perder territorios valiosísimos a que tenemos incontestables derechos; pero ¡ay, lo que jamás deberíamos perder es la honra de Centro América!

para salvar su responsabilidad, sin contrariar las corrientes de la opinión y sujetándose al voto de la Diputación Provincial, convocó una Junta General de los empleados y corporaciones de Guatemala para que dictase las medidas convenientes sobre el capitalísimo asunto de independencia.

La Junta se reunió el día 15 de septiembre de 1821 en el Palacio de Gobierno. Valle tomó la palabra, y en un discurso elocuentísimo demostró la necesidad y la justicia de la independencia, pero manifestando que, para proclamarla, debía oírse el voto de las provincias. Las luminosas ideas de Valle fueron acogidas con aplauso; mas su parecer en orden al aplazamiento no fue adoptado[22]. La mayoría de la Junta, estimulada por las entusiastas e impetuosas manifestaciones del pueblo reunido en masa, acordó se proclamase en el acto la Independencia de Centroamérica. La Diputación Provincial y el Ayuntamiento de Guatemala, órganos legítimos de la voluntad del pueblo, acordaron los puntos del Acta que debía celebrarse, y Valle redactó aquel memorable documento, el más antiguo y honroso título en que consta la primera y más gloriosa reivindicación de los derechos de los centroamericanos .

Este recuerdo histórico inspiró al dulcísimo Poeta J. J.Palma, en una de sus más bellas composiciones dedicadas a Honduras,esta preciosa décima:

En vaga reminiscencia
Me parece aquí estar viendo
Al sabio Valle leyendo
El acta de independencia:
Contemplo la resistencia
Del llanero paladín:
Miro en Maipo a San Martin,
Y me parece que escucho

---

[22] Valle, en su Manifiesto del año 25, asegura en absoluto que la Junta General adoptó su voto sobre independencia; pero no hace relación al aplazamiento que era necesario, oyendo el parecer de las Provincias. Por este aplazamiento no estuvo de acuerdo la mayoría de la Junta, según lo dicen Marure y otros escritores, con quienes estoy conforme.

Los clarines de Ayacucho,
Los tambores de Junín.

Valle también redactó el Manifiesto que publicó el Capitán General Gainza sobre el gran suceso de la independencia. Valle, por fin, no obstante sus antiguas conexiones coloniales, no obstante sus recientes vacilaciones, no obstante sus dilatorias adversas a la libertad, entró de lleno en las anchas vías de la revolución y dio la espalda al pasado. Desde que la independencia se proclamó, Valle rindió el culto más puro al nuevo régimen: tan solo pensaba y trabajaba con el nobilísimo fin de organizar la naciente República, a la que prodigaba los tesoros de su genio. Puede, pues, con sobrada justicia, contarse a José Cecilio del Valle, al autor del Acta inmortal de Independencia, de 15 de septiembre de 1821, entre el número de los más ilustres fundadores de la Nación Centroamericana. Mientras Centroamérica sea, aunque fraccionada, José del Valle será siempre acreedor a una inmensa deuda de gratitud.

CAPITULO IV: UNA ÉPOCA TURBULENTA

Puntos principales del Acta de Independencia de 15 de septiembre de 1821. — Nuevo sistema de Gobierno: Valle forma parte del Gobierno. — Trabajos administrativos de Valle para organizar la nación. — Se crean los partidos liberal y conservador. — El partido conservador trabaja por la anexión de Guatemala a México. — Situación de Centroamérica. Guatemala se anexa a México en 5 de enero de 1822, contra la opinión de Valle y de los independientes. — La Junta Provisional Consultiva se disuelve, y Valle vuelve a la vida privada. — Corresponde a Valle el honor de haber sido el primero, en el norte de América, que formuló la idea sobre "La Unión Latinoamericana". — Valle es electo Diputado al Congreso de México. — Viaje de Valle a México en 10 de marzo de 1822.

IMPORTANTÍSIMOS FUERON los puntos acordados en el Acta de Independencia de 15 de septiembre de 1821. En ese documento se fijaron las bases de un nuevo régimen: se determinó que se eligiesen por las provincias representantes para formar el Congreso de la nación, al que debía corresponder la fijación de la forma de Gobierno y la formación de la Ley Fundamental; que la elección de representantes se hiciese por las mismas juntas electorales que habían elegido Diputados a las Cortes de España, observándose las leyes anteriores para el procedimiento de la elección; que las provincias eligiesen representantes sobre la base de un Diputado por cada quince mil habitantes; que el Congreso Constituyente se reuniese el 1.° de marzo de 1822; que hasta su reunión no se hiciese alteración alguna en la observación de las leyes españolas, ni con respecto a los tribunales y funcionarios existentes; que se conserve en toda su integridad y pureza la religión católica; y que, mientras el país se constituía, el Jefe don Gabino Gainza continuase con el Gobierno superior político y militar, obrando de acuerdo con una Junta Provisional Consultiva que se estableció, formada de la Diputación

Provincial y de los señores licenciado don Miguel Larreinaga, licenciado don José del Valle, presbítero don José Antonio Alvarado, marqués de Aycinena, doctor don José Valdés, doctor don Ángel María Candina y licenciado don Antonio Robles, a quienes se confirió la representación de sus respectivas provincias[23]. Valle representaba la provincia de Comayagua. Honduras tuvo el honor de ser representada por el hombre que animaba con su pensamiento aquella gran transformación nacional.

Los puntos enunciados fueron los más interesantes del Acta de Independencia. Como puede notarse, el Acta fue eminentemente conservadora, pero también eminentemente sensata, dados los antecedentes y circunstancias de la época: en el Acta casi no se ve la expresión de ideas radicales, de principios revolucionarios. Se suprimió el Gobierno de España, conservando el organismo gubernativo de la Madre Patria; se dio, como por vía de gracia, o como por vía de transacción, algunos meses más de vida a las autoridades y leyes españolas. Valle, con su gran prudencia, con su sentido político, comprendió que se daba un salto peligrosísimo de un antiguo a un nuevo régimen, y que era necesario evitar una caída mortal: Valle comprendió que, más que una revolución amenazadora para los intereses y preocupaciones coloniales predominantes en Guatemala; que más que una revolución de inciertos resultados y ocasionada a la ruina y desprestigio de la nueva causa, debía hacerse una transición conciliadora, pero regular y pacífica, una verdadera evolución social que, de un modo lento pero seguro, diese, andando el tiempo, todos los frutos de la independencia.

Consumada estaba la emancipación política de Guatemala, pero se necesitaba organizar los trabajos del Gobierno, darles vigor y concierto, y hacer sentir a los pueblos, por medio de una administración benéfica, los favorables resultados del nuevo régimen. Se encomendó a Valle la formación de un plan administrativo, y éste propuso se distribuyesen los trabajos entre comisiones de seguridad y defensa, de instrucción pública, de estadística, de agricultura, de

---

[23] Véase en el Bosquejo de Marure o en la Colección de Leyes de Guatemala, por Pineda Mont, el Acta de Independencia de 15 de septiembre de 1821.

comercio y de hacienda pública. Las comisiones se organizaron, y Valle se ocupó especialmente en el ramo de rentas: «en la hacienda he visto siempre la columna de bronce en que debe descansar la independencia». Perseverante e infatigable fue Valle en los trabajos del Gobierno provisional: formó estados de todas las rentas, despachó los asuntos relativos a ellas, propuso medidas oportunas para aumentar sus ingresos, hizo el Arancel de derechos de importación y exportación, explicó sus fundamentos en un notable escrito que le precedió, manifestó a sus coasociados la necesidad de entrar en relaciones de amistad y alianza con las demás naciones, y auxilió a la Junta Consultiva en el despacho de los múltiples negociados que estaban a su cargo. Además, como periodista, publicaba luminosos escritos, evidenciando las ventajas de la independencia, escritos reproducidos, con aplauso, por la prensa extranjera.

Todos los grupos políticos, de diversas y aun inconciliables pretensiones, se habían unido para consumar la independencia de España; distintos fueron sus móviles, pero idéntico su propósito. El clero quiso la independencia porque era necesario aceptarla, y porque veía en la emancipación de Guatemala un medio de sustraerse a los rudos golpes que asestaran a sus privilegios las Cortes de España. Los peninsulares y sus adeptos quisieron la independencia porque vieron halagados sus intereses y sus ambiciones. Los liberales, que formaron el antiguo partido de los Cacos, quisieron la independencia porque aspiraban generosamente a la práctica de sus radicales ideas republicanas; y los hombres reflexivos, como Valle, quisieron la independencia porque tenían en mira una evolución política que, gradual y prudentemente, hiciese ganar terreno a la educación liberal de los pueblos, para que se crease un sólido régimen de libres instituciones en el Centro de América.

Tan opuestos móviles, tan contrarias y enemigas pretensiones, no pudieron menos de romper, bien pronto, el acuerdo, el consorcio feliz que se efectuó para desligar a Guatemala de la Madre Patria. Los liberales pidieron que se derogase, y lograron su objeto, el artículo 3.º del Acta de Independencia, por el que la elección de representantes de las provincias se dejaba a las juntas electorales que habían elegido Diputados a Cortes, lo que aseguraba un triunfo para el partido de Valle, para el partido Gazista; pidieron la formación de las milicias nacionales, lo que también lograron; pidieron la destitución de empleados sospechosos de tener afinidades con el antiguo régimen; y quisieron, en fin, extralimitándose, tomar participación en las deliberaciones de la Junta Provisional Consultiva. Los peninsulares y los criollos españolistas, por su parte, vieron con repugnancia la intervención de las clases populares en los asuntos públicos; se dolían de relacionarse y mezclarse con hombres que casi el día anterior habían sido no más que sumisos vasallos; y presentían que el arraigo de las instituciones de la República daría en tierra con sus intereses de clase, con sus privilegios de abolengo y con su orgullo cifrado en los hábitos de una antigua dominación. Las exigencias y exageraciones inconsideradas de los unos, y el egoísmo y la vanidad de los otros, crearon, a poco de consumarse la independencia, dos partidos fuertes e irreconciliables: el partido liberal independiente y republicano, y el partido conservador autoritario y reaccionario. En germen estaban estos dos partidos al proclamarse la independencia; pero ese germen desarrollóse de irregular y viciosa manera, y creó hondas y acerbas divisiones que habían de traer, no los antagonismos de un pueblo libre, sino las luchas destructoras de la libertad y de la patria.

La opinión predominante en Centroamérica, la verdaderamente popular, era la de los independientes republicanos. Los conservadores reaccionarios veían que no podían contrarrestarla usando de procedimientos legales. Bajo este concepto, se aprovecharon de las disidencias de algunas poblaciones de Honduras y de Nicaragua, decididas a desligarse de Guatemala y unirse a México; explotaron la situación de la vecina nación mexicana, en donde creían que don Agustín de Iturbide podría constituir un sólido y durable Imperio; ejercieron todas las malas artes de su influencia para captarse la voluntad del tornadizo Gainza, que tiraba siempre al lado de las ideas monárquicas. Con tantos y tan inmorales trabajos, al fin, favorecidos por Gainza, que vil y cobardemente desertó de las filas de los independientes, los conservadores reaccionarios se sintieron fuertes para proclamar, sin embozo, la idea de que Centroamérica no tenía elementos bastantes para constituirse como nación independiente, y que debía unirse a México, si quería gozar, bajo el Imperio, de los beneficios de la paz y de la libertad.

Los trabajos y las declaraciones de los conservadores hicieron más profunda y a la vez ostensible la enemiga de los liberales. Ardientes, exaltadísimas fueron sus luchas: el insulto, las recriminaciones y aun la efusión de sangre fueron los resultados desdichadísimos de tan funestas divisiones. La unión compacta de los hombres que habían hecho la independencia estaba disuelta. Los antiguos partidos de Gazistas y de Cacos estaban en descomposición, pues había Gazistas leales a la independencia y Cacos desleales a la patria; y, en medio de este caos, muy natural después del caos de tres siglos de la colonia, la Junta Provisional Consultiva, presidida por Gainza, hombre sin conciencia, sin lealtad, sin convicciones, apenas si podía poner a raya los elementos de desorden y sostener una especie de statu quo en la situación de Centroamérica, dificilísima en el presente y prometedora de gravísimas dificultades y de pavorosas dudas para lo porvenir.

Las divisiones habidas en Guatemala se hicieron sentir en las demás provincias. El noble pueblo de El Salvador quería, con firmeza, la absoluta independencia de Centroamérica. Algunas poblaciones de Honduras y Nicaragua querían la anexión a México, otras la resistían[24]; Costa Rica permanecía neutral. Así las cosas, en 28 de noviembre de 1821, Gainza dio cuenta a la Junta Provisional con un despacho de don Agustín de Iturbide, de 19 de octubre anterior, en que le manifestaba que Guatemala carecía de elementos para asegurar su autonomía, para precaverse de la ambición extranjera y para constituirse como nación; que Guatemala debía formar un gran Imperio con México, bajo el Plan de Iguala y Tratados de Córdoba, y que, para atender a su seguridad, marchaba hacia la frontera un ejército protector.

Gentil ocasión presentó el despacho de Iturbide a Gainza y a los anexionistas. La Junta Provisional, en vez de desestimar el despacho de Iturbide, o, cuando menos, de remitir su contestación al próximo Congreso, cuya reunión se había acelerado, fijándola para el 1.º de

---

[24] Tegucigalpa, en oposición a Comayagua, estuvo siempre por la independencia absoluta de España y de México. Se mantuvo firme en este propósito; y en premio de su noble actitud y de sus servicios, se le dio el título de Ciudad, y a su Ayuntamiento, el de Muy Noble Ayuntamiento.

febrero, se limitó a manifestar que carecía de facultades para resolver sobre tan arduo asunto; pero a la vez aceptó, por mayoría, el expediente inventado por el marqués de Aycinena, de que los Ayuntamientos, en cabildos abiertos, diesen su opinión y recogiesen el voto de los pueblos sobre la conveniencia o inconveniencias de la anexión. El marqués de Aycinena y los demás anexionistas no tenían otros móviles que los del egoísmo y la vanidad: querían hacer imposible la República para obtener, en cambio de sus servicios liberticidas, pensiones, condecoraciones y honores del Imperio. Bien sabía el marqués de Aycinena que el resultado de su expediente satisfaría sus ambiciones. Los pueblos, seducidos unos, intimidados otros con la amenaza de ejércitos mexicanos, e inexpertos todos, debían dar lugar al sometimiento de Guatemala a México. En vez de resolverse asunto de tamaña trascendencia como debió ser por el Congreso compuesto de hombres de alguna educación política, y perfectamente conocedores de la situación de las cosas, iba a resolverse por pueblos ignorantes, sorprendidos por la intriga, y sin tiempo siquiera para orientarse y recibir los consejos del buen sentido.

Los trabajos de los anexionistas fueron empeñadísimos, y ya sin ningún embozo, en favor del Imperio. Se vejaba y perseguía a los independientes y se quería triunfar a toda costa. Gainza había mandado a los Ayuntamientos, en treinta de noviembre, una circular para que, en cabildos abiertos, diesen su voto sobre la anexión y lo recibiesen de los pueblos, fijándoles para ello el angustioso plazo de un mes, pues en los primeros días de enero debía hacerse el escrutinio y la regulación de votos. Los pueblos, aturdidos por el rudo golpe que les asestaran los anexionistas, pusieron en práctica, como les fue posible, las prevenciones de Gainza, gobernador político y militar de Guatemala.

Llegó al fin el día fatal de 5 de enero de 1822, día de tristísima recordación. Reunióse la Junta Provisional Consultiva, presidida por el Jefe Gainza, y procedió a hacer el escrutinio y la regulación de votos. Resultó que algunos pueblos dejaban al Congreso la resolución sobre anexión, que otros la querían simplemente, que otros la aceptaban bajo condiciones, y que otros se conformaban con el voto de la Junta provisional. A esta divergencia de opiniones se agregó que faltaba la votación de sesenta y siete Ayuntamientos. En ocasión tan solemne, en que todo era dudas y conflictos, y en medio de aquel conciliábulo infame, conjurado en daño de la Patria, Valle se elevó a grande altura, como amigo de la verdad y de los derechos de los centroamericanos: se opuso, con toda la energía de su alma, a la anexión, y, en discurso brillantísimo, que por sí solo bastaría para inmortalizar su nombre, dijo, entre otras cosas, a los enemigos de la independencia:

«Guatemala, colocada en la posición más feliz de la América, extendida sobre una área de ciento cincuenta y cinco mil millas cuadradas de tierras de diversos grados de temperatura y fertilidad, y poblada de dos millones de individuos de diversos talentos y aptitudes, tiene los elementos más preciosos de actividad: las semillas más fecundas de riqueza: los principios más activos de lo grande.

«Bien administrada por un Gobierno que quiera, sepa y tenga las facultades precisas para desenvolver aquellos gérmenes, Guatemala no sólo puede ser nación independiente, sino rica también, fuerte y poderosa. Pero mal administrada por un Gobierno que no quiera, o no sepa, o no esté bastante autorizado para desarrollar sus elementos, Guatemala no podrá ser pueblo independiente y libre, grande ni rico. Ved esas tierras tendidas, fértiles y bien situadas. Serán jardines, si el propietario, dueño de ellas, quiere y sabe labrarlas. Serán malezas, abrojos o gramas, si no tiene voluntad o pericia para cultivarlas.

«Mirad a ese joven robusto y bien dispuesto para recibir la educación más feliz. Será pequeño si su preceptor no quiere que sea grande; pero será sabio si su maestro quiere que sea ilustrado. Un pueblo de dos millones de habitantes, colocado en lo mejor del Nuevo Mundo, tiene principios o recursos que no temo llamar inmensos. Se acaba de proclamar, con todos los acentos de la alegría, con todos los idiomas del gozo, su libertad e independencia absoluta. ¿Podrá pensarse que quiera perderla ahora que empieza a gustarla? Los hombres de Guatemala son como los de Chile, los de Buenos Aires, los del Perú, los de Colombia y los de México. Quieren ser independientes, y tendré por mentirosos a los que supongan en ellos voluntad contraria: no hablan lo que sienten o son locos que han perdido la razón, los que dicen que aman la esclavitud. Si en diversas actas distintos Ayuntamientos declaran que quieren perder su independencia y estar sometidos a México, yo no inferiré, a pesar de esto, voluntad positiva de esclavitud. Diré que ha habido movimientos o intrigas subterráneas: diré que los municipales han sido sorprendidos: diré que por una parte se les ha anunciado que vienen de México ejércitos numerosos y bien disciplinados, y por otra parte se les ha manifestado que el Capitán General, que tiene las fuerzas de esta nación, quiere que Guatemala esté sometida a México: diré que, poniéndolos en posición tan violenta, no han tenido voluntad libre y espontánea: diré que ignoran los principios de derecho público, y, por ignorarlos, no dieron las contestaciones que debían dar. No son los Ayuntamientos, establecidos para cuidar de las escuelas de primeras letras o del aseo y limpieza de las calles, los que deben decidir de la suerte de una nación: no es una Junta creada para dar consejo al Gobierno sobre los asuntos ordinarios de despacho la que debe determinar su ser político: no es un Capitán General, nombrado para defender sus fueros, quien debe declarar sobre sus destinos. Los de una nación dependen de ella misma. Sólo Guatemala puede decidir de Guatemala; y esa voluntad no se ha pronunciado hasta ahora. Guatemala no debe ser provincia de México. Debe ser independiente. Esto es lo que enseña la razón: lo que dicta la justicia: lo que inspira el patriotismo»[25].

Pero vanos fueron los razonamientos incontestables de José del Valle; vanos sus elocuentísimos arranques de noble y fervoroso patriotismo. La resolución de los anexionistas estaba adoptada: formaban un conciliábulo liberticida, y no una junta racional de Gobierno: la mayoría cerró la inteligencia a las ideas, su corazón fue insensible a todo sentimiento generoso, y sus oídos estuvieron sordos al clamor, al tristísimo clamor de la patria agonizante. La mayoría de la Junta, rompiendo en redondo por todo, acordó la incorporación de Centroamérica a México, sin más condiciones que las insinuadas por Iturbide: la sujeción al Plan de Iguala y a los Tratados de Córdoba.

Al consumarse el crimen de aquellos parricidas, triunfó el expediente del marqués de Aycinena, efectuándose desde entonces el desgraciado comienzo de la falsificación de los principios y de la opinión pública. El marqués de Aycinena, tal vez sin saberlo, en su expediente, encontró una riquísima mina, que, más tarde, una y mil

---

[25]

veces, han explotado los demagogos y tiranuelos de Centroamérica. ¿Se ha querido anular una Constitución? Se apela, por los demagogos o por los déspotas, a los Ayuntamientos, a las Municipalidades. Los Ayuntamientos o Municipalidades levantan actas favorables a la intriga, y la Constitución desaparece. ¿Se ha querido, contra la ley, contra el organismo de la República, perpetuar en el poder a un caudillo dictatorial y bárbaro? Se apela a las Municipalidades; se levantan actas que expresan la voluntad de los pueblos, y el caudillo se perpetúa o se hace vitalicio. ¿Se ha querido glorificar la conducta de algún sátrapa desatentado? Se apela también a las Municipalidades. Estas levantan las consabidas actas, y así se justifican y se enaltecen las brutalidades de la demagogia, o las brutalidades de la dictadura. Con esto no se ha hecho más que corromper a los pueblos, que, de complacencia en complacencia, de intimidación en intimidación, de abyección en abyección, han llegado a perder la conciencia de sus deberes y la conciencia de su soberano poder. Si el marqués de Aycinena viviese, vería las funestas consecuencias de su obra, de su expediente, y, por egoísta, por empedernido que fuese, lloraría lágrimas de sangre sobre las ruinas de su propia obra; lloraría, inconsolable, porque fue el apóstol de la fuerza autocrática, fuerza que, más tarde o más temprano, convierte a los hijos, o a los hijos de los hijos de los fundadores de la férrea opresión, en miserables súbditos, mucho más infelices que los negros del África sujetos al látigo de especuladores y crudelísimos negreros. El marqués de Aycinena no supo lo que hacía; al menos no comprendió toda su trascendencia: falseó las bases del Derecho Constitucional; y he aquí que, salvas algunas honrosas excepciones, a partir de tan funesto ejemplo, hemos vivido fuera del derecho público; y he aquí que las naciones cultas, apreciándonos en lo que deben, casi nos han colocado fuera del derecho internacional. ¡Qué tal es la lógica inflexible de los acaecimientos históricos! ¡Qué tan severos, qué tan terribles son, para los hombres, para los pueblos que falsifican la conciencia, los providenciales castigos!

Consumada la anexión de Centroamérica a México, muerta la patria centroamericana a manos de muchos de sus propios hijos, como era natural y debido, desapareció el Gobierno que la rigiera como nación independiente. La Junta Provisional Consultiva se disolvió en

21 de febrero de 1822, y Gainza, el comodín de todos los partidos, continuó como jefe militar y político de la provincia subordinada a México: para su consejo, convocó a los Representantes, nuevamente electos para la Diputación Provincial, que se instaló por tercera vez el 29 de marzo del año 22. El nuevo Gobierno trató como sediciosos a todos los opositores al Imperio, y los imperialistas trataron como execrables herejes a los independientes que protestaban contra la inconsecuencia, contra la alevosía, contra el perjurio de los imperialistas que habían dado muerte afrentosa a su propia madre, a su patria.

Valle, amargado su corazón, conturbadísimo su espíritu por la primera y más cruel de sus decepciones políticas, se retiró a la vida privada, y, en su profundo dolor y en su profundo duelo por la patria muerta, buscó un refugio y un consuelo en el estudio y en el cultivo de las letras. Recordaba el desconsuelo inmenso de Cicerón, y, como el orador romano, dijo con infinita tristeza: «Después que se acabó la República, las ciencias fueron mi asilo: a ellas me entregué, y cultivándolas serví a la patria».

Y sirvió a la patria, de noble y honrosísima manera, publicando escritos que hicieron y harán siempre honor a la América Central. Por aquellos tiempos en que se luchaba heroicamente en el sur del Continente por la independencia, uno de los pensamientos dominantes de los más grandes estadistas, amigos de la causa de los americanos, era el pensamiento de asegurar la independencia de América y de ponerla a salvo de la reconquista de la Europa. El derecho público de aquella época está calcado sobre la capital y dominante idea de defensa nacional. En 1822, el Libertador y Presidente de Colombia, Simón Bolívar, invitó a los Gobiernos de México, Perú, Chile y Buenos Aires para formar una confederación y reunir en el Istmo de Panamá, u otro punto elegible a pluralidad de votos, una Asamblea de Plenipotenciarios de cada Estado, con el fin de que asegurase la independencia y los intereses de la paz y de las instituciones de América. Antes de que pudiesen conocerse en Guatemala los trabajos del Libertador Bolívar, el 23 de febrero de 1822, Valle, en fuerza de su genio, concebía y formulaba, en el norte de América, la misma idea del Libertador Bolívar. En un artículo, profundo por su fondo, y bellísimo por su forma[26], decía: «La América se dilata por todas las zonas; pero forma un solo continente. Los americanos están diseminados por todos los climas; pero deben formar una familia.

Si la Europa sabe juntarse en Congreso cuando la llaman a la unión cuestiones de alta importancia, ¿la América no sabrá unirse en Cortes cuando la necesidad de ser, o el interés de existencia más grande, la obliga a congregarse?

Oíd, americanos, mis deseos. Los inspira el amor a la América, que es vuestra cara patria, mi digna cuna.

Yo quisiera:

1°.- Que en la provincia de Costa Rica, o de León, se formase un Congreso general, más espectable que el de Viena, más importante que las dietas donde se combinan los intereses de los funcionarios y no los derechos de los pueblos:

2°.- Que cada provincia de una y otra América mandase, para formarlo, sus diputados o representantes, con plenos poderes para los asuntos grandes que deben ser objeto de su reunión:

3°.- Que los diputados llevasen el estado político, económico, fiscal y militar de sus provincias respectivas, para formar, con la suma de todos, el general de toda la América:

4°.- Que, unidos los diputados y reconocidos sus poderes, se ocupasen en la resolución de este problema: Trazar el plan de que ninguna provincia de América sea presa de invasores externos, ni víctima de divisiones intestinas:

5°.- Que, resuelto este primer problema, trabajasen en la resolución del segundo: Formar el plan más eficaz para elevar las provincias de América al grado de riqueza y poder a que pueden subir:

6°.- Que fijándose en estos objetos, formasen: 1°.- La federación grande que debe unir a todos los Estados de América. 2°.- El plan económico que debe enriquecerlos.

[26] Véase en El Amigo de la Patria el artículo intitulado: "Soñaba el Abad de San Pedro; y yo también sé soñar".

7°.- Que, para llenar lo primero, se celebrase el pacto solemne de socorrerse unos a otros todos los Estados en las invasiones exteriores y divisiones intestinas: que se designase el contingente de hombres y dinero con que debiese contribuir cada uno al socorro del que fuese atacado o dividido; y que, para alejar toda sospecha de opresión, en el caso de guerra intestina, la fuerza que mandasen los demás Estados para sofocarla se limitase únicamente a hacer que las diferencias se decidiesen pacíficamente por las Cortes respectivas de las provincias divididas, y obligarlas a respetar la decisión de las Cortes; y,

8°.- Que, para lograr lo segundo, se tomasen en cuenta las respectivas necesidades y se formase el tratado general de comercio de todos los Estados de América, distinguiendo siempre, con protección más liberal, el giro recíproco de unos con otros.

Congregados para tratar de estos asuntos los representantes de todas las provincias de América, ¡qué espectáculo tan grande presentarían en un Congreso no visto en los siglos, no formado nunca en el antiguo mundo, ni soñado antes en el nuevo!»

He aquí expresado con maestría el pensamiento trascendental de la liga americana: he aquí a Valle elevándose a las más altas concepciones de los publicistas de los primeros tiempos de la independencia. Valle mereció y obtuvo grandes elogios por su famoso escrito sobre la liga americana. El ilustre don Bernardo Monteagudo, en su Ensayo sobre una federación general en los Estados americanos, llamó idea madre a la grande idea expresada por Valle.

Si el erudito publicista, don José María Torres Caicedo, tan profundo conocedor de la genealogía, desarrollos y vicisitudes de las ideas e instituciones de los pueblos latinoamericanos, hubiese tenido a la vista los escritos de Valle, correspondientes a los comienzos del año de 1822, no hay duda de que, al escribir su interesante libro, la Unión latinoamericana, habría tenido como autores de tan fecundo pensamiento, de tan vasto proyecto, a Bolívar y a Valle; a aquellos dos genios que, sin conocerse, sin relacionarse, sin cambiarse sus ideas, por una de esas raras visiones que sólo corresponden a los excepcionales talentos, concibieron y formularon, en apartadas tierras y casi al mismo tiempo, una misma idea, que es la idea de hoy, que es la idea del porvenir: la unión de la América Latina para asegurar sus derechos, su tranquilidad, su engrandecimiento y su ventura.

En la actualidad la liga americana no puede tener todos los fines que tuviera en el primer tercio de este siglo. La situación de las cosas y de las ideas ha cambiado radicalmente: la reconquista europea es imposible; la Europa no puede ser ya una amenaza para la América.

Pero la liga americana será siempre un desideratum para el patriotismo, por cuanto regularía las relaciones internacionales de los pueblos latinoamericanos, labrando su paz permanente y acrecentando sus progresos morales, políticos e industriales. La lucha desastrosa de las Repúblicas del Pacífico está probando la necesidad de una liga salvadora para los más grandes y caros intereses de los americanos.

Aunque Valle estaba retirado a la vida privada, viviendo tan sólo entre sus libros, con la vida del pensamiento, la provincia de El Salvador, que se mantenía firme en sus propósitos de independencia, quiso sacar a Valle de su retraimiento, eligiéndolo Jefe Superior Político de su disgregada comunidad social.

Pero Valle comprendía la situación dificilísima de los salvadoreños, que se preparaban a sostener ruda lucha contra Guatemala; Valle comprendía que no debía entrar en una lucha fratricida y, determinado por tales consideraciones, no aceptó el honroso puesto que le ofrecieron los independientes salvadoreños, los grandes batalladores por la causa del derecho y de la libertad de los pueblos.

Poco tiempo antes de declinar Valle tan alto honor, en 10 de marzo de 1822, fue electo por Tegucigalpa, Diputado al Congreso de México. Chiquimula lo eligió para igual cargo, en 19 del mismo mes. Valle no se había separado nunca de su familia, a la que tenía un apego entrañable; pero era preciso aceptar el cargo de los pueblos; la patria lo demandaba: era preciso dejar familia y amigos para hacer un viaje penosísimo, de cuatrocientas leguas, exponiéndose a toda suerte de contrariedades y peligros. Valle, pues, aceptó su cometido y, sintiendo una inmensa desolación en el alma, sintiendo un dolor para él tan desconocido como acerbo, el dolor de la ausencia, salió de Guatemala para México, el día 7 de mayo de 1822. Nuevo y hermoso teatro iba a presentarse a Valle para que desplegase su inquebrantable actividad, para que hiciese brillar con mayor brillo las luces de su extraordinario talento.

El actor fue digno del grande y nuevo teatro: Valle en México se colocó en las más encumbradas eminencias, como ilustrado y nobilísimo representante de la dignidad y de la independencia de Centroamérica.

CAPÍTULO V: VALLE DIPUTADO

Trabajos de Valle como Diputado en el Congreso de México. — Prisión de Valle en el Convento de Santo Domingo. — Sus estudios. — Valle es nombrado Ministro de Iturbide, y sale de la prisión para encargarse del Ministerio. — Su política en el Ministerio. — Caída del Imperio. — Valle vuelve a ocupar su puesto de Diputado. — Sus trabajos en favor de la Independencia de Centroamérica. — Regreso de Valle a Guatemala.

EL DÍA 28 DE julio de 1822 llegó Valle a la capital de Anáhuac. Grandes sucesos se habían operado recientemente en México: el Congreso se había instalado el 24 de febrero anterior, al año de haberse proclamado el Plan de Iguala; el Gobierno de la Regencia había desaparecido, y desde la noche del 18 de mayo, merced a un pronunciamiento militar, habíale sucedido el Gobierno de Iturbide. El 21 de junio del mismo año se había efectuado la coronación solemne del General en Jefe del Ejército de las tres garantías, que, por la gracia del militarismo, tomó el título de Agustín I, Emperador de México.

Bajo el Imperio, y en un Congreso que tenía mucho de opositor a la nueva institución, Valle tomó posesión de su cargo el 3 de agosto. El 5 del mismo mes fue nombrado individuo de la Comisión de Constitución: asistía al Congreso por la mañana, y a la Biblioteca de la catedral por la tarde, donde se reunía la Comisión de que formaba parte. Por la noche se entregaba a su ocupación favorita, a la lectura. Tal era la vida de Valle durante los primeros días de su residencia en la capital mexicana.

El trono de Agustín I se había levantado sobre las bayonetas de un militarismo exaltadísimo. El Gobierno del Emperador estaba viciado por su origen; así es que en el Congreso sólo contaba con una minoría: la mayoría le era adversa y, cediendo a la expansión de sus sentimientos, era propicia a las ideas de Valle, quien desde luego trató de preparar la opinión para hacer triunfar su causa: la Independencia de Centroamérica.

Dificilísima era la situación del Imperio. Las conspiraciones y las sediciones lo cercaban y amenazaban de muerte. Se había fundado sobre el deleznable pedestal de la fuerza, y tan sólo le ocurría emplear la fuerza para inutilizar las oposiciones. En 4 de agosto propuso al Congreso que hubiese en la capital de cada provincia un Tribunal compuesto de dos oficiales del ejército y de un letrado, nombrados por el Emperador, que conociese exclusivamente, o a prevención, de los delitos de sedición, conspiración, homicidios, hurtos y heridas; que las apelaciones se hiciesen para ante el Capitán General de la Provincia; y que, no siendo conformes los fallos de primera y segunda instancia, se ocurriese en súplica al Supremo Tribunal de la Guerra. Tan delicado asunto, que puso en alarma a los mexicanos, de orden del Congreso, pasó a la Comisión de Constitución, unida a la de Legislación. Valle comprendió que, de adoptarse el proyecto de ley de Gobierno, sería someter a Guatemala al juicio de oficiales mexicanos, nombrados por el Emperador, dificultándose más de esta suerte la independencia de Centroamérica. Valle se opuso al proyecto y dio dictamen en su contra. El Congreso apoyó el dictamen de Valle, y lo hizo publicar: el Ministro del Imperio retiró su proyecto de ley. ¡Hermoso triunfo de la oposición mexicana! ¡Brillante triunfo parlamentario, el del centroamericano José del Valle!

No obstante la derrota sufrida por la política autoritaria del Imperio, el 16 del mismo mes de agosto se presentó al Congreso la cuestión de si éste o el Ejecutivo debía nombrar los Ministros del Tribunal Supremo de Justicia. Valle, en un luminoso discurso, calcado sobre la verdadera teoría de la división y responsabilidad de los poderes públicos, estuvo por el nombramiento del Congreso. Este hizo imprimir su discurso y siguió su parecer. Valle, en medio de los entusiastas aplausos de la galería, alcanzó un nuevo y espléndido triunfo parlamentario[27].

---

[27] Sé, por tradición, que Valle era el orador dominante en la tribuna de México; que cuando iba a hablar la sociedad mexicana se impacientaba, como dicen que se impacientan en España, esperando la melodía de la palabra de Emilio Castelar, y que, como sucede con tan famoso tribuno, amigos y enemigos se decían, llenos de interés y de entusiasmo: «Esta noche va a hablar el señor Valle». ¡Qué poder el del talento! ¡Qué mágico ascendiente de la palabra! ¡Qué envidiable gloria la del verdadero orador!

Por aquellos días, Valle trabajaba con el señor Mendiola el proyecto de Constitución, asentando en él incontestables principios de los que debía derivarse, con rigor lógico, la independencia de Guatemala. Fijaba los fundamentos que debían servir para una seria y decisiva discusión. La laboriosidad, esclarecidos talentos y carácter superior de Valle le habían captado el aprecio y simpatías de los Diputados, sus compañeros, quienes, el 24 de agosto, diéronle una alta prueba de confianza y de consideración, nombrándolo Vicepresidente del Congreso.

Tal era el puesto eminente de Valle, cuando dos de sus compañeros fueron a su habitación a manifestarle que muchos de los Diputados opositores iban a ser presos: un vecino de la capital le ofreció su casa para que se asilase, y otros se empeñó en que fuese a ocultarse en casa del Representante de Colombia. Pero Valle no quiso huir, ni estar oculto. «Que huyan —dijo— o se escondan los que son reos ante la ley: los que han cometido delitos y son positivamente criminales. Yo no conozco el crimen: yo soy hombre de bien: yo respeto la virtud y procuraré siempre respetarla». Cruzado de brazos, inerme, pero con la conciencia tranquila, con la serenidad del justo, esperó el rudo golpe del militarismo del Imperio.

El atentado del militarismo no se hizo esperar mucho tiempo. Valle, a la vez que otros Diputados, militares y paisanos, sin orden escrita, fue preso el 26 de agosto, y recluso, como reo de Estado, en el Convento de Santo Domingo, bajo mandamiento de incomunicación, y con centinela de vista. Al encarcelar a Valle y tenerlo en la prisión, sin observarse requisito alguno, se violaron los artículos 172, 128 y 190 de la Constitución española del año 12, a la sazón adoptada en México. Pero ¿qué importan los artículos de una ley, aunque esta ley se llame fundamental, al absolutismo que tiene por criterio la fuerza y por fin la venganza? ¡Desgraciados de los que tienen fe en la ley en las épocas de absolutismo o de anarquía! La ley es la irrisión, el ideal que se pisotea: la arbitrariedad es el hecho que oprime, el hecho que mata: es Justicia infernal, ¡pero es justicia!

Inenarrables fueron los profundos dolores, los crueles sufrimientos que se apoderaron del ánimo de Valle al verse en extraña tierra, en medio de lo desconocido, preso, indefenso, y a distancia inmensa de su familia, que había de recibir, entre indecibles congojas, tristísimas nuevas del que fuera su sostén, su padre cariñoso. Mil y mil pensamientos lúgubres, desgarradores, se agolpaban en la mente de Valle. Dirigía representaciones al Gobierno, y eran vanas: era reo de Estado, y se le interrogaba como testigo: quería saber el porqué de su prisión, e ignoraba el curso de su proceso: todo era dudas, todo era incertidumbres para el pobre preso que sentía en el alma inmensa desolación. Para dolores tan intensos, para infortunios tan amargos, sólo había el lenitivo de la cariñosa benevolencia de los religiosos de Santo Domingo, y el dulce lenitivo del estudio: franqueáronse a Valle, por los religiosos, las puertas de la Biblioteca del Convento, y pasaba los días encerrado en su silencioso recinto, estudiando antiguos manuscritos y antiguos impresos relativos a los sucesos y establecimientos de México; leyendo antiguas Gacetas, que le hacían observar los progresos de la nación; y revisando los mapas de Nueva España, los de Alzate, Humboldt, Arrowsmith y Brue, que rectificó en vista de nuevos informes y de propias observaciones. ¡Con qué noble y bella figura se presenta Valle a la imaginación, como prisionero infelicísimo, en el Convento de Santo Domingo! Se me figura ver, bajo la bóveda de sombría y solitaria estancia, a aquel hombre de tez pálida, surcada por los surcos que deja impresos el pensamiento: me parece ver, al caer de melancólica tarde, a los últimos rayos del sol poniente, que penetraban por las altas y estrechas ventanas de las tristísimas celdas del Convento de Santo Domingo, a aquel hombre febricitante, poseído del ansia de saber, inclinado sobre viejos manuscritos, amarillentos y apolillados por los siglos: me parece verlo leyendo y volviendo a leer seculares documentos, lleno de mortal tristeza, pero lleno también de noble afán por encontrar en aquellas memorias del pasado las huellas de una civilización, y algún germen precioso para lo porvenir! ¡Qué cuadro tan solemne! ¡Qué admirable combinación de luz y de sombras! Si yo fuera pintor y tuviese artístico genio, y una paleta rica en colores, retrataría a Valle escogiendo aquellas lentas horas en que estudiaba, como sabio, en el Convento de Santo Domingo; aquellas horas tristísimas que evocan el recuerdo de la Edad Media, de aquella época en que, fuera del perímetro de las agitaciones de las luchas del siglo, la ciencia, deidad adorable, tenía seguro asilo en las silenciosas celdas de los Conventos, poblados de sombras y misterios...

Pero he aquí que, cuando Valle estaba más concentrado en sus estudios, que cuando escribía algunos capítulos, los más interesantes de su Ensayo sobre las ciencias[28], de improviso, a las seis de la tarde del día 22 de febrero de 1823, presentósele un oficial de Iturbide para entregarle un pliego de su soberano. ¡Imposible expresar la sorpresa de Valle! En el pliego se le comunicaba su nombramiento de Secretario de Estado y del Despacho de Relaciones Exteriores, y se le prevenía se dirigiese a Zapaluta, residencia del Emperador, a recibir instrucciones. Se ordenaba, además, al Capitán General le diese una escolta y los auxilios necesarios para que se encaminase, sin demora, al lugar de la residencia imperial. ¡Qué cambio tan inesperado, tan brusco, en la posición de Valle! ¡Aquello era como el súbito despertar de un sueño de horrores! ¡Qué transición! Pasar de una estrecha cárcel a una absoluta libertad: pasar de la condición de mísero reo oprimido y olvidado, a ejercer la primera Secretaría del Imperio; pasar del abatimiento de la impotencia, a la plena animación y al ejercicio de un gran poder; pasar de la penumbra de una celda silenciosa, a la esplendente luz del mediodía, y al bullicio del mundo y de la política. ¡Qué raras, qué dramáticas son las situaciones de ciertos hombres! ¡Qué grandes, qué maravillosas las antítesis de su vida! Imposible explicar su misterioso contraste, como imposible es explicar cuándo la mansa onda del cristalino arroyuelo formará parte de la ola embravecida del inmenso océano.

Valle se presentó ante el Emperador, quien manifestóle, con hidalga franqueza, que lo había nombrado su Ministro para darle alguna satisfacción por los agravios que había sufrido. Valle olvidó las ofensas recibidas, le ofreció sus respetos, y le protestó su gratitud; pero le expresó, al mismo tiempo, que no podía aceptar el honor que se le dispensaba. «Un Ministro —le dijo, ante algunas personas que estaban presentes— debe ser el primer hombre en la ciencia de los

---

[28] Obra inédita comenzada en Guatemala algunos años antes de la prisión de su autor.

gobiernos; el primero en el conocimiento de la nación que ha de dirigir. No debo tener el orgullo de darme el primer título. No ha siete meses que llegué a México, y no tengo, por consiguiente, todos los conocimientos necesarios de esta nación»[29]. Añadió algunas otras consideraciones para justificar la no aceptación de la Secretaría de Estado; pero Iturbide insistió y volvió a insistir, y Valle se vio en el caso de ejercer las funciones de su alto cargo.

Los enemigos políticos de Valle, más tarde y en diversas ocasiones, pretendieron desprestigiarlo por su aceptación del ministerio, tachándolo de monárquico, de imperialista. Semejante cargo no lo mereció Valle, si es que se juzgan sus actos a la luz de una crítica imparcial. Cierto es que respetó la legalidad existente durante la colonia: cierto es que fue hasta complaciente con los peninsulares, y por tales complacencias lo he juzgado con severidad; pero consumada la independencia, Valle fue el devoto más sincero del nuevo régimen y de las nuevas instituciones, y el defensor más tenaz de sus fueros y excelencias. Si Valle hubiera sido imperialista, no habría sido el opositor más ardiente a la política del Imperio en el Congreso Mexicano: no hubiera renunciado su cargo con insistencia ante Iturbide: no le habría enviado algunos días después su dimisión, en términos decisivos, a su residencia de Tacubaya, dimisión que no fue aceptada en términos absolutos: no habría, en fin, sustentado en el Ministerio una política de moderación y de justicia, cuando el Imperio, creado por la fuerza del militarismo, no podía hallar más salvación probable que en el empleo de medios coercitivos, de fuerza y de intimidación. Si Valle fue Ministro del Imperio de Agustín I, fue porque una necesidad indeclinable lo exigía, y porque, además, su puesto era propicio para trabajar en provecho de los intereses de su patria, nunca olvidada, de Centroamérica. La Historia, que debe ser justa, absolverá a Valle del cargo que le hicieran sus enemigos políticos, mal aconsejados por el espíritu de rivalidad, por el espíritu de las pasiones que no sabe perdonar ni a los hombres de acrisolada honra. Pero las pasiones condenan, y la Historia absuelve. He aquí la

---

[29] Manifiesto de Valle a la Nación guatemalana, 1825.

más preciosa garantía de los hombres públicos que saben cumplir con su deber.

Valle, en el Ministerio, no estuvo en un lecho de rosas. El Imperio estaba vacilante, bamboleaba: las oposiciones eran grandes y amenazadoras: la angustiosa situación del Gobierno exigía muchos trabajos, muchos esfuerzos, muchas vigilias, y Valle trabajaba de día y de noche, sin darse punto de reposo. No le tocaban días de calma y de solaz, esos días benditos que buscan, desolados, los politicastros del éxito y de los medros personales. Valle veía que la nube tempestuosa se agrandaba y se ennegrecía de momento en momento, y era preciso conjurar la tempestad. ¿Cómo conjurarla? ¿Cómo hacer que la crisis social se resolviese de un modo benéfico y honroso? ¿Se emplearía la política de un militarismo atentatorio a todo derecho, la política del terror? ¿O se emplearía la política de moderación y justicia, que abre campo al sentimiento nacional y al espíritu dominante de la opinión pública? Iturbide y Valle estuvieron por esta generosa y salvadora política. Valle, que como Diputado no había querido la violencia, tampoco quiso la opresión como Ministro de Iturbide. Trabajaba porque el Imperio no concluyese con una catástrofe: no quería ni el desenlace de una revolución sangrienta, ni el desenlace de una reacción liberticida que malograse las conquistas de la independencia. Esta política triunfó para honra de Iturbide y de Valle. Las ideas republicanas se hicieron predominantes en México. En 6 de diciembre del año de 1822 Santa Ana proclamó en Veracruz la República, y formó el plan llamado de Casa Mata, secundado por Bravo, Guerrero y otros jefes. El Emperador, aunque con muchos partidarios y con un valor personal a toda prueba, evitó noblemente la guerra civil: abdicó la corona en 20 de marzo, y dejó el país, embarcándose con su familia en Veracruz, en el bergantín inglés Rawlins, el 11 de mayo de 1823. De manera tan pacífica y honrosa terminó el Imperio de Agustín I, y con el Imperio, el cargo desempeñado por el estadista Valle. ¡Cuánto enseña la Historia! ¡Que aprendan nuestros caudillos! Iturbide y Valle dejaron nada menos que uno de los más vastos y ricos imperios del mundo[30], y lo dejaron, teniendo prestigios y elementos, sin luchar, por evitar una guerra civil, por evitar que se derramasen lágrimas y sangre. Cuando la opinión se subleva, y la guerra amenaza con sus horrores, ¿dejan así el mando de un pobre cacicazgo nuestros caudillos centroamericanos? Que nuestra Historia responda, y que nuestra juventud se inspire en el noble ejemplo de su compatriota ilustre, del Ministro de Iturbide.

Merece mencionarse especialmente un noble rasgo de la conducta de Valle, durante el tiempo que estuvo en las alturas del poder. Supo quiénes habían sido los intrigantes, los delatores que movieran al Gobierno para efectuar su prisión; tuvo, al alcance de la mano, a los causantes de su pasada desgracia; pudo haberse vengado; mas, haciéndose superior a todo resentimiento, a todo encono, renunció a la venganza. Sus ocultos enemigos, los que le hirieran por detrás, sólo pudieron arrancarle estas amargas palabras, verdaderas en todos los tiempos y lugares: «Los reptiles que entran arrastrándose en los palacios, para abusar después de la autoridad con orgullo: los delatores oscuros, los informantes ocultos, han sido siempre los que he visto con más horror......» Grande fue Valle por el olvido generoso de las ofensas que recibiera, y justo por el terrible anatema que lanzó sobre los hombres-reptiles que sorprenden al que manda para herir, alevosa y cobardemente, a las víctimas de su odio o de su envidia. La conducta y las palabras de Valle siempre serán una saludable lección.

Caído el Imperio, se restableció el Congreso que había sido disuelto en 30 de octubre de 1822; y en 31 de marzo de 23, constituyó un Poder Ejecutivo, compuesto de Bravo, Victoria, Negrete y Guerrero. Valle volvió a ocupar su puesto de Diputado, y el Congreso continuó dispensándole su confianza y haciéndole honores dignos de sus altos méritos. En 14 de mayo de 1823 fue nombrado individuo de la Comisión especial para fijar las bases de la Constitución, bases que explicó en un notable escrito, que fue impreso de orden del Congreso. Fue también nombrado Vocal de otras comisiones importantes, en las

---

[30] Con excepción de los Imperios de Rusia y de China, el Imperio mexicano era el más grande del mundo: comprendía desde Centro América hasta Tejas, las Californias y Nuevo México.

que trabajó empeñadamente, mereciendo siempre la aprobación y el aplauso de sus colegas.

El 12 de abril hizo una extensa representación al Congreso, evidenciando la nulidad del Acta de anexión de Guatemala a México, y pidiendo la salida de las tropas de Filísola que operaban en territorio centroamericano. En primero de julio se trató en definitiva la gran cuestión sobre la independencia de Guatemala. Valle pronunció en aquella sesión memorable un extenso y luminoso discurso sobre los incontestables derechos de Centro América a su independencia y a su libertad, derechos tanto más innegables cuanto que estaban declarados insubsistentes el Plan de Iguala y los Tratados de Córdoba, sobre cuyas bases se había hecho, por un conciliábulo de imperialistas, precipitada y traidoramente, la anexión de Guatemala a México. La poderosa voz de la razón se hizo oír: Valle llevó a todos los ánimos el convencimiento. El Ministro del nuevo Gobierno manifestó al Congreso que Guatemala debía estar en libertad para constituirse como le pareciese, y que debían retirarse las tropas de Filísola. El Congreso, cediendo a la justicia, hidalga y brillantemente representada por Valle, dio un acuerdo confirmando los puntos indicados por el Ministerio. El acuerdo del Congreso resolvió por completo la cuestión, y dejó garantizada la independencia de Centro América[31].

---

[31] Sobre este interesante punto aún no se ha fijado la atención de los centroamericanos. La segunda Independencia de Centro América se debe a José del Valle. Es necesario hacerle esta justicia, pese a quien pese. Supóngase que Valle, merced a sus perseverantes y prestigiosos trabajos, no hubiese obtenido del Gobierno y del Congreso mexicanos, la declaración y garantía sobre la independencia de Centro América; supóngase que el Gobierno y el Congreso hubiesen querido, con firmeza, que Centro América, unida al Imperio, hubiese continuado unida a la República; dado este supuesto, no obstante la dejación que del mando hizo Filísola, no obstante la decisión de los independientes centroamericanos, la anexión a México habría continuado. Pudo efectuarse, aunque de hecho, la anexión al Imperio, pues con mayor razón pudo efectuarse la anexión a la República. Y si no, he aquí una prueba. La República mexicana quiso tomar nuestra provincia de Chiapas, y Chiapas le pertenece; quiso tomar

Tras largos meses de propaganda, por medio de la prensa, y de trabajos parlamentarios en favor de la emancipación de Guatemala, Valle vio colmados sus deseos, satisfechas sus aspiraciones, que eran los deseos y aspiraciones del patriotismo centroamericano. Alcanzando su honrosísimo triunfo, en 3 de septiembre dirigió un oficio al Congreso, manifestando que había sido electo Diputado a la Asamblea Nacional de Guatemala, y que él, lo mismo que sus compañeros guatemaltecos, habían recibido orden de su Gobierno para regresar a su país. El Congreso mexicano dio por retirados a los Diputados centroamericanos, y Valle dejó de asistir a las sesiones.

Resuelta para Valle toda cuestión política en orden a su patria, tan sólo se ocupó en preparar su regreso, y en enriquecer su inteligencia con nuevos conocimientos sobre los elementos materiales y morales de México. «Una nación —decía— es un libro muy grande, de instrucción muy vasta y profunda». Volvió a leer el Ensayo Político de Humboldt; estudió en los archivos los mismos impresos y manuscritos que tuvo en sus manos y que estudió aquel sabio viajero; visitó y observó los establecimientos públicos; dedicó atento examen a los minerales y a la Flora y la Fauna de México, y consiguió algunos instrumentos de observación para emplearlos en nuevos estudios, durante su regreso a Guatemala. El viaje de regreso de Valle fue el viaje de un sabio. Observaba las temperaturas y producciones de cada lugar, fijaba las distancias de los pueblos, estudiaba sus usos y costumbres, tomaba alturas barométricas y termométricas, coleccionaba y clasificaba minerales y vegetales, y hacía toda clase

---

nuestro territorio del Soconusco, y el Soconusco también le pertenece. Multiplíquese por cinco esta cantidad de fuerza, y tendremos el resultado de la multiplicación en favor de México. Sin los trabajos de Valle, y sin el respeto de México al derecho, hoy constituiríamos un grande Estado de la Federación Mexicana. ¿Unidos a aquella gran nación que hoy tiene verdaderas instituciones, seríamos más felices? Mi razón me dice que sí: mis sentimientos centroamericanos me dicen que no. Gracias, pues, sean dadas a Valle que sustentó la causa que ama nuestro corazón. En cuanto a lo demás, principios, ideas, libertad, justicia y civilización, el porvenir decidirá... ¡Yo creo en lo porvenir!

de observaciones que consignaba en un diario de su viaje. Quería regresar a Guatemala riquísimo en conocimientos para poner su ciencia al servicio de sus conciudadanos. Bajo impresiones tan halagüeñas, y con la más pura e indecible alegría de su alma, después de dos años de ausencia, a principios de 1824, Valle entró en la capital de Guatemala, acompañado de numerosos amigos que habían salido a su encuentro para darle pláceme de bienvenida. Inolvidable fue para Valle aquel día venturoso de su retorno. Más tarde decía con tierna emoción: «Si me hubiera sido posible estrechar en mis brazos a Guatemala, yo la hubiera apretado entre ellos, con más gozo que un amante al objeto de sus amores». En aquel día feliz el sabio callaba, hablaba tan sólo el hombre de corazón.

CAPÍTULO VI: LE ROBAN LA PRESIDENCIA

Lo que había sucedido en Centro América durante la ausencia de Valle. — Valle ejerce el Poder Ejecutivo Nacional de Centro América. — Constitución de 1824. — Valle da cuenta al primer Congreso Federal de los trabajos del Gobierno. — Elección de Valle para Presidente de la República de Centro América. — El Congreso anula su elección. — Retraimiento de Valle y su Manifiesto de 1825. — Valle funda el Redactor General. — Sus escritos como publicista. — Conducta de Valle durante la reacción de Arce y los conservadores de Guatemala. — Discursos de Valle en 1829. — Valle juzgado como orador.

ENTRE TANTO que Valle permanecía en México trabajando en favor de la independencia de su patria, grandes y ruidosos acontecimientos ocurrían en Centro América. La provincia de El Salvador había entrado en heroica lucha con Guatemala para defender los fueros de la independencia; los imperialistas guatemaltecos, sobradamente ineptos, habían sido incapaces para someter a los independientes salvadoreños; Gainza, el veleidoso Gainza, había sido llamado a México por ser conceptuado como sospechoso, o por lo menos, como inútil; el Brigadier don Vicente Filísola había llegado a Guatemala con seiscientos mexicanos, se había hecho cargo del poder como Capitán General de la provincia, y había marchado al teatro de la guerra; el sometimiento de los centroamericanos estaba para consumarse, y sufrían atentados y vejaciones de la soldadesca mexicana, cuando Filísola tuvo noticia del pronunciamiento de Casa Mata; Filísola, que gobernó con un buen sentido y con una moderación que honran su memoria, había convocado, en 29 de marzo de 1823, un Congreso que debería reunirse en Guatemala, conforme al acta de 15 de septiembre de 1821; a la sazón, Honduras estaba en conmoción, y grandes disturbios ocurrían en Nicaragua y Costa Rica; el 24 de junio se había instalado solemnemente la Asamblea Nacional Constituyente, compuesta de los hombres más notables de Centro América; la Asamblea, que había abierto sus sesiones el 29 del mismo mes, había tomado en consideración el acta de 5 de enero de 1822, y declarado, en el memorable decreto de 1.º de julio de 1823, que las provincias de que se componía el Reino de Guatemala eran libres e independientes de la antigua España, de México y de cualquiera otra potencia, así del antiguo como del nuevo mundo, y que no eran ni debían ser el patrimonio de persona ni familia alguna: que dichas provincias tuviesen la denominación de PROVINCIAS UNIDAS DEL CENTRO DE AMÉRICA; el Congreso se había ocupado en dictar otras medidas de alta importancia y de constituir un Poder Ejecutivo provisional, compuesto de tres individuos, de cuyo número fue José del Valle, por segunda elección de la Asamblea. Tales fueron los sucesos principales que se habían verificado; tal era la situación de Centro América, cuando Valle, electo Diputado e Individuo del Poder Ejecutivo, llegó de regreso de México, a Guatemala, a principios del año de 1824.

A instancias de la Asamblea Nacional, Valle, el 5 de febrero de 1824, tomó posesión de su cargo como individuo del Supremo Poder Ejecutivo. Valle era el pensamiento, era el nervio de aquel Gobierno provisional. No vivía para su familia ni atendía a sus intereses; tan sólo vivía para la patria, y tan sólo atendía a los públicos intereses. No se limitaba a hacer lo que era de su estricta obligación. Trabajaba como individuo del Poder Ejecutivo, trabajaba como Secretario, dictando algunas notas para auxiliar al Ministerio, trabajaba, en fin, como redactor de «La Gaceta del Gobierno Supremo de Guatemala», periódico que siempre deberá consultarse, pues es fuente de grandes y provechosas enseñanzas políticas y administrativas.

El asunto más serio, de más vital interés que embargaba la atención del Poder Ejecutivo, fue la pacificación de Nicaragua. Esta provincia, por el año de 24, estaba destrozada por el monstruo de la anarquía: su vida era una vida de horrores: formaba lo que después formó Honduras bajo el desgobierno del General José María Medina y demás caudillos que precedieron al Gobierno del señor don Marco A. Soto, el escándalo de la América Central. En orden a la pacificación de Nicaragua, divergentes eran los pareceres de los jefes del Ejecutivo, Valle y Arce: Valle retardaba la pacificación porque quería el empleo de medios prudentes que evitasen la intervención armada de El Salvador, en la que estaba interesado Arce como salvadoreño, llevando, entre otras miras, la de ensanchar sus prestigios en Nicaragua. Valle obró mal comprometiendo, por espíritu de rivalidad, los más caros intereses de toda una provincia, necesitada, ante todo, de paz y de regularidad. Pero su responsabilidad se atenúa si se considera que la provincia de El Salvador, de acuerdo con Arce, quiso obrar por su propia cuenta, sin contar con el Gobierno general, en la pacificación de Nicaragua. Valle debió poner obstáculos a tales procedimientos, pues, como hombre de principios y de vista perspicaz, comprendía la dañosa trascendencia que tendría la indisciplina, la insubordinación del Gobierno de una provincia. Sin embargo, Valle, para hacerse superior a odiosas rivalidades y cumplir en todo con su deber, debió poner a raya las extralimitaciones de la autoridad salvadoreña y, a la vez, emplear prontamente medios eficaces para el logro de la completa pacificación de Nicaragua. Esto habría hecho honor a sus prendas de particular y de gobernante, y habría evitado que su competidor Arce obtuviese más tarde, en 1825, el triunfo de pacificar a Nicaragua y de dar alguna regularidad a su modo de ser político.

Los desacuerdos de que he hablado, y el carácter altivo y, por lo común, intransigente de Valle, hicieron que Arce se separase del Gobierno. Arce era, a su vez, orgulloso, había prestado grandes servicios a la causa de la independencia, tenía muchos prestigios entre los liberales, poseía la conciencia de su alto valer, y no toleraba el predominio que ejerciera Valle por su carácter imponente y su talento incontestable. Sucedió a Arce en el Poder Ejecutivo, don José Manuel de la Cerda, sujeto que siempre supo distinguirse por su moderación, por sus desinteresados servicios, y por su amor acendrado a la independencia y a las instituciones republicanas. Más tarde el triunfo definitivo de Arce sobre su competidor Valle debía ser fecundo en males para Centro América.

A la sazón que Valle y sus colegas ejercían el Poder Ejecutivo de las provincias de Centro América, la Asamblea Nacional Constituyente se ocupaba en la formación de la Ley Fundamental que había de darse a la República. La Asamblea estaba dividida en dos grandes partidos, el federalista y el centralista: el primero estaba formado de los liberales que querían dar a Centro América una

Constitución Federal, análoga a la de los Estados Unidos del Norte; el segundo estaba formado de los conservadores que querían hacer de Centro América una República unitaria y constituirla bajo el régimen de un Gobierno Central. La situación de las provincias, que supieron preparar para su objeto los liberales; el desprestigio en que estaban las ideas de los conservadores, que acababan de ser imperialistas; y el seductor ejemplo de las instituciones norteamericanas, todas estas causas, unidas a una grande inexperiencia, dieron en la Asamblea el triunfo a la idea de los federalistas.

Adoptado el principio del federalismo, la Asamblea, después de ímprobos y honrosos trabajos, y de ruidosísimos debates parlamentarios, en 22 de noviembre de 1824, emitió la Constitución de la República Federal de Centro América. Valle, aunque electo Diputado, no figuró en la Asamblea Constituyente, por estar encargado del Ejecutivo. Su nombre y los de sus colegas, don José Manuel de la Cerda y don Tomás O. Horán, aparecen autorizando el "Ejecútese" de la primera Constitución de la República.

Valle, en algunos de sus escritos, ya fuese por altos motivos de patriotismo, ya fuese por íntimo convencimiento, se mostró muy satisfecho de la nueva Constitución Federal de Centro América. Sin embargo, infundada era su satisfacción. Error fundamental fue, a mi juicio, la aceptación de un régimen federal para las provincias del antiguo Reino de Guatemala. El federalismo rompió nuestra unidad histórica; creó para un pueblo, sin ninguna educación política, el sistema de gobierno más difícil de practicarse; estableció un complicado y antieconómico organismo gubernativo para un pueblo falto de comunicaciones y de recursos; constituyó un poder nacional destituido de suficientes y vigorosas atribuciones; sembró, en fin, en el suelo de un pueblo inquieto, apasionado, de raza meridional, irreflexiva, la simiente de una constante guerra civil[32].

La derrota de los conservadores, que tenían razón, y el triunfo de los liberales, que sólo tenían buenos deseos, nos han costado muy caro, y muy caro costarán también a las venideras generaciones. El

---

[32] El autor de esta obra hace un juicio crítico, amplio y fundado en antecedentes y hechos concretos, de la Constitución federal de 1824, en la Biografía inédita del Benemérito General don Francisco Morazán.

error de los federalistas del año de 24 trajo, antes del 29, la anarquía que produjeron los golpes de Estado del Presidente Arce; hizo que escollasen los esfuerzos del genio fecundo de Francisco Morazán; hizo que el año 39 quedase despedazada, hecha girones, la patria centroamericana. Hoy mismo aquel funesto error produce la ruinosa y excepcional situación de las pequeñas repúblicas de Centro América. Hoy mismo aquel error, por siempre lamentable, hace que en toda la América española sólo los centroamericanos tengamos la más pavorosa de las cuestiones, la cuestión de buscar los medios de existir políticamente. México, la Confederación Argentina, Colombia, Chile, Venezuela, el Perú y demás repúblicas del Sur, han tenido el buen sentido de conservar, bajo una u otra forma, la entidad nacional, fuerte y respetable, que constituyeran históricamente. Algunas de dichas repúblicas han hecho grandes conquistas en el terreno de la verdadera democracia y de la verdadera civilización, y no podrán ya retroceder; las menos felices tienen cuestiones dificilísimas que resolver en lo social y en lo político; pero no tienen que resolver la cuestión de existencia, la cuestión de ser verdaderas naciones. Aunque el Perú fuese desmembrado por su enemiga Chile, el Perú siempre tendrá elementos para ser una nación: toda su cuestión se reducirá al modo de gobernarse con honradez y cordura. Pero entre nosotros, a causa de que el buen sentido práctico sólo ha brillado por su ausencia, existe, lo repito, como tristísima excepción en la América Española, el más pavoroso y terrible de los problemas, el problema de existir. La cuestión para nosotros no es de atender al modo de gobernarse cada una de nuestras infinitesimales repúblicas: la cuestión capital es unirnos para formar una verdadera nación.

Divididos los pueblos centroamericanos, pueden hacerse todos los benéficos arreglos imaginables, pueden emitirse todas las constituciones más perfectas en teoría, pueden alcanzarse algunos relativos progresos, y armarse grandes algazaras en pro de la civilización y de la libertad. Pero todo esto es precario, es vano: el vicio esencial de la desunión corroe nuestro raquítico organismo, nos mata. La desunión mantiene la debilidad de nuestros pueblos, y fomenta su inmoralidad, elementos que serán siempre propicios para que imperen en Centro América la anarquía o el despotismo, que hacen imposible un régimen de garantías, de verdaderas instituciones republicanas, único que puede presentarnos ante el extranjero como miembros de una nación digna y respetable. ¡A qué precio se paga un error fundamental en política! Después de más de medio siglo de luchas fratricidas, el error de los federalistas del 24 nos ha legado esta cuestión aterradora: BUSQUEMOS LOS MEDIOS DE EXISTIR; ¡SÁLVEMONOS! ¿Cuándo la resolveremos? ¿Cuándo habremos de salvarnos en la tabla que nos ofrecen, aunque de lejos, el buen sentido, la libertad y la civilización? ¡Quién sabe! ¡Ojalá que las generaciones venideras sean más felices que la nuestra! Entre tanto, trabajemos en pro de las ideas.

Después de emitida, en 22 de noviembre de 1824, la Constitución de Centro América, conforme a sus prescripciones, se instaló el 25 de febrero del año siguiente de 1825 el primer Congreso Federal. Al abrirse sus sesiones, Valle, en un discurso digno de un verdadero estadista, informó a los Representantes del pueblo centroamericano de los trabajos llevados a cabo por el Gobierno provisional. Valle dijo: «Dirección prudente de la opinión; orden interior; instrucción pública; hacienda; fuerza; riqueza; relaciones exteriores; constitución, son los objetos que han ocupado al Gobierno y a los cuales ha llamado la atención de todos los funcionarios». Enumeró las labores administrativas realizadas con relación a cada uno de tan importantes ramos de gobierno, y terminó su discurso con estas bellas y consoladoras palabras: «El Gobierno presenta a la nación sin revolución ni movimientos destructores: la presenta avanzando en su carrera. Un labrador laborioso recuerda con gozo sus trabajos y ve con placer sus cosechas. Un gobierno celoso, volviendo los ojos a los suyos, se penetra de iguales sentimientos. Trabajé —dice— en el año que ha pasado, trabajaré más en el año que comienza. Los pueblos me han confiado sus destinos: yo seré todo para los pueblos. Una lágrima menos; una espiga más; un retoño de la planta que no se había cultivado, será el maximum de mi felicidad».

Conforme a la convocatoria de 5 de mayo del año de 24, los pueblos eligieron las autoridades federales. Los partidos liberal y conservador entraron en una verdadera campaña electoral. Los liberales trabajaron por la candidatura del General don Manuel José Arce, sujeto que había contraído grandes méritos para con la República, a quien creían muy afiliado al partido liberal, y muy accesible para seguir el rumbo de las ideas y pretensiones de los liberales. Los conservadores, con notable mala fe, y sólo por no encontrar otro candidato prestigioso para enfrentarlo al caudillo de los liberales, trabajaron por la candidatura de Valle. Uno y otro partido, contrariando sus deberes, empezaron por inocular el virus de la corrupción electoral: trataron de dividir los sufragios de los pueblos para que no resultase elección popular, y correspondiese al Congreso el nombramiento de las Supremas Autoridades.

No obstante tan reprobados manejos, tan viciosos ensayos de la República, triunfó, para honra de Centro América y de sus instituciones, el buen sentido de los pueblos. Hubo elección popular, y resultó electo Presidente de la Federación, José del Valle. Ochenta y dos era el número total de sufragios: se reunieron en la Asamblea setenta y nueve: de estos obtuvo Valle cuarenta y un votos, y Arce treinta y cuatro. Valle, pues, fue electo popularmente Presidente de Centro América.

Mas tal resultado desconcertaba los planes y ambiciones de los liberales: defraudaba sus más acariciadas esperanzas: aspiraban a dominar en el ánimo del gobernante, y Valle no era para ser dominado. Entonces apelaron al expediente de falsear el cómputo de la elección, tomando en cuenta, para fijar la mayoría, la base de ochenta y dos sufragios y no la base de setenta y nueve, como era debido. A esto se agrega que dos de los sufragios que no entraron en el escrutinio, por fútiles pretextos, no se quisieron tomar en consideración, por temor de que fuesen favorables a Valle, y quedar, en tal supuesto, sin ningún expediente para anular la elección de los pueblos. Para lograr su intento, los liberales necesitaban del concurso de los conservadores que no eran leales a su candidato. Ambos partidos entraron en arreglos, formaron una coalición que dio en tierra con la votación popular, y eligieron en el Congreso, por mayoría de votos, al General Arce, Presidente de Centro América, nombrando a Valle Vicepresidente. Así se consumó, cuando la República empezaba a ensayarse, cuando debió haber más moralidad política, la primera y criminal suplantación del voto de los pueblos; así se cometió, por liberales y conservadores, uno de los errores más trascendentales y dignos de lamentarse.

La elección de Valle, ante la Historia, honra tanto a los pueblos de Centro América como deshonra a los partidos que la anularon. ¡Felices tiempos aquellos en que los pueblos no estaban corrompidos por el caudillaje! ¡Felices tiempos aquellos en que el falso brillo del funesto militarismo no había hecho perder a los pueblos su buen sentido práctico! Los pueblos sabían que Valle era un hombre honrado, que Valle era un hombre amigo de la legalidad, que Valle era un hombre incorruptible, que Valle era un sabio estadista, apreciado por su ciencia, dentro y fuera de Centro América. Los pueblos atendieron a su verdadera conveniencia, hicieron justicia al mérito, y eligieron Presidente a Valle, a despecho de los trabajos inmorales de liberales y conservadores. Nuestra Historia, a vuelta de muchas y muchas páginas, en que sólo puede verse la ignominia, tiene también algunas páginas honrosas. La elección de Valle, para consuelo del patriotismo, formará siempre una página honrosísima en la Historia del pueblo centroamericano.

¡Qué vanos fueron los temores que movieron a los liberales a arrebatar la presidencia a Valle! Temían el carácter severo y altivo de Valle; temían que fuese intransigente con sus pretensiones; temían que degenerase en absolutismo el predominio de su alta inteligencia. ¡Ay! En aquella época en que empezaban a fermentar las pasiones y los odios de los partidos, debió comprenderse que los inconvenientes que se encontraban en Valle eran ventajas; que los defectos que se le atribuían eran eminentes cualidades para el mando. Valle, tan severo, tan capaz, tan instruido, no se habría dejado manejar ni por los unos ni por los otros, y esto, justamente, debía haber constituido la prenda segura del orden, de la legalidad y del progreso de las instituciones: la falta de parcialidad habría puesto a raya a las pasiones; la capacidad administrativa habría anulado bastardas ambiciones. Valle se habría ocupado muy poco en la política de partido, y se habría ocupado mucho en la administración.

Valle habría dado un gran sentido económico, de inmensa trascendencia, a los trabajos del Gobierno; Valle habría promovido eficazmente la educación política e intelectual de los pueblos; Valle, como gran estadista, no habría tenido los desbarajustes y caídas de Arce; y, enérgico, prudente y sabio, habría asentado los fundamentos indestructibles del engrandecimiento material y moral de Centro

América. Valle, justamente, por la virtud de los defectos que se le atribuían, habría salvado a la República. Pero los liberales no quisieron formar un partido sensato y respetuoso de la ley: quisieron formar una pandilla apasionada y vengativa, a guisa de nuestras pandillas de Honduras. No quisieron tener un magistrado íntegro y superior a los intereses y resentimientos de partido: quisieron tener en Arce un dócil instrumento de sus ideas y ambiciones. ¡Ay! Nada queda impune. Tan criminal extravío tuvo bien pronto una horrible expiación. El instrumento se escapó de las manos de los liberales, y cayó en manos de los conservadores. Arce dio golpes de Estado, despedazó las instituciones, creó el caudillaje, provocó sangrientas y fratricidas luchas, desacreditó a la República, entregó el poder a los enemigos de los que fueran sus amigos, y él mismo acabó por ser innoble víctima de los implacables conservadores[33]. No; el gobernante no debe ser el instrumento de un partido ambicioso y vengativo; debe ser el representante de la ciencia política y de la estricta justicia.

¡Desgraciados liberales! Quisieron un instrumento, y el instrumento los hirió de muerte. Quisieron el triunfo de las pasiones, y las pasiones de sus contrarios los ahogaron en mares de sangre y de lágrimas. Si Valle hubiera sido Presidente, años después el gran Barrundia, huyendo de los furores del salvajismo de Carrera, no habría muerto en extranjera playa, martirizada su alma por inmenso duelo por la patria muerta! ¡Qué terribles, pero qué saludables, son a veces las enseñanzas de la inflexible Historia!

---

[33] En vano el General don José Manuel Arce, cediendo a sentimientos de pundonor y de patriotismo que le honran, quiso justificar su conducta en sus Memorias que publicó en México en 18 de julio de 1830. Las Memorias de Arce revelan al hombre de alguna instrucción y de propósitos muchas veces bien intencionados; pero de ninguna manera al Gobernante irresponsable ante la Historia. Por más que los errores y los crímenes traten de velarse con hábil hipocresía y seductores sofismas, llega un día en que la Historia les rasga el velo, y en que aparecen en toda su horrible desnudez. Si hay algo que los tiranos, por absolutos que sean, no pueden adulterar o pervertir, es el certero instinto de la posteridad, instinto que, para bien de la especie humana, inspira los juicios imparciales de la Historia de los pueblos y gobiernos.

Al expresar las reflexiones anteriores no he tratado de fantasear sobre hechos que no existieron ni pudieron existir. He tratado de exponer lógicas conclusiones, fundadas en análisis exactos sobre el organismo moral de las sociedades y de los partidos. Un hecho de observación de nuestros tiempos da fuerza irrecusable a mis reflexiones. El señor Soto, como gobernante, en un pequeño teatro, ha hecho y está haciendo lo que Valle hubiera hecho en el gran teatro de Centro América. Los mal llamados partidos de Honduras jamás se han elevado a la idea de lo impersonal. Nuestros partidos no han comprendido que fuese posible otra política que la de la parcialidad, política servida por un caudillo, y caudillo sujeto a ser el órgano, o mejor dicho, el brazo armado de los resentimientos y ambiciones de sus partidarios. He aquí por qué el Gobierno en este país, más bien que un organismo político encargado de realizar el derecho, ha sido una facción armada, descuidada de la administración, y provocadora siempre de disensiones y guerras civiles. He aquí por qué el pueblo hondureño ha sido el pueblo más desgraciado de Centro América. Bajo auspicios tan tristes, y cuando el país estaba ya disuelto por la anarquía, el señor Soto, hombre civil, con su firmeza de carácter, con sus elevadas miras, y con su gran saber en lo administrativo, vino a enfrenar desatentadas pasiones; vino a impedir el choque de enemigas pretensiones. No se ha dejado manejar ni por liberales ni conservadores: no ha cedido a injustas exigencias: no ha sido el vengador de pasados agravios: no ha sido el instrumento de rojos ni de cachurecos. El señor Soto sólo ha mirado el bien del país, y ha gobernado consultando a su propia cabeza y a su propio corazón. El resultado de esta salvadora política ha sido la paz de Honduras, el progreso de sus instituciones, el acrecentamiento de su riqueza, y la recuperación de su crédito. ¿Gusta esta política a liberales y conservadores exaltados de Honduras? De ninguna manera. El señor Soto es incómodo, muy incómodo para sus exclusivismos disociadores.

En lo íntimo de su alma deben dolerse, como se dolían los partidos de Guatemala respecto a Valle, de ver a un hombre que, con su superioridad de carácter y de inteligencia, anula los esfuerzos de las medianías anarquistas; de ver a un hombre que, con sus hábiles trabajos administrativos, en lo militar, en lo civil, en lo económico, ha puesto redes en que se enredan los políticos de tendencias vengativas y de hechos de insultante exclusivismo; redes en que han caído los sectarios de la vieja política, quedando impotentes para levantarse erguidos, para ejercer el triste ministerio del odio y la venganza, el ministerio de un partido triunfante sobre las ruinas de la Patria, sobre la tumba de la República. La política de Valle no habría gustado a exaltados liberales y a exaltados conservadores, como no gusta la política del señor Soto a los extremistas de Honduras. Pero esto, ¿qué importa? Satisfágase a la razón y a la justicia, hágase el bien positivo de los pueblos, que, por lo demás, no hay que cuidarse de los sordos murmullos de las pasiones domeñadas: esos murmullos serán ahogados por la potente voz de la verdad, de la verdad que es inmortal!

Como queda expuesto, Valle fue nombrado Vicepresidente de la República. Renunció este cargo y no le fue admitida la renuncia: volvió a renunciar, y, conocida por el Congreso su absoluta negación, tuvo que admitirle la renuncia, sustituyéndolo, primero, con don José Francisco Barrundia, y después, por dimisión de este célebre centroamericano, con don Mariano Beltranena. Se atribuyó, por muchos, tan sólo al resentimiento, al despecho, la renuncia de Valle. Es indudable que Valle quedó profundamente resentido por habérsele arrebatado la Presidencia que tenía derecho a ejercer en virtud de la elección de los pueblos; y su resentimiento fue natural y justificable. Mas no sólo el resentimiento determinó a Valle a renunciar la Vicepresidencia, lo determinó también su deber. Valle, como todas las personas imparciales, juzgó nula la elección de Presidente, hecha por el Congreso, y del mismo vicio de nulidad adoleció la elección de Vicepresidente. Si Valle hubiera aceptado la Vicepresidencia, habría reconocido implícitamente como válidos procedimientos que juzgaba nulos. Valle no debió incurrir en semejante inconsecuencia, que habría echado un feo borrón sobre su nombre, y que habría legitimado el éxito de un atentado contra las instituciones. Valle fue digno y supo cumplir con su deber. No hay que transigir con el absurdo.

El 29 de abril de 1825, Arce tomó posesión de la Presidencia de Centro América. Valle, aunque resentido por el triunfo de su rival, y aunque poseedor de grandes medios de acción, no quiso convertirse en opositor sistemático y vengativo, y mucho menos en opositor faccioso. Optó por una política de retraimiento, y se entregó a sus atenciones domésticas y a sus estudios, tanto tiempo interrumpidos. Valiéndome de sus propias palabras diré que su «alma buscaba ciencias que la distrajesen, lecturas que la alegrasen. Vagaba por las plantas, estudiaba esqueletos, medía triángulos, o se entretenía en fósiles». Como sus enemigos tratasen en aquella época de presentar su conducta como dudosa, para desprestigiarlo ante los pueblos, escribió, en 20 de mayo del mismo año de 25, un extenso y sentido «Manifiesto» dirigido a la Nación. En ese notable documento en que brillan una amable sencillez y un alto espíritu de patriotismo, Valle hizo una enumeración de los servicios que había prestado a la patria, y en medio de calmosas reflexiones, recordó, no por vanidad, sino por deber, todos los títulos que tenía para que no se le juzgase mal, y para que los pueblos continuasen dispensándole su aprecio y su confianza. Nobilísimo proceder el de Valle. No apeló a las vías de hecho para vengarse de su rival afortunado y de sus injustos enemigos; y para justificarse, no empleó el insulto, la diatriba: se limitó a usar del lenguaje de la verdad y de la razón. ¡Ojalá que todos los políticos caídos fuesen tan moderados, tan respetuosos y tan inofensivos como lo fue José del Valle, el estadista vencido por la híbrida coalición de liberales y conservadores!

Por aquel tiempo empezaron a aparecer publicaciones periódicas, y con ellas calurosas contiendas en el terreno de la prensa. Se fundó «El Indicador», órgano de las ideas de los conservadores; «El Liberal», órgano de las ideas de los liberales; y el «Don Melitón», periódico crítico-jocoso, atribuido con justicia a don Antonio Rivera Cabezas, el escritor humorístico que mejor ha sabido manejar la sátira burlesca: los conservadores eran las víctimas de su chispeante ingenio. Rivera Cabezas creía, como los franceses, que el ridículo da la muerte. Valle, para cultivar el género de los escritos serios y provechosos, fundó el «Redactor General», que don Alejandro Marure, el historiador de más grandes dotes que ha tenido Centro América, calificó en estos términos: «Sobrepujó a todos los escritos de su tiempo. Era obra de Valle, y esto es bastante para recomendar su mérito literario».

De grande importancia fueron los escritos que Valle publicó en el «Redactor General»: aun hoy su interés puede considerarse como de actualidad. Citaré, entre los muchos escritos que brotaron de su pluma en la época a que me refiero, los siguientes:

1°-La descripción geográfica de la República y Estados de que se compone:

2°-Los derechos que tiene para ser independiente de todas las naciones del mundo:

3°-El extracto de la Constitución Política que ha jurado:

4°-La necesidad de la libertad justa de imprenta como una de las primeras garantías del sistema constitucional:

5°-Los puntos de vista a que debe volverse la de los Jefes de los Estados que quieran reunir y comunicar los datos necesarios para ir formando nuestra Estadística:

6°-Los progresos que puede hacer nuestra agricultura, y utilidad de que los labradores escriban los pensamientos u observaciones que les haya dado la experiencia:

7°-La instrucción sobre el cultivo o beneficio de la grana, que empieza a ser uno de los ramos importantes de nuestra industria:

8°-El proyecto interesante de hacer navegable el Ulúa, poblar los campos que fecunda, y traer al Estado de Honduras la riqueza que el comercio lleva a La Habana[34].

---

[34] ¡Qué exactas previsiones y qué acertados consejos los del verdadero estadista! Entiéndase bien: gobernar es saber y es prever. Hoy estamos haciendo, como una gran cosa, como una radical revolución económica, lo que el sabio Valle indicaba en 1825: atraer el comercio a nuestras costas del norte, hacer navegables nuestros ríos que desaguan en el Atlántico, y formar centros de agricultura y de comercio en aquellas feraces, privilegiadas tierras, que son las tierras de promisión para la América Central. En nuestras costas del norte, allí está el porvenir económico; será fácil y natural arraigar grandes y legítimos intereses políticos. Más de $300.000 recoge Honduras cada año, de su exportación de frutas de la costa norte, y esto con imperfectísimo cultivo y malas vías de comunicación. Está para echarse al agua el primer vapor que ha de surcar las aguas de nuestros caudalosos ríos que desembocan en el Atlántico. ¡Cuánto ganará la agricultura, cuánto ganará el comercio, cuánto ganará el orden público en aquellas regiones en que sólo imperaban los bandidajes de los Medina y los Cuéllar! Cuando en las aguas del Ulúa se oiga el

9°-El decreto de la Asamblea Nacional y artículos de la Constitución en que se ofrecen a los extranjeros los derechos de ciudadanos, asilo y protección.

10.-El arancel equitativo de nuestras aduanas, y discurso en que se demuestran los principios liberales que le sirven de base:

11.-El cuadro de Suchitepéquez, uno de los partidos más fecundos del Estado de Guatemala:

12.-El Tratado memorable de Unión, Liga y Amistad, celebrado a 12 de abril del presente año, entre esta República y la de Colombia; y el Proyecto de Confederación Americana publicado en Guatemala desde 1822:

13.-El Estado y progresos hechos por nuestra Nación hasta el 25 de febrero último, y los de las otras de América hasta fines del año anterior o principios del presente:

14.-El aviso de diversas obras publicadas en Europa, y suscripción abierta en esta oficina de otras que conviene publicar:

---

primer silbido del primer buque de vapor, al bendecir al Gobierno de Soto, que ha hecho revolución económica tan grandiosa, recordaremos al Colón de nuestros estadistas, a Valle; y, al recordarlo, con entrañable amor, gritaremos los hondureños: ¡Tierra! ¡Tierra! Habremos encontrado un nuevo mundo para nuestra agricultura, para nuestra industria, para nuestro comercio. Que se desengañen los ignorantes, estúpidos y dictatoriales mandones militares: a puntapiés y a bofetadas sólo pueden hacer males como gobernantes. Sólo la inteligencia ilustrada puede labrar el bien de estos nacientes y desventurados países. El militarismo brutal sólo podrá hacer la cesión de Belice, con Carrera; y los empréstitos de Honduras y Costa Rica, los escandalosos latrocinios, con Medina y Guardia. José del Valle: tú eras pensador, tú eras honrado y sabio estadista; y por esto tus ideas son las de lo porvenir. Cuanto bueno y honroso se haga en el sentido de tus previsiones políticas y económicas, llevará siempre el sello de tu nombre: la honra de nuestros trabajos es la honra de tu nombre. El premio es tardío, pero es magnífico. ¿Qué más galardón? Vives y vivirás glorificado en la Historia de nuestros progresos nacionales. No todo acaba cuando muere el hombre: le sobreviven sus inmortales ideas. Hombre de fe en las ideas: consolaos...!

15.-Los principios del derecho de gentes que deben respetar las Repúblicas de América, para ser felices y no entorpecer su marcha política:

16.-Los elementos que tienen las naciones del Nuevo Mundo para estrechar más que las del Antiguo, los vínculos de alianza y amistad:

17.-El Estado político de Europa, y plan de alianza que se llama Santa; y,

18.-Los recursos de América para sostener su independencia en el caso de agresión».

Valle, en los escritos citados, como en los demás que publicó en su periódico, estuvo a la altura de un verdadero publicista. Valle lo era en el genuino sentido de la palabra, y no en el impropio y lisonjero sentido con que en Centro América se ha dado en llamar publicista a cualquiera que, sin poseer la ciencia social, escribe, en pésimo español, numerosos artículos para los periódicos. Valle conocía y analizaba científicamente las cuestiones sociales: para ello le servían su excepcional talento y sus variados y sólidos conocimientos. Filosofía, Historia, Geografía, Legislación, Economía Política, Estadística, Derecho Constitucional, Derecho de Gentes, Ciencias Exactas, Historia Natural, en sus diversos ramos, Literatura antigua y moderna, y las más importantes lenguas vivas; todo, todo lo sabía, todo esto lo había estudiado, y lo había estudiado con perfección. Tan múltiples y sólidos conocimientos le hacían tener el criterio de un publicista experimentado, de un estadista práctico. Los más importantes ramos del saber humano concurren a la formación del publicista merecedor de este nombre. Valle no era del número que forman la mayor parte de nuestros pretensos publicistas, sabedores, cuando más, de la escolástica, de las Leyes de Partidas y de las recopiladas, aunque muy sabedores de las intriguillas de palacio, y muy conocedores de las emboscadas de inmortales partidos que asaltan el poder. ¡Cuánto hemos retrogradado! No sólo hemos retrogradado en moralidad política, sí que también en las ciencias y en las letras. Pese a quien pese, he dicho la verdad y continuaré diciéndola.

Lo que hemos ganado en extensión lo hemos perdido en solidez. Centro América tiene muchos publicistas, muchísimos, pero son muy contados los que siquiera conocen, científicamente, el organismo del

Estado: tiene muchos escritores, pero son rarísimos los que escriben siquiera gramaticalmente: tiene muchos poetas, pero, en su mayor parte, insufribles, detestables, y los mejores, salvo honrosas excepciones, apenas si merecen ser lacayos de las musas. Aunque pese a nuestro orgullo, diré que la decadencia intelectual de Centro América es horrible, que corre parejas con su decadencia moral y política. No tenemos un sabio como José del Valle, un publicista como Mariano Gálvez, un historiador como Alejandro Marure, un filólogo como Antonio José de Irisarri, un crítico como Antonio Rivera Cabezas, un folletista como José Francisco Barrundia, un poeta como José Batres Montúfar. Parece que los salvajismos de nuestras demagogias y las brutalidades de nuestras dictaduras han secado las fuentes de las ciencias y de las letras: parece que, muertos de sed de verdad, de justicia y de inspiración, han desaparecido los genios de la ciencia creadora y de la divina poesía. ¡Que sólo la libertad fecunda da vida y aliento a la inteligencia que enseña, y al corazón que conmueve con el puro sentimiento y las más sublimes armonías!

A pesar del retraimiento de Valle, los pueblos no lo olvidaron. Los de la capital de Guatemala, de Chiquimula y de Santa Bárbara lo eligieron, al mismo tiempo, Diputado al Congreso Federal, correspondiente al año de 1826. Sintiendo su salud ya quebrantada, y a la vez deseoso de continuar alejado de la vida política, rehusó concurrir al Congreso; mas fue apremiado, con mucha instancia, para que ocupase su puesto, y el 28 de marzo tomó posesión de su cargo. El mismo día pronunció su notable discurso sobre la necesidad de que se publicasen las discusiones y acuerdos del Congreso, presentando, al efecto, un proyecto de ley que tuvo mayoría en la Cámara, pero que, por fútiles motivos, no tuvo la sanción del Senado. En las posteriores sesiones del Congreso de 26, Valle pronunció otros discursos sobre asuntos de grande interés político y administrativo, discursos que, por la elevación de las ideas, por sus tendencias prácticas, y por las correctas formas de su expresión, honrarán siempre nuestros anales parlamentarios. Por aquel tiempo Valle empuñaba el cetro de la elocuencia en el Parlamento de Centro América.

El 30 de junio del año de 26 cerró sus sesiones el Congreso Federal, y a fines del mismo año, Arce, inquietado por los liberales y engañado por los conservadores, tuvo el criminal desacierto de provocar una de las revoluciones más dilatadas y sangrientas que ha tenido Centro América. Arce destituyó ilegalmente y redujo a prisión a don Juan Barrundia, Jefe del Estado de Guatemala: anuló los poderes legislativos constitucionales: entró en guerra con el Estado de El Salvador, que patrocinaba la causa de las instituciones: ordenó la invasión inicua a Honduras, que produjo la caída del Jefe de Estado, don Dionisio de Herrera, y el incendio de Comayagua, la capital. Arce, aconsejado por los conservadores, trató de anonadar los derechos de los Estados, para que no hubiese más ley que su voluntad, mal dirigida por los tradicionales enemigos de la independencia y de la patria.

Los Estados, por su parte, lucharon heroicamente en defensa de las instituciones, holladas por la bota de un militar desatentado. Por todas partes la discordia, por todas partes la guerra. Arce convirtió a Centro América en un horrible caos en que sólo se dejaba ver, a veces, el siniestro resplandor de los incendios, y en que sólo se oían el choque de los sables, el disparo de los fusiles, el estruendo de los cañones, y los sollozos y las quejas y los lamentos de infelices víctimas. Tal fue el cuadro digno de ser reproducido por el genio sombrío del Dante, tal fue el cuadro de infernales horrores que presentó Centro América durante los años de 1827, 1828 y parte del 29, cuadro que llegó a borrarse, a desaparecer, al brillar el hermoso sol de la libertad que iluminó la última y definitiva victoria que alcanzó en la plaza de Guatemala, el 13 de abril de 29, el ilustre Francisco Morazán, el guerrero de la democracia, el defensor de las instituciones, el glorioso restaurador de los desplazados fueros de la República centroamericana.

Valle, durante tan cruda y sangrienta lucha, permaneció en su hogar, doliéndose de las desventuras patrias, y haciendo votos por el triunfo de la verdad y la justicia. Victorioso Morazán, que representaba la causa de los Estados, como era lógico, se restablecieron los poderes constitucionales. El Congreso Federal, que había sido disuelto dictatorialmente, se restableció en 24 de junio de 1829, y Valle volvió a ocupar su sillón de Diputado, y a hacer oír su elocuente palabra que puso al servicio de los legítimos intereses y de la reorganización de la República. Por aquel tiempo, en uno de sus escritos, expuso el siguiente juicio, sobre la pasada revolución: «Desaparecieron los poderes constitucionales: quedó solamente el despotismo incendiario de pueblos, destructor de hombres, devorador de capitales: los Estados del Salvador, Honduras y Guatemala se alzaron contra él en uso de sus derechos; y la justicia triunfó al fin, como era de esperarse».

La Sociedad Económica había sido disuelta en 1825, a causa de la revolución provocada por Arce. Triunfante el partido liberal y restablecidos los poderes constitucionales, el Congreso, el 30 de septiembre de 29, decretó el restablecimiento de la Sociedad. Al reaparecer aquella corporación benéfica, el 29 de noviembre del mismo año, Valle pronunció un luminoso discurso, tal vez el más elevado y el más bello de sus discursos. Tomó por tema la influencia de la ilustración, considerándola especialmente en sus resultados económicos. Al mencionar tan brillante discurso, séame dado exponer el juicio que Valle me merece como orador. La elocuencia de Valle no era una elocuencia tribunicia, era, más que todo, una elocuencia parlamentaria, o una elocuencia académica: en sus discursos predominaba la idea que convence, y no la vehemencia y las llamaradas de la pasión que seduce y arrebata: su lenguaje era cortado, lleno de expresiones hijas de la reflexión, pero a veces salpicado de pintorescas imágenes: no usaba los grandes períodos, tan propios de la índole de nuestro idioma: no producía esas grandes espirales de palabras, artísticamente combinadas, tan propias para exaltar la majestad de la idea, y para remontar hasta el cielo los vuelos de la imaginación: Valle, con su oratoria, enseñaba, convencía, y a veces deleitaba; pero no arrebataba, no enardecía, no fascinaba, no enloquecía los ánimos, a fuerza de golpes de sentimiento y de pasión: su voz era robusta, sonora, y por decirlo así, cortante; pero no era la voz flexible, que ora se convierte en dulce canto, en una tierna plegaria o en una suave y amorosísima querella, ora se convierte en el estruendo del torrente, en el estallido del volcán, en el rugir del océano, o en el trueno de las tempestades. La elocuencia de Valle no era la elocuencia de la plaza pública ni de las revoluciones: era la elocuencia del parlamento y de la academia: no era la elocuencia de las luchas ardientes, impetuosas; era la elocuencia de la razón que impera, sin grandes arrebatos, sin grandes arranques de entusiasmo, que impera en fuerza del convencimiento. La elocuencia de Valle era la elocuencia de Mr. Guizot, con quien tenía grandes afinidades como orador.

Como Guizot, gustaba de dar por alma a sus discursos trascendentales, síntesis científicas que desarrollaba con incontestable lógica y vigoroso estilo; como Guizot, enseñaba y convencía, más bien que peroraba y fantaseaba; como Guizot, era grave en su carácter, severo en su apostura, y, de ordinario, sobrio en el decir; como de Guizot, podía decirse de él, valiéndose de la expresión del Vizconde de Cormenin, «que era un pedagogo en su cátedra, que dejaba ver siempre por debajo de su ropa la punta de su palmeta»: que era «un calvinista que cuando predicaba enseñaba más bien el temor, que el amor de Dios». Ninguna analogía más perfecta que la analogía de la elocuencia de Valle con la elocuencia de Guizot, elocuencia que tenía mucho de la escuela, mucho del profesorado, mucho de las ciencias; elocuencia que alcanzaba grande éxito, porque enseñaba, porque convencía, aunque no era la elocuencia del entusiasmo, la elocuencia de las grandes pasiones, la fascinadora elocuencia del corazón. Tal era, a mi juicio, como orador José del Valle, el primer orador parlamentario de Centro América: tal era la elocuencia de aquel hombre extraordinario que fue dominador de la tribuna en los parlamentos de México y Guatemala: tal era aquel sabio orador centroamericano de quien el famoso escritor Barrundia, dijo: «Su cabeza fue una luz, su boca fue el órgano de la elocuencia».

¡Qué exactas previsiones y qué acertados consejos los del

CAPÍTULO VII: GANA LA PRESIDENCIA... ¡Y MUERE!

Situación de Centro América. – Valle hace competencia al General Morazán en la elección de Presidente de la República. – Valle es nombrado Ministro Plenipotenciario de la República ante el Gobierno de Francia. Situación de la República desde 1832 a 1834. – Los pueblos eligen a Valle Presidente de la República. – Valle juzgado como literato. – Enfermedad y muerte de Valle, ocurrida el 2 de marzo de 1834.

LA SERIE NO interrumpida de magníficos triunfos alcanzados por el Benemérito General don Francisco Morazán, desde la memorable batalla de La Trinidad, librada el 11 de noviembre de 27, hasta la batalla de Las Charcas, y su entrada en la plaza de Guatemala el 13 de abril de 29, tan gloriosos hechos de armas, cambiaron, contra la previsión de los conservadores, de una manera radical, la situación política de Centro América. Los Poderes constitucionales que había destruido el Presidente Arce fueron restaurados: los conservadores que habían sucumbido, aun los más criminales, fueron indultados, y la justicia de la revolución tan sólo quitóles el poder de dañar, imponiendo a los más peligrosos la pena de destierro: Arce y sus principales amigos fueron expatriados: las comunidades religiosas, adversas siempre a todo régimen de libertad y de progreso, fueron disueltas y expulsadas: el esclarecido ciudadano don José Francisco Barrundia, en concepto de Senador, se hizo, a su pesar, de la Presidencia de la República, y gobernó bajo un régimen de garantías y justicia: el General Morazán, en vez de tomar por asalto el poder, empeñóse en nuevas y duras empresas. Destruyó las últimas resistencias de los conservadores, venciendo en Olancho y Opoteca, ya con la diplomacia, ya con las armas, y restableciendo el orden en el perturbadísimo Estado de Nicaragua: el General Morazán, soldado de ley, mientras el gran Barrundia mandaba, como verdadero liberal, con la fe en la conciencia y con la Constitución en las manos, aseguró con el prestigio de su glorioso nombre y con la fuerza de su valor heroico, la completa paz de la República centroamericana.

¡Qué tiempos! ¡Qué hombres! Tiempos en que había fe en el derecho y entrañable apego a las instituciones; hombres extraordinarios que, adoradores del ideal querido de la República, supieron hacer milagros de abnegación y patriotismo. Los generosos y perseverantes trabajos de Morazán y de Barrundia hicieron que en 1830, tras las victorias legendarias del 29, hubiese una situación no sólo de plena paz, sino también de legalidad, de grandes planes de progreso y de perspectivas y esperanzas las más consoladoras y lisonjeras para la República. Había concluido el período del Presidente Arce y de las demás autoridades federales, y era necesaria su renovación por el voto de los pueblos. Se procedió a elecciones en los primeros meses del año de 30, y basta decir que José Francisco Barrundia gobernaba, para asegurar, como verdad inconcusa, el hecho de que las elecciones fueron completamente libres. Barrundia estaba en el poder; pero no quería el poder y jamás lo quiso: tan sólo quiso siempre la dignidad y las libertades del pueblo centroamericano. Barrundia era amigo íntimo del General Morazán; pero jamás quiso que su amigo fuese un gobernador impuesto, y mucho menos, un dictador que hollase brutalmente los fueros de la República: quiso que su amigo predilecto fuese, como lo fue, el soldado de la democracia, el héroe generoso en los combates, y en el Gobierno, el digno y culto Presidente de un pueblo libre.

La atención de los centroamericanos estaba fija, y con justicia, en la persona del General Morazán. Todo se esperaba del vencedor de La Trinidad, de Gualcho, de San Antonio, de San Miguelito y de Las Charcas; todo se esperaba del genio militar y político que acababa de ganar nuevos laureles en Olancho y Opoteca, y de pacificar, con habilidad admirable, el revuelto Estado de Nicaragua. «Su aureola —dice, en oportunísimos términos, el Doctor don Lorenzo Montúfar [35]— en la pequeñez de nuestro suelo, era la que rodeaba en grande

---

[35] Muchos de los datos que sirven de base a este capítulo están tomados de la Reseña Histórica de Centro América, escrita por el erudito publicista Doctor don Lorenzo Montúfar. Véase esta obra interesante que contiene noticias, tradicionales y documentos preciosísimos que, a no haber sido la laboriosidad, a toda prueba, del Doctor Montúfar, estarían casi perdidos

escala a Bonaparte al volver de Egipto». Y no obstante los esplendores de tanta gloria, y a pesar de ser Morazán el restaurador de la paz y de las instituciones, hubo un hombre que, sin tener más prestigio que el de las ideas, y sin poner por obra trabajo alguno, desde su gabinete de estudio, hizo una gran competencia al General Morazán en las elecciones de Presidente de la República. Tal hombre, que opuso las páginas científicas del libro a la foja de servicios de un

---

para la Historia de Centro América. Sólo quien conoce prácticamente el ímprobo trabajo que es necesario, siquiera sea para poner en orden los documentos de nuestros incompletos archivos; sólo quien sabe lo que cuentan entre nosotros los estudios históricos, puede apreciar, como es debido, la importancia de la obra del Doctor Montúfar. Lorenzo Montúfar ha prestado un servicio eminente a la política y a las letras centroamericanas: la política debe recibir las enseñanzas del pasado: las letras, para tener carácter nacional, deben recibir la inspiración de los sucesos históricos y tradiciones que nos presentan, como en un cuadro, reproduciendo de atractiva manera la vida social, política y literaria de nuestros antepasados. Siendo que la parte crítica de la valiosa obra del Doctor Montúfar no me merece, en lo general, idéntico juicio. El Doctor Montúfar, juzgando, siente más que reflexiona; y la pasión nunca puede ser acertado criterio histórico. Para el Doctor Montúfar, en sus juicios, no hay más que dos extremos: cielo e infierno: el cielo, con sus inefables venturas, para los liberales; y el infierno, con sus horribles suplicios, para los conservadores. Yo no tengo ese criterio: yo creo que ha habido y hay liberales que merecen condenarse, y conservadores que merecen salvarse. Además, debe haber un purgatorio para liberales y conservadores; y hasta admito la existencia del limbo para muchos niños políticos que mueren sin bautismo. Que por estos conceptos, sentidos y expresados de buena fe, no me guarde resentimiento el Doctor Montúfar, a quien estimo por su talento y por su ilustración, y de quien, de antiguo, he recibido las más benévolas y amistosas consideraciones que aprecio en alto grado. El Doctor Montúfar no debe olvidar que en estas montañas de Honduras aún no se ha perdido la costumbre de pensar y de decir, con libertad, lo que se piensa y se siente. Continuando la franca exposición de mis ideas, diré que deseo que el publicista Montúfar prosiga sus importantísimos trabajos históricos; pero deseo que no sea tan apasionado, que no sea implacable; deseo que a sus juicios no presida el espíritu de partido; deseo que los inspire la imparcial filosofía de la Historia. El ilustrado Doctor Montúfar, ¿dejará que, en lo porvenir, por ceder a los ímpetus de las iras liberales, lo excomulgue la Historia que ha de escribirse sobre las revoluciones, las ideas, las obras, los errores y los crímenes de nuestra época?

militar heroico, abrumado por el peso de sus laureles, fue el ilustre José del Valle.

Las elecciones se efectuaron en paz y en justicia: los votos de los ciudadanos se dividieron, en su mayor parte, entre Morazán y Valle; pero hechos el escrutinio y la regulación por el Congreso, resultó la mayoría de sufragios en favor del General Morazán. La regulación de votos se hizo de los sufragios recibidos, y no de los que debían recibirse, en conformidad con las ideas expuestas por Valle en los escritos que publicó en el año de 25 protestando contra la nulidad de la elección del General don Manuel José Arce. Valle, el año de 30, vio con gusto el triunfo de su rival afortunado. Ni una palabra de oposición salió de sus labios. Valle no era el hombre de la ruin ambición. Valle era el hombre de la legalidad. Si protestó en el año de 25 contra la elección de Arce, no fue por su derrota electoral: fue porque tal elección violaba la ley. Si aceptó satisfecho, en el año de 30, la elección del General Morazán, no fue porque fuese un cortesano del poder glorioso y dispensador de favores, sino porque la elección se había hecho bajo los auspicios de una estricta legalidad. Tan sólo pensando y obrando como Valle se fundan instituciones; tan sólo respetando la ley puede existir la República. Esta verdad elemental, tan olvidada de los centroamericanos, es la verdad que da vida y aliento a las instituciones del pueblo-rey de América, a las instituciones de los Estados Unidos. Allí hay grandes, inmensas agitaciones de opinión que parecen presagiar pavorosos cataclismos sociales; pero todo se resuelve en el seno de la paz y de la armonía. ¿Por qué? Porque desde el momento en que la ley habla, todo el mundo calla. Hay religioso respeto a la ley; y de aquí proviene que, en aquel país afortunado, no pueden imponerse ni los motines de las turbas ni las dictaduras de los tiranos.

La competencia electoral formada por Valle en el año de 30 no puede menos de inspirar grandes y consoladoras reflexiones que honran al pueblo centroamericano y a los hombres eminentes de aquella época. El estado social de entonces era propicio al establecimiento y al desarrollo de las instituciones libres: los pueblos tenían fe en el derecho y apego a las ideas; y los hombres de la revolución del 29 no trataron de corromper a los pueblos, ni unciéndolos al carro de una fuerza brutal, ni seduciéndolos con las promesas de una falsa democracia, ni anonadándolos a fuerza de terror. Así se explica cómo los pueblos de Centro América, que antes habían electo a Valle Presidente, y que sabían que era un sabio estadista, enfrentaron su candidatura a la candidatura del General victorioso que casi cegaba los ojos con los relampagueos de su triunfadora espada: así se explica cómo la pluma del escritor hizo la oposición al sable del soldado: así se explica cómo el bufete del publicista se puso frente a frente del cuartel del vencedor. ¡Ay! no conocen la Historia los que no tienen fe en las aptitudes de nuestros pueblos de raza latina, en su capacidad para ser los pueblos de las instituciones y de la República.

Cierto es que hemos llegado a épocas tristísimas de miseria, de abyección, en que es hasta justificable la duda de si hemos nacido o no como seres adscritos a la coyunda vil del despotismo: cierto es que, en lo general, al imperio de las ideas ha sucedido, de todo en todo, el imperio de la fuerza bruta: cierto es que las miasmas de la corrupción social y política han envenenado nuestra atmósfera. Cuando yo he visto en las serranías o en los picos de nuestras montañas, a un guerrillero cruel y bárbaro, y cuando ha cometido los crímenes que causan más horror, y me he dicho, con tristeza infinita: el guerrillero hará carrera, atraerá la opinión, será el Presidente de la República; y esta es la verdad, la terrible verdad. Sotero y Rafael Carrera valieron más en Guatemala que José Francisco Barrundia y Mariano Gálvez, y, como la comparación no revela vanidad, el indio Vásquez, Corta-cabezas, pudo valer más en Honduras que el autor de estas líneas.

¿Pero qué es todo esto ante la crítica filosófica de la Historia? ¿Revela que la raza de los centroamericanos es una raza abyecta, incapaz para la libertad? De ninguna manera. Lo que revela es que nuestros pueblos, en mala hora, han sido corrompidos, y que es necesario rehabilitarlos: los centroamericanos no tenemos un vicio orgánico que nos haga vivir entre los furores de la anarquía o entre los atentados del despotismo: los centroamericanos, lo que tenemos es un vicio en nuestra educación, pero no falta de buenos instintos y de naturales aptitudes: eduquémonos por la virtud de las ideas, y por la virtud misma de nuestros acerbos dolores, y entonces probaremos al mundo que somos dignos de llevar el nombre de republicanos.

101

No es inepto para la libertad el pueblo centroamericano que consumó, sin odio y sin venganza, la independencia de España; el pueblo que en el año de 24 eligió Presidente a José del Valle, hombre civil y de gobierno, a despecho de Arce, hombre de prestigios militares; el pueblo que en los años de 27, 28 y 29 luchó heroicamente por restaurar las instituciones de la República; el pueblo que, en el año de 30, no se dejó fascinar por las glorias militares del General Morazán y volvió a dar sus votos al gran Valle, al hombre de la ciencia y de la legalidad. Nuestros pueblos, más que corrompidos, están aturdidos por los golpes redoblados de la anarquía o de la dictadura. Que los hombres de ideas les apliquen remedios que los hagan salir de su estupor, de su aturdimiento, y veremos volver a la vida pueblos enérgicos, con vocación para la democracia, con vocación para la verdadera libertad. No desconfiemos del carácter y de los destinos de nuestros pueblos; no pensemos, como Aristóteles pensaba de los bárbaros, que su destino es la esclavitud. Hagamos pensar a los pueblos, hagámosles sentir las bellezas del orden y de la libertad, y a la vez los horrores de la anarquía y de la dictadura; hagámosles leer las páginas gloriosas de su historia; por todos los medios posibles, démosles otra educación social y política; levantemos su espíritu, démosles dignidad y nobleza, y veremos cómo las ideas triunfan sobre las ruinas de los despotismos de abajo y de los despotismos de arriba. Luchamos, no contra un vicio orgánico, no contra un vicio de raza, sí, contra un vicio de educación. Eduquémonos social y políticamente: esta es la solución de nuestro problema.

Los hijos de Chile, de nuestra raza y de nuestros antecedentes históricos, hoy se glorían, por la virtud de sus instituciones, diciendo: somos chilenos; los hijos de la República del caudaloso Plata, de nuestra raza y de nuestros antecedentes históricos, hoy se glorían diciendo: somos argentinos; los hijos de la pensadora Colombia, de nuestra raza y de nuestros antecedentes históricos, hoy se glorían diciendo: somos colombianos; y nosotros, cruel es decirlo, casi, casi nos avergonzamos al decir: somos hondureños o guatemaltecos. Pero eduquémonos; demos la espalda a las turbas demagógicas y a los mandones todopoderosos; acojamos con fe y con amor los principios, las instituciones, y así llegará un día en que tal vez ¡ay! no nosotros, pero sí nuestros hijos, digan, con noble y legítimo orgullo: somos centroamericanos.

El General Morazán, el 16 de septiembre de 1830, tomó posesión de la Presidencia de Centro América. Desde entonces aceptó la responsabilidad de conciliar el orden con la libertad, problema irresoluble bajo la Constitución federal del año 24, opuesta a las condiciones sociales de los centroamericanos. En el extranjero excitaba vivo interés la República de Centro América: creíase que la extinguida revolución sólo había sido pasajero accidente, y que el pueblo centroamericano podría constituirse, bajo un régimen de sólida paz, propicia a la industria y al comercio, y de libres instituciones, propicias a los intereses de las naciones cultas y de liberales tendencias. Abrigando tales creencias, el Gobierno de Francia, presidido por Luis Felipe, el rey ciudadano, reconociendo la independencia de Centro América, en 1831, excitó a su Gobierno para que acreditase un Ministro ante el Gobierno francés.

El Doctor don Mariano Gálvez, ciudadano eminente por su talento y por sus luces, rehusó con evasivas la aceptación de tan alto cargo. Valle, para el desempeño del mismo cargo diplomático, fue nombrado por el Presidente Morazán, pero también negó su aceptación, y por recomendación suya fue nombrado Ministro don Próspero de Herrera, que por aquel tiempo se hallaba en Europa. Sensible es que Valle no aceptase el encargo que le confiara el General Morazán. Aunque se hubiesen malogrado sus trabajos como diplomático, no se habrían malogrado los conocimientos que de Europa habría traído para participarlos a sus conciudadanos. ¡Qué vasto teatro la culta Europa para el sabio Valle! El hombre a quien eran familiares los cálculos de Newton, los descubrimientos de Cuvier, las enseñanzas de Smith y Say, y las concepciones políticas y jurídicas de Filangieri y de Bentham; el hombre que abarcaba en su privilegiado cerebro todos los ramos del saber humano, habría hecho honor a Centro América colocado en París, en el cerebro del mundo civilizado, y tal honor, reflejado en la patria, por ser el honor de un sabio, habría sido fecundo en científicas luces que aún hoy día podrían alumbrarnos en el escabroso camino que emprendemos, como pobres peregrinos, en pos del progreso, de la ciencia, de la libertad y de la civilización.

Dificilísima, por decir rara y extraordinaria, fue la situación del General Morazán, durante el primer período de su Gobierno. Toda acción, por ley histórica, que es ley natural, tiene su reacción. La revolución vigorosa y triunfante del 29, desde el 31 tuvo su reacción, y en 32 convirtióse en una verdadera contrarrevolución. Conspiraciones y rebeliones en El Salvador; invasión de los conservadores españolistas por la costa atlántica de Honduras; invasión de Arce y sus adeptos por la frontera de Guatemala, por el lado del Soconusco; por todas partes agitaciones y desconfianza que, a maravilla, explotaban el clero lastimado en sus privilegios, y los pretensos nobles contrariados en su orgullo y en sus granjerías. Tal fue la situación que tocó dominar al General Morazán, Presidente de la República, Presidente que no tenía ni un palmo de tierra, como distrito federal, para crear un centro de poder y de acción que pudiese atraer las fuerzas de la legitimidad, para hacerlas sentir después en toda la extensión de la República, en beneficio de los capitales intereses del orden y de las instituciones. Y, sin embargo, el valor inquebrantable y el genio político de Morazán supieron sobreponerse a todo. El genio de Morazán, en las famosas jornadas de Jocoro, de San Salvador, de Escuintla, de Soconusco, de Tercales, de la Ofrecedera, de Jaitique, de Trujillo, de El Espino, de Opoteca y de Omoa, supo hacer valer lo que importa la causa de los hombres libres, lo que importa la causa de las instituciones. Morazán, en el año 32, venciendo a Cornejo, a Arce y a Domínguez, restableció la paz de Centro América. Pero esta paz, tan ardientemente querida, y a costa de tantos sacrificios conquistada, no podía menos de perturbarse. Morazán podía vencer ejércitos, pero no podía vencer el vicio orgánico de las instituciones federales que habían jurado sostener. Hombre de honor y de lealtad, sosteniendo desacordadas instituciones, labraba su propia ruina. Las instituciones federales crearon un poder nulo, y abrieron vasto campo a las desapoderadas ambiciones del caudillaje. Tal fue el escollo del General Morazán. No el genio extraordinario del más grande de nuestros guerreros y de nuestros políticos fue bastante a subsanar el error capital de los legisladores federalistas del 24.

Aunque restablecida la paz por los triunfos del 32, continuaron grandes disidencias y agitaciones revolucionarias, ya en El Salvador, ya en Nicaragua, ya en Guatemala. Así pasó la mayor parte del 33, hasta que en sus últimos meses, vencida la reacción de Nicaragua, volvió a pacificarse la República. Si hubiera habido un Gobierno central, Morazán no habría malgastado los esfuerzos de su genio; Morazán, por su heroico valor, por su alta inteligencia y por su habilidad política, habría sido inconmovible en el poder, habría afirmado una perdurable paz, habría fundado un sólido régimen de instituciones libres, y habría asegurado para siempre la unidad gloriosa de la Patria Centroamericana. Cuán grande y cuán desgraciado fue el General Morazán! Da lástima contemplar los esfuerzos de su genio, y verlo purgar, con sus sacrificios, ajenos errores y ajenos crímenes. Parece que en el drama de la Historia dominan, a veces, fatalidades invencibles!...

No obstante las agitaciones políticas, Centro América progresaba: la instrucción pública, las obras de fomento y los arreglos, en lo rentístico, recibían considerable y benéfico impulso. Entre revoluciones sofocadas o vencidas, y progresos iniciados o ensanchados, llegó el año de 1834, en que por la ley debían renovarse las autoridades federales, y se procedió a elecciones. Morazán, siempre victorioso, y siempre consecuente con la causa de las instituciones, era el hombre de los prestigios militares, y contaba con los más sinceros y decididos amigos en todo Centro América, amigos como José Francisco Barrundia, como Pedro Molina, como Dionisio de Herrera, como Diego Vijil, como Trinidad Cabañas, como Mariano Prado. No obstante, Morazán confió al libre voto público la renovación de los poderes constitucionales. No quiso, a guisa de dictador, imponer a sablazos su voluntad a los pueblos. Los pueblos eligieron libremente, y eligieron Presidente de la República al estadista de su predilección, a José Cecilio del Valle. Esta persistencia de los centroamericanos en elegir a Valle fue la persistencia de la honradez y del buen sentido.

La segunda elección de Valle forma la página más bella de nuestra Historia, página en que aparecen tres hombres inmortales: el nombre del pueblo sensato que eligió a un hombre civil por ser el hombre de la ciencia y de la ley; el nombre del General Morazán, que pudiendo, como vulgarísimo ambicioso, sofocar la voluntad de los pueblos, dejó libre su elección; y el nombre de José Cecilio del Valle que, por sus virtudes y por su saber, tuvo siempre el aprecio y los votos de sus conciudadanos. ¿Tiene nuestra historia contemporánea una página tan gloriosa? No la tiene ni siquiera parecida. Han podido y pueden existir entre nosotros, y hablo en hipótesis, estadistas como Gladstone y Thiers, sabios como Littré y Darwin, publicistas como Laboulaye y Pelletan, economistas como Stuart Mill y Minguetti, escritores y oradores como Gambetta y Castelar; por vía de magia o de encantamiento han podido vivir entre nosotros tales hombres; pero a pesar de la magia, tratándose de elecciones, los pueblos, de rodillas, temblando de terror, habrían dado sus votos al primer caudillejo militar que oliendo a cien leguas a taberna, les impusiese el credo absoluto de una fuerza indiscutible, de una fuerza brutal, de un militarismo feroz, y de una venganza implacable[36]. ¡Ay! ¿Por qué se han ido aquellos tiempos en que habían un Morazán libertador, un pueblo digno y libre, y un José Cecilio del Valle merecedor de sus votos?

Antes de ver el resultado de la elección que obtuvo Valle en 1834, debo juzgarlo, aunque a grandes rasgos, como sabio y como literato, ya que repetidas veces, en el curso de esta obra, he dicho que José del Valle era hombre eminente en las ciencias y en las letras. Según el Diccionario de la lengua y el común sentir de las gentes, se aplica el nombre de sabio al individuo que se ha distinguido por sus profundos conocimientos morales y científicos. La sabiduría, pues, la constituye el conocimiento de las leyes de la vida moral de los hombres y de las sociedades, y el conocimiento de las ciencias que contribuyen a labrar la felicidad de la especie humana. Extensión en el saber, profundidad en los conocimientos, y utilidad práctica de la ciencia adquirida, todo esto viene a formar el verdadero sabio. ¿Reunía Valle estas condiciones para serlo? ¿Hablaban impropiamente los centroamericanos que, al referirse a Valle, decían siempre "el sabio Valle"?

---

[36] Estos juicios se refieren, con honrosas excepciones, a las épocas posteriores a la ruptura definitiva del pacto federal. Debo ser justo. Aun en las épocas aludidas mis juicios no pueden tener una aplicación absoluta en Centro América.

Valle reunía indudablemente las condiciones necesarias para ser sabio: los centroamericanos hablaban con toda propiedad al llamarlo sabio. Valle conocía en toda su extensión y profundamente lo que hoy llamamos Sociología. Conocía las leyes morales que rigen a los hombres, la historia que ha marcado en cada época sus desarrollos, sus vicisitudes y progresos, y las leyes positivas que, en las relaciones internacionales o en las relaciones internas de las sociedades, forman el sistema de legislación y dan una idea completa de los vínculos jurídicos de los pueblos, de su unidad fundamental y de su admirable variedad de sus formas de Gobierno, de sus usos y costumbres, de las relaciones y administrativas de las comunidades sociales, de los civiles derechos de sus individuos y de las disposiciones penales que sancionan el cumplimiento de la ley para salvaguardia del orden, y para respeto de las relaciones jurídicas.

Valle no sólo conocía profundamente estos ramos de las ciencias morales y políticas: conocía además, y con perfección, las ciencias naturales y las ciencias físico-matemáticas, necesarias para formar el criterio del sabio que, ante todo, debe ser el práctico y útil conocedor de la naturaleza física, orgánica e inorgánica, que por todas partes nos rodea rehusándonos sus secretos que sólo confía al estudioso y reflexivo sabio. Valle conocía la historia natural. Por la anatomía tenía ideas exactas sobre el organismo del hombre, y por la fisiología ideas sobre las funciones de la vida humana; por la zoología, los organismos variadísimos y las utilidades y ventajas del reino animal; por la mineralogía conocía los preciosos metales que encierran las entrañas de la tierra, que dan vida a las transacciones de comercio, y satisfacen las necesidades individuales y públicas; por la botánica conocía las bellezas seductoras del mundo amable de las plantas y sus usos utilísimos para recreo y conservación de los hombres. Valle, además de naturalista, era físico, químico y matemático. Conocía las propiedades generales y particulares de los cuerpos, y sus conocimientos dábanle juicios acertados sobre la tierra y la atmósfera en relación con la agricultura; sobre el movimiento y las fuerzas, en relación con las máquinas necesarias a la industria; sobre los fenómenos meteorológicos, en relación con la salud del hombre; y sobre los colores y sonidos, en relación con las bellas artes.

El arte de calcular, por medio de operaciones aritméticas, de algebraicas ecuaciones, o de medidas geométricas, proporcionaba a Valle las más preciosas aptitudes para apreciar con exactitud los más grandes elementos del mundo en lo moral y en lo físico. El cálculo le hacía comprender y formular la estadística, ciencia madre de las combinaciones y arreglos de la política y de la administración; el cálculo lo hacía vagar por los celestes espacios y apreciar las distintas magnitudes, volúmenes y movimientos de los mundos que nos revela la astronomía, revelándose ¡ay! que somos átomos perdidos en la inmensidad del espacio infinito; el cálculo le hacía comprender la extensión y límites de nuestras zonas y de nuestros climas, y las influencias físicas y químicas, morales y políticas, que se derivan de la diversidad del espacio que ocupamos, y de la atmósfera más o menos pesada que envuelve nuestro organismo; el cálculo le hacía comprender, en fin, la combinación y armonía de los compases en la música, la graduación de los colores en la pintura y el ritmo, la cadencia en los versos de la divina poesía. Hombre que tanto sabía, y que tanto sentía, mereció con justicia el calificativo honrosísimo de sabio. Las ciencias y las letras progresan y progresarán sin que sea posible asignar límites a sus adelantos; pero como casi todo es relativo, y Valle fue sabio para su época y lo sería para la nuestra, por mucho que progresen las ciencias y las letras, la posteridad ha de llamar siempre a José del Valle, "el sabio José Cecilio del Valle." No en vano se consume una vida entera en arrancar a la naturaleza sus secretos: tras ímprobos trabajos de estudio y de reflexión debe quedar al menos un hombre célebre, un hombre glorioso[37].

Valle no sólo fue un gran pensador, un experimentado publicista, un práctico economista, un persuasivo orador, un sabio eminente: fue, además, un buen literato. Valle, en la acepción concreta que tiene la palabra, fue verdadero literato, porque era versadísimo en las letras humanas. Conocía profundamente las obras de los clásicos griegos, latinos, franceses, italianos y españoles: había formado su gusto con selectas lecturas, y poseía el arte del bien decir.

---

[37] Los sólidos y vastos conocimientos de Valle y su reputación científica lo hicieron acreedor al nombramiento de Individuo de la Sociedad de Ciencias de París.

Pero no obstante los grandes conocimientos literarios de Valle, en mi concepto vale más como publicista, como economista, y como sabio que como literato. En la literatura, aunque fundada en el saber científico, debe predominar la idea del arte, y al predominar la idea del arte, deben sobresalir, ya en la prosa, ya en el verso, las formas de la belleza, las formas reveladoras, no tanto de la idea formada al calor de la reflexión profunda, cuanto del sentimiento estético, formado al calor de natural y espontánea inspiración.

Valle era literato porque conocía las letras humanas, y había cultivado su gusto; pero sus aptitudes naturales no eran eminentes y seductoras aptitudes literarias. En Valle predominaba la idea reflexiva, no el sentimiento artístico. Léanse sus numerosos y variados escritos, y su lectura, a no equivocarme, dará la confirmación de mi aserto. En los escritos de Valle puede verse la reflexión profunda del pensador, pero muy rara vez puede verse la espontaneidad del artista. Valle abunda en ideas, abunda en pensamientos; pero es pobre en imágenes seductoras, escaso en rasgos conmovedores, falto de las expresiones que forman el idioma estético del pensamiento, y que, impresionando el corazón, acaban por apoderarse de la cabeza. En los escritos de Valle hay tanto de reflexivo, tanto de meditado y calculado, tanto de matemático y hasta de geométrico, que impiden ver el aparente y bello desorden de la inspiración, que impiden sentir y gustar bellezas literarias que, aunque algunas veces están como escondidas en el concepto, no salen, como por recelo, a brillar con galanura y esplendor en las formas esencialísimas de la expresión, formas imprescindibles para el arte. El literato, a mi juicio, debe ser el artista de la palabra, y por ende, si la forma, que es el lenguaje, no atrae, no cautiva, no seduce, por medio de las imágenes, de los símiles y de las amplificaciones que expresan con brillantez la inspiración; si la forma no es eminentemente bella, eminentemente seductora, podrá haber una literatura instructiva y hasta correcta; pero no la literatura que reclama la estética, pero no la gran literatura del sentimiento y de la inspiración que hace palpitar la idea como fruto de amor en amantísimo seno, en el bello seno de las espontáneas, variadas y bellas formas del lenguaje, divino verbo, encarnación sublime del pensamiento del artista, del pensamiento del gran literato.

El lenguaje de Valle, que es tan propio de él, que podría decirse lenguaje de Valle, viene a confirmar mi concepto sobre sus aptitudes literarias. Valle tiene un lenguaje uniformemente cortado, un lenguaje monótono, abrumador por la grandeza del pensamiento, abrumador por la monotonía de la forma. Rara vez se encuentra en los escritos de Valle un párrafo de lenguaje periódico; rara vez se encuentra una bella amplificación; rara vez se encuentran imágenes expresivas de grandes arranques de sentimiento o de pasión. Los escritos de Valle, con violación flagrante de la gramática, contienen una serie prolongadísima de dos puntos escalonados en cada breve párrafo: entre cada dos puntos un gran pensamiento, y con frecuencia en una enumeración, dos puntos separan una palabra de otra. Valle, no por ignorancia, pisotea la gramática, pero enaltece el pensamiento. En sus escritos, de cortadísimo lenguaje, se ve, más que todo, al pensador que quiere marcar ideas y hacer hincapié, y llamar la atención sobre las ideas con sus eternos dos puntos, más bien que al hombre de letras, cuidado de las correctas formas y apegado a las bellezas del lenguaje. Valle, por otra parte, en obsequio de la idea, deja con frecuencia de ser castizo. Avezado a las lecturas de obras latinas, francesas, inglesas e italianas, abunda en latinismos, galicismos, inglesismos e italianismos; pero él, aunque conocedor del habla de Cervantes y de Baralt, expresa ideas y esto le basta. Descuida la forma por atender al fondo. Mi fe literaria es que ambas cosas deben conciliarse; debe haber fondo en las ideas y corrección y belleza en la forma. Esto constituye para mí la más grande, la más útil y bella literatura.

Resumiendo, debo decir que aunque Valle era literato porque tenía técnicos conocimientos literarios, se dejaba llevar por el predominio de la idea, y el predominio de la idea lo hacía ser monótono, por su uniformidad de lenguaje; mal hablista, por sus descuidos; y antiestético, por su hábito de bucear y rebuscar, no la expresión natural y bella del pensamiento, sino la expresión exacta, matemática de la idea. Si yo pudiese, poseyendo algún título, dar consejos a la juventud centroamericana, yo le diría: estudiad los escritos de Valle, que es el escritor más rico en ideas: cada una de sus frases encierra un gran pensamiento; pero le diría además: no toméis literariamente a Valle por modelo: Valle descuida la variedad y la belleza de la forma, y la variedad y la belleza de la forma son indispensables, esenciales en las bellas letras, si es que estas constituyen el arte por excelencia, el arte de expresar lo grande, lo bello y lo sublime, por medio de la palabra reveladora de la idea, de la inspiración y del sentimiento.

Valle, más bien que un literario escritor, que emplea una brillante pluma, es un excelente grabador que emplea el buril. Valle, más bien que escribe, esculpe; es un insigne grabador de pensamientos: búsquesele en el terreno de la reflexión y de la ciencia; pero no se le busque como modelo en la hermosa esfera de la bella literatura.

Antes de juzgar a Valle como sabio y como literato, juicio con que he acabado de presentar su noble personalidad, bajo todos sus aspectos, dije que había sido electo Presidente de Centro América, a principios de 1834. Pero llega el momento de agregar que tan acertada y honrosísima elección, para desventura de los pueblos centroamericanos, no pudo tener resultado. A la voluntad de un pueblo libre se opuso la fatalidad de la muerte implacable. Voy, pues, a historiar con profundo dolor y partiendo de datos fidedignos, los últimos días y la última hora del ilustre Valle[38].

Acostumbraba Valle hacer, con toda su familia, todos los años, una temporada en su hacienda llamada «La Concepción», distante diez y ocho leguas de Guatemala. Desde fines de diciembre de 1833, permanecía en «La Concepción», disfrutando de completa salud; pero desde el primero de febrero de 1834 empezó a experimentar distintos padecimientos físicos, aunque no de carácter alarmante. Así continuó por espacio de algunos días, hasta el 22 del mismo mes, en que, a las 5 de la tarde, fue repentinamente atacado de una fuerte fatiga con

---

[38] Los datos relativos a los detalles de la última enfermedad y muerte de Valle fueron proporcionados por don José Bernardo del Valle, en el mes de junio de 1878, en la capital de Guatemala, a mi excelente amigo don J. J. Palma, quien ha tenido la fineza de obsequiarme el manuscrito que contiene dichos datos, manuscrito que obra en mi poder. El señor Palma me ha prestado también su importante cooperación, haciendo, desde hace mucho tiempo, investigaciones sobre la vida y escritos de Valle, y comunicándome bondadosamente todos los datos y noticias que ha podido obtener. Que mi querido amigo y compañero en estudios literarios reciba en estas líneas la sincera expresión de mi reconocimiento por sus oportunos y valiosísimos servicios.

hervor de pecho, mal de que nunca había padecido y que era de gravísimo carácter, porque casi le impedía la respiración y podía producir una asfixia. En fuerza de los solícitos cuidados de la familia, Valle tuvo algún alivio, pero la enfermedad continuaba. El Presbítero don Mariano Borjas, Capellán de la familia, fue a Guatemala en busca del Dr. don Quirino Flores, médico de la casa. Flores llegó a «La Concepción» el día 25, y en el acto oyó del paciente la relación de sus padecimientos, y de la familia, las noticias relativas a los medicamentos que se le habían aplicado.

El Dr. Flores no dio a la enfermedad de Valle la importancia que tenía. Aplicóle algunos calmantes que no produjeron el resultado apetecido. A pesar de esto, y de los encarecidos ruegos, y de la consternación, y de las lágrimas de la angustiada familia, partió de la hacienda el día siguiente dirigiéndose a Sonsonate, en donde lo esperaban asuntos importantes del Senado, del cual era individuo. Por aquel tiempo las autoridades federales residían en el Estado de El Salvador.

La familia de Valle deseaba trasladarlo a Guatemala, y su deseo fue secundado por el voto del Dr. Flores. El día primero de marzo salió la familia de la hacienda, conduciendo al enfermo en una camilla arreglada de provisional manera. En la mañana del mismo día llegaron a la hacienda «El Jute», tres leguas distante de «La Concepción». El enfermo sintióse muy aliviado, y en la familia renacieron las más lisonjeras esperanzas. Mas en la noche, inesperadamente, se agravó el mal del enfermo, manifestándose, en particular, su gravedad por un prolongado delirio. El sabio delirante hablaba sin cesar de la Casa de Moneda y del Jardín Botánico de México; después tomó por tema su repugnancia para admitir la Presidencia de Centro América, altísimo cargo para el que había sido electo. En su delirio decía: «Reiteraré cuantas renuncias fueren necesarias: quiero que digan, Valle hubiera restituido la paz, y no, Valle no pudo conseguirla. En último caso me rodearé de sabios de Europa, amigos míos, a quienes haré venir para asegurar el bien de la patria, y sacarla del caos en que la han precipitado las revoluciones promovidas por el aspirantismo». Siempre el mismo hombre, siempre el patriota, siempre el sabio! Aun en su delirio, oscurecidos los ojos por las sombras de la muerte, sofocado el pecho por cruel fatiga, enardecido el cerebro por la fiebre, con el sepulcro entreabierto, Valle pensaba en el bien de la patria, y con noble orgullo pensaba en su nombre, porque la grandeza de su nombre debía servir para la grandeza de Centro América. ¡Ay! Valle en su pobre camilla, Valle moribundo, era, por su idea, el Valle del gabinete, el Valle de la prensa, el gran Valle de la tribuna!

Pasó el delirio y vino una ligera calma; pero después, en la madrugada, acometió al enfermo un nuevo ataque de fatiga: Valle se asfixiaba. La familia, con redoblados esfuerzos, logró calmarlo, y continuaron su marcha para la hacienda «Corral de Piedra», distante doce leguas de la capital de Guatemala. Pero a media jornada, y a eso de las 10 de la mañana del domingo 2 de marzo, en medio de una de las llanuras del camino, la camilla hizo alto: Valle se moría; la enfermedad le asestaba su último golpe. Tuvo tiempo de pedir los últimos auxilios del confesor, y dijo, entre otras cosas, a su Capellán: «Padre, conozco que estoy ya en el último período de mi existencia, y necesito de los auxilios espirituales, para devolver mi alma al Creador, que me la dio». La consternada familia rodeaba la camilla. Valle, ya para morir, faltóle el habla; pero aún quedábale un resto de vida en sus ojos que se apagaban. Vio junto a sí a su hijo, niño de diez años, le tomó convulsivamente la mano y la llevó a su pecho. En aquel instante, su corazón, como rendido por supremo esfuerzo, dejó de latir: Valle había muerto, y la familia, entre indecibles dolores, sollozos y lágrimas, tuvo que deshacer el grupo conmovedor que formaban el padre y el hijo: el padre muerto, que aún apretaba la mano de su querido niño, del hijo de su amor; el niño que lloraba aun sin comprender su inmensa desventura!... Aquel tristísimo cuadro de muerte y desolación era alumbrado por el espléndido sol de marzo que, indiferente, continuaba su majestuosa carrera. ¡Ay! el hombre, aunque sea un sabio, no es más que un átomo que brilla por instantes para perderse después y confundirse en los misteriosos senos de la naturaleza, de lo infinito. Tal es la relación tristísima de los últimos días y del postrer momento de José del Valle. Siempre será memorable el infausto 2 de marzo de 1834! En aquel aciago día extinguióse la llama de la extraordinaria inteligencia del que fuera gran Padre de la Patria: en aquel aciago día ¡ay! para eterna desgracia de nuestros pueblos, quedó huérfana la Patria Centroamericana!

CAPÍTULO VIII: DOLOR POR LA MUERTE DE UN HOMBRE EJEMPLAR

Sensación que produjo la muerte de Valle.—Consecuencias políticas que tuvo tan desgraciado suceso.—Reflexiones.—Olvido que, durante la reacción conservadora, se hizo del nombre de las obras de Valle.—El Gobierno de Honduras ha hecho justicia a aquel grande hombre, y honrado y enaltecido, como se debe, la memoria de su vida ejemplar.—Hoy más que nunca debe tomarse como modelo la conducta política de Valle, y buscarse en sus obras grandes enseñanzas.—Consideraciones finales.

HONDA, PROFUNDÍSIMA sensación causó la inesperada muerte de José Cecilio del Valle. Valle, por su dilatada vida pública, y más que todo por sus luces y por sus virtudes, era conocido en todo Centro América; y más que conocido, muy apreciado por todos los pueblos centroamericanos. El verdadero mérito, a despecho de la ruin envidia y de las necias rivalidades, tiene siempre un ascendiente irresistible. Valle ejercía en todos los ánimos ese ascendiente poderoso, avasallador, incontrastable. Por esto su muerte fue conceptuada como un suceso infausto para la patria, por esto fue sentida como se sienten las grandes desventuras públicas, como se siente un adverso, desgraciadísimo acontecimiento que llena de dolor, de inmenso duelo el alma de toda una nación. ¡Qué privilegio el de los verdaderos grandes hombres! En vida dan energía, movimiento y calor a los ánimos: son como la luz del sol que alienta y vivifica. Cuando mueren, llevan a todos los ánimos el desaliento, el pesar, la consternación: son como la luz ausente que deja tras sí pavorosa noche, sombras para los entristecidos ojos, y para el corazón un dolor infinito....

José Francisco Barrundia, uno de los republicanos más puros que ha tenido Centro América; José Francisco Barrundia, el publicista de corazón de oro y de palabra de fuego, parece que condensó en su alma tierna, en su alma sublime, todos los pensamientos y todos los dolores de la patria; y al morir Valle, escribió estas inolvidables palabras que justamente han pasado a la Historia:

«¡Ha muerto Valle! Este hombre era conocido en Europa.

»Su cabeza fue una luz, su boca fue el órgano de la elocuencia en la tribuna: sus escritos la honra de la patria y de las ciencias. Se hundió Bentham en la noche eterna, en Inglaterra; desapareció su amigo Valle[39] en Centro América.

»Ciudadano pacífico, cultivó con ardor la sabiduría; él estaba lleno de todos los principios elementales de Gobierno; él escribía por la gloria nacional y por el interés de la humanidad. Su concepción profunda y exacta aparecía en un lenguaje pausado, puro y majestuoso que presentaba los objetos por todas sus fases, y se desarrollaba en una argumentación clara y victoriosa. Su carácter firme y decidido tenía acaso los caprichos y singularidades del genio. Sin transacción para los transgresores de la libertad pública, él oponía siempre todo el rigor de los principios, él sostenía la rectitud de las leyes. Su mente concibiera la vasta Confederación Americana, núcleo inmenso de pueblos independientes contra la liga de reyes y tiranos.

»Si deseaba el mando en la República, si su corazón ardía de ilusiones, no se lisonjeaba con el honor de regularizar el gobierno y de aplicar la ciencia del gobernante. Pero esmerado en la educación de su hijo, tranquilo en la vida privada, orgulloso y libre en su retiro, jamás se humilló ni a la revolución, ni al poder. Su alma era el altar de Minerva: su placer era armonía de la civilización. En su gabinete estaba el asilo sagrado de la sabiduría, contra las tempestades civiles.

»Bajó ya a la tumba, cuando sus sentimientos por la nacionalidad, cuando los votos del pueblo lo ponían frente a la República agitada. ¡Honor de esta cara patria, descansa en paz! Recibe el tributo de los

---

[39] El eminente jurisconsulto Jeremías Bentham, representante de la escuela utilitarista, tuvo la más amistosa correspondencia con Valle. El nombre de este ilustre americano figura entre los nombres de grandes sabios de Europa, en el testamento de Bentham, quien dejó a sus amigos predilectos anillos con su retrato y pelo de su cabeza, en prueba de su cariño y de su aprecio. Valle tuvo ese recuerdo de la amistad del publicista inglés: el precioso legado aún lo conserva la familia de Valle. Cuando ésta se extinga, o cuando sea dado, Honduras, para su Museo, debe tratar de adquirir aquella valiosísima reliquia.

sabios y el gemido de tus amigos. Únete a Bentham y a los otros sabios. ¡Pensador luminoso, el crepúsculo de tu ocaso brillará siempre en la nación! ¡Que el honor de los hombres ilustres corone tus sienes, y que enjuguen el llanto de tu familia la virtud inmortal y los acentos de la patria!»

El talento, y no el talento, el genio produce las más grandiosas condensaciones de ideas. ¡Qué magníficas, qué inimitables palabras de Barrundia! Son muy pocas; pero son admirables: son, en compendio, una sublime biografía de Valle. Declaro sin rubor que valen más, mucho más que las páginas de este libro que escribo en honra de mi ilustre compatriota. ¡Qué genio el de Barrundia, tan desgraciado en vida como glorioso después de su muerte! Su gloria ha brillado más a medida que han sido más tenebrosos los horizontes políticos de Centro América. ¡Desgraciadísimo y a la par glorioso Barrundia! Después de muertos Valle, Morazán, Herrera, Gutiérrez y Cabañas, si hubieras tenido más vida, ¿a quién hubieras podido consagrar palabras tan grandes y magníficas? ¿Qué alta, qué patriótica inspiración habría podido recibir tu republicano genio, en medio de las negras, de las profundas noches de nuestros despotismos? ¡Desgraciadísimo y glorioso Barrundia! Más vale que hayas muerto; pues te has libertado de inmensos dolores, de horribles desengaños, y a la vez, los más repugnantes y odiosos contrastes hacen que, de día en día, sea más respetable y veneranda tu gloriosa vida, y más simpático y querido tu nombre inmortal!

No sólo José Barrundia, el más ilustre representante de la prensa centroamericana, formó el eco del duelo nacional motivado por la muerte de Valle: también los Poderes públicos hicieron justas manifestaciones de dolor por el fallecimiento del grande hombre, del Estadista electo Presidente de la República de Centro América. El Canónigo Doctor José María de Castilla, hombre de tan noble estirpe como de elevada inteligencia, tan entendido en ciencias y letras, como culto y simpático por sus grandes dotes sociales[40], presentó a la Asamblea de Guatemala la siguiente proposición:

---

[40] Recuerdo que en Guatemala personas contemporáneas del Canónigo Castillo me decían que hombre tan distinguido, era el encanto de los salones. Competía en gracia y en felices ocurrencias con su amiga la

«La voz de un simple ciudadano se atreve a llamar vuestra atención, interrumpiendo, quizás, serios trabajos legislativos y discusiones útiles; pero el asunto que me ocupa y la súplica que os dirijo, estoy cierto de que no os desagradan. El derecho de petición me autoriza para llamar vuestras miradas hacia una pérdida que llora toda la República. La existencia del Ciudadano Valle era cara para nosotros; su sepulcro y su memoria deben ser acompañados de los testimonios más marcados de la gratitud pública. "La muerte de un sabio ciudadano, que a su literatura reúne su virtud (decía un hombre de espíritu) es una calamidad pública, y su nombre debe quedar escrito en los anales de la virtud y de la Patria". El Ciudadano Valle, bien lo sabéis, reunía a su profundo saber una vida inculpable: títulos harto respetables en todos los pueblos, y particularmente en las Repúblicas. Entre los dignos individuos que componen este Alto Cuerpo, hay muchos amigos de Valle, y todos son conocedores de su mérito: por eso me abstengo de manifestar los servicios que este digno Ciudadano ha prestado a la Patria, y me contento con recordaros que se vio al frente de los negocios públicos; que hasta en el Gobierno español fue respetado y se hizo justicia a sus raros talentos. El voto público lo iba a colocar en el solio de la República. Él se ocupaba incesantemente, en el silencio de su gabinete, en meditar todo aquello que pudiera perfeccionar nuestras instituciones. La muerte le sorprendió escribiendo a favor de su patria; entorpeció su mano, y derribó su pluma. Unos días que fueron ocupados por las virtudes y el saber; una vida cuyos últimos instantes se dirigieron a la Patria, exigen las bendiciones públicas, dirigidas por los Representantes del pueblo. Mirabeau interrumpió una importante disertación en la Asamblea Constituyente de Francia, para pedir un día de luto por la muerte de Franklin, que falleció en los Estados Unidos. Se accedió a la súplica; y fue aplaudida su moción. Poco ha el Ciudadano Valle pidió lo mismo en favor del sabio señor Bentham al Congreso Federal, sin ser individuo de él. Yo lo hago ahora, no por un sabio extranjero, sino por un digno compatriota, por uno de los mejores ornamentos de la República, cuyos escritos extendieron su

---

espiritual poetisa Pepa García Granados, hermana de mi inolvidable amigo, el Gran Repúblico, General Miguel García Granados.

nombre por Europa, y lo asociaron a los Cuerpos literarios de más fama de los pueblos cultos.

»No sólo la amistad que me unió con Valle, por tantos años, es el motivo principal que me dirige a este Alto Cuerpo; el honor de la misma República, la gratitud que es el sostén de los hombres y de los pueblos, me dan confianza y me inspiran en este momento para que rendidamente os suplique decretéis una demostración pública que marque la memoria de mi amigo Valle, y del respetable ciudadano que por tantos títulos merece nuestra consideración.—Guatemala, marzo 11 de 1834. José María de Castilla.»

Idéntica proposición hicieron a la Asamblea los Representantes Machado, Rendón, Rodríguez y Rivera Paz. La Asamblea, después de considerar las proposiciones presentadas, emitió el acuerdo que sigue:

«La Asamblea de Guatemala, teniendo presente que la muerte del Licenciado José del Valle es un suceso infausto para el Estado: que, por serlo, debe manifestarse el sentimiento público, y procurar se consagre de algún modo la grata memoria de aquel ilustre Ciudadano, se sirvió acordar:

1°.—Que todos los empleados y funcionarios existentes en esta Corte (3) vistan luto durante tres días, que señalará el Ejecutivo, y que en los mismos se doble en todas las iglesias de la Capital, a las nueve, doce de la mañana, y oraciones de la noche:

2°.—Que, a expensas de los miembros del Cuerpo Legislativo, se haga copiar el retrato del ciudadano José del Valle[41], el cual se colocará en la sala de sesiones:

---

[41] Lorenzo Montúfar hace respecto al uso de esta palabra, en la página 97 del tomo 2° de su Reseña Histórica, la siguiente juiciosísima crítica: «En todos los documentos posteriores a la Independencia, se da a Guatemala la denominación de Corte. Este nombre fue conservado como una de tantas antiguallas monárquicas que no han desaparecido, y a las cuales se refiere el centroamericano que dijo habíamos formado una República con los andrajos de una monarquía. Corte es la ciudad, villa o población donde reside el Rey o Príncipe soberano de un país; donde radican su asiento sus principales consejos, sus más antiguos tribunales. Corte es el conjunto de todas las personas que componen la familia y comitiva del Rey. Tiene

3°.—Que, por la Secretaría de la Asamblea, y en su nombre, se excite a los otros Estados, a fin de que se sirvan acordar las demostraciones que tengan a bien en honor del mismo ciudadano.

»Y de orden del Cuerpo Legislativo lo decimos a Ud. para inteligencia del mismo Consejo y efectos que se expresan.—D. U. L. Guatemala, marzo 13 de 1834.—Eusebio Murga.—

»Sala del Consejo Representativo del Estado de Guatemala, en la Corte, a 20 de marzo de 1834.—Al Jefe de Estado.—Simón Vasconcelos, Presidente. José María Cobar, Secretario accidental.

»Palacio del Gobierno del Estado.—Guatemala, marzo veintiuno de mil ochocientos treinta y cuatro.—Por tanto: Ejecútese; señalándose al efecto los días tres, cuatro y cinco del inmediato abril.—Mariano Gálvez.—Al Secretario General del Despacho.»

Y por disposición del Poder Ejecutivo se inserta en el «Boletín Oficial» para los efectos consiguientes.

D. U. L. Guatemala, marzo 21 de 1834.-P. J. Valenzuela.

En el Estado del Salvador se emitió el siguiente decreto:
«Ministerio General del Gobierno del Estado del Salvador.

Al ciudadano Jefe Político del departamento de...

El Vice-Jefe del Estado, en ejercicio del Poder Ejecutivo, se ha servido dirigirme el decreto siguiente:
El Vice-Jefe, en quien reside el S. P. E. del Estado del Salvador.— Por cuanto: la A. O. L. del mismo, se ha servido decretar y el Consejo sancionar el siguiente decreto:

---

otras acepciones esa palabra; pero ninguna puede aplicarse con propiedad a la capital de una República democrática. Los guatemaltecos, animados por el vehemente deseo de elevar la primera ciudad de su país, se empeñaron en darle el nombre con que estaban acostumbrados a designar la coronada villa de Madrid. El estudio filológico de la palabra corte, se hizo cuando la capital de la República se trasladó a San Salvador, y aun después de este importante acontecimiento, continuó dándose a Guatemala la denominación de Corte, como expresa la orden preinserta de la Asamblea Legislativa».

La Asamblea Legislativa del Estado del Salvador, queriendo honrar los profundos conocimientos científicos del finado C. José del Valle, y manifestar cuánto aprecio merecen la sabiduría y la virtud a los pueblos del Estado, ha tenido a bien decretar y DECRETA:

1°—Se harán honores fúnebres en esta capital al finado C. José del Valle.

2°—Una Comisión de la Asamblea, el Gobierno, una Comisión del Consejo, la Corte Superior de Justicia y todas las demás autoridades y empleados existentes en esta ciudad, concurrirán a este acto que será presidido por el Presidente de la Comisión del Cuerpo Legislativo.

3°—El día de las honras se reunirán todos los funcionarios de que habla el artículo anterior, en el Salón de la Asamblea, de donde marchará la comitiva al templo.

4°—Todos los empleados del Estado vestirán luto durante tres días, contados desde la víspera de las exequias, a las dos de la tarde.

5°—El retrato del ciudadano José del Valle se colocará en el Salón de sesiones de la Asamblea.

6°—El Poder Ejecutivo queda encargado de la ejecución del presente decreto.

Pase al Consejo.—Dado en San Salvador, a 9 de abril de 1834.— J. Miguel Alegría, Diputado Presidente.—J. Ildefonso Castillo, Diputado Secretario.—J. Enríquez Nuila, Diputado Secretario.

Sala del Consejo Representativo del Estado del Salvador, abril 18 de 1834.—Pase al Jefe del Estado.—Manuel A. Cordón, Consejero Presidente.—Mariano Palomo, Secretario.

Por tanto: Ejecútese.—Lo tendrá entendido el Jefe de Sección encargado de la Secretaría General del Despacho, y dispondrá se imprima, publique y circule.—San Salvador, abril 18 de 1834.— Lorenzo González.—Al ciudadano J. María Cisneros.

Y, de orden del Supremo Poder Ejecutivo, lo comunico a Ud. para su inteligencia y efectos que se expresan, acompañándole competente número de ejemplares de que me acusará recibo.

D. U. L.—San Salvador, abril 18 de 1834.—J. M. Cisneros».

Manifestaciones de público sentimiento se hicieron también en los demás Estados de Honduras, Nicaragua y Costa Rica. Valle era el grande hombre de Centro América, y al desaparecer, en críticos momentos para la patria, los Estados centroamericanos no pudieron menos de lanzar, a una, un grito de supremo dolor.

El más juicioso, el más filósofo de nuestros historiadores, Alejandro Marure, haciendo justicia al mérito, e interpretando el sentimiento nacional, algún tiempo después de muerto Valle, le dedicó en sus Efemérides las siguientes notables palabras.

«Perdió Centro América, con el fallecimiento del Licenciado José del Valle, uno de sus más distinguidos hijos. Conocido ya desde el tiempo del Gobierno español por sus grandes talentos y extraordinario saber; luego que se proclamó la Independencia, fue elevado a los primeros destinos de la naciente República: fue individuo de la Junta Gubernativa que se estableció en Guatemala en 1821: el siguiente año concurrió a las Cortes de México, en donde sostuvo victoriosamente los derechos de su patria y sobresalió por su elocuencia y laboriosidad. Víctima de sus opiniones contra el Imperio, y preso por ellas de orden de Iturbide, fue poco después nombrado primer Ministro por el mismo Iturbide, pasando así de la prisión a la primera silla del gabinete imperial, y debiendo únicamente tan imprevista elevación a su reconocido mérito. Después de la caída del héroe de Iguala, Valle regresó a su patria a desempeñar las altas funciones de individuo del Supremo Poder Ejecutivo de la Nación; y en seguida obtuvo la mayoría de votos populares para primer Presidente de la República. Valle mereció de sus compatriotas el sobrenombre de Sabio, y sus escritos justifican este dictado: Bentham y otros ilustres escritores de Europa lo honraron con su amistad, y la Academia de Ciencias de París lo inscribió en el catálogo de sus miembros. La memoria de este distinguido centroamericano fue justamente honrada por sus compatriotas: la Asamblea de Guatemala acordó, en 13 de marzo del mismo año de 34, que su retrato fuese colocado en el Salón de Sesiones y que, en demostración de sentimiento por su muerte, todos los funcionarios públicos vistiesen luto por tres días. En 9 de abril siguiente, la Asamblea del Salvador decretó también los mismos honores fúnebres a la memoria de Valle».

Trascendentales fueron las consecuencias políticas que produjo la muerte de José del Valle. La República estaba agitada: bullía ya, de tiempo atrás, el pensamiento de reformar el sistema federal: la idea de reforma servía de pretexto a algunos conservadores que abrigaban en su alma el intento criminal de separar los Estados, de fraccionar nuestros pueblos, de repartirse los pedazos de una gran Nación: el General Morazán ya no tenía todos los grandes prestigios del 29: era el mismo hombre, liberal, generoso, intrépido, heroico; era el mismo hombre de ideas y de principios; pero representaba el Poder en época dificilísima; y el hombre de Gobierno no puede tener el mismo ascendiente del hombre que consuma una revolución gloriosa. Es casi un axioma en Historia que los hombres que hacen las más benéficas y grandiosas revoluciones, cuando les toca llevarlas a cabo, en sus resultados, son los primeros que caen bajo el peso de su propia obra. De esta verdad forma un grande ejemplo la vida del Benemérito General Morazán.

La presidencia de Valle estaba llamada, a juicio de los hombres sensatos, a dar tranquilidad a los ánimos, a reanimar la confianza pública, a operar benéficas evoluciones políticas, y a evidenciar en el seno de la paz, el triunfo de las instituciones, necesitadas más que nunca, para vivir, de los consejos de la prudencia y del saber, antes que del ascendiente de las pasiones de partido y de los prestigios militares.

Pero burladas quedaron, por una fatalidad que será siempre digna de deplorarse, las legítimas aspiraciones del patriotismo. Parece que el destino tuvo empeño en que Valle jamás fuese Presidente de Centro América. El severo e ilustrado, cuanto popular y respetabilísimo Repúblico, exhaló su último aliento antes de que se abriesen los pliegos en que constaba su elección de Presidente. Con motivo de este infausto suceso, y de sus consecuencias políticas, el "Boletín Oficial", número 56, correspondiente al 31 de marzo de 1834, dijo lo que sigue: «Las Juntas preparatorias del Congreso han comenzado en la Villa de Sonsonate. Casi no había más Diputados que los de Guatemala, pero el Gobierno del Salvador había dictado medidas muy activas para que concurrieran los de aquel Estado; no puede dudarse de que las dictarán también los de Nicaragua, Honduras y Costa Rica.

Es demasiado grande el interés que está vinculado a la reunión del Congreso. Su presencia no sólo es necesaria para decidir grandes cuestiones y para decretar reformas, "sin las cuales no hay que esperar la estabilidad de la administración nacional", sino también porque los que dignamente la ejercen al presente deben ser renovados, y su misión, entre pronto, podría ser contestada. Con respecto a la elección de Presidente, va a ocurrir una cuestión interesante. El Ciudadano José del Valle, sin duda, tenía la mayor votación para este destino, y ha muerto el 2 del corriente.

¿Se declararán perdidos estos votos y se entrará a elegir, o se devolverá al pueblo la elección? Nosotros estaremos siempre por aquellas medidas que establezcan la mayor popularidad. Supóngase que hubieran muerto dos candidatos que reuniesen generalmente todos los votos, sin tener mayoría ninguno de ellos, y que quedasen otros seis individuos, cada uno con dos o tres votos; sería sin duda devolver la elección al pueblo. Nada previene la Constitución para el caso presente: la ley debe arreglarlo, y no hay que vacilar en que el arreglo sea lo más popular posible. Vuelvan a votar las Juntas populares, porque la elección es del pueblo».

En aquellos tiempos se vivía bajo la atmósfera de la democracia; en aquellos tiempos aún había grandes virtudes republicanas. Si el General Morazán hubiese sido un mandón vulgarísimo, un dictador supeditado por la ambición, habría aprovechado la muerte de Valle para hacer que el Congreso efectuase la elección, y sin exponerse a correr ninguna eventualidad, habría sido electo, sin duda alguna, Presidente de la República. Pero Morazán quiso siempre atender al voto de los pueblos, quiso respetar la legalidad, quiso el estricto cumplimiento de las instituciones. Por esto, muerto Valle, aunque Morazán tenía muchos sufragios para la Presidencia, como era debido, la elección fue devuelta al pueblo, único que, en la verdadera República, debe decidir sobre la dirección de sus destinos.

Bajo la influencia de tales ideas y de tales propósitos, se emitió el decreto de 2 de junio de 1834, convocando a nuevas elecciones para Presidente de la República. Faltaba a Morazán su único, digno competidor; competidor a quien había respetado y apreciado altamente. Otro militar que no hubiese sido el General Morazán, otro militar inspirado en la fuerza y extraviado por los instintos de un cesarismo brutal, habría hecho a Valle víctima de infundidos celos, lo habría ultrajado y humillado, lo habría puesto, en nombre de una venganza salvaje, en el más ignominioso calvario, para arrancarle la vida, la influencia y el poder, en medio de los más afrentosos suplicios. ¡Qué época gloriosa aquella en que un verdadero soldado, en que un héroe prestigiadísimo, respetaba y apreciaba a su rival, a un hombre civil, que no tenía más fuerza que la de su idea! ¡Qué época gloriosa aquella en que un hombre de letras podía enfrentarse, sin temor de ser pisoteada su dignidad, a un hombre de espada, y a un hombre de espada que tenía la gloria de verdaderas batallas, y no el palmoteo ridículo de farsantes que ensalzan escaramuzas afortunadas que, ¡ay!, para providenciales castigos, fundan las más insoportables e infames dictaduras!

El General Morazán que, muerto Valle, no podía tener ya competencia política en Centro América, fue electo, por segunda vez, en el año de 34, Presidente de la República. ¡Qué reflexiones las que ocurren con motivo de tales sucesos! Morazán reelecto debía traer, sin culpa suya, la ruina de la República centroamericana: Valle Presidente habría probablemente salvado a la República. Morazán tenía todos los prestigios de la revolución liberal; pero en el Gobierno debió tener las intransigencias de la revolución, y en su contra debió tener todos los enconados odios de la oposición. Valle en el poder, aunque partícipe de las ideas de Morazán, habría entrado a ejercerlo sin compromisos revolucionarios; no habría tenido las intransigencias de sectario victorioso; habría llevado la tranquilidad a los ánimos, desarmado en mucha parte a las oposiciones, y tenido ocasión y libertad para hacer oportunas, benéficas y duraderas reformas al sistema de gobierno, que habrían salvado la unidad de la Patria, asegurado la paz de sus hijos, afianzado sus instituciones, y afirmado la honra de su nombre. Morazán, hombre de la revolución, no pudo ser el hombre de la consolidación de las instituciones: su origen y su carácter revolucionarios, a pesar de sus grandes dotes políticas y militares, lo hicieron inepto para tan grande empresa. Valle, gobernante, habría podido acometerla con feliz éxito; Valle, a virtud de oportunas evoluciones inspiradas por su genio, y sancionadas por sus prestigios, habría hecho la reforma, en racionales términos, anulando la demagogia de los liberales, y los embozados trabajos de los conservadores separatistas y liberticidas.

En tal situación, Morazán habría sido el brazo armado; Valle la cabeza pensadora y directora: la idea y la fuerza unidas habrían realizado el triunfo definitivo y espléndido de la República; y hoy los centroamericanos tendríamos una nación poderosa, libre y feliz; y hoy, en vez de sentirnos humillados, con la frente levantada, podríamos decir al mundo: TENEMOS PATRIA.

Pero las leyes providenciales, que presiden a la historia de los pueblos, no permitieron que hubiese para los centroamericanos tan dichosos resultados. Murió Valle, y con su vida, desapareció la fundada esperanza de que hubiese paz y arreglos durables en pro de las instituciones. Posteriormente, Morazán fue vencido, y por último sacrificado por la traición en el cadalso, y con su vida, desaparecieron los más abnegados esfuerzos que propendieron, en la América del Centro, a salvar la unidad de la patria y la estabilidad y el prestigio de sus instituciones. ¡Desgracia inmensa la nuestra! Parece que la Providencia se complace en someter a ciertos pueblos a las más rudas y crueles pruebas: uno de esos pueblos es Centro América. Pero aceptemos nuestro destino con valor y resignación, y con la conciencia de que somos libres para pensar y obrar en el sentido de mejorar nuestra suerte. Pensemos y obremos bajo los auspicios de nuestro derecho, de nuestra dignidad y de nuestra libertad; y al fin lograremos el anhelado objeto de ser ciudadanos libres dentro de una gran República. Trabajemos esforzada y noblemente: perderemos hoy, perderemos mañana, sucumbiremos una y cien veces; pero al fin ganaremos una definitiva batalla, y tendremos patria e instituciones. No somos turcos que debemos obedecer a un fatalismo invencible; la vida asiática no debe ser nuestra vida: somos americanos que vinimos al mundo de la política trayendo los gérmenes preciosos de la libertad y del progreso, inspirados en la fe, en la República y en sus instituciones. La fe religiosa, aunque ciega, ha dado el triunfo a las religiones: nuestra fe política, que es científica, dará entre nosotros el triunfo a la República. Trabajemos, confiemos y esperemos....

Las reacciones que se operan contra las buenas causas, cuando triunfan definitivamente, su triunfo trae consigo el menosprecio y el olvido de los hombres de principios. El General Morazán no pudo contrarrestar la reacción que se llevó a cabo contra las ideas e instituciones liberales. En el año de 38 Morazán terminó su segundo período, entre grandes agitaciones y luchas, entre grandes dolores para la afligida patria. El año de 39, no obstante la resistencia heroica de Morazán y de los suyos, fue roto el pacto federal. El aventurero y bravío indígena Rafael Carrera, en Guatemala, y el valiente, cruel y talentoso mulato Francisco Ferrera, en Honduras, fueron los poderosos instrumentos de la reacción liberticida y separatista. El General Morazán hizo sus últimos esfuerzos en Guatemala, en el año de 40, en favor de los fueros de la civilización y de las instituciones; pero sus esfuerzos fueron inutilizados por la alianza irresistible del salvajismo indiano, del supersticioso clero, y de la estúpida nobleza.

El General Morazán, en obsequio de la paz, tuvo que dejar al bizarro pueblo del Salvador que le servía de apoyo, y se encaminó a la América del Sur: regresó con elementos para operar una contrarrevolución: anonadó el despotismo de Carrillo en Costa Rica, y se hizo cargo del Poder de aquel Estado, como base de sus operaciones. Pero el egoísmo lugareño y la traición de hombres sin conciencia y sin pudor, llevaron al patíbulo al Gran Repúblico, a la triste luz crepuscular de la tarde del 15 de septiembre de 1842.

Los acontecimientos referidos dieron un triunfo completo a la reacción. Ferrera y los sectarios de sus ideas dominaron en Honduras; Carrera, el clero y la nobleza, dominaron por muchos años en Guatemala: una verdadera noche polar extendió sus espesas sombras sobre la área hermosa de Centro América: los pueblos durmieron el largo y pesado sueño que produce el despotismo enervante; despertaban a veces solo para oír el ruido de cadenas, y en medio del aturdimiento, de la abyección y de la miseria, llegaron a perder el recuerdo de sus grandes hombres. Así se explica cómo, durante más de 30 años, la fría y pesada losa de olvido ha gravitado sobre la memoria del ilustre José del Valle. Hoy, hasta los niños de nuestras escuelas primarias pronunciaron con respeto el nombre de Valle, y, en los primeros años de mi juventud, yo nunca supe siquiera que hubiese existido hombre que tanto enalteció el nombre de mi patria. ¡Qué épocas! ¡Qué contrastes![42]

El Gobierno de Honduras, hoy presidido por un hombre de altas y generosas ideas, ha venido a borrar las injusticias del pasado: ha honrado y enaltecido, como se debe, la memoria de Valle.

He aquí el decreto del Gobierno del señor Soto, en que se ordena levantar un monumento que inmortalice el recuerdo del sabio hondureño:

MARCO AURELIO SOTO, PRESIDENTE ONSTITUCIONAL DE LA REPÚBLICA DE HONDURAS

Considerando: Que el Sabio JOSÉ CECILIO DEL VALLE fue un ciudadano eminente, cuyas obras honran a las letras centroamericanas; y que por su ciencia, por sus virtudes, y por los servicios que prestó a la Patria, es acreedor a la gratitud nacional; por tanto:

DECRETA:

Artículo 1°—Eríjase, en la plaza de San Francisco, de esta capital, una estatua de pie de mármol de Carrara, del sabio hondureño Don José Cecilio del Valle.

Artículo 2°—La estatua se colocará sobre un pedestal de piedra y mármol, que llevará inscripciones que hagan imperecedera la

---

[42] ¡Fatalidad de nuestras revoluciones, casi siempre oscurantistas! Se echaron en olvido nada menos que el nombre y las obras del sabio que supo captarse la estimación cariñosísima de sabios de Europa y América. Valle recibió altas pruebas de amistad del célebre Barón de Humboldt, uno de los más ilustres viajeros que han visitado a América; del distinguido escritor y literato Don Álvaro Flores Estrada, uno de los más notables economistas españoles; del Conde de Sack, distinguido naturalista; Don Vicente Cervantes, profesor de Botánica; de Don Andrés de Río, profesor de Mineralogía; de Don Mariano Logarce, botánico eminente; de Jeremías Bentham, publicista de reputación universal; y de otros muchos personajes ventajosamente conocidos en la república de las letras, y que prolijo sería enumerar sus nombres. Los sabios extranjeros honraron a Valle: Centro América olvidó su nombre y sus obras. ¡Qué amargo el fruto de las revoluciones sin principios y sin ideas!

memoria del hombre que puso su genio y su ciencia al servicio de la Nación Centroamericana.

Dado en Tegucigalpa, en la Casa de Gobierno, a los 27 días del mes de agosto de 1882.

MARCO A. SOTO

El Secretario de Estado en el Despacho de Instrucción Pública,
RAMÓN ROSA.

Como precedente del anterior decreto, en 29 de julio del año recién pasado, se estipuló con el artista, señor Francisco Durini, lo que sigue:

«Art. 14.—Durini se obliga a hacer construir en Italia, y colocar, en la plaza de San Francisco, de esta capital, una estatua de pie, y de mármol de Carrara, (1.ª clase) de dos varas y cuatro pulgadas de altura, del sabio José Cecilio del Valle.

Art. 15.—La estatua tendrá un pedestal construido de cal y canto al interior, y de piedra del país, picada en forma de granito, al exterior: tendrá la forma de un octágono irregular, y se compondrá de una gradería de dos escalones, de un contrazócalo, de un zócalo, de una base, de un fuste, de un capitel y de un plinto de la estatua.

Art. 16.—En el fuste irán cuatro lápidas de mármol de Carrara (1.ª clase). La lápida de la fachada llevará en letras de relieve doradas, esta inscripción:

A JOSÉ CECILIO DEL VALLE
LA PATRIA

La lápida posterior llevará en letras grabadas y doradas estas inscripciones:

Al sabio que se anticipó a su época, y reveló los grandes destinos de Centro América.

Al insigne estadista, autor del Acta de nuestra independencia; al hombre de principios que hizo del saber un elemento de Gobierno, y cuyas obras honran a la América Central.

El estudio más digno de un americano es América.

VALLE.

La lápida de una de las partes laterales llevará, en letras grabadas y doradas, el decreto en virtud del cual se erige el monumento del sabio Valle; y la lápida de la otra parte lateral tendrá esta inscripción:

JOSÉ CECILIO DEL VALLE,
Nació en Choluteca el 22 de noviembre de 1780. Murió en Guatemala el 2 de marzo de 1834.

Art. 17.—En las lápidas del fuste, sobre las inscripciones se formarán, grabados, adornos alegóricos de las ciencias y las letras, y el friso del capitel se adornará de una manera artística.

Art. 18.—El monumento de Valle tendrá alrededor una hermosa verja de hierro fundido de 26 a 28 varas, y en los ángulos de la verja se colocarán cuatro elegantes faroles de una luz».

Lo convenido con el señor Durini se ha llevado a debido efecto. La estatua de Valle, que es una verdadera obra de arte, está ya en el país, y construido está en la Plaza de San Francisco el suntuoso pedestal en que ha de colocarse. El día 15 de septiembre próximo, LXII aniversario de nuestra independencia, se inaugurará solemnemente la estatua del sabio. ¡Gran día va a ser el día de la inauguración, en que el pueblo y Gobierno hondureños, tras dilatados años de olvido, van a hacer justicia a la memoria de su más ilustre Estadista; van a dar un público testimonio de aprecio y simpatía a los altos merecimientos de un hombre honrado, de elevadas ideas; van a reconocer y a enaltecer la más legítima y esplendorosa de las glorias: la gloria de la inteligencia que enseña, que ilumina y moraliza!

Hoy más que nunca debe tomarse como modelo la conducta política de Valle, y buscarse en sus obras grandes enseñanzas. La situación de Centro América así lo reclama. Los pueblos centroamericanos, si bien, más que todo, por la acción del tiempo, han ganado en materiales elementos y recursos, en cambio, por la acción de maléficas, de corruptoras escuelas políticas, han perdido mucho, muchísimo, en materia de instituciones, de moralidad y de honradez. Jamás Centro América ha atravesado, en lo moral, momentos tan críticos como los que atraviesa el presente. Jamás ha habido una situación más ilógica, más falsa en el fondo, y más hipócrita en la forma, más ocasionada a trascendentales conflictos, y más adversa a los más grandes y caros intereses de la República.

No hay que hacerse ilusiones. No hay que ver tan solo la superficie de las cosas; es necesario, absolutamente necesario, ver el fondo. La inmoralidad política, llevada a los más repugnantes extremos, es un horrible cáncer que destruye, muy de prisa, el organismo de los pueblos centroamericanos; es una cruel enfermedad que les impide vivir para las instituciones, para la libertad, para la República.[43]

En el año de 21, en que se consumó la independencia, había buena fe y franqueza en los partidos que, con diferencias de intentos, abrigaban, por lo común, nobilísimas aspiraciones: en el año de 29, en que se trató de afianzar las instituciones libres, había grandes virtudes republicanas y los más bellos ideales: en el año de 48, en que se reaccionó contra la autocracia de Carrera y del clero, había desinterés, abnegación y honrosísimos propósitos; y en el año de 71,

---

[43] Declaro que mis afirmaciones críticas no tienen ni pueden tener aplicación general a los hombres públicos de Centro América: declaro, además, que mis juicios no aluden a determinadas personas, a determinados círculos políticos. Condeno, en abstracto, ciertos sistemas de erróneas ideas que por desgracia prevalecen en las Repúblicas centroamericanas; pero no hago ni trato de hacer alusiones personales. Empero, si antojadizamente se quiere recogerlas, que se recojan. Debo además prevenir una objeción que comúnmente se muestra a los descontentos de un sistema político. La objeción se formula diciendo que no merecen fe las críticas y las censuras de los descontentos, porque no tienen poder, y que si lo tuvieran, aplaudirían lo mismo que censuran: que no es lo mismo estar en la oposición que en el poder. Yo estoy a salvo de semejante objeción. Mis palabras merecen fe, porque no soy apasionado opositor a ningún gobierno; porque no soy político caído y menesteroso que vocea para buscar empleos y beneficios; porque he tenido y aun tengo una alta posición política que, para su sostenimiento, no requiere falsas censuras ni exaltadas declamaciones; y en fin, porque hasta mi posición y mi porvenir político en Centro América sé que los comprometo seriamente, y los comprometo con gusto, diciendo la verdad a pueblos y gobiernos, a despecho de resentimientos, de odios y de rencores. Si algún derecho tengo, como escritor, es el derecho de que se crea en la sinceridad de mis ideas y en la franqueza de mis escritos.

en que se operó la última revolución liberal, aún había virtudes cívicas y patrióticas inspiraciones. Hoy casi puede decirse que ha desaparecido todo elemento honroso, todo elemento de moralidad, todo elemento de republicanismo. Nadie entiende a nadie; las filas de los partidos se han confundido; no hay luz que las guíe, no hay conciencia que las inspire. ¡Estamos a medianoche! No predomina en Centro América la idea, la rectitud y la justa previsión: los principios de la República casi han caído en desuso. En cambio, predominan las escuelas políticas más corruptoras, más adversas a la República. Liberales y conservadores componen hoy una masa informe que despide miasmas deletéreos; liberales y conservadores tienen cátedras abiertas en que proclaman libertad y derechos, y practican el despotismo y la inquisición; en que proclaman desinterés y patriotismo, y practican el más impudente y vergonzoso mercantilismo político. ¿Es así como debemos civilizarnos y ennoblecernos? ¿Es así como debemos preparar el reinado de la verdadera República?

Es necesario tener el valor de decir la verdad, toda la verdad. Con Morazán, Barrundia, Herrera, Cabañas y Gerardo Barrios, sabía cualquiera a qué atenerse: eran hombres de principios, y eran consecuentes con sus ideas. Con Carrera, Ferrera, Aycinena, Batres, Pavón y Dueñas, también sabía cualquiera a qué atenerse: eran hombres de sistema, y supieron ser lógicos. Uno y otro partido contendientes, respetaban sus ideas, y tenían, bueno o malo, un ideal político, impersonal; ideal servido con perseverancia y alentado por previsiones lógicas: uno y otro partido contendientes, salvo las horas de borrasca revolucionaria, tenían, en más o menos, respetos sociales, respetos a la dignidad humana, consideraciones al derecho, consideraciones al decoro público. Hoy el egoísmo y la ambición sin límites han venido a crear en Centro América situaciones puramente personales, personalísimas, situaciones que sólo pueden sostenerse, ora apelando al terror que mata, ora a la seducción que envilece. O rastros humanos, o mercados políticos: he aquí las enseñanzas prácticas que las escuelas dominantes en Centro América dan a nuestros infortunados pueblos.

Es necesario protestar, no tan sólo en nombre de la República, sino también en nombre de la Humanidad, contra las enseñanzas de tan funestas escuelas; escuelas que falsifican torpemente las ideas, y que, por lo mismo, comprometen el porvenir de las ideas. Criminales son los monederos falsos, porque crean engañosos valores y alteran la confianza pública; mas su crimen es de pasajeros resultados. Pero ¡ay! los falsificadores de ideas, de principios, son los más grandes criminales, que deben arrojarse al infierno de la Historia, porque comprometen hasta el porvenir de la inocencia, hasta el porvenir de las generaciones que están por nacer. Lo repito; es necesario protestar contra las enseñanzas de los falsificadores de ideas. Este pequeño libro, que recuerda la vida ejemplar y las obras meritorias del honrado e ilustre Valle, forma una gran protesta. Yo la hago franca y lealmente.

Al exponer los juicios anteriores no he querido presentarme como no he sido ni soy; no pretendo engañar pidiendo para Centro América un bello ideal en arreglos políticos, en materia de instituciones. Yo conozco las malas condiciones sociales de nuestros pueblos (8): yo sé que de improviso, en todo y por todo, no pueden pasar a la vida de la verdadera República. Quiero ser completamente franco: en ciertas situaciones excepcionales, en que han estado comprometidos todos los intereses particulares y públicos, yo he aconsejado el uso de la fuerza, y además he hecho uso de la fuerza. Pero pasar de la excepción, y de la justificada excepción, a convertir la fuerza en absoluto sistema, en paz o en guerra, día por día, hora por hora, momento por momento, con provocación o sin ella; pero decantar libertad y derechos, y mantener un régimen de terror inquisitorial bajo el que las sociedades viven temblando de espanto, arrodilladas; pero decantar desinterés y patriotismo, y convertir la administración en un mercado político, para la ruina de muchos, en beneficio de unos pocos; todo esto me parece condenable, porque es un horrible atentado al derecho, porque es una monstruosidad. Debe apelarse a la fuerza, cuando hay facultades discrecionales, para salvar a todo un pueblo de los horrores de la anarquía; pero cuando hay paz y existe una Constitución, cuando la sociedad sigue su marcha regular, liberales o conservadores, deben respetar la dignidad de los hombres, deben mantener la más estricta legalidad, deben procurar el arraigo y el ensanche de las instituciones libres, deben ser humanos, civilizados y generosos. Sólo a este precio puede hablarse, con decencia, de libertad y de derechos. Sólo así se puede vivir en el seno de la democracia: sólo así se puede ir en pos de la verdadera República. Si se quiere el terror por sistema, y los medros del mercantilismo político por recompensa, que al menos haya franqueza: los terroristas utilitarios ganarán más siendo francos. ¡Que no se profanen por más tiempo los sagrados nombres de libertad y patriotismo!

La vida de Valle significa trabajo, estudio, conocimientos, ciencia, virtudes privadas, virtudes cívicas, honradez, abnegación, patriotismo. Este libro resume, en compendio, la expresión de tan grandes méritos[44]. Cuanto en él se dice tal vez por hoy sea un eco perdido, un eco que no llegue a los oídos de la viciada cuanto infeliz generación presente; pero estoy seguro de que el eco de las palabras que consagro a Valle llegará a los oídos de la juventud que se levanta; y la juventud siempre buena, desinteresada y generosa, se inspirará en la vida y en las obras del sabio hondureño; y a la inmortalidad opondrá la honradez, y a la ruina opondrá la ciencia, y a la injusticia opondrá la rectitud, y a la mentira opondrá la verdad, y a la venalidad opondrá la probidad, y a la fuerza opondrá la ley, y, al terror, opondrá la siempre respetable y querida libertad.

La juventud centroamericana no debe olvidar que posee una de las más bellas e importantes regiones del mundo, y que tal posesión le da derecho a que esta porción privilegiada del globo sea un centro feliz de civilización. La juventud centroamericana, imitando las virtudes del sabio Valle, y siguiendo sus nobilísimas aspiraciones, debe desmentir el terrible aserto que nos lanzó a la cara Napoleón III. Napoleón decía: «Constantinopla y Centro América son las más interesantes y bellas porciones del globo; pero da lástima que estén en las peores manos, en las de los turcos y de los centroamericanos».

---

[44] La segunda edición de este libro, que haré en los Estados Unidos, saldrá muy aumentada. Haré en ella mérito de la correspondencia de Valle y de muchas de sus obras inéditas que no he tenido a la vista, y que hasta hace pocos días ha obtenido, por compra, el Gobierno de este país. También se corregirán muchos defectos de redacción y errores tipográficos, que ni siquiera he tenido tiempo de enmendar. Aunque he meditado detenidamente sobre el fondo de este libro, en cambio sus capítulos han ido a la imprenta en borradores, si se quiere, improvisados: y muchas veces, debido a mis diarias y múltiples ocupaciones, no he podido ni corregir las pruebas. Que la crítica tenga en cuenta esta legítima excusa.

¡Ay! Protestemos, abriendo campo a las ideas y siendo virtuosos y civilizados, contra aserto tan ignominioso. Sacudamos la especie de fatalismo asiático que nos abruma: somos americanos y nuestro destino es la consecución del derecho y del progreso. Demos vuelco a las tiranías de los hombres, y a las tiranías de nuestros tradicionales errores; modelemos nuestra vida por el gran modelo de nuestro ilustre sabio; trabajemos con fe y con amor en pro de las ideas; y así reivindicaremos nuestra honra, asegurando, en esta tierra querida, en esta tierra de nuestros recuerdos y de nuestras esperanzas, los sagrados fueros de la civilización y de la República.

VALLE: AMERICANISTA, INDIGENISTA Y PERIODISTA por
Rafael Heliodoro Valle

EL PALADÍN DE LA RAZÓN

En un remanso de las montañas de Tegucigalpa, donde parece sosegarse el esplendor tropical, se halla la imagen marmórea de un hombre meditabundo y en pie. Los ojos se detienen ante la inscripción de una de las lápidas: "Al sabio que se anticipó a su época y reveló los grandes destinos de Centroamérica. Al insigne estadista, autor del acta de nuestra Independencia; al hombre de principios que hizo del saber un elemento de gobierno y cuyas obras honran a la América Central".

El hombre se llama José Cecilio del Valle, y sigue atisbando el porvenir, alegre de verse perpetuado en las semillas mentales, a pesar de que en vida fracasó; pero su estatura intelectual era mayor que la de sus contemporáneos, y hubo de resignarse a ser un mártir silencioso entre esa bruma de melancolía elegante que circunda a los que solo en la posteridad hallan la rica atmósfera en que han de respirar para siempre. Europeo por la sangre y por las ideas, criollo de profundas identificaciones con la tierra americana, Valle se enamoró de la ciencia como de una divinidad hosca y sensitiva. El fuego interior se le quemaba en lejanías de angustia.

Hoy está incorporado a las filas de los que pelean por el triunfo de una América libre, en la que el privilegio, la miseria y la superstición no sigan siendo los peores enemigos del hombre.

Paladín de la razón, pensador optimista, construyó sobre sus lecturas y sus sueños el más vivo esquema de la realidad centroamericana. Creía en lo ilimitado del progreso, en la perfección indefinida del hombre, en que el hombre tiene derecho a la felicidad y a ser libre en su efímera residencia de la tierra.

Nadie en Centroamérica ha merecido como Valle el epíteto de estadista, ni nadie ha sabido como él asumir las terribles responsabilidades del intelectual. La historia de las ideas en nuestro hemisferio tendrá que darle categoría de primer orden, y habrá de reinstaurarle, cuando se haga el balance total de su obra, en ese recinto de luz en donde siguen ardiendo, en combustión milagrosa, los cerebros de Melchor Talamantes y José María Luis Mora, del Padre Varela y de Juan Bautista Alberdi.

En él se conjugaron el hombre de acción y la ponderada inteligencia. Su monólogo nos interesa más cada día, y la patria a quien dirigió sus mejores discursos —hoy despedazada y sin hombres como él— algún día le escuchará, atenta, orgullosa de tal hijo, para reivindicarle con la elevación de la conducta, como si quisiera de verdad rescatar uno de sus lujosos patrimonios.

NOTA BIOGRÁFICA

En la ardiente villa hondureña de Jerez de la Choluteca y Mis Reales Tamarindos nació José Cecilio del Valle el 22 de noviembre de 1780, y murió cerca de la ciudad de Guatemala el 2 de marzo de 1834. Hijo de familia distinguida, por fortuna y abolengo, le tocó crecer en uno de los ambientes históricos más conmovidos, cuando en las entrañas de Europa se debatían las más terribles inquietudes que hicieron bambolearse instituciones y regímenes, y en América se incubaban acontecimientos que, con ritmo creciente, darían ímpetu a la aventura de las nuevas nacionalidades.

Honduras —la tierra de Valle— era de las seis provincias que integraban la Capitanía General de Guatemala y en las que se agudizaban, como en pocos países de América, los errores del régimen español. "La provincia de Tegucigalpa —dice Ramón Rosa— estaba falta, en aquel entonces, hasta de escuelas primarias elementales. Con suma dificultad aprendían algunos niños, hijos de padres pudientes, a leer y escribir en escuelas privadas, costeadas por las familias interesadas en su sostenimiento. Respecto a enseñanza superior, tan solo había en Comayagua, capital de la provincia de su nombre, un Colegio Tridentino, fundado por el obispo Vargas y Abarca, destinado a la enseñanza teológica, a la que se aumentó en 1784, por iniciativa del obispo Antonio de Guadalupe, una clase de Filosofía Escolástica. Tales eran los únicos medios de cultivar, en Honduras, la inteligencia de la juventud, a fines del pasado siglo".

Fray Antonio Guadalupe López Portillo era de Guadalajara, México. Fue comisario general de la orden franciscana y Felipe V lo presentó para obispo de Comayagua. Levantó la iglesia y el hospital de San Juan de Dios, erigió el Colegio Seminario, reedificó la iglesia y convento de San Francisco de Tegucigalpa y enriqueció la Catedral. Murió en 1742.

Los padres de Valle no querían negarle los beneficios de la escuela y hubieron de trasladarse a Guatemala (1789), donde, si los libros nuevos de Europa llegaban muy tarde, había imprenta, universidad, un periódico y una escuela primaria de Belén. "Guatemala —escribió Valle— hablando de aquella época no era un pueblo ignorante, ni una capital ilustrada. Era el país del error"; y decía más tarde don José Milla: "Las doctrinas atrevidas que en el antiguo mundo habían producido una transformación completa en las ciencias morales y políticas, apenas eran conocidas en este reino, que por sus escasas y tardías comunicaciones con la Europa, permanecía casi enteramente extraño al movimiento intelectual del resto del mundo y a los acontecimientos que cambiaban la faz de las naciones. De la tempestad deshecha que destruía las creencias e instituciones seculares, llegaba solamente algún rumor lejano a estas remotas y pacíficas comarcas, que hacían de la conservación de la fe religiosa y de la lealtad al soberano sus más espléndidos blasones. Las ciencias exactas eran casi enteramente ignoradas y los pocos hombres estudiosos que se dedicaban a cultivarlas, excitaban las sospechas del vulgo, que creía ver el resultado de artes diabólicas en las operaciones más inocentes y sencillas de la física experimental. Relativamente adelantados los conocimientos en las ciencias eclesiásticas, la jurisprudencia y en la bella literatura, eran desconocidos los estudios de la economía política y de las matemáticas, y la filosofía no había logrado desembarazarse de los embrollados sistemas de los peripatéticos".

En 1795, don Jacobo de Villaurrutia, natural de Santo Domingo —quien más tarde fundó el "Diario de México"—, creó la Sociedad Económica de Amigos de Guatemala; y en 1795 el franciscano José Antonio de Liendo y Goicoechea, después de histórico viaje a España, trajo a Guatemala libros, mapas y semillas raras, y, algo más, la renovación del plan de estudios superiores, las revolucionarias ciencias experimentales, un nuevo sentido político. Eran los años en que Carlos III presidía en España y en América un movimiento de transformación en lo físico y en lo intelectual, enviando expediciones científicas, protegiendo artistas y sabios, modificando los organismos económicos. México era redescubierto por Alzate y por Mociño, que se preocupaban por el conocimiento de la riqueza biológica de su territorio, poniéndolo el primero al alcance de la curiosidad popular. Don Martín de Sessé, don Vicente Cervantes, don Andrés Manuel del Río, don Fausto Elhuyar y, poco después, el viaje celebérrimo de Humboldt sacudieron con extraña conmoción la vida criolla que se repartía entre chocolates, rezos y saraos. Cuando Goicoechea, maestro de Valle, apareció con su plan reformador, todavía estaban "los jueces seriamente ocupados en procesar brujos"; y aquel franciscano supo mostrar a sus discípulos el camino de la razón y el derecho a la duda. Guatemala recibió la visita del gran botánico Mociño y en su Universidad Carolina había un gran joven chapaneco, José Felipe Flores, quien poco después inventaría el maniquí anatómico y, en Europa, se interiorizó —el primer centroamericano— de los problemas de la electricidad y la navegación aérea.

En ese ambiente en que resonaban las voces trascendentales de los enciclopedistas franceses y bien pronto se escucharían los mensajes de estos, avivando la preocupación por el hombre, la dignidad del hombre, los derechos del hombre, el joven Valle comenzó a iniciarse en "el peligroso oficio" de pensar, interesándose por las letras, las artes y las ciencias; se asomó a los clásicos en el Colegio Tridentino, y más tarde pasó a la Universidad de San Carlos para estudiar Filosofía, Derecho Civil y Derecho Canónico, sobresaliendo en el primer acto público de Lógica, Metafísica y Física Experimental.

Maestros particulares le enseñaron Matemáticas, Literatura, inglés, francés e italiano, y después de graduarse de Bachiller en Filosofía (1794) y en ambos Derechos (1799), se recibió de abogado en la Audiencia.

EL FUNCIONARIO

Diputado interino de la Comisión Gubernativa de Consolidación, defensor de obras pías y censor de la "Gaceta de la Ciudad de Guatemala" (1805), asesor del Real Consulado (1806), fiscal del Juzgado de los Reales Cuerpos de Artillería e Ingenieros del Reino (1807), asesor de dichos cuerpos y de los juzgados ordinarios de la capital, y abogado del Convento de Santo Domingo y de su provincia

142

(1808), diputado vocal de la Suprema Junta Central de España e Indias, por León de Nicaragua (1809), catedrático de Economía Política (1812), auditor de Guerra del Ejército y Provincia de Guatemala y asesor de la Renta de Tabaco (1813); José del Valle, "modelo de lealtad española" (según declaró el arzobispo Casaus), tenía en plena juventud una excelente preparación para iniciarse en los múltiples problemas del Estado, y su primera presencia en la política fue al fundar el periódico "El Amigo de la Patria" (1820), al amparo de la restablecida Constitución Española de 1812. Así comenzó su carrera de pensador y de estadista, de sociólogo con sueños y de periodista con ideas.

Era desde aquel periódico la voz de la moderación frente al radicalismo del partido de los "Cacos", que capitaneaba el doctor Pedro Molina. Era el verbo de los españoles y los artesanos. Ambos se disputaban las elecciones de los ayuntamientos y los diputados a Cortes.

Al año siguiente, el Plan de Iguala precipitó los acontecimientos de Centroamérica, y el 15 de septiembre de 1821, alborotado el pueblo y "siendo públicos e indudables los deseos de independencia del gobierno español", el capitán general de Guatemala don Gabino Gaínza y las autoridades eclesiásticas y los altos funcionarios civiles declararon la emancipación; redactando Valle el acta y refrendándola en su calidad de individuo de la Diputación Provincial. Suyo fue también el manifiesto que aquel día dirigió a Centroamérica el capitán general. Poco después, en representación de Honduras, formó parte de la Junta Provisional Consultiva, que se estableció para colaborar con el nuevo régimen.

Ramón Rosa escribe: "Todos los grupos políticos, de diversas y aun inconciliables pretensiones, se habían unido para consumar la independencia de España; distintos fueron sus móviles, pero idénticos sus propósitos. El clero quiso la independencia porque era necesario aceptarla, y porque veía en la emancipación de Guatemala un medio de sustraerse a los rudos golpes que asestaron a sus privilegios las Cortes de España. Los peninsulares y sus adeptos quisieron la independencia porque vieron halagados sus intereses y sus ambiciones. Los liberales, que formaron el antiguo partido de los 'Cacos', quisieron la independencia porque aspiraban generosamente a la práctica de sus radicales ideas republicanas; y los hombres reflexivos, como Valle, quisieron la independencia porque tenían en mira una evolución política que, gradual y prudentemente, hiciese ganar terreno a la educación liberal de los pueblos, para que se crease un sólido régimen de libres instituciones en el Centro de América".

"Tan opuestos móviles —continúa diciendo Rosa—, tan contrarias y enemigas pretensiones, no pudieron menos de romper, bien pronto, el acuerdo, el consorcio feliz que se efectuó para desligar a Guatemala de la Madre Patria. Los liberales pidieron que se derogase, y lograron su objeto, el artículo 3° del Acta de Independencia, por el que la elección de representantes de las provincias se dejaba a las juntas electorales que habían elegido diputados a Cortes, lo que aseguraba un triunfo para el partido de Valle, para el partido Gazista; pidieron la formación de las milicias nacionales, lo que también lograron; pidieron la destitución de empleados sospechosos de tener afinidades con el antiguo régimen; y quisieron, en fin, extralimitándose, tomar participación de las deliberaciones de la Junta Provisional Consultiva. Los peninsulares y los criollos españolistas, por su parte, vieron con repugnancia la intervención de las clases populares en los asuntos públicos; se dolían de relacionarse y mezclarse con hombres que casi el día anterior habían sido no más que sumisos vasallos; y presentían que el arraigo de las instituciones de la República daría en tierra con sus intereses de clase, con sus privilegios de abolengo y con su orgullo cifrado en los hábitos de una antigua dominación. Las exigencias y exageraciones inconsideradas de los unos, y el egoísmo y la vanidad de los otros, crearon, a poco de consumarse la independencia, dos partidos fuertes e irreconciliables: el partido liberal, independiente y republicano, y el partido conservador, autoritario y reaccionario. En germen estaban dos partidos al proclamarse la independencia; pero ese germen desarrollóse de irregular y viciosa manera, y creó hondas y acerbas divisiones que habían de producir, no los antagonismos de un pueblo libre, sino las luchas destructoras de la libertad y de la patria".

La invitación de Iturbide a Guatemala para que se adhiriera al Imperio Mexicano y el envío de una División Protectora de dicha anexión, al mando del general Vicente Filisola, dieron pábulo a las aspiraciones de quienes, como el marqués de Aycinena y el arzobispo Casaus, deseaban los privilegios, honores y usufructos que podía brindarles el régimen monárquico. En la Junta Provisional Consultiva se alzó la voz disidente de José Cecilio del Valle; pero el 5 de enero de 1822, hecho el escrutinio de votos de los ayuntamientos, que habían sido invitados a deliberar sobre la anexión, la mayoría de los miembros de la Junta la decretó, sin más condiciones que la sujeción al Plan de Iguala y los Tratados de Córdoba.

Tegucigalpa (10 de marzo) y Chiquimula (19 de marzo) eligieron a Valle diputado al Congreso de México, obligándole a emprender un viaje de 81 días desde la capital de Guatemala hasta la del Imperio (7 de mayo a 28 de julio). Incorporado al Congreso (3 de agosto), fue nombrado individuo de la Comisión de Constitución (5 de agosto), y sus primeros discursos fueron sobre el nombramiento de magistrados del Supremo Tribunal de Justicia (16 de agosto) y el proyecto de ley de colonización (23 de agosto). Acusado de conspirar contra el régimen de Iturbide, fue capturado (26 de agosto) y, durante la prisión en el Convento de Santo Domingo, se entregó a las más asiduas y provechosas lecturas. Estando preso fue proclamada en Veracruz la República (6 de diciembre), e Iturbide le nombró poco después secretario de Estado y del Despacho de Relaciones Exteriores (18 de febrero de 1823). En tal puesto, se consagró a preparar la caída del Imperio, sin sangre ni violencia, habiéndose reinstaurado el Congreso; luego expidió varios bandos sobre cuestiones económicas y judiciales (4 y 9 de marzo) y anunció (20 de marzo) a los diputados la decisión que, para expatriarse, había tomado Iturbide; y suscribió, con los comisionados del Congreso (23 de marzo), los arreglos para la abdicación, habiendo presentado su renuncia (25 de marzo), y volvió a su curul para abogar por la separación de Centroamérica (22 de abril). El Congreso le rindió tácito homenaje al nombrarle miembro de la comisión que redactaría el proyecto de Constitución (3 de mayo), y, habiéndose resuelto que las provincias de Centroamérica quedaban en libertad de constituirse como deseaban (19 de julio), fue electo diputado a la Asamblea Nacional de Guatemala, lo comunicó al Congreso de México (30 de junio) y regresó a Guatemala (principios de 1824).

Había sido nombrado miembro del triunvirato que ejercería el Poder Ejecutivo (4 de septiembre de 1823) y tomó posesión del cargo (5 de febrero de 1824), apareciendo su firma en la primera Constitución Federal (22 de noviembre). Centralistas y federalistas iniciaron las disensiones que, a la larga, derrumbarían la Unión de los cinco Estados, y, de acuerdo con la convocatoria para elegir autoridades federales, Valle obtuvo la mayoría de los sufragios como candidato a la presidencia; pero la intriga y el fraude anularon su elección, elevando a la primera magistratura al general Manuel José Arce, el caudillo atrabiliario, que sería uno de los responsables de la era de desórdenes y guerras civiles que asolaron a Centroamérica en el siglo pasado.

Valle se retiró tranquilamente a su gabinete de estudio; pero tuvo la complacencia de que Chiquimula, Santa Bárbara y la capital guatemalteca le eligieran diputado federal (1826). Los atropellos del presidente Arce justificaron la reacción constitucionalista encabezada desde Honduras por el general Francisco Morazán, y, después de una lucha sangrienta, la capital federal cayó en poder de los liberales y Valle volvió al Congreso (24 de julio de 1829). Restablecida la Sociedad Económica, fue nombrado su director. En las elecciones de presidente de la Federación compitió con el general Morazán, pero fue derrotado (1830); y nuevamente fue su émulo, obteniendo la victoria (1834). Ya era tarde: su muerte cubrió de grandes sombras el alma de Centroamérica. "Habría probablemente salvado la República", dice Ramón Rosa. Se perdió una de las magníficas oportunidades para llevar al gobierno al más apto entre los mejores.

EL HOMBRE DE ESTUDIO

José del Valle no creó un sistema político, un sistema filosófico, una tesis histórica. Tampoco lo hizo alguno de sus contemporáneos en la América Española, porque nuestra América está joven aún. A Valle le tocó vivir en una época tormentosa en que las ideas de Europa encendían las mentes americanas con los fulgores de la nueva utopía social.

"Robaré —dijo alguna vez— a los genios de otras naciones los pensamientos que han influido en su prosperidad". Hombre de estudio, ante todo, divulgador de los hallazgos científicos, se mantenía atento a las vicisitudes de las ciencias en Francia e Inglaterra; releía los clásicos latinos y daba a sus meditaciones el estremecimiento del optimismo animador, pues creía que la ciencia es un instrumento del bien y que su deber es elevar y deleitar al hombre, y darle, con el mayor poderío, la mayor suma de felicidad. Por eso le amargaba que los matadores de hombres, como el conquistador Pedro de Alvarado, recibiesen más homenajes que los que merecen el que trajo las primeras espigas de trigo, el que sembró el primer arroz o importó los gusanos de seda.

"Que triunfe la razón y adoremos su estatua", decía con gran voz humana. Pedía "que los hombres dignos de escribir hagan a la patria el servicio que debe hacer un sabio: presentar sus pensamientos y observaciones, indicar el mal que puede hacer una providencia mal combinada, o designar el bien que puede producir otras medidas".

Lo que más asombra es que, en medio de las agitaciones y sobresaltos de la época en que vivió, pudo tener paréntesis de calma para entregarse religiosamente a la lectura de sus autores predilectos: Pascal, Buffon, Condorcet, Rousseau, Montesquieu, Humboldt y, naturalmente, los cronistas de Indias, desde Acosta y Torquemada hasta Ulloa.

Su apetencia de leer, de extractar, de anotar, era inconmensurable. En su biblioteca estaban los mejores libros, planos, gacetas y copias de manuscritos; todo cuanto pudiera darle el mejor panorama de la antigüedad clásica, el pensamiento europeo y la realidad americana. Humboldt, sobre todo, el vindicador de la América y del hombre de América.

La lista de los libros que pidió a Londres (26 de julio de 1826) y los que Jeremías Bentham sugirió se le enviaran (15 de enero de 1827), más la de los libros y otros materiales de estudio que llevó a México (1824), son el mejor inventario de su curiosidad de enciclopedista, de humanista. Es el centroamericano que más corrientes ideológicas ha percibido y aprovechado.

EL JURISTA

Antes de participar activamente en la vida política, su pasión fue la jurisprudencia. Analizó la legislación del régimen español en tres siglos; trazó un método para el estudio del Derecho; dio un brillante dictamen sobre "Instituciones de Derecho de Castilla y de Indias" por el doctor José María Álvarez; redactó una exposición para oponerse al nombramiento ilegal de jueces profesionales, sosteniendo la tesis de que "triunfa la justicia cuando los ciudadanos son los que directa o indirectamente nombran los jueces que deben decidir sus derechos", y, al compenetrarse de una realidad social que todavía nos abruma, demostró que se puede evitar la pena de muerte.

Jurista que dominaba los textos y los códigos de la España medieval, su sitio de honor se halla entre los más eminentes de su tiempo, ya que, lo mismo en el Congreso de México, en su calidad de constitucionalista, que en las más altas magistraturas de Centroamérica, Valle supo hallar en las diversas arquitecturas del Derecho esa línea pura de la armonía humana que vibra en los clásicos templos que el filósofo construye con almas y mármoles. Honduras, su pequeña patria, lo ve resplandeciente en los anales del foro en que sobresalen Vicente Ariza Padilla, Rafael Alvarado Manzano, Alberto Membreño, Policarpo Bonilla y Mariano Vásquez.

EL PERIODISTA

Periodista de ideas fue Valle. Sembrador de ideas, se recreaba iluminándolas, comentándolas, desde los periódicos en que dejó esparcido su luminoso pensamiento. Pero ha sido preciso desenterrarlas para que se conozcan más y mejor que en su época. ¿Cuántos lectores tendría? Ediciones reducidas que apenas traspasaban las fronteras de Guatemala y que no se difundían más allá de las montañas en que los quetzales duermen la siesta. Valle amaba la publicidad como instrumento, el más eficaz, para dar afirmación a sus palabras; pero carecía del ámbito continental para que América le escuchara.

"El Amigo de la Patria" (6 de octubre de 1820 a 15 de abril de 1822), gracias a la Constitución Española restaurada, le brindó el momento oportuno para convertirse en paladín social y enriquecer las dimensiones de su pensamiento. Y más tarde, en la "Gaceta del Supremo Gobierno de Guatemala", en el "Mensual de la Sociedad Económica de Amigos del Estado de Guatemala" y en "El Redactor General" (1825), puso al servicio de sus conciudadanos las doctrinas renovadoras, discurrió sobre los problemas palpitantes, incitó a la honesta meditación.

En "El Amigo de la Patria" no era más que un servidor del pueblo que deseaba darle a conocer las novedades útiles, las riquezas vírgenes, las vastas posibilidades para su mejoramiento. Era el mismo programa pedagógico de José Antonio Alzate con sus "Gacetas de Literatura", y cuando hablaba de los crímenes de José Molina no lo hizo para dar noticias espeluznantes, como lo harían los periodistas de escándalo, sino para dar una docta cátedra de sociología que conmueve aún.

La historia del periodismo político reconoce a Valle entre los que le han dado más calidad en Centroamérica: Pedro Molina, Ricardo Jiménez, José Madriz, Paulino Valladares, Miguel Ángel Navarro.

He aquí uno de los cuadros espeluznantes que Valle pintó con un matiz de actualidad que nos conturba: "Dígnese V. E. volver los ojos a los barrios infelices de esta capital. En ninguno de ellos hay las escuelas precisas de primeras letras; en ninguno de ellos hay casa de expósitos para evitar el sacrificio de algunas víctimas y asegurar la existencia y educación de la niñez; en ninguno de ellos hay casas de corrección para los que, sin haber perpetrado crímenes, han cometido algunas faltas; en ninguno de ellos hay puntos decentes de recreo donde los hombres unidos puedan olvidar sus penas, solazarse o divertirse; en ninguno de ellos hay policía, o el aseo y limpieza que debe hermosear una capital y contribuir a su salubridad; en ninguno de ellos hay fondos para proporcionar ocupación al miserable que la pide y no puede encontrarla.

"En todos se ve la pobreza, la miseria, la desnudez, el hambre y la sed. Un hombre sensible no puede pasear sus calles sin sufrir vivos tormentos. Y faltando casi todo a hombres, individuos de nuestra especie; habiendo hambre y sed, Excmo. Señor, ¿será justo que, en vez de socorrerla con 3.000 pesos anuales, se destinen estos para sueldos de letrados?".

SU ESTILO

Don Lucas Alamán escribe: "Valle gozaba la reputación de muy instruido, pero gustaba demasiado de lucir su saber, y tanto en la tribuna como en sus comunicaciones oficiales, usaba un estilo didascálico que hacía muy pesado y fastidioso cuando salía de su boca o de su pluma".

Y en otro pasaje dice: "Este (Iturbide), antes de salir, publicó un manifiesto dirigido al Congreso, redactado por Valle, en estilo pedantesco y el menos a propósito para la ocasión, pues, lleno de principios generales y máximas inoportunas, no presenta nada de lo que debía sentir Iturbide en aquellas circunstancias".

En esas frases se transparenta la animadversión que Alamán tenía por quien, sin ser mexicano de nacimiento, había llegado a ser secretario de Estado y del Despacho de Relaciones Exteriores durante el régimen iturbidiano. El estilo de Valle era de la misma arquitectura que el de la mayoría de sus contemporáneos.

Apretada de noticias, de hechos, de atisbos, su prosa está henchida de ese tono espeso de la tierra con humus, en la que el pensador se solazó en echar al voleo sus simientes; ese tono de uva maciza, negra, sin más brillo que el que le puede dar el sol. Un estilo cortado, tenso, neto, con la indispensable claridad que necesitaba para que, en una época en que muy pocos leían, fuese comprendido por todos. Estilo con énfasis, con autoridad, saturado de erudición, que algunos, como Alamán, encontraban enojoso, acaso humillante, pero que debía expresar al hombre de Estado.

Cierto que su estilo carece de color, pero es el amalgamiento de los clásicos españoles que Valle leía con frecuencia y de los otros clásicos que traducía en sus meditaciones; extraño compuesto que le dio solidez a quien habló casi en monólogo, para que, acendrado como el vino, lo cataran los que estudian la realidad americana.

EL POLÍTICO

Hay un momento de gran sinceridad en Valle: cuando se declara hombre de bien "en toda la latitud de mi vida". Sus enemigos, muchos de sus émulos y sus inferiores, lo consideraban astuto en la intriga, ambicioso de poder.

"Es un sabio verdaderamente —escribía don Mariano de Aycinena a Iturbide— y acaso sin igual en Guatemala; pero sin ningún mundo, y de un corazón tan pequeño que, agotada la política del gobierno y de los vecinos de probidad para hacerlo útil al común, nada ha bastado. Un orgullo sin tamaño lo pierde. Por este principio se aprovecha de todas las ocurrencias por ver si de ellas saca el partido a que lo inclina su ambición por mandar y ser el primero. Lo he visto en la ocasión atizar por bajo de cuerda las facciones de la República y de unión a ese Imperio, y por el arte que tiene para quedar impune con el que domina, no repara en los perjuicios que ocasiona aun a los que se ha mostrado amigo. Me alegraría y sería el mayor bien para Guatemala que se sacase a este amigo con honor. Podría nombrársele secretario de una de las embajadas de Londres, Rusia, etcétera, que se le haría bien particular, y porque su mayor flaco es el del orgullo, se puede poner un despacho muy honorífico sobre las noticias que se tienen de sus luces, etcétera".

El general Vicente Filisola, capitán general de Guatemala, escribió a Iturbide: "Yo juzgo que convendría mucho atraerse a Valle al partido del Gobierno Supremo, empleándole en destino que lisonjee su ambición, pues, según se pinta, su carácter es debilísimo en esta parte, así como es tímido cuando encuentra energía".

El centroamericano mejor preparado para ser estadista era fiel a su conducta de intelectual que ambicionaba el poder. El grave pecado de la mayoría de los hombres de estudio en la América Española ha sido su desdén por la política, su alejamiento de los problemas que en torno de ellos demandan urgentes soluciones, y prefieren no descender a la arena candente en que la pasión y la ambición buscan su más propicio escenario, y de allí que sean responsables de que los impreparados, los mediocres, se adueñen de los destinos públicos y se conviertan una buena mañana de primavera en dirigentes de los pueblos. Desde los primeros días de la independencia en América, los audaces y los ineptos, los simuladores y los improvisados han sido los dueños de la colectividad.

Pertenecía Valle a la inmensa minoría de los capacitados para dirigir, y no podía, por lo impetuoso de su desdén hacia el medio que le rodeaba, permanecer impasible ante la vocinglería de los demagogos o las intrigas de quienes, como Aycinena, deseaban conservar sus antiguos privilegios. Por eso tomó la decisión de participar activamente en la política y oponer su sabiduría y su prudencia a las maniobras de los rapaces y los arbitrarios. Con frecuencia insistió en la necesidad de que gobernaran los preparados en ciencias políticas y sociales; pero olvidaba que el régimen español

—una de las excepciones era él— fue el menos favorable para que los criollos elevaran el nivel intelectual y algún día pudiesen dirigir la suerte de su país. Aquel régimen dio facilidades a la obra del artista y del memorista que almacenaba textos sagrados; pero no fue sino en el reinado de Carlos III cuando surgieron hombres de estudio entre los criollos; es decir, cuando ya España estaba en vísperas de abandonar la escena política que durante varios siglos le permitió tener en sus manos los destinos de América. El mismo Valle, al enjuiciar al régimen español, declaró que este había desaprovechado el tiempo para desenvolver la prosperidad de sus colonias.

Valle creía que "el mundo no puede retrogradar"; predicaba la tolerancia y la evolución, denunciaba la terrible acumulación de inmensas riquezas en una sola mano; era un liberal con hondas raíces conservadoras por su abolengo y su posición económica, un demócrata para quien la democracia debe ser el gobierno de los dignos y de los aptos. Capitalista, era un enamorado de la utopía de Rousseau en "El Contrato Social". Fue su contradicción.

Dos veces puso a prueba su fe en que la prudencia del estadista puede salvar la situación más peligrosa, poniéndose "a igual distancia de las revoluciones, que son caos de sangre y muerte, y del despotismo, que es destructor de todos los derechos". La primera, al redactar el acta de independencia de Centroamérica, cuando —como los otros que la firmaron— a sus antecedentes de "buen vasallo"; y la segunda, cuando evitó que la caída de Iturbide fuese con estrépito y sangre. Tenía temor al despotismo de los de arriba y al de los de abajo. Por eso insistía: "Las revoluciones nacen del choque de los gobiernos con los pueblos. Cuando un gobierno es sabio en observar la voluntad general de la nación y, antes de conmoverse esta, manda a ejecutar lo que desea ella misma, no hay revoluciones ni muertes, ni horrores. Las reformas no parecen obra de los pueblos. Se hacen en paz y sosiego por la mano misma del gobierno".

EL ESTADISTA

Para impedir el despotismo de los impreparados de arriba y transformar a las masas miserables, Valle insistió, cuantas veces pudo, en la educación como admirable panacea. La ciencia como democratizadora. El conocimiento como fuente de la felicidad. Creía que la educación hacía dichosos y libres a los pueblos, los alejaba de la superstición y del error milenario, y que, gracias a ella y al trabajo, se podía conquistar la riqueza.

"Cuando los gobiernos posean la ciencia de tornar útiles a los hombres que no lo son, entonces serán menores las miserias de los pueblos".

Era la ignorancia, según él, la explicación de la pobreza centroamericana. No quería "doctores ociosos", sino hombres que sirvieran a su patria; e insinuaba que los vagos y los genios del "papeleo burocrático", los holgazanes de las oficinas públicas que inventan requisitos y trámites, son los enemigos del pueblo, su peor rémora.

El sabio debe ser, de acuerdo con su postulado, el que debe dirigir la opinión pública, y así, nada más natural que concibiese al mundo político dirigido por los sabios. Estos eran, a su juicio, los que promovían la dicha del hombre, elevaban su decoro, lo rescataban de la miseria, y no "los impostores que han seducido a los pueblos".

Al leer su "Memoria sobre Educación", se puede construir, siguiendo el hilo de sus elucubraciones, esta pirámide en cuyo ápice está la riqueza:

Riqueza
Prosperidad
Libertad
Espíritu público
Ilustración

Adalid ciegamente confiado en la grandeza creciente del hombre, clamaba en su espléndido desierto tropical por la ascensión del hombre, "que es el ser más grande de la tierra", a las alturas más hermosas. Que se educara a las madres, porque ellas pueden allanar el camino a los educadores, y que lo que para él importaba más era la riqueza humana.

"No es la riqueza el primer elemento del poder —escribía—. Es la ilustración; pero la riqueza dirigida por la ilustración, aumenta el poder".

Según él, "un pueblo ignorante es víctima del charlatán atrevido".

Pero, al reiterar los milagros de la técnica, para aplicarla al gobierno, pedía con urgencia insistente que se hiciera el inventario de las riquezas naturales, se levantaran mapas, se acopiaran las noticias sobre la flora y la fauna, y se estudiaran las gramáticas y los vocabularios indígenas; quería que el plan de gobierno se trazara conforme a los postulados científicos y que los hombres de estudio presentaran sus pensamientos al servicio de la patria, y los pusieran al alcance de todos. Antes de dirigirse a los altos funcionarios, hablaba a los jefes políticos: "Deben de conocer las provincias, los que administran las provincias. Es el primer elemento de un gobierno, el conocimiento de lo que se gobierna. No hay, después de tantos años, los datos y observaciones necesarias para formar el cuadro de Guatemala. Gracias al misterio con que se han rescatado los planos y estados que han solido hacerse; merced a la indiferencia con que se han visto las ciencias que más nos interesan, la aritmética política que calcula las fuerzas de los pueblos, la Estadística que presenta la carta de sus tierras y producciones, la Economía que investiga el origen de sus riquezas, han corrido tres siglos; y, sin mapas, sin tablas, sin hechos ni observaciones, no podemos hasta ahora estimar el valor, o calcular el poder de esta cara provincia. Hagamos, sin embargo, lo posible: tiremos las primeras líneas: otros añadirán las demás: otros formarán el bosquejo: otros darán colores al cuadro".

Valle pretendía que los jefes políticos supieran más que muchos de los funcionarios de hoy: que conocieran la geografía y tuvieran un plan de gobierno. Se hacía esta pregunta quemante: "Se han establecido seminarios, colegios y academias para formar eclesiásticos, artilleros, ingenieros, militares y marinos; y no los hemos tenido para formar hombres capaces de trazar el plan legislativo, o sistema sabio de gobierno. Ha habido escuelas para enseñar a manejar el cañón o esgrimir la espada; y no se han fundado para enseñar a gobernar. Se multiplicaban los maestros de baile; y no había un profesor para las ciencias legislativas y económicas".

Si hubiera ampliado su pensamiento en presencia de la ulterior realidad política, habría sugerido la reforma constitucional que exigiera a los candidatos a presidente de la república, además de la mayoría de edad, el tener un oficio o, cuando menos, haber sembrado un árbol. Porque en América hemos visto analfabetos en el solio, como Rafael Carrera en Guatemala, y hasta un presidente viajero que en una conferencia pública hizo el descubrimiento sensacional de que en su país había "minas de bronce". Se ha exigido título para fabricar zapatos o restaurar cacerolas, menos para ser el primer magistrado de una nación.

Un estadista que ignore la estadística de su país no era concebible para Valle. Bien decía: "Gobernar no es copiar las providencias que se dictan en otros pueblos de clima, moralidad, carácter y hábitos diversos; no es mandar lo que inspira el humor o interés del momento. Es poseer la ciencia más difícil entre cuantas ha creado el talento del hombre; es saber aplicar sus principios con exactitud; es hacer aplicaciones de ellos a la totalidad de circunstancias que forman el estado en que se halla la nación a quien se manda".

Para él, la base de los gobiernos sólidos estaba en que hicieran el mayor bien posible al mayor número posible; y, explicando su sentencia, podría repetirse la del pensador francés, parafraseándola: un país no vale porque tenga tres o cuatro sabios, tres o cuatro ricos, sino porque la mayoría de sus habitantes habla el idioma del país, disfruta el pan de cada día, ahorra, usa zapatos, obedece a los higienistas y tiene diversiones honestas.

Quería Valle que se multiplicaran las imprentas y los periódicos; y que el Estado divulgase cartillas populares para que todos, el campesino y el obrero, tuviesen a su alcance las ideas primarias, los conocimientos más útiles. Pretendía que la emigración europea renovara los materiales humanos y que desaparecieran en Centroamérica las castas; pues era antirracista que deploraba que antes de nuestra emancipación política no se pidiesen "pruebas" de talento, sino informaciones sobre el color de la piel.

¡Tantas eran sus aspiraciones, tantos sus deseos, que en casi todos sus discursos, en todos sus ensayos, insistía en pedir lo mejor para su humilde patria!

"No se diga que no hay caudales para acometer tantas empresas —escribía—. Uno de los talentos que está ahora brillando en la Península desea que haya un fondo destinado a obras de interés general. Lo hay en otros países; y nosotros no lo tenemos. Pero tampoco lo tenían los hombres piadosos que levantaron los templos que hermosean a esta capital; y si el celo de la religión hace prodigios, el de la causa pública sabe también ejecutar maravillas". Cada vez que su utopía se ensanchaba, sentía el gozo del padre que tiene plenitud de confianza en que sus descendientes gozarán mejor la vida. Pero la historia política y económica de Centroamérica ha sido una constante negación de su ideario generoso. Sus planes eran muchos, y para llevarlos al ensayo no tuvo colaboradores, que tampoco habría podido formar si se lo hubiera propuesto, ya que la guerra civil estaba germinando con ferocidad y tenía que ser testigo mudo de las primeras llamaradas de la conflagración. La suerte le deparó uno de los momentos históricos más difíciles: aquel en que se desbordaban los apetitos y las ambiciones más bajas, rugían los demagogos enfurecidos y, sobre todo, aumentaba el número de los pedigüeños.

Por fortuna, las provincias centroamericanas se habían emancipado sin recurrir, como en otros países, a la violencia; pero habían sido las más desamparadas, acaso las más olvidadas durante el régimen español que, si en otras había construido algunas vías de comunicación para extraer fácilmente los metales preciosos, en las de Centroamérica ni las costas ni las rutas de tierra adentro permitían que países que habían carecido de industria y de comercio exterior pudieran transformar su economía al solo consumarse la independencia. Con riquezas todavía no explotadas, seguía siendo lo que Humboldt dijo del Perú: "Un mendigo en banco de oro".

EL ORADOR

Si en el ensayo a través del periódico y el dictamen jurídico Valle encontró el mejor centro de gravedad para sus ideas y la más amplia atmósfera para sus sueños, fue en el discurso parlamentario en donde halló la necesaria acústica para hacerse oír en días de vital preocupación. Quizá se ha exagerado mucho sobre sus condiciones de orador, si bien hubo testigos de sus discursos en el Congreso de México.

No fue el primer cuarto del siglo XIX el de los verbomotores, sino el de los discursos pulidos, a veces adiestrados frente al espejo, con felices rasgos de improvisación, al calor de los aplausos circunspectos.

La América Española no dio tribunos resplandecientes hasta que, en el tumulto de las conmociones sangrientas, los partidos se recriminaban y la imprecación a Catilina volvía a resonar. Altamirano y Ramírez en México, Juan de Dios Uribe en Colombia, Antonio Zambrana en Cuba, Álvaro Contreras en Centroamérica, fueron los grandes tribunos de épocas encendidas en que la palabra tenía la calidad de la antorcha.

"La elocuencia de Valle —escribe Ramón Rosa— no era una elocuencia tribunicia, era, más que todo, una elocuencia parlamentaria, o una elocuencia académica: en sus discursos predominaba la idea que convence, y no la vehemencia y las llamaradas de la pasión que seduce y arrebata; su lenguaje era cortado, lleno de expresiones hijas de la reflexión, pero a veces salpicado de pintorescas imágenes: no usaba los grandes períodos tan propios de la índole de nuestro idioma: no producía esas grandes espirales de palabras, artísticamente combinadas, tan propias para exaltar la majestad de la idea, y para remontar hasta el cielo los vuelos de la imaginación: Valle, con su oratoria, enseñaba, convencía y, a veces, deleitaba; pero no arrebataba, no enardecía, no fascinaba, no enloquecía los ánimos, a fuerza de golpes de sentimientos y de pasión: su voz era robusta, sonora y, por decirlo así, cortante; pero no era la voz flexible, que ora se convierte en dulce canto, en una tierna plegaria o en una suave o amorosísima querella, ora se convierte en el estruendo del torrente, en el estallido del volcán, en el rugir del océano o en el trueno de las tempestades. La elocuencia de Valle no era la elocuencia de la plaza pública ni de las revoluciones: era la elocuencia del parlamento y de la academia: no era la elocuencia de las luchas ardientes, impetuosas; era la elocuencia de la razón que impera, sin grandes arrebatos, sin grandes arranques de entusiasmo, que impera en fuerza del convencimiento".

EL AMERICANISTA

La gran actualidad de José del Valle radica en que, sin haber conocido la convocatoria de Bolívar para el Congreso de Panamá, en ese mismo año se anticipó a enunciar, como si saliese de un sueño, la necesidad de que los pueblos de América se reunieran en concilio. "Soñaba el Abad de San Pedro; y yo también sé soñar", es el más caro testimonio de su americanidad: "Si la Europa sabe juntarse en congresos cuando la llaman a la unión cuestiones de alta importancia,

157

¿la América no sabrá unirse en Cortes cuando la necesidad de ser, o el interés de existencia más grande, la obliga a congregarse?".

Valle pedía una federación de estados americanos, un plan económico para ellos, un plan de defensa continental para impedir las agresiones extrañas y las guerras intestinas. Pero deseaba que en un lugar de Centroamérica, su bello Centro de América, se reuniese tal asamblea, cuyo antecedente podía ser las Cortes de Cádiz en que los hombres de América deliberaron sobre problemas idénticos, apenas cambiaron las primeras palabras; y Cádiz vino a ser la cuna de la americanidad. Los próceres de la independencia pensaban siempre en una América en la que todas las razas y las inteligencias pudiesen hallar digno y amplio refugio.

Sólo durante la conquista española el español sintió las fuerzas telúricas de un mundo nuevo en el que había mucho que hacer y en el que cada fruto nuevo era un milagro y cada horizonte una ilusión. Los hombres que habían salido de América a viajar por Europa encontraron un común denominador: lo americano; es decir, un hombre que había estado lejos de los otros por la falta de vías de comunicación, de intereses económicos y por la diversidad de climas y de niveles políticos y culturales.

Miranda, Bolívar, Hidalgo y Morelos, Rocafuerte, Rivadavia, José Antonio Miralla se sentían "americanos" y hablaban un idioma de maravilla. El peruano Talamantes conspira en México a favor de la independencia; el centroamericano Ortiz de Letona es diplomático de los primeros insurgentes mexicanos para hacer gestiones en los Estados Unidos; el mexicano Miguel Santa María es diputado en la Gran Colombia; el ecuatoriano Vicente Rocafuerte lucha en Filadelfia contra Iturbide y más tarde llega a ser diplomático mexicano en Londres; el cubano José María Heredia sube a la magistratura judicial en México; y el venezolano Bello alcanza en Chile la plenitud de su sabiduría y de su gloria.

Tal era la época en que José del Valle, hijo ilustre de Choluteca, hondureño impar, centroamericano que veía más allá de los estrechos linderos, llegaba a la Secretaría de Relaciones de México, ostentando las valiosas credenciales de su talento y de su cultura, y en aquel Congreso en que había representantes de un vasto territorio limitado por la Alta California y por Costa Rica, llegó a considerársele —dice Zavala— "el corifeo del partido republicano".

Tal era el momento en que, tras hondos diálogos con el Numen de América, Valle emprendía la constante defensa del insigne hemisferio y de sus hijos calumniados por el Abate de Paw, el de Recherches philosophiques sur les Américains; y formulaba su verdad: "La América es masa compuesta de los mismos elementos, sometida a la misma suerte, llamada a los mismos destinos".

Desde 1810 había hecho esta afirmación: "Somos hombres, y por serlo tenemos los mismos derechos que los habitantes de Europa. No es justo que las naciones europeas sean regidas por gobiernos americanos. No es conforme a razón que los pueblos americanos sean administrados por gobiernos europeos. Esta misma identidad hace que en la misma América se empiece a oír otra voz igualmente agradable: nacimos en un mismo continente, somos hijos de una misma madre, somos hermanos; hablamos un mismo idioma, defendemos una misma causa, somos llamados a iguales destinos. La amistad más cordial, la liga más íntima, la confederación más estrecha debe unir a todas las repúblicas del Nuevo Mundo".

En sus escritos insiste en dar a conocer los mejores exponentes del hombre americano, las insólitas riquezas en que abunda este hemisferio, los vegetales indígenas de "la América que amamos y debemos amar". Para refutar victoriosamente a Paw, Wilson y Buffon —quienes afirmaban que América solo producía animales dañinos, país de la putrefacción, de las úlceras y sudor, de las diarreas y fiebres pútridas— hubo de apoyarse en Humboldt y Bonpland, que en la atmósfera americana se sintieron electrizados e invulnerables.

Por eso le interesaban tanto los libros y las disquisiciones del doctor Francisco Hernández, el primer biólogo formal que visitó México; el Inca Garcilaso de la Vega, uno de los primeros auténticos escritores con sensibilidad y malicia americanas; y los sabios Antonio Ulloa, Sessé, Mutis, Mociño y tantos otros que habían recorrido estas tierras enamorados de su magia, de sus sorpresas diarias, de su mundo vital y virginal. Estos valores consagrados no podían pasar desapercibidos ante la curiosidad de Valle; pero una prueba de las difíciles y ya veces nulas comunicaciones interamericanas en su tiempo palpita en el hecho de que desconocía otros criollos que tienen prestigio consolidado: Mariano Moreno, de Argentina; Eusebio de Llano y Zapata e Hipólito Unánue, del Perú; el padre Juan de Velasco, del Ecuador; Francisco José de Caldas, de Colombia; y los jesuitas que hicieron obra americana en Italia, como el tegucigalpense José Lino Fábrega, que interpretó el Códice Borgiano, y el guatemalteco Rafael Landívar, cuya Rusticatio Mexicana le habría deleitado en los ocios en que gustaba releer a Virgilio.

Por eso también, cuando enjuició al régimen español en América, no pudo perdonarle, como buen criollo, que en tres siglos no hubiera hecho todo lo que pudo hacer para convertir estas tierras en un hogar tranquilo del hombre que trabaja y se emancipa de la miseria. Severa y documentada crítica a dicho régimen, que, si aquí fue nefasto en muchos aspectos, en España lo fue también; ya que malos consejeros de Indias allá enviaban malos y pésimos virreyes y capitanes generales. Abominó de aquel régimen, sin desconocer la obra que realizaron muchos de sus gobernantes de gran probidad y capacidad, como Antonio de Mendoza, Juan de Acuña y Juan José Vértiz; solo que a su tarea le faltó la unidad de un plan colonizador: "hizo pobre al país de las riquezas".

Así se explica que, frente al desconocimiento que el Estado español tuvo de su Imperio de las Indias —muy a pesar de las investigaciones incoherentes que emprendieron algunas expediciones científicas—, Valle pedía que se organizara una nueva y que se reuniera una comisión de los sabios más distinguidos en la ciencia legislativa y en el conocimiento de América.

Ese deseo lo hizo público desde 1824, sugiriendo que los gastos de la expedición fueran erogados "por todos los gobiernos de todas las repúblicas de América". Al año siguiente, apenas supo que el barón de Humboldt pensaba en un segundo viaje, le escribió invitándole a que lo extendiera hasta Guatemala; y, obsesionado por su preocupación, sugirió que el Congreso de Panamá estudiara la conveniencia de organizar la expedición. Desde las que encabezaron Hernández, Sessé, Malaspina, Mutis y Ruiz y Pavón, hasta la famosa encuesta que por orden de Carlos III se llevó a cabo para conocer los idiomas y dialectos indígenas y que don Lorenzo Hervás dio a conocer en un libro, no ha vuelto a efectuarse en Centroamérica más expedición que la llevada a cabo por la Comisión Científica Francesa en México y Centroamérica; pero el pensamiento de Valle continúa en pie como invitación insistente, así como su proyecto de que en cada país americano hubiera una biblioteca pública con las obras americanas.

Al hacer un balance con que demostró que hablaba documentado, Valle pudo escribir, en uno de sus ensayos formales: "Hernández pasó de la antigua a la Nueva España: estuvo siete años observando sus plantas; escribió muchos volúmenes; y no pudo, a pesar de esto, describirlas todas. Plumier hizo de Francia a la América tres viajes distintos para examinarlas; herborizó dos años en el primero; trabajó dos obras; y tampoco pudo agotar el número de vegetales. Feuille abandonó el mismo suelo para estudiar los del Perú, Chile y las costas orientales de la América del Sur: fueron grandes sus trabajos, y jamás pudo terminarlos. Jussieu viajó 35 años por el Perú y otras provincias de la misma América: hizo colecciones preciosas; y no pudo acabar sus trabajos. Kalm le siguió en ellos: fue infatigable; y, sin embargo, de serlo, nunca llegó al término. Löfling, el discípulo amado de Linneo, salió de Cádiz el 15 de febrero de 1754; llegó a Cumaná en abril siguiente; y a los seis meses tenía una colección de 550 a 600 especies.

Jackin vino también a la América, descubrió nuevos vegetales y regresó a Europa en 1759 sin haber clasificado todos los que había. Commerson trabajó igualmente el año de 1773 en las costas del Brasil, Buenos Aires y Magallanes; y sus trabajos tampoco llegaron a tocar en el fin. Ruiz y Pavón recorrieron después, por espacio de 11 años, el Perú y Chile; formaron herbarios que admiraron Londres y París; y sus sucesores encontraron posteriormente especies nuevas escapadas a sus ojos. Sessé, al frente de expedición distinta, herborizó en Nueva España; describió y dibujó multitud de plantas; y aquella vasta región tiene todavía vegetales desconocidos. Michaux observó 12 años la América del Norte desde 1785; mandó a Francia 60.000 pies de árboles y 40 cajones de semillas; multiplicó las observaciones y no pudo apurar el fondo.

Don Luis Née, ese hombre infatigable que en honor de la ciencia emprendió cuantos trabajos podían arrostrarse, salió de Cádiz en 1789; hizo herborizaciones en Montevideo, Talcahuano, Chile, Chillán, etc.; recorrió la Cordillera de los Andes; llevó a España en

1794 diez mil plantas; y, después de sus viajes dilatados y penosos, han encontrado especies y géneros nuevos. Tafalla y Mancilla extendieron sus observaciones desde el Perú hasta Guayaquil; adelantaron las conquistas vegetales; pero no pudieron llegar a la meta. Mutis, a quien la América del mediodía debe luces y conocimientos dignos de gratitud, fue en 1782 director de otra expedición en el nuevo reino de Granada; trabajó 40 años en aquella provincia; hizo un herbario de más de 24.000 plantas. El general Morillo, en 1818, mandó a Madrid 105 cajones de minerales, vegetales, etc., acopiados por aquel sabio; y Humboldt y su digno compañero Bonpland encontraron después otras especies en la misma América del Sur. No habían recorrido más que una parte de ella; y su colección, en 1803, antes de concluir su viaje, pasaba de 4.200 plantas, en países —dice— donde la naturaleza se complace en derramar sus gracias y multiplicar vegetales de nuevas formas y de fructificaciones desconocidas".

"Oro, plata, América —dijo— son palabras que significan una misma cosa".

Y en un instante de sabiduría señera exclamó: "El estudio más digno de un americano es América". El "continente venturoso" es otro de sus epítetos, como poniéndolo en el marco de la utopía, en digno parangón con el "continente estúpido" de Baroja (otro que, como Paw, no se atrevió a conocernos directamente) y con la "imagen del Paraíso terrenal" de Bouger.

"La América es mi patria", se le oyó decir en uno de sus monólogos. Sentía las vivas palpitaciones de América, su hechizo telúrico, porque había nacido en el centro de Centroamérica, en la tierra que fue dulce imán para Cristóbal Colón en su último viaje, allí donde los mayas alcanzaron una cúspide de su civilización, y había de nacer, por oscuros avatares, el hombre que se atrevió a intentar la primera reforma política en América Española: Francisco Morazán.

Habrán perdido validez varias de las afirmaciones científicas que hizo Valle, han sido superadas otras, pero su alto sentido de americanidad sigue prevaleciendo a pesar de las contingencias que median entre el Congreso de Panamá y las vicisitudes del panamericanismo. A más de un siglo de haber esbozado su ideal, nos damos cuenta de que supo atisbar hacia nuestro tiempo con mente diáfana y visión exquisita.

"La proclama continental de Valle —ha dicho Pedro de Alba— está redactada con profunda y precisa dialéctica: de cada punto se pueden desprender planes de trabajo para el presente. Lo que él vislumbró como el sueño de un abad se ha vuelto realidad viva en la mente de estadistas contemporáneos. Ese ideal es factible en los tiempos actuales, porque se han vencido las distancias entre las naciones de América, porque se han desterrado los recelos entre vecinos, porque se ha adquirido la conciencia plena de que el destino continental es indivisible".

Y cuando en la posguerra sean eliminados, hasta donde sea posible, los regímenes impopulares, el pensamiento de Valle quedará como el ojo avizor que supo precisar que las tiranías no pueden convivir en la familia decente de las naciones. Su magnífica profecía continúa alumbrando: "La América no caminará un siglo atrás de la Europa: marchará a la par primero, la avanzará después, y será al fin la parte más ilustrada por las ciencias, como es la más iluminada por el Sol".

EL INDIGENISTA

La americanidad de José Cecilio del Valle explica su constante defensa del indio. He aquí un criollo que aboga por el más antiguo habitante de América, pues ha sido la costumbre que sean sus personeros los españoles más humanos —humanistas auténticos a la manera de Las Casas, Sahagún y Mendieta.

Con palabras justas, Valle hizo su elogio: "El indio, a quien se ha supuesto indolente y perezoso, es activo y capaz de los trabajos más duros. Sus brazos son los que rompen montañas y pulverizan peñas para sacar el oro y la plata que explota el comercio; sus manos son las que han hecho esos millones que suponen tan grande trabajo".

Pedía que los indios se civilicen, que sean llamados a colaborar en el gobierno y que se procure casarlos "con individuos de las otras clases para que vayan desapareciendo las castas"; "que haya honores y distinciones para los párrocos que presenten mayor número de indios civilizados y vestidos como los españoles" y que se reparta tierra en pequeñas suertes a los indios que no las tengan.

Un año antes de declararse la independencia centroamericana, publicó en "El Amigo de la Patria" un breve artículo en que daba cuenta de haberse instalado el ayuntamiento constitucional de Cobán, integrado por indios, y tal noticia le dio pretexto para hacer rotundas declaraciones que le sitúan claramente entre los indigenistas de hoy:

"El indio después de tres siglos no sabe hablar el idioma de Castilla por dos razones: 1. Porque la ley le ha alejado de los que podían enseñársela; 2. Porque no ha tenido confianza de los ladinos, y cuando no hay confianza, se inventa o conserva una lengua que haga impenetrable la expresión de sentimientos. Merezcamos la confianza del indio: acérquense a él todas las clases: reúnanse en los ayuntamientos de los pueblos los indios y los ladinos; y entonces la porción más grande de estas provincias, la que tiene más derechos a nuestra protección, avanzará en cultura, aprenderá el idioma que debe unirnos a todos y será más feliz. Los indios forman la mayor parte de la población, y es imposible que haya prosperidad en una nación donde no la gozare el máximo".

No era superficial su esperanza en el más antiguo habitante de América, que pudo elevarse a la categoría de hombre histórico al expresar profundamente su mensaje, que ahora está siendo reconstruido, no solo en las ciudades como las de los mayas y los peruanos, sino en el aprovechamiento de plantas y de animales que enriquecen la economía mundial y en libros sibilinos que poco a poco han ido explicando los escoliastas desde el "Popol Vuh", que halló fray Francisco Jiménez, hasta la "Nueva Crónica y Buen Gobierno" de Guamán Poma de Ayala, el Códice Badiano en que Martín de la Cruz y Juan Badiano nos dejaron el más antiguo libro de medicina de América, y lo salvado por la amorosa paciencia de Sahagún, Landa y Durán.

Gran verdad la de Valle cuando, en su disertación sobre la flora que conocían los aborígenes americanos, proclama que estos fueron sus descubridores; y si en la greca de Mitla, la orfebrería de Monte Albán, las telas de Paracas, los huacos de Nasca revelaron una estupenda sensibilidad de artistas, en el hallazgo del maíz, la patata, la quina, el pavo y la llama dieron al mundo las preseas de una permanente y fecunda revelación.

Hay un momento en que Valle abandona la investidura del ensayista y se eleva al aire radioso de la poesía bucólica; y es cuando canta la grandeza del plátano —creyéndolo, al igual de sus contemporáneos estudiosos, oriundo de este hemisferio—, con la donosura de Andrés Bello al ensalzar la magnificencia de la Zona Tórrida y la de Juan Montalvo al hacer el elogio del maíz:

"En la originalidad de su fisonomía, en la belleza de su forma, en el esmalte y extensión de sus hojas, en el poco costo de su cultivo, en el corto tiempo que tarda para fructificar, en la fecundidad con que se produce, en la cantidad alimenticia de su fruto, en la harina que da cuando es verde; en los manjares a que se presta cuando es en sazón; en todos los elementos que forman el valor de un vegetal se distingue el plátano, gloria de la América, riqueza de sus hijos, hermosura de su tierra".

Maravillosa musácea que, en el devenir de los años, en vez de ser la bendición que él deseaba para los hijos de Centroamérica, se trocó en tormento y a veces en símbolo de esclavitud y fruto ensangrentado.

EL SOCIÓLOGO

En la cosecha fructuosa del ensayista pueden advertirse algunas esbeltas espigas que el sociólogo no puede desdeñar en su interpretación de la realidad americana. Valle se anticipó a las previsiones del sociólogo; se percibe en las huellas de su pensamiento cuál habría sido, si no hubiera muerto en plenitud cenital, uno de los estudios de su predilección.

Pedro de Alba apunta: "Difícilmente podrá encontrarse en la literatura social y política de América una obra de mayor significado y actualidad que la de aquel ilustre hombre de estudio y político militante de la primera mitad del siglo XIX. Trata centenares de temas con dominio, agudeza y valentía; puede considerarse como uno de los fundadores del ensayo político-social en América. Siendo hombre de severas disciplinas y de sólida formación literaria, acierta con la nota comprensiva y fácil y así pasa lista entre los más esclarecidos escritores populares".

Valle decía: "El conocimiento de las sociedades; el de la fuerza, riqueza o poder de los pueblos; el de la capacidad para planes o proyectos no se adquirirá jamás sin el estudio de las ciencias que deben darlo".

Y pudo recalcar esta afirmación: "El poder moral y político de un país es consecuencia precisa de su poder físico, desarrollado por instituciones sociales meditadas con sabiduría".

Conoció, como nadie, entre sus contemporáneos, la terrible realidad humana de su país y lo vio agobiado por herencias crueles que aun impiden la marcha ascendente del hombre. Miseria y crimen, vicios consuetudinarios, enfermedades y endemias, vagancia y desdén por el trabajo, y en algunas zonas, un lento morir: he ahí los numerosos e implacables enemigos de una mayoría abandonada a su desventura, en el esplendor prodigioso de un mundo henchido de riquezas inéditas y en desorden. Discurrió sobre el fusilamiento de un infeliz que en 1820 era la víctima de una sociedad en que son "la miseria y la ociosidad, origen de vicios y crímenes", y sus observaciones continúan en pie, incitando a la meditación.

Al trazar el cuadro político de Centroamérica demostró que la división (económica, eclesiástica, militar y forense) de las provincias había sido hecha arbitrariamente, sin tomar en cuenta la población de los grupos humanos débiles. Ese cuadro permite explicar las rencillas lugareñas, los odios que fermentaron en la entraña de colectividades con profundas disimilitudes en lo económico y lo cultural, y que en breve plazo darían sobrados motivos para que las animadversiones, agravadas por choques sangrientos, guerras que dieron al traste con la política la Federación Centroamericana.

Dice bien la doctora Mary Wilhelmine Williams: "Centroamérica tuvo una ventaja sobre la mayoría del resto de la América Española al asegurar su independencia prácticamente sin guerra e inició su vida nacional libre de deuda pública y de tal desmoralización económica y social como la que fue producida por la sangrienta lucha de aquel tiempo. Sin embargo, las dificultades aparecieron pronto, debido a que los factores geográficos provocaron el separatismo, reanudaron las viejas disensiones y agudizaron las teorías políticas en el conflicto".

Fue Valle un apasionado estudioso de los problemas económicos y el fundador de esa disciplina en Guatemala. La constante lectura de los más respetables economistas de entonces le permitió hacer gala

166

de conocimientos en una memoria sobre el abasto de carnes, apoyando sus afirmaciones en los textos de Adam Smith, Say, Bentham, Filangieri, Genovesi, Storch y Flores Estrada.

Era un defensor del capitalismo y formuló esta tesis: "Los capitalistas, necesarios para la producción de la riqueza en los artículos establecidos, son también precisos en la creación de los nuevos. Ellos aventuran los primeros ensayos de las teorías publicadas por los sabios u hombres de luces; ellos acometen en todos los ramos económicos las primeras empresas y corren los primeros riesgos; ellos hacen las primeras plantaciones de semillas o estacas que no son conocidas ni aclimatadas en un país; ellos establecen las primeras fábricas o manufacturas costosas; ellos emprenden obras que los gobiernos temen o no pueden empezar o concluir; ellos forman compañías de capitalistas millonarios para apertura de canales, construcción de caminos, explotación de minas, etc.; ellos tienen interés en las mejoras de la agricultura, perfección de la industria y extensión del comercio".

Pero antes había advertido: "La mayor o menor cantidad de contribuciones haría que la riqueza fuese el origen de la mayor o menor felicidad de los hombres: uniría a la aristocracia orgullosa de los títulos, la aristocracia insolente de la plata, y arrastraría a ver este metal como la fuente del bien o el principio de los derechos. La división de provincias y secciones de provincia debe hacerse en razón compuesta del territorio, población y contribución. Combinando estos tres elementos con imparcialidad y sabiduría es como puede hacerse una obra que, a más de los bienes que promete, parece en el nuevo sistema una de las que exige la necesidad. Ella prevendría los males que origina al fin en el curso del tiempo una distribución irracional de territorio; ella acercaría a todas las provincias en derredor de un centro común; ella establecería la igualdad posible de los pueblos; y esta igualdad, apretando los vínculos y distribuyendo la riqueza, los haría felices a todos".

Valle proclamaba la necesidad de tener más vías de comunicación; quería que se introdujeran nuevos cultivos y técnicas; que llegaran geógrafos, botánicos y mineralogistas; que se formara una tabla de los valores humanos y un inventario de las riquezas; y estimaba que "el que suda y trabaja es la base genuina de la patria".

No disimulaba su obsesión: que las costas fueran pobladas y saneadas, y que se construyesen barcos, porque —según decía— Centroamérica debe ser agricultora y marina; y se anticipó a explicar la importancia que tendría el Canal de Nicaragua en el porvenir de América.

Si el mar le era fantasma —a él, que no había querido cruzarlo porque desdeñó una plenipotencia en Europa— tenía una dulce pesadilla que le atormentaba: era la imagen de una tierra en que el trabajo crea riqueza y los hombres conviven íntimamente con las fuerzas elementales sometidas:

"Una lágrima menos, una espiga más". Acaso llevaba en su alma el boceto de un paraíso posible en que el hombre sea el rey de sí mismo en el Palacio de los Cereales.

Humboldt, José Joaquín de Mora, Andrés Manuel del Río, Vicente Cervantes, Álvaro Torres de Estrada, el conde de Pecchio, el conde de Sack; pero, sobre todo, Jeremías Bentham: tales fueron los sabios con quienes sostuvo correspondencia. Al conde de Sack escribió una interesante carta (3 de octubre de 1825):

"El señor don Andrés del Río, mi digno amigo, me ha escrito que usted desea la historia de esta nación, escrita por el padre don Domingo Juarros, y dos monitos verdes, macho y hembra, despanzurrados y remitidos en dos vasijas con espíritu de vino. La recomendación del señor Río es poderosa para mí. En obsequio de ella y de lo que se merece un amigo de las ciencias, que por adelantarlas y cultivarlas ha pasado del Antiguo al Nuevo Mundo, he procurado hacer desde luego lo que se desea. Yo no he visto aquí monitos verdes ni encontrado sujeto que asegure su existencia. Como una rareza verdadera se mandó años ha de Nicaragua (estado de esta república, donde abundan aquellos cuadrumanos) un monito amarillo. De los verdes nadie me ha dado razón. Un hijo de Nicaragua me ha dicho que los que se han visto son negros, blancos y acanelados o de color canela. He escrito, sin embargo, a un amigo para que, si los hubiese verdes, me remita vivos los que desea. No es preciso matarlos o despanzurrarlos. Vivos traen los correos algunos, negritos, que se les encargan, y vivos tendré el honor de remitirlos, si los hubiere.

Dirijo entretanto la historia que desea usted, señor conde. Hay en ella artículos que hubiera sido útil suprimir por no tener interés que afecte especialmente a los hijos de otros estados; hay también equivocaciones sobre la posición geográfica de algunos pueblos. La geografía ha sido en Guatemala un campo inculto que nadie se ha dedicado a labrar como era preciso. Las cartas de estas provincias, hechas aquí y en Europa, son romances geográficos. La menos inexacta es la que levantó el ingeniero don Juan B. Jáuregui, y esta es la que procuro corregir en algunos puntos, reuniendo datos y recogiendo noticias.

Con la historia de Juarros envío algunos papeles que escribí por el destino que tenía o por dar a los extranjeros alguna idea de estos países. Tal es la descripción en miniatura de esta república y la de los campos de Ulúa, que se publicó en los números 1 y 6 del Redactor General.

No hay encarecimientos o exageraciones en lo que digo. La naturaleza es aquí grande y fecunda como en los lugares más singularmente distinguidos de la América. Un viajero ilustrado, digno de observarla en todos sus aspectos, viviría en admiración continua, encontrando a cada paso tantos prodigios en los tres reinos.

Otras provincias del Nuevo Mundo han tenido la felicidad inestimable de ser observadas por sabios que les han dado nombre y representación en Europa. Las de esta república, por no sé qué fatalidad sensible para quien desea sus progresos, no han gozado igual honor. Que todavía haya, después de tantos años, diamantes escondidos en la roca de su formación o perlas ocultas en la concha donde han sido producidas. Un viajero que viniese a recorrer campos que no ha pisado hasta ahora la planta de ningún sabio se cubriría sin duda de gloria inmortal. Sería como el descubridor del Nuevo Mundo que daría existencia a países que en este aspecto parecen no tenerla: enriquecería las ciencias, aumentando la masa de conocimientos y observaciones útiles; y haría a la humanidad en general y a mis conciudadanos en particular beneficios que no pueden calcularse en toda su extensión.

Yo me atrevo, señor conde, a suplicar a usted que extienda su viaje a estas provincias, dignas de ser vistas por sus ojos. No es la naturaleza de México ni más rica, ni más fértil, ni más variada que la de Guatemala. De México al puerto de San Blas no es muy grande la distancia; de Blas a Sonsonate es corta y sin riesgos la navegación; y de Sonsonate a esta capital apenas hay cuatro o cinco días de camino.

Quiera usted, señor conde, hacer a mi patria un bien que no sería olvidado. Los jefes de los estados por donde transitase darían órdenes eficaces para que se franqueasen a usted los auxilios que hubiese menester; y yo tendría la satisfacción de acompañarle en el todo o en alguna parte de su viaje: tendría la de reunir material para el gabinete de Historia Natural, que quisiera ver establecido en esta ciudad; y gozaría además el placer de ofrecerle la consideración y respeto con que soy su más atento servidor".

SU AMIGO BENTHAM

Pero ninguno de ellos le tuvo más estimación que Bentham, el pensador inglés que influyó profundamente en las ideas políticas y económicas de la América Española, en Argentina con Rivadavia, en Colombia con Santander y en Centroamérica con Valle. La carta que este dirigió a Bentham desde Guatemala (3 de agosto de 1821) podría traducirse nuevamente al español así:

"Mi siempre querido padre: cómo envidio a mi primo; con cuánto placer cambiaría yo mi suerte por la de él para que yo pudiera vivir en la residencia del mejor legislador del mundo. Me ocuparé en hacer circular su Código Constitucional. La luz de Westminster iluminará estas tierras.

Usted desea, como yo, la instrucción universal; y yo trabajo para que esta avance. Hay autoridades a las que es necesario referirse continuamente, en todas las ramas de la ciencia, y usted es una de ellas; en todos los países yo sigo sus huellas".

Cuando la asamblea de Guatemala le nombró miembro de la comisión que debía formar el Código Civil (1826), Valle volvió a pedirle inspiración. Bentham le envió varias sugestiones a lo largo de interesantísimas cartas; y en una le decía (19 de marzo de 1827): "De acuerdo con los medios de que dispongo para formarme un juicio, si por alguien puede su América Central salvarse de naufragar en el vórtice del despotismo en el que mucho me temo se encuentra ya Colombia, debe ser por usted.

Si yo tuviera el don de hacer milagros, yo lo dividiría en tres personas para mi propósito: una debería ir a los Estados Unidos angloamericanos, otra vendría aquí a Inglaterra y la otra se quedaría en ese país, en el cual, tal como van las cosas, las fuerzas íntegras deben indispensablemente ponerse en juego para salvar la Federación".

Y añadía Bentham: "Inclusa envío a usted la copia de una carta que en el año de 1823 recibí de Rivadavia, quien es ahora presidente del gobierno de Buenos Aires. Entre aquella fecha y la actual, él ha residido considerable tiempo en este país. Mi frágil memoria no me permite estar seguro de haberle ya enviado una copia en otra oportunidad. En cuanto a aptitudes intelectuales, teniendo en consideración las oportunidades que él ha tenido aquí y en Francia y sus habilidades naturales, no puedo imaginar que tenga su igual en la América Española; pero, gracias a las aptitudes morales, además de las intelectuales, usted es en cierto modo mi única esperanza".

Valle le escribió (18 de abril de 1827) anunciándole el envío de catorce publicaciones suyas y acusándole recibo de las que le había regalado. "Los sabios —le decía— son para mí los primeros seres de la tierra; y su correspondencia es, en mi opinión, de valor más grande que la de los negociantes, que sólo piensan en intereses metálicos que no pueden compararse con los de las ciencias".

La consulta más interesante que Valle hizo a Bentham (19 de mayo de 1829) era así: "La falta de portadores, producida por la de relaciones entre esta y esa capital, ha sido la causa de mi silencio en los meses anteriores. Yo no he podido dirigir mis letras: no he tenido el honor de hablar en ellas al señor Bentham. Pero he oído su voz respetable en las obras que ha escrito para bien universal del género humano. Usted, señor, se ha centuplicado en ellas; vive en todos los países del mundo civilizado; vivirá en todos los siglos. Un sabio es, entre todos los seres, el que se aproxima más a la Divinidad, que está presente en todo el universo.

Yo aprovecho desde luego la ocasión que se presenta ahora. El señor J. Ackerman va a salir para esa ciudad; y con él tengo la satisfacción de remitirle una colección de las monedas de oro y plata de esta república.

Ni las de aquí, ni las de otra nación del mundo antiguo y nuevo, son como yo deseo que sean. En las monarquías tienen el busto del rey y sus armas; en los Estados Unidos, el busto de la Libertad y un águila con la divisa del sistema federal. En la república mexicana, el gorro de la libertad y un águila sobre un nopal con una serpiente en el pico; en la de Centroamérica, el árbol de la libertad y cinco volcanes representantes de los cinco Estados que forman la república; en la peruana, una dama que representa la libertad y las armas de Lima; en las Provincias Unidas del Río de la Plata, el sol, el símbolo de la unión, y el gorro de la libertad; en Chile, un volcán arrojando fuego, una columna sosteniendo una esferita, arriba una estrella, y más alto la palabra Libertad, etc.

En todas las naciones que no sean oprimidas por tiranos o déspotas debe haber libertad legal. El símbolo que la representa podría, a este respecto, ponerse en las monedas de todos los gobiernos constitucionales; es, por consiguiente, demasiado general; y los del país donde ha sido acuñada una moneda deben ser tan propios que no puedan extenderse a otros. Los demás símbolos de las repúblicas de América tienen igual defecto, porque son diversas las naciones donde hoy hay águilas, nopales, etc.

En las pinturas de serpientes, soles, águilas, etc., veo no sé qué reliquias de la antigua barbarie; y el gorro de la libertad me parece una afectación, innecesaria cuando la hay positivamente, y visible cuando ha llegado a ser nominal.

Yo deseo que, en las monarquías y en las repúblicas, las monedas tengan en el anverso una imagen que represente el congreso, parlamento o cortes, y en el reverso el busto del rey o jefe supremo de la república; que en el primero se exprese el nombre del congreso o parlamento, el número de diputados y senadores que deban formarlo; y en el segundo se manifieste el nombre del monarca o jefe respectivo de la nación.

Las monedas participarían entonces del carácter augusto que distingue a los altos poderes. Serían para la historia monumentos preciosos de los períodos constitucionales y oprobio eterno de los tiranos que sofocasen la constitución de los Estados para ser absolutos.

Otro pensamiento que me ocurre en este instante sería, a mi juicio, de igual importancia. Podría ponerse en el anverso una imagen que representase los dos poderes supremos, el legislador y el ejecutor, y en el reverso el mapa del reino o república, reducido a un punto mínimo.

La carta de una nación daría a sus monedas el carácter más inequívoco de nacionales. Serían más conformes al espíritu del siglo, que no se place, como los anteriores, en leones, castillos, escalas y monos, sino que busca lo que es positivamente útil y conforme a la cultura de los tiempos. Se inspiraría gusto por la geografía respectiva del país, y hasta los últimos hombres del pueblo tendrían alguna idea del mapa de su patria.

No sé si usted, señor Bentham, ha vuelto alguna vez a las monedas el pensamiento que ha sabido fijar con tanta utilidad en la ciencia legislativa. Si los míos fueren dignos de sus votos, yo tendré esta pura satisfacción; y, en caso contrario, gozaré al menos la de desear que se mejore lo que me parece exigir reforma".

LIBERTAD DE IMPRENTA

La respuesta de Bentham (8 al 13 de septiembre de 1829) tiene singular interés, porque aborda el problema de la libertad de prensa:

"Monedas. Lo que usted dice sobre este tema muestra la amplitud y elasticidad de su mente. No obstante, más me habría agradado verla aplicada a asuntos en que el trabajo hubiera sido para producir efectos en que fuese más concreta e indispensable la felicidad pública.

Primero, respecto a que exhiban el perfil del territorio del Estado. Por guerras y por tratados estaría éste constantemente expuesto a variantes; y, en caso de una cesión, lo estaría en peligro de excitar comparaciones y recuerdos penosos.

Segundo, respecto al número de los miembros de las asambleas legislativas. También allí, sea cual fuere el número de las asambleas que compongan la legislación, continuamente sufrirían variaciones: natural y generalmente, en cuanto a un aumento, tales variaciones se han producido en Inglaterra, en Francia y en los Estados Unidos angloamericanos, etc., etc., y estoy inclinado a creer que en todas partes.

La libertad de prensa, en la acepción ordinaria de la palabra, hasta cierto punto es buena; pero, en ese sentido, puede tener lugar y al mismo tiempo ocurrir un estado de cosas opuesto a lo que se espera de ella. Bajo cualquier gobierno, y en particular en un gobierno democrático, el periódico es el instrumento literario más eficaz para el bien y para el mal; y entre las publicaciones periódicas, las más eficaces, aquellas cuya aparición es más frecuente; el diario más que los periódicos cada dos días; luego siguen los periódicos de cada dos días más que el semanario; y así sucesivamente.

Supongamos que sólo existiese uno de estos periódicos y ningún otro; entonces la libertad sería mera ilusión: en vez de ser útil, dicho periódico podría ser peor que inútil. Primero, supongamos que sea más natural que tal periódico sea editado por el gobierno, o bajo la influencia del gobierno. Todas las verdades que señalen las imperfecciones del sistema de gobierno o la mala conducta de los gobernantes son suprimidas; todos los malos argumentos y las mentiras tendientes a que el pueblo apruebe semejantes imperfecciones o mala conducta, o falte de fe en su existencia, son insertadas; y todas las refutaciones a esas mentiras y las réplicas y refutaciones de esos malos argumentos son excluidas.

Aun supongamos que, durante un tiempo, el editor del periódico —este amo de la opinión pública— es honrado y permite la inserción de comunicaciones que, por cualquiera de las causas antedichas, son desagradables al gobierno. Debido a ese estado de cosas, la duración siempre será precaria. Pues cuanto más activo sea él en esa línea de beneficio, más molesto será para las autoridades constituidas, y más fuerte será el interés que ellas tendrán para ganárselo a cualquier precio.

Una vez ganado, él no será sólo inútil a la causa, sino peor que inútil. El bien, en la forma de recompensa tan mal aplicada aquí, duplica el perjuicio que podría hacer el mal, así mal aplicado, en la forma de castigo. Todo lo que el miedo al castigo podría lograr sería impedir que el hombre sirviese a la causa del pueblo; mientras que la esperanza de recompensa, además de producir ese mal efecto negativo, podría, en diverso grado, producir el mal efecto positivo de obligarle a hacer perjuicios positivos a los intereses del pueblo.

Lleguemos hasta a suponerle honrado, y honrado hasta el fin: aun dando publicidad a sus propias opiniones, con exclusión de todas las demás, puede desviar la opinión pública cuando quiera, y estaría seguro de hacerlo, en un grado más o menos considerable, aun sin proponérselo.

Habría, pues, que alejar este mal, o reducirlo a su menor expresión; o, dicho con una de las nuevas palabras que he acuñado, habría que minimizarlo. Esto es poco fácil, y no se ha intentado jamás en parte alguna, que yo sepa.

En cuanto a lo que se escriba firmado por el editor, eso es sin remedio: a este respecto, la tendencia será la que quiera darle por cualquier motivo. El único remedio contra semejante parcialidad es el que pueden aplicar otras personas con el carácter de corresponsales suyos.

De poder arreglarse las cosas de modo que se obligue a dar igual espacio a observaciones contrarias a las suyas, o a las de otro escritor del lado opuesto a lo que él sostiene, esto sería todo lo que se podría hacer. Cuando Miranda, hijo del célebre general Miranda, con quien estuve en términos de intimidad, salió hace algunos años de este país, en donde había nacido y se había educado, creo que para Colombia, en aquel tiempo Venezuela, a fundar un periódico a la inglesa, le redacté un breve plan, que tenía por finalidad esta especie de imparcialidad e independencia, en cuanto fuese practicable.

Con tan poco tiempo que usted me concede, no he podido encontrarlo; pues si no, lo habría enviado a usted, o una copia de él. Si lo consigo, se lo remitiré por el próximo correo. Mientras tanto, quizá tenga usted tiempo para meditar en qué forma puede obviarse la dificultad, tomando en cuenta la situación de ese país.

El rey de Francia está decidido a esforzarse para restablecer el despotismo. Tengo a la vista las palabras de una conversación breve, pero decisiva, que sobre ese tema tuvo con el duque de Orleans. Y ello procede de alguien que se la escuchó al propio duque. El pueblo está resuelto a resistir al rey, caso en el cual, si ellos tienen éxito, el duque de Orleans le sucederá en la corona; probablemente con autoridad más limitada que hoy. Y ahí tendrá lugar una guerra civil, a menos que el rey se ausente y ceda, lo que parece más probable. En una prensa que tengo, un empleado está sacando copia litográfica de un folleto en defensa de la aspiración popular, destinado a que circule en Francia. Creo que esta hoja contendrá las últimas palabras de mi larga carta miscelánea. Tome lo largo de ella como una prueba del afecto con que soy de usted, etc."

SU IDEARIO ACTUAL

1.— Elegid a hombres penetrados del entusiasmo heroico de la América: elegid talentos; buscad genios bastante grandes para formar la legislación que deba regiros en lo sucesivo.

2.— Abramos al europeo las puertas de la República, si queremos que Centroamérica sea ilustrada y rica. Un europeo (sabio, capitalista u obrero) es un productor nuevo de riqueza.

3.— ¿No habrá algún día medallas o laureles para los que abran un camino, levanten un puente, funden una población o llenen alguna otra necesidad de las muchas que sufren las provincias?

4.— Quemad todos los libros: destruid todas las imprentas: cerrad todos los institutos y academias: formad planes para sofocar las ciencias: trabajad para llenar el vacío de ellas con lo que placiere a tus proyectos. La mano más poderosa no tiene imperio sobre el pensamiento; y mientras haya en el Globo un solo hombre que piense, las ideas de este hombre se irán dilatando por toda la tierra.

5.— Varía las necesidades del hombre. Dale nuevos sentidos o perfecciona los que tiene. Que no sienta ya los estímulos del hambre, ni sea atraído por el sexo que adora. No habrá amor, ni existirán las ciencias que han nacido de esta dulce necesidad; no habrá agricultura ni conoceremos las artes que ha producido el cultivo. La armonía de Haydn dejará de serlo. Los encantos de la música serán sensaciones desagradables.

6.— Los gobiernos que necesitan de la fuerza para sostenerse; los que no pueden existir sin ejércitos permanentes o renovados sin interrupción; los que mandan países donde hay más instrumentos de muerte que de vida, más fusiles que arados, son gobiernos precarios, efímeros y de corta duración.

7.— Arado, azadón, azadilla, hoz, hacha, piqueta, trillo, agramadera, espadilla: esto es lo que se ha inventado para labrar la tierra y dar riqueza a los hombres. Fusiles, escopetas, carabinas, arcabuces, esmeriles, trabucos, pistolas, espadas, sables, cutelos, cuchillos, puñales, machetes, espadines, lanzas, flechas, cañones de batir, cañones de campaña, cañones de crujía, morteros, bombas, balas, granadas, mazas, pilos, arietes, etc.; esta es la nomenclatura horrorosa que ha sido necesario inventar para sostener a los gobiernos que quieren sacrificar el mayor número al bien del mínimo.

8.— Un operario, obrero o jornalero no es un siervo: es un coproductor de la riqueza. No es una servidumbre lo que se estipula: es un pacto el que se celebra.

9.— ¿Las clases que han gozado serán bastante justas para dividir sus goces con las demás? ¿Las que han sufrido serán bastante racionales para no excederse en su petición?

10.— Los pueblos tienen derecho para saber lo que se ha trabajado en su bien. Ellos son los que, trabajando y sudando, forman las rentas que mantienen a los funcionarios; ellos son los que, uniendo fuerzas individuales, forman la fuerza pública que sostiene el orden.

11.— Los que creen que el dinero es preciso para todo, juzgarán imposibles sin él la apertura de caminos, la composición de puertos. Yo veo la colmena hermosa que regala mi paladar; sin dinero la han hecho las abejas; sin dinero han elaborado tanta miel y formado tantas celdillas unos insectos pequeños, incomparables con el hombre. El trabajo unido y constante que hace colmenas puede abrir caminos, componer puertos y emprender obras de bien general. Uníos para las obras de común utilidad; y esa mano que eleva al hombre sobre los tigres y leones os hará poderosos y ricos.

EPÍLOGO

José Cecilio del Valle tiene derecho a que América —su paraíso entrevisto—, le estime entre sus mejores hijos. Por sus anticipaciones sobre muchos de los problemas insolutos de América, por haberle interesado la grandeza y la miseria del hombre, porque vivió en una época en que todo le confabulaba para hacerle fracasar, Valle recobra la importancia que en la lejanía del tiempo asumen los héroes de la inteligencia amorosa. Y por lo que va dicho en esta disertación que pretende dar el perfil de su figura, volvemos a oír, claras, nítidas, sus palabras, y nos parece que, con la voz más acendrada y con menos angustia, esa figura se desencarna del mármol y vuelve a andar.

EL PENSAMIENTO DE JOSÉ CECILIO DEL VALLE por Jorge Mario García

I. LOS AÑOS FORMATIVOS

En 1794, un joven estudiante nacido en 1777 —17 años antes— en la provincia de Honduras de la Capitanía General de Guatemala, presentaba su examen de Bachiller en Artes en la Universidad de San Carlos, en la capital del Reino, con la tesis en que defendía con amplio conocimiento las teorías de Newton y los experimentos de Benjamín Franklin sobre la electricidad y el pararrayos. Los estudios de Franklin habían tenido una importancia excepcional para las sociedades científicas de Inglaterra y Francia, sólo comparable al interés por las teorías de Newton. José del Valle, al seleccionar esta temática y por la forma de presentarla, reflejaba con gran plasticidad su formación en ciernes. Era ya un ilustrado completo, que se convertiría, al madurar, en posiblemente el más representativo de su región. Aceptar la física de Newton, la psicología de Locke y Condillac y las concepciones políticas de Rousseau y Montesquieu era afiliarse a la modernidad. Sellar su propio destino.

Siempre mantuvo fidelidad a sus viejos maestros. Muchos años después de presentar la tesis, en uno de sus trabajos de madurez, la Memoria sobre la educación —de 1829—, pidiendo una educación popular y generalizada, los recuerda: «Todavía no se sabe lo que el hombre es capaz de ser: Haced, legisladores, el experimento. Permitid que desarrolle todas sus capacidades y desenvuelva toda sus energías. Si se place el alma viendo a Newton y Buffon, a Sócrates y Franklin elevados por el ejercicio de sus facultades a la altura del saber, y al sublime de la virtud, ¿no será infinitamente mayor el gozo contemplando otros genios elevados a mayores alturas por el desarrollo más pleno de sus potencias?». Y años más tarde, en 1831, en el Discurso, que como presidente de la Sociedad Económica de Amigos del País pronunció al inaugurar la clase de Matemáticas, al pedir que la política se basara en el análisis de la realidad, en el cálculo, criticaba el hecho de que privaran las «exaltaciones del entusiasmo, a los métodos severos de raciocinio: se habla como Dantón, y no se piensa como Newton».

Su formación la había adquirido en la Universidad de San Carlos de finales de siglo XVIII, sacudida por los vientos de fronda que llegaban de la España inquieta de Carlos III. La escolástica oficial, decía Valle, había hecho de «esta respetable casa una habitación oscura donde no penetraba la luz» y había impuesto una época cultural en la cual «las familias eran espantadas por duendes; los jueces seriamente ocupados en procesar brujos y las escuelas de filosofía, convertidas en torneos de caballeros que se batían por el ente de razón y otras hermosuras imaginarias». Contra esto se había levantado su maestro Liendo de Goicoechea, quien inició un fuerte movimiento reformista que logró la introducción de la física experimental con el uso de aparatos modernos; una reorganización docente con nuevos métodos y planes; ampliación del número de cátedras; modernización de la medicina y la cirugía y cumplimiento de la Constitución 107 que permitía la libertad de cátedra y la enseñanza de doctrinas contrarias. Estas realizaciones clarificaron el aire académico y permitieron la penetración de las nuevas ideas, que se transparenta en los tesarios, cada vez más atrevidos, mientras avanza el siglo XVIII y principia el XIX. Hans Albert Steger nos dice cómo la Universidad de Guatemala «se convirtió en el gran centro de esta clase de ilustración en América que —como documentan los temas de disertaciones y los planes de estudios— estaba completamente a la par en las últimas actualidades de las discusiones europeas, con un retardo que correspondía al tiempo que se necesitaba para transportar un libro de Europa a América».

Antes de que las ideas de la Ilustración irrumpieran, la modernidad filosófica cartesiana había hecho su aparición desde antes de 1750, tratando de suprimir el monopolio ideológico. La insurgencia contra el principio de autoridad eliminó el culto exclusivo de Aristóteles y, en uso de la libertad de cátedra, se analizaron nuevas corrientes. En los tesarios «figuran citados —ya defendiendo o impugnando sus doctrinas— Descartes, Malebranche, Gassendi, Espinoza, Leibniz, Hobbes, Locke, Wolf, Rousseau, Huet, Condillac, Vico, etc., además de los filósofos de la antigüedad y de los grandes escolásticos del siglo XVI y los tratadistas Brixta, Corsini, Nollet, Jacquier, Tosca, etc.». A Rousseau se le cita en una tesis fechada en 1795.

Cerca de Goicoechea, posiblemente como su mejor discípulo, Valle se socializó en las nuevas tendencias. Su maestro, después su gran amigo, le escribía en 1811: «La libertad es el más útil regalo que el Creador ha hecho al género humano... sin libertad, vivimos como estúpidos animales». Y al tiempo que formaba la mejor biblioteca de Centroamérica en su época, adquiría una excelente formación. «Espero con impaciencia los mapas, libros y decretos que me ofrece. Usted ya conoce mi decidida pasión por la lectura», le escribía a George Thompson, viajero y diplomático inglés, quien, al conocerlo años antes, fue vivamente impresionado por el americano. «Habiendo llegado ayer a la capital —apuntó en su diario de viaje— sin más accidente ni molestias, visité esta mañana a D. José del Valle, persona que goza de gran consideración por su saber y talento... lo encontré sentado en un sofá que ocupaba todo el ancho de la extremidad de un salón, conversando con tres o cuatro señores que habían ido a visitarle. Entre ellos estaban dos ingleses: uno era Mr. John Hines, que había venido a proponer un empréstito de parte de los señores Simmonds, y dos franceses. Después de que se fueron, me hizo pasar a una pequeña biblioteca tan atestada de libros no sólo a lo largo de las paredes sino también amontonados en el piso, que con dificultad pudimos abrirnos paso. Valle se sentó ante una mesita de escribir, profusamente cubierta también de manuscritos y papeles impresos, de los cuales escogió algunos documentos que había estado formulando, reuniendo para mí con un celo, un empeño y un placer avivados por su carácter entusiasta. Entre ellos había un informe detallado sobre las rentas públicas, antes y después de la revolución; las Bases de la Constitución; el plan de una factoría de tabacos en Gualán y otro para colonizar con extranjeros el territorio limítrofe del puerto y río de San Juan de Nicaragua. Estaba rodeado de todo lo que delata la manía de los que escriben: pruebas de imprenta, hacinamiento de manuscritos, libros en folio, en cuarto y en octavo, abiertos y señalados con tiras de papel anotadas esparcidos en profusión sobre la mesa. Parecía tener un apetito intelectual desordenado. Me dio papel tras papel y documento tras documento, hasta quedar yo saciado con sólo mirarlos. Eran más de los que yo podía digerir como se debe, aun quedándome en el país doble tiempo del que me proponía estar en él. Sin embargo, me llevé todos los que pude y él tuvo la bondad de enviarme el resto. Presumo que nuestros trabajos en colaboración, relativos a los puntos a que iban especialmente enderezadas mis investigaciones, fueron los preliminares de la amistad que con tanta vehemencia empezó y desde entonces ha existido entre aquel Cicerón andino y una persona tan humilde como yo. Creo que mucho contribuyó a ella, de parte de él, el obsequio que le hice de un ejemplar de mi Diccionario Americano que por fortuna había llevado. Se mostró muy agradecido al recibirlo y no menos sorprendido; porque aunque tenía noticia de la obra, ignoraba, según me dijo, que yo fuese su autor».

II. NUESTRA AMÉRICA

Valle es uno de los representantes más completos de la generación de hispanoamericanos de principios del diecinueve. Formados en el espíritu reformista de la España dieciochesca, se enfrentan al cambio que produce la Independencia, con un espíritu supranacional que los caracteriza, y realizan esfuerzos malogrados por constituir, al romperse la unidad hispánica, una comunidad de naciones hispanoamericanas. Con la crisis que se inicia en 1808, plantean la igualdad de españoles y americanos, y un grupo de ellos busca la unidad española como plataforma para luchar por reivindicaciones del Nuevo Mundo. Su presencia en Cádiz se aprovecha para plantear todo un programa de reforma estructural en beneficio de las hasta entonces colonias.

La presencia centroamericana es especialmente importante. Y el único proyecto constitucional que lleva la representación americana es presentado por el diputado del ayuntamiento de Guatemala.

Precedido de una Declaración de Derechos, en 112 artículos y elaborado por una comisión del cuerpo en 1810, proponía una monarquía constitucional, previendo la convocatoria a Cortes y un Consejo Supremo Nacional integrado por representantes de «todos los reinos que comprende la monarquía española en Europa, América y Asia». Se perdió en el papeleo parlamentario y el llamado quedó en el vacío como casi todas las reivindicaciones americanas, lo que en alguna medida precipitó el proceso a la independencia, la que se produjo —dentro del marco del enfrentamiento entre españoles peninsulares y españoles americanos— alimentando un sentimiento regional muy acusado en una élite ilustrada. La noción de patria no se entendió reducida a cada provincia o región, sino en una perspectiva continental. Los Diálogos de diversos muertos sobre la Independencia de América, de Valle, constituyen un alegato de rescate del pasado prehispánico y la idea de la unidad de la América española aparece como una constante en sus primeros trabajos. En América —exclama— «¡Oh cara patria! También en esto ha querido distinguirse tu sabio y benéfico Creador: también en esto ha querido hacerte superior a la Europa...»; y reivindica los derechos de los habitantes del Nuevo Mundo: «Era cobrizo el color del indio y más claro el de los españoles. Pero más blancos y más rubios que los españoles eran los alemanes; y cuando la casa de Austria quiso dominar a España, los españoles se levantaron contra ella y proclamaron a la de Borbón. El color no es título de superioridad o esclavitud. Cobrizo, moreno o blanco, eres hombre, americano infeliz, y la esencia de hombre te da derechos imprescriptibles...». «Unión: Independencia: Constitución. Estos deben ser los objetos primeros del pensamiento. Escribid, americanos, hijos de este grande y hermoso continente».

Y dentro de este programa, sin conocer los esfuerzos de Bolívar, inicia una corriente en Centroamérica para lograr una reunión de los nuevos países americanos. La primera vez que hace referencia a esta idea suya, original —aunque flotaba en la mente americana de muchos patricios—, es en el Discurso presentado a la Junta Gubernativa el 10 de febrero de 1822, que Valle identifica en carta al Abate de Pradt como en el que se «desenvuelven las Bases del Arancel de nuestras Aduanas». Dice así: «Pero sus intereses (los de Guatemala) están enlazados con los de la América que antes era sometida, y es ahora independiente del Gobierno español. Todas las naciones de América deben formar una gran familia estrechamente ligada en el plan de sus relaciones. Algún día se formará acaso un congreso general que, reuniendo representantes de todas las provincias de ambas Américas, reúna las luces sobre todos, y pueda meditar, calcular y acordar lo que convenga para sostener su causa y ocupar en el mundo el lugar que debe tener».

Y en su periódico, el primero de marzo del mismo año, publica con amplitud su excelente proyecto con el título de «Soñaba el Abad de San Pedro; y yo también sé soñar». Volvamos los ojos al futuro —

dice— y nos encontramos con una América totalmente independiente, «...ya llegamos a esa altura importante de nuestra marcha política: ya es acorde en el punto primero la voluntad de los americanos». Pero argumenta, «esa identidad de sentimientos no producirá los efectos de que es capaz, si continuaran lo aisladas las provincias de América sin acercar sus relaciones y apretar los vínculos que deben unirlas». La América es amplia pero forma un solo continente, «los americanos están diseminados por todos los climas, pero deben formar una sola familia. Si la Europa sabe juntarse en congresos cuando la llaman a la unión cuestiones de alta importancia, ¿la América no sabrá unirse en cortes cuando la necesidad de ser, o el interés de existencia más grande, la obligan a congregarse?», y formula muy concretamente su propuesta: que en Costa Rica o León se forme un «Congreso General más expectable que el de Viena», al que cada provincia «de una y otra América» envíe representantes con plenos poderes con inventarios regionales para formar el general de toda la América; que unidos se ocupasen de «trazar el plan más útil para que ninguna provincia de América sea presa de invasores externos, ni víctima de divisiones intestinas» y «formar el plan más eficaz para elevar las provincias de América al grado de riqueza y poder a que puedan subir»; que de acuerdo con esto, formasen: «1.º La Federación grande que debe unir a todos los Estados de América; 2.º El plan económico que debe enriquecerlos»; para lo cual se deben fijar bases de ayuda mutua en caso de agresión y formar «el tratado general de comercio de todos los Estados de América».

Llama la atención el realismo de la propuesta: la vinculación entre derecho, política y economía. La formulación precursora de la moderna idea de la unión económica como base de la unidad política. En el Manifiesto a la Nación de 1825, recordaba cómo había formado «el Arancel de derechos de importación y exportación sobre Bases que, respetadas en toda América, haría la felicidad de las naciones que existen en ella».

Los resultados serían óptimos: «Se estrecharían las relaciones de los americanos unidos por el lazo grande de un Congreso común: aprenderían a identificar sus intereses; y formarían a la letra, una sola y grande familia. Se comenzaría a crear el sistema americano, o la colección ordenada de principios que deben formar la conducta política de la América ahora que empieza a subir la escala que debe colocarla un día al lado de la Europa, que tiene su sistema y ha sabido elevarse sobre todas las partes del globo». Y concluye con un arrebato de patriotismo criollo: «¡Oh patria cara, donde nacieron los seres que más amo! Tus derechos son los míos, los de mis amigos y mis paisanos. Yo juro sostenerlos mientras viva... Recibe, patria amada, este juramento... cuando no era libre, mi alma nacida para serlo, buscaba ciencias que la distrajesen, lecturas que la alegrasen, vagaba por las plantas: estudiaba esqueletos: medía triángulos, o se entretenía en fósiles. La América será desde hoy mi ocupación exclusiva. América de día cuando escriba: América de noche cuando piense. El estudio más digno de un americano es la América».

Su concepto hispanoamericano es muy claro. Cuando se refiere a las dos Américas, explica que son la septentrional —de México a Panamá— y la del Sur. Y en una nota a pie de página de su proyecto reafirma contundente: «No hablo de toda la América. Hablo de lo que se llama América Española». Lo que debe subrayarse, porque algunos comentaristas han pretendido encontrar en su formulación antecedentes del panamericanismo, muy posterior y de significado muy diverso.

Bernardo Monteagudo conoció los escritos de Valle en ocasión de su estancia en Guatemala, a finales de 1823, cuando cumplía una misión de Bolívar. Le escribe que estaba interesado en imprimir su artículo sobre la Federación Americana, que el Libertador estaba de acuerdo y creía que Valle era uno de los más fuertes defensores de la libertad en el nuevo continente. Poco antes de su asesinato, ya de regreso en el Sur, insistía en el proyecto bolivariano y en el antecedente centroamericano: «De las seis secciones políticas en que está actualmente dividida la América llamada antes española, las dos tercias partes han votado ya en favor de la liga republicana. México, Colombia y el Perú han concluido tratados especiales sobre este objeto. Y sabemos que las provincias unidas del Centro de América han dado instrucciones a su plenipotenciario cerca de Colombia y el Perú para acceder a aquella liga. Desde el mes de marzo de 1822, se publicó en Guatemala en El Amigo de la Patria, un artículo sobre este plan, escrito con todo el fuego y elevación que caracterizan a su ilustrado autor el señor Valle. Su idea madre es la misma que ahora nos ocupa: formar un foco de luz que ilumine a la América: crear un poder que una las fuerzas de catorce millones de individuos: estrechar las relaciones de los americanos, uniéndolos por el gran lazo de un congreso común, para que aprendan a identificar sus intereses y formar a la letra una sola familia».

La breve visita de Monteagudo a Centroamérica tuvo secuelas hasta bien entrado el siglo. Llamado por Bolívar, regresó de Guatemala al Sur, interrumpiendo su viaje a México. Llevaba un retrato del Libertador, seguramente para ser regalado al gobierno mexicano, en un interés especial por entrevistarse con Lucas Alamán. Sus contactos con los hombres públicos de la época, que estaban reunidos en el primer congreso constituyente —que sesionaba en el Salón Mayor de la Universidad en la Ciudad de Guatemala—, seguramente fueron muy cercanos. La Asamblea le solicitó una copia del retrato y Monteagudo regaló el original, que se instaló, por decreto, en el salón de sesiones. El retrato tuvo un destino muy singular. El presidente Francisco Morazán, más tarde, al trasladar a San Salvador las autoridades federales, dispone que se coloque en la asamblea de ese Estado. Pero años más tarde, en el torbellino de la guerra civil, se produce una revuelta provocada por el mismo, porque los opositores del hombre fuerte de la provincia, el general Malespín, suponen que el retrato es suyo, por el parecido con Bolívar. Sofocada la revuelta, Malespín lo puso en un salón de su casa que daba a la calle, para que los habitantes comprobaran que era el retrato de Bolívar y no de él. En el terremoto de 1873 se provocó un incendio, que destruyó la ciudad de San Salvador, y el retrato se quemó.

La vocación hispanoamericanista de Valle fue persistente. Siguió con atención la convocatoria y el viacrucis del Congreso de Panamá. A Thompson le envía el número del Redactor General sobre el Congreso. Solicita los comentarios sobre la reunión, se refiere varias veces al mismo y se duele de su fracaso. «Es doloroso —se queja con su amigo del Barrio— que a la fecha en que la América iba a instalar su gran Dieta, se hayan desorganizado diversas repúblicas...»; y finalizando la tercera década de diecinueve, cuando el hispanoamericanismo entraba en crisis, continuaba su preocupación. «He visto en El Águila Mejicana un artículo que ha llamado mi atención. Dice que el presente no es el momento de la oportunidad para formar la Confederación Americana; que no puede acordarse ni con esta república porque, a más de la revolución que la divide, no podría cumplir sus empeños; ni con la Colombia, porque Bolívar la gobierna arbitrariamente y aspira a la dominación absoluta; ni con la del Perú, porque la amenaza un rompimiento de forma con Colombia, etc. Yo no sé qué idea (altamente depresiva) se tiene de nuestra república. En ella existen elementos grandes, y un gobierno ilustrado sabría desarrollarlos. Pero suponga cierto cuanto dice el autor del artículo. ¿Será prudente publicar a la faz de la Europa el mal estado de la América, y las dificultades de unirse la república en alianza para defender sus derechos? ¡Con qué gozo leerá Fernando VII el artículo de Águila! Y cuánta extensión darán a sus esperanzas los enemigos poco justos del Nuevo Mundo. No se hagan alianzas, si no se juzga conveniente. Pero no nos deprimamos unos a otros. Si es idéntica la causa que defendemos, ¿para qué debilitarla cuando no podemos darle nueva fuerza?».

La idea de Valle sobre la Confederación Americana se abrió camino en la Asamblea Nacional Constituyente de Centroamérica, en el año de 1823, aunque Valle entonces no había regresado de su viaje a México. Milla, Vasconcelos y Pedro Molina —de los liberales más significados— impulsan el proyecto en el Congreso y el 13 de noviembre se dicta el Decreto n.º 44 que apunta: «Que se excite a los cuerpos deliberantes de ambas Américas, a una conferencia general, debiendo reunirse sus diputados en el punto que ellos mismos se sirvan designar. El Supremo Poder Ejecutivo, al anunciar a las mismas potencias los deseos de estas provincias, propondrá a la alta consideración de todos los gobiernos los siguientes objetivos: representar unida a la gran familia americana; garantizar la independencia y libertad de sus Estados; auxiliarlos; mantenerlos en paz; resistir las invasiones del extranjero; revisar los tratados de las diferentes repúblicas entre sí y con el Antiguo Mundo; crear y sostener una competente marina; hacer común el comercio a todos los Estados arreglando el giro y los derechos y, además, acordar medidas que la sabiduría de los representantes crea oportunas para la prosperidad de los Estados».

El eco de Valle también se encuentra en el primer congreso constituyente mexicano, en la voz de Juan de Dios Mayorga, pocos días después de que Valle regresara a Guatemala y que se cancelaran las sesiones del Congreso. Mayorga y Valle trabajan muy cercanamente sus últimos meses, en busca de que este apruebe la separación de Guatemala, pero Valle se retira del Congreso para incorporarse al de Guatemala, para el que había sido electo. El 8 de octubre de 1823 —el Congreso se disuelve el 30— Mayorga presenta una proposición —que nunca llegó a discutirse— en la que, «para contrarrestar a las empresas de la Santa Liga», pide que «se diga al gobierno que inmediatamente invite a todos los continentales y aun al de la república de Haití, proponiéndole la reunión de un Congreso compuesto de representantes de cada gobierno, que se reunirá cuanto antes en el punto más proporcionado, como Panamá, Costa Rica, León de Nicaragua u otro que sea más a propósito». Una larga proposición de 6 puntos en que se fijaba como tarea de ese Congreso resolver cuanto convenga a la seguridad y bien general de «las Américas», reconocimiento de los nuevos Estados y sus límites, defensa exterior, «alianza eterna entre todos los Estados Americanos», relaciones con naciones europeas y vínculos comerciales entre países europeos y americanos.

La idea era común en Centroamérica. La asamblea constituyente conoce en febrero de 1824 un plan semejante que le es enviado por Juan Manuel Rodríguez, prócer salvadoreño que había viajado con Manuel José Arce a promover la unión de la provincia de El Salvador como Estado de los Estados Unidos, como defensa contra el «imperialismo mexicano» en la efímera aventura de Agustín de Iturbide. Se incluye en un escrito fechado y editado en Filadelfia, el 11 de agosto de 1823. Como una defensa contra la Santa Alianza, propone la unión de los nuevos países americanos, «unión particular de los pueblos y las provincias que componían antes las capitanías generales para que formen Estados, y estos Estados puedan unirse después bajo ciertas bases. Debe haber centros de poder donde concurran las fuerzas y las luces como en un foco común, y de donde partan con más actividad a las extremidades del territorio», y fijaba los principales de su proyecto: «Un punto en el espacio que comprende el Anáhuac, otro en el guatemalteco, otro en Colombia,

Perú, Chile, Buenos Aires y el Brasil, todos formarán una línea impenetrable, inaccesible al poder humano».

Y como una prueba de la popularidad regional de la idea de unificación, podemos registrar la reproducción de la proposición que, en un periódico de Guatemala en 1825, formula Juan Nepomuceno Troncoso, en El Sol de México, sobre crear una confederación continental, en la que se detiene en aspectos tan específicos como «la fundación de un banco nacional, un montepío de labradores y la apertura del Canal de Panamá».

III. EL MAESTRO Y LAS LUCES

Principia a trabajar su Memoria sobre la educación en el convento de Santo Domingo —su periodo de cárcel mexicana— y la concluye en 1829 para enviarla a la Sociedad de París, donde ha sido incorporado como miembro. Recurrente tema de sus escritos: «La instrucción pública es la fuerza o poder primero de una nación». «La educación —le dice al barón de Humboldt— es la necesidad primera de la República. Yo he escrito sobre ella una Memoria que tengo el honor de someter al juicio respetable de usted. Si no ofrece pensamientos nuevos, acredita al menos la voluntad ansiosa del bien general. Es grande la falta de hombres ilustrados. La América será víctima de la ignorancia y pasiones si sus gobiernos no piensan seriamente en la educación, descuidada hasta ahora por ellos».

Entendida en sentido utilitario, como instrumento de progreso y de contención de desigualdades, piensa que a través de ella se limitará el despotismo de las clases altas y se mejorará la situación de las populares. Profunda crítica a la educación colonial, verbalista e inútil, se orienta a proporcionar una mejor técnica a los campesinos y artesanos, para facilitar el desarrollo del capitalismo.

Su «ideal pedagógico» se orientaba a la formación de «sabios», idea platónica que se basa en insistentes citas de La República: «Jóvenes: cultivad las ciencias: trabajad para ser sabios... El poder de la ilustración, noble en su objeto, pacífico en sus medios, es trascendental en sus efectos. Los sabios son los soles del mundo político». Ramón Rosa nos cuenta cómo en el momento de su muerte —de vuelta de su hacienda a la capital— deliraba afirmando que traería a los sabios del mundo para que lo ayudaran en su malograda gestión presidencial.

Extensión de la educación, la educación popular: «Yo quisiera que se formasen cartillas de las ciencias más necesarias: cartillas rurales que ilustrasen a los labradores; cartillas fabriles que instruyesen a los artesanos; cartillas económicas que diesen los elementos de la ciencia de la riqueza; cartillas políticas que difundiesen los principios de la ciencia social; cartillas matemáticas que enseñasen las primeras nociones de la aritmética y la geometría». Y al día en las enseñanzas de Jovellanos y, sobre todo, Campomanes, reclamaba «luces útiles... principios provechosos», para elevar el nivel de las clases populares y lograr la paz social y el progreso: «La ilustración del siglo que marcha a pasos rápidos, ha mejorado los pensamientos de Campomanes, amigo digno de las sociedades económicas. Pero la idea grande de su patriotismo: la educación popular, es eterna como la razón, y debe ser la primera en la escala de los gobiernos». En esa línea, aboga por la formación de maestros: «Son precisos labradores instruidos, por el arte y la experiencia, para saber cultivar la tierra; son necesarios maestros, ilustrados por una y otra, para formar hombres». Recuerda el ejemplo de Francia —que debía imitarse— y propone la creación de escuelas normales y, en general, un sistema de tres niveles como servicio público a cargo del Estado.

En cuanto a la estricta teoría educativa, se aventura a formular una serie de principios. Entiende la educación como un proceso de «creación; formación del ser humano; adquisición de conocimientos útiles y hábitos morales; y función conservadora y de perfeccionamiento». Y, con relación a las técnicas de aprendizaje, aboga por una enseñanza no abstracta, que utilice el método inductivo, parta de lo más fácil a lo más complicado, con carácter objetivo, utilizando la observación y la experiencia, intuitiva y recreativa.

Ya en México se había enterado del proyecto de reforma educativa de Alamán, y Bentham le recomendaba el método lancasteriano en boga. En su equipaje trae el Prospecto de la nueva escuela de enseñanza mutua y seguramente tuvo que ver en la contratación de Henry Dunn, que asesora en la proyectada reforma educativa. Al dar cuenta de su gestión al frente del Poder Ejecutivo de la Federación, se enorgullece, en el campo educativo, al informar que se ocupó de la organización general de los estudios; que ordenó se tradujese el sistema general de instrucción de Francia para que sirviera de modelo, adaptándolo a la realidad del país, y que la Municipalidad hiciera un inventario de la situación de maestros, alumnos y reglamentos; ofreció un premio para quien elaborara un método moderno de enseñanza y un catecismo político que informara de los principios del nuevo régimen republicano; formó una comisión para traducir el Nuevo método para estudiar la lengua latina; excitó a todos los hombres de letras para que abrieran clase sobre cualquier materia, libremente; fundó la clase de botánica y agricultura; solicitó a los Estados Unidos un profesor de «enseñanza mutua capaz de plantear el método lancasteriano»; ordenó preparar los instrumentos para una clase de física experimental; abrió una cátedra de matemáticas y geografía; dio instrucciones para que los maestros de gramática, filosofía, teología, cánones, leyes, instituta y medicina, elaborasen registro de sus alumnos para reclutar la nueva burocracia; ordenó imprimir el método de lectura y escritura de Matías de Córdova; pidió a México la cartilla publicada sobre el método de la enseñanza mutua; solicitó al Rector de la Universidad abrir una cátedra de Historia; elaboró proyectos para la creación del Colegio Militar; se fundó una cátedra de arquitectura; se instaló un laboratorio de química cuya cátedra impartiría un profesor francés...

Y en este campo debe señalarse su formación enciclopedista muy de época. Con gran disciplina y proporción incursiona en todos los campos del conocimiento y propicia su desarrollo. La ciencia —independizada de la teología— forma una unidad orgánica y las especialidades no son aún indispensables. Así, su atención tiene un amplio espectro, con gran sentido interdisciplinario: «La geometría enseña a medir: la geografía aprovecha sus reglas y mide las áreas de las provincias: la economía civil contempla su estado y examina las causas de su riqueza. Ya es tiempo de aproximar las ciencias exactas a las económicas: ya es llegada la época de dilatar el imperio de las unas con las luces de las otras». Propicia la creación de cátedras de las nuevas disciplinas (matemáticas, botánica, economía, química, geografía...), escribe ensayos sobre todas ellas con un gran alarde de erudición, realiza experimentos, hace mediciones, y, tratando de fomentarlas, pide la formación de sociedades científicas americanas e insiste una y otra vez para que se realice una expedición científica por su país, lo que le pide al barón de Humboldt: «¡Qué gozo tan vivo sería el mío, señor Barón, si viera a usted en estas tierras tan dignas de sus miradas!... ¡Cuántas conquistas haría en las ciencias físicas y naturales! ¡Cuánto bien recibiría mi patria!». Y al conde de Sack: «Otras provincias del Nuevo Mundo han tenido la felicidad inestimable de ser observadas por sabios que les han dado nombre y representación en Europa. Las de esta República, por no sé qué fatalidad sensible para quien desea sus progresos, no han gozado de igual honor... un viajero que viniese a recorrer campos que no ha pisado hasta ahora la planta de ningún sabio se cubriría sin duda de gloria inmortal... enriquecería las ciencias, aumentando la masa de conocimientos y observaciones útiles... yo me atrevo, señor Conde, a suplicar a Ud. que extienda su viaje a estas provincias, dignas de ser vistas por sus ojos. No es la naturaleza de México ni más rica, ni más fértil, ni más variada que la de Guatemala».

Y en esta línea, debe inscribirse su interés en la popularización del saber, en el cultivo e intento de ampliación de un nuevo público lector, al que deben transmitirse los principios ilustrados y despertar curiosidad. Él mismo fue reiteradas veces denunciado al Tribunal de la Inquisición por ser lector de libros prohibidos y emitir opiniones impropias, y, al decretarse la libertad de imprenta, es uno de los primeros en usar de ella libremente al fundar su Amigo de la Patria, aunque devoto de la letra impresa, había frecuentado, como autor, las anteriores publicaciones periódicas. Es muy significativo que, en 1829, haya traducido al castellano el folleto de Chateaubriand sobre la libertad de imprenta, especialmente por seleccionar precisamente ese trabajo, escrito por su autor en la última etapa de su vida, como embajador en Italia del gobierno de la Restauración.

IV. UN ECONOMISTA MILITANTE AL DÍA

El auge económico que se produce de 1750 a 1808 en España formó opinión en favor de propiciar el aumento de la producción y la supresión de trabas a la comercialización. Y uno de los instrumentos más atractivos, alrededor del cual se agruparon los «ilustrados» más avanzados, fueron las Sociedades Económicas que, a partir de la Vascongada, fundada en 1765, proliferaron.

Los americanos reformistas pugnaron por su creación también en las colonias, aunque pocas se concretaron. La de Guatemala se funda en 1795. El artículo primero de sus estatutos la definía claramente: «El instituto de la Sociedad será promover y fomentar la agricultura, industria, artes y oficios de este reino, especialmente de la capital y de su provincia, en todos los ramos que sean compatibles con los de la metrópoli, por medio de discursos, demostraciones, premios y demás que acostumbran las sociedades de Europa; mejorar la educación pública, desterrar la ociosidad y proporcionar ocupaciones y modos de subsistir, en que estriba el fundamento principal del aumento de la población». De tal manera que no sólo tendrían como finalidad promover el desarrollo económico, sino propiciar la enseñanza de conocimientos útiles.

El fomento de la economía política estuvo en el centro de su atención. Ya Campomanes —a quien Valle conocía muy bien— insistía en que las sociedades fueran «como una escuela pública de la teoría y práctica de la economía política en todas las provincias de España» y Jovellanos —otro de sus autores frecuentados— exigía que los miembros de la Sociedad de Asturias estudiaran esa disciplina. Valle era explícito al expresar sus preferencias: «Cada año voy en diciembre a una hacienda (Terme) que tengo a 16 leguas de esta ciudad. Allí, sólo con la naturaleza y mi pensamiento, fijo éste en algún objeto que pueda ser útil. Quise en uno de estos viajes contemplar toda la importancia de la economía política en estos países. Vi a la América como un depósito grande de riquezas escondidas en su seno: conocí que la ciencia de la producción, distribución, consumo de la riqueza es una de las primeras que deben cultivarse en ella: quise inspirar el gusto de su estudio, hacer agradables sus principales verdades, popularizarlas y darle algún atractivo; y escribí con este fin una obrita que todavía no ha acabado de imprimirse».

Cuando en 1812 se decidió establecer una cátedra de la disciplina, se le encargó a Valle, quien presentó un plan de estudios en el que entiende la economía como ciencia del gobierno en general y se ampara en los autores conocidos hasta el momento: Galiani, Linguet,

Necker, Campomanes, Arriquivar, Baudeau, Jovellanos, Locke, Condillac su «digno sucesor», Hume, Sully, Colbert, Smith... y en la lección inaugural, en septiembre, sus ideas aparecen más organizadas y la influencia de Smith más perceptible: "El trabajo es el origen de toda riqueza: el trabajo es el principio de la escala inmensa de valores; y si son infinitas las formas con que se presenta la riqueza en los granos del labrador, en los fardos del mercader, en las obras del artesano, uno solo es el elemento de su estimación. El pueblo donde haya mayor suma de trabajo debe tener mayor suma de riqueza. Esta es la verdadera balanza política... si hay pueblos enteros que no trabajan: si la escala de trabajos suele ser inversa de la de riquezas: si de las capitales a los pueblos hay una progresión descendente de riquezas, y ascendente de trabajos, esto no depone contra los principios descubiertos por el economista generoso que se ha dedicado a formar la teoría de la riqueza de los pueblos: la multitud de ramas en que se parte: las tres principales que la forman, industria rural, fabril y mercantil; la tierra...". Y aumenta la lista de sus fuentes: Thomas, Say, Grivel, Montesquieu, Filangieri...

En 1817, como fiscal interino, se le encarga un informe sobre la escasez y libre comercio de granos y, en amplio documento que critica las medidas restrictivas del gobierno, indica que no se habrían dictado "si hubiera tenido presente el pedimento fiscal del señor Campomanes en el expediente seguido en el Supremo Consejo sobre tasa de granos, o el informe en el de ley agraria extendido por el señor Jovellanos...".

Pocos años después escribe en su periódico una reseña bibliográfica sobre el recién aparecido Curso completo de economía política de Storch, en la que afirma que este ha reunido los mejores autores y los "ha clasificado con método excelente... Say adelantó la ciencia más allá de la línea en que la dejó Smith; Say formó el Diccionario de la economía política. Pero Turgot no abrazó toda la ciencia; Smith llega a ser obscuro; y Say es capaz de mayor perfección en el estilo y en los pensamientos. Reunir los de estos maestros, clasificarlos con método, explicarlos con claridad, era hacer un servicio distinguido a los gobiernos y a los pueblos. Los primeros no sabrán gobernar; los segundos serán desventurados mientras no se propaguen las luces de aquella ciencia".

Y en uno de sus trabajos finales, se nos presenta totalmente informado sobre el desarrollo de la ciencia económica en su época. Posiblemente los apuntes del curso de economía que anuncia en su correspondencia son utilizados en este trabajo. Dice que los estudiosos de la "Economía Política o Crisología" están divididos en tres clases: los que formaron el "sistema mercantil" que hacía consistir la prosperidad de las naciones en el comercio exterior que extraiga frutos o mercaderías e introduzca cantidades de oro, plata o dinero, entre los que incluía a Montesquieu y Genovesi; los partidarios del sistema agrícola, que mira la tierra como fuente única de riqueza y sostiene que ninguna industria es productora de nuevos valores si no se emplea en la agricultura, pesquería o minas, entre los que incluye a Quesnay y a Bandini; y los partidarios del "sistema industrial", que ve en el trabajo, aplicado a la industria rural, fabril y mercantil, el manantial de donde fluyen las riquezas, entre los que incluye a Smith, "el descubridor de los verdaderos principios de la Economía Política", Filangieri, Jovellanos, Ganilh, Storch, Bentham, Say —"el economista del siglo"— y Flores Estrada. Sorprende en este trabajo la erudición de que hace gala y el manejo de los autores en sus respectivos idiomas, así como el pulcro método de citación bibliográfica, inusual en los escritores de la época.

En el caso de Valle —situación común a todos los ilustrados americanos que reflexionaron sobre la ciencia económica— el cuerpo de la doctrina se encuentra vinculado a reivindicaciones concretas de la sociedad colonial. Valle mismo, en un igual momento, se presenta como un intelectual interesado en aplicar a su realidad el conjunto de doctrinas de sus maestros europeos, y como un propietario que defiende intereses concretos, personales y de clase. Una clase, limitada por barreras económicas, coacción gremial, derechos de aduana interior y exterior, limitaciones de orientación profesional, que intentaba superar, así como su posición periférica en el concierto mundial.

Esto explica en gran medida la posición ecléctica de Valle. Las tres grandes corrientes económicas de su época —mercantilismo, fisiocracia y escuela clásica— se entrecruzan en sus escritos, con el agregado de los economistas italianos del setecientos, orientados hacia un neomercantilismo que reivindicaba cierta intervención estatal. Las doctrinas de las autoridades se rescatan para justificar políticas económicas necesarias en la región, pero muchas veces el asidero es errático. Autores de diversas tendencias se utilizan para amparar reivindicaciones sectoriales y regionales, sin compartir el cuerpo completo de doctrina. Una región basada en la potencialidad de una agricultura de exportación —cacao, añil e incipiente café— vería con agrado los postulados fisiocráticos, y del cuerpo general del orden natural, basado en leyes económicas, se rescataría con especial énfasis la reivindicación de la libertad de comercio, considerada como la clave del optimismo progresista. El recurso a los autores europeos "...suele ser más general, más inclinado a utilizarlos como autoridades en pro de ciertas libertades en el comercio y en la producción, como ejemplos del uso de criterios racionales en la consideración de los fenómenos sociales, como exponentes del espíritu utilitario y opuesto a las 'viejas preocupaciones'. Del conjunto de ellos, fisiócratas o neomercantilistas, se extrae el enaltecimiento de la agricultura como fuente de las riquezas, argumento que conviene a los intereses inmediatos de una agricultura y ganadería mercantil en sensible crecimiento a lo largo del siglo XVIII. La demanda de la libertad de comercio exterior e interior, imprescindible no solo para librar a aquellas actividades productivas de viejas trabas internas que la entorpecían, sino también para aprovechar las acuciantes perspectivas que derivaban del crecimiento del comercio mundial y de la consiguiente demanda por los productos primarios del continente; la reivindicación del interés individual y el afán de lucro como dignos móviles de la acción humana y la concepción de que, por virtud de aquella armonía preestablecida y por medio del libre juego de las leyes naturales de la sociedad, tales móviles no solo no entorpecerían, sino que llevarían al logro de bienestar general".

Dentro de los temas recurrentes referidos a los problemas económicos de Guatemala —desarrollo de la agricultura, minería, ganadería, fomento de la industria, protección a los artesanos, propiedad de la tierra— destacan en sus trabajos dos. Por una parte, la defensa de la agricultura como base de la economía: "¿Hasta cuándo se conocerá que la agricultura es en América el objeto grande a que debe volverse la atención de los gobiernos, y que la agricultura no se fomenta con impuestos inmoderados?". Y por otra, la obsesiva y permanente defensa de la libertad de comercio: "La libertad del giro, tráfico y comercio ha sido siempre un principio para mí... como fiscal interino manifesté en el año de 1817 la que debe haber en el abasto de comestibles. Como individuo de la Junta Gubernativa, la que debe gozar el comercio. Como director de la Sociedad Económica... la que debe existir en las importaciones y extracciones de todos los artículos de giro... como hacendado manifiesto la que deben disfrutar el tráfico y expendio del ganado... la libertad mercantil es emanación de la propiedad: la propiedad es sagrada para mí: los propietarios son a mis ojos una clase importante en todo Estado que ame el orden, la riqueza y la prosperidad; y en un siglo tan peligroso para las propiedades, deseo que los propietarios no se hagan odiosos pretendiendo monopolios, trabas y restricciones dañinas a los pueblos".

En muchos de sus escritos y en su correspondencia el tema se repite: "... y envío ahora una Memoria sobre las tres fuentes de riqueza, y una Representación sobre la libertad de comercio. Lo que en Europa es un principio reconocido por todas las clases, suele ser en Centroamérica un problema que divide la opinión. De esta especie es la libertad de comercio, que algunos juzgan todavía con la misma severidad con que la juzgaban los españoles, nuestros padres. El sistema de restricciones tiene hasta ahora apologistas, y el monopolio cuenta a muchos defensores"; en su Elogio a la muerte de Bentham, es aún más explícito: "El género humano había sido arrojado a lo más espeso de la oscuridad... en lo económico debía respetarse como ley la de los economistas que sacrificaban la agricultura y comercio a los intereses mal entendidos de la industria... el propietario... debía ser víctima de las trabas, restricciones y monopolios aconsejados por la secta mercantil y erigidos en ley por los gobiernos...".

Lo anterior tenía explicación. La discusión sobre la libertad de comercio se inscribe en el vasto programa reformista de Carlos III, que intentó una "nueva conquista" de los territorios americanos y que contemplaba equidad contributiva, fomento industrial, ampliación de comercio ultramarino, creación de infraestructura en transportes y comunicaciones, desamortización de bienes y colonización interna. Ese nuevo control, de un gran contenido burocrático —el régimen de intendencia lo representa— tenía una finalidad concreta: detener una creciente emancipación real de las colonias y reactivar sus economías para aprovechar el excedente en la metrópoli.

Y el comercio libre —que se inicia a partir de 1765— se aplica a economías no preparadas para recibir esos estímulos externos, con un alto volumen de importaciones y una exportación casi estacionaria de materias primas. Así, las incipientes industrias locales salen perjudicadas al no poder competir con los precios de las manufacturas europeas, especialmente inglesas. Se da en muchas regiones de América Latina, y muy claramente en Centroamérica, una contradicción entre los agricultores, empeñados en ampliar el volumen de sus exportaciones, que propugnan por un irrestricto libre comercio, y los manufactureros arruinados, empeñados en lograr protección del Estado. Este conflicto entre libre cambio y proteccionismo pervivirá durante muchos años del siglo diecinueve.

La libertad de comercio e industria es propiciada por los liberales que en las Cortes de Cádiz en 1813 suprimen los gremios y sus restricciones, sobre la línea que impulsara Jovellanos. Pero pervive en las colonias una corriente menos drástica inspirada en las ideas de Capmany, orientada a su reorganización, que se hizo a través de reglamentos. Valle, como alcalde 1.º en 1821, impulsó la reforma del reglamento que el ayuntamiento había dictado en 1811, e incluso formó parte de la comisión que se nombró y no pudo trabajar por la crisis que sobrevino en el año de la independencia.

Los artes nos libraron una larga batalla en defensa de sus intereses, en busca de medidas protectoras contra la competencia extranjera, lo que incluso obligó a los dos partidos que participan en las primeras elecciones constitucionales en 1820 —para garantizarse el voto de los tejedores— a ofrecer la supresión del comercio con Belice.

Este gremio era el más perjudicado y el más activo. Los tejedores del barrio de San Sebastián, en la capital de Guatemala, pidieron a la Junta Gubernativa, en 1822, que se suprimiera el libre comercio, sin éxito. Insistieron ante la Sociedad Económica en 1820, informando que de 637 telares que existían en 1820 solo quedaban 73, debido a la competencia inglesa a sus "mantas, cotías, hierbillas, rebozos, madrases, cotonías, alemaniscos y panas". La Comisión de Comercio e Industria de la Sociedad pidió al Congreso Federal que se encargaran los aranceles de aduana sobre aguardientes, cacao, "manta cruda llamada colombiana, cotíes ordinarios, jergas, rebozos e imitación de cortes de enaguas", y que con el producto se fundara un Banco de Agricultura, Industria y Comercio administrado por la Sociedad, petición que tampoco prosperó. Y cuando el siguiente año insistieron ante la Sociedad, solicitando la supresión del libre comercio, una comisión presidida por Valle se opuso terminantemente a la petición con amplias argumentaciones de teoría económica y todas las citas de autoridad familiares a Valle, autor del dictamen. Varias pretensiones provinciales en el mismo sentido derivaron ante las autoridades federales, que se pronunciaron por la libertad de comercio e industria, argumentando que "debía fomentarse la maquinofactura y estimularse la libre concurrencia para mejorar la calidad de los productos del país, y que se fomentaran las industrias que no pudieran sufrir la competencia extranjera".

V. ENTRE LA ILUSTRACIÓN Y EL LIBERALISMO

Con su básica formación ilustrada, Valle estaba en condiciones de acceder al liberalismo sin dificultad. La Ilustración no fue, propiamente hablando, un movimiento político, parte de un movimiento político, pero la búsqueda de una reforma política era su consecuencia natural. Por eso, en el momento de la independencia, la actitud ilustrada entronca perfectamente con la ideología liberal en sus diversas manifestaciones y fuentes. Los americanos independentistas encontraron la inmensa tarea de construir los nuevos países contra el antiguo régimen, suprimir los privilegios corporativos con un régimen jurídico uniforme en un Estado nacional fuerte, secular, y con el estado de espíritu en que, a la mayoría, la Ilustración los había formado; a la mano estaba toda la teoría política liberal que apuntaba a la organización republicana, en su vertiente más avanzada, o al menos a la monarquía constitucional. Piénsese, por ejemplo, en las grandes líneas del pensamiento ilustrado: ensalzamiento polémico del pasado como crítica social, rescate del derecho a la discusión racional de los problemas políticos, idea de una representación elegida que estaba en la base de la teoría política de Locke —precursor del pensamiento ilustrado— y la idea clave de sujetar al juicio individual los asuntos de la política y el Estado, considerados como sujetos a reglas generales por establecer. "El mundo político —escribía Valle a su amigo del Barrio— está sin duda sometido a leyes tan constantes como el físico. Mucho tiempo ha que leo y releo la Historia solo para ir descubriendo esas leyes. Tengo algunos apuntamientos. Pero es asunto inmenso. No sé si podré acabar mi Ensayo".

En su biografía se suceden dos momentos bien delimitados, sin incongruencia aunque así lo parezcan. Un primer momento de fidelidad —tal vez excesivamente leal— a la Corona, y otro, de firme decisión independentista y republicana. Y no hay contradicción, porque su colaboracionismo españolista fue con el régimen ilustrado borbónico, un despotismo reformador de arriba abajo, que tenía al Rey como el "nervio principal de la reforma", al decir del autor de las Cartas al Conde de Lerena, y a un grupo esclarecido de intelectuales como el instrumento de los cambios. Este reformismo estatal siempre estuvo en la base del pensamiento político de Valle, aun en su época republicana: "Las revoluciones nacen —escribió— del choque de los gobiernos con los pueblos. Cuando un gobierno es sabio en observar la voluntad general de la Nación y, antes de conmoverse esta, manda a ejecutar lo que desea ella misma, no hay revoluciones ni muertes ni horrores. Las reformas no parecen obra de los pueblos. Se hacen en paz y sosiego por la mano misma del gobierno".

Las consecuencias jurídicas y políticas de este estado de espíritu se concretaron en la formulación de un programa contra el "antiguo régimen", contra la monarquía absoluta. Se propuso todo un catálogo de fórmulas nuevas. "La América —exclamaba Valle— se pronunció al fin independiente. No fue la independencia el objeto único de sus deseos. ¿Qué habría adelantado si al gobierno español, inglés o portugués que la regía hubiera sucedido un gobierno despótico? La América se proclamó independiente con dos objetos: tener en su mismo seno el gobierno que debía dirigirla y organizarlo de modo que fuese justo y protector de los derechos individuales de los hombres".

En la elaboración de las fórmulas institucionales del nuevo régimen, las fuentes utilizadas por Valle aparecen bien claras —interesa subrayarlo, abrevadas sin intermediarios en la propia lengua de sus autores— y trazadas con especial claridad. Las teorías del derecho natural, manejadas en el claustro universitario, especialmente a través de Pufendorf, quien subrayaba la obligación del Estado de educar y enriquecer a los súbditos con base en la teoría del contrato, desembocaban en una crítica del absolutismo monárquico. Pero si estas teorías eran formulaciones producto químicamente puro del quehacer racional, sin consideraciones a los hechos, Valle propone la necesidad de partir, por el contrario, del análisis de la realidad para de ahí extraer las consecuencias. Uso del método inductivo en busca de formulaciones generales: "Estamos fuera del siglo XIX: vivimos en otro siglo, aislados todavía en este punto, sin las relaciones que tanto nos interesan, ocupados casi exclusivamente en lo que se llama Político, hablando continuamente de derechos. Es muy justo saber los que tenemos: lo es darles la protección que se merecen. Pero debe considerarse que no tendrían toda la importancia necesaria si no se diera la atención posible al comercio, industria y agricultura, sin las cuales no podrían sostenerse aquellos derechos... si queremos que subsista lo político, pensemos, como corresponde, en lo económico". Así, fundamenta los derechos políticos en presupuestos económicos y, en términos más generales, elabora la idea de que toda la formulación política debe construirse sobre la base del estudio exhaustivo de la realidad social y económica del medio en que se aplicarán, tesis en la que insiste una y otra vez en sus escritos juveniles y de madurez.

El constitucionalismo, bajo la influencia directa de las ideas de Locke y Montesquieu y su divulgación y adecuación a otra realidad por Filangieri, servía perfectamente a los propósitos buscados: la idea central del Ensayo sobre el gobierno civil, de un Estado representativo que garantiza el ejercicio pacífico y estable del derecho de propiedad, basado en la limitación del poder, y la idea esencial de la "constitución equilibrada", que Montesquieu había formulado en El espíritu de las leyes. Especialmente esta segunda idea aparece utilizada en muchas formas en los escritos de Valle. Un régimen político basado en un sistema de contrapesos y equilibrios, orientado a la garantía de la libertad política, construcción no resultado de una simple especulación intelectual, sino fundada en la observación de los hechos, y que en su ejercicio se basaba en la moderación de los detentadores del poder y en la virtud cívica de los mismos detentadores y sus destinatarios. "Es obra extremadamente difícil —escribía en el fragor de la primera guerra civil en que se había hundido la República— la de abolir gobiernos antiguos, crear otros nuevos y consolidarlos, especialmente en países donde no hay ilustración. Las repúblicas de América necesitan todo el máximo de prudencia para no dar traspié en la carrera que han comenzado. De otra suerte, sería temible el cumplimiento de lo que dijo Montesquieu: Dans les lieux mêmes où l'on a le plus cherché la liberté, on ne l'a pas toujours trouvée". "Una administración arbitraria atropella los derechos de la humanidad, oculta el conocimiento de ellos, embaraza la instrucción que los descubre, enseña las facultades de los monarcas y la obediencia pasiva de los pueblos. Un gobierno que se funda en los derechos del ciudadano, debe perfeccionar sus facultades para ponerle en aptitud de conocerlos: extender la ilustración por todas las clases para que no exista una sola que por su ignorancia sea víctima de otra: enseñar los principios que sirven de base a la Constitución y dar la moralidad precisa para conservarla. Hombres formados por la educación de los gobiernos despóticos, trabajarán siempre para que no haya instituciones liberales. Ciudadanos instruidos en sus derechos lucharán eternamente contra el despotismo. Los pueblos que quieran ser libres, es necesario que aprendan a serlo; y estas lecciones solo puede darlas un sistema nuevo de educación". Y en la misma línea, abogaba por la creación de escuelas de ciencia política para entrenar a la nueva clase dirigente: "Se han establecido seminarios, colegios y academias para formar eclesiásticos, artilleros, ingenieros, militares y marinos, y no los hemos tenido para formar hombres capaces de trazar el plan legislativo o sistema sabio de gobierno. Ha habido escuelas para enseñar a manejar el cañón o esgrimir la espada, y no se ha fundado para enseñar a gobernar... No hay empleo que no exija instrucción en quien lo sirva. Los funcionarios de la hacienda pública deben cultivar la ciencia de Necker y Sully; los del Gobierno deben meditar la de Say y Smith; los del Poder Legislativo deben poseer la de Filangieri y Montesquieu..." y, en cuanto a estos últimos, se apresuraba a aclarar que "Me limito a las verdades que hay en sus obras y no apruebo las equivocaciones que se advierten en ellas".

Y la Scienza della legislazione es utilizada permanentemente, no solo en su aspecto propiamente político, sino en los grandes rubros de la obra del iluminista napolitano: su intención de reducir la legislación a una ciencia normativa, su intento de integrar un sistema de instrucción pública y su impulso a la codificación. Pero, en el aspecto que en este rubro analizamos, realza su influencia en los esfuerzos por dotar al nuevo país de una estructura constitucional liberal y formular una legislación moderna para las relaciones privadas. Líneas generales de crítica a la gran propiedad, los mayorazgos, el atraso e injusticia del sistema tributario, la ineficaz organización de los tribunales y, sobre todo, la idea de una distribución equitativa de la riqueza, en busca de un equilibrio social que lograra consenso y estabilidad: "Cada fracción o clase tiene poder muy diverso, y no debe esperarse jamás un equilibrio perfecto entre ellas. Es preciso confesarlo. No hay en las ciencias políticas estática exacta como en las matemáticas. Esta es una de las mil desgracias de la especie humana. Pero puede haber aproximación: puede pensarse... en aumentar los poderes de las clases débiles sin ofender la razón, y disminuir los de las fuertes sin agraviar la justicia... debe hacerse lo que inspira la razón y dicta la justicia, y la razón jamás aprobará, y la justicia nunca permitirá que se hunda en la nada a unas clases y se eleven otras a lo más alto del poder. Dar a las primeras lo que necesiten para ser o tener existencia; poner límites en las segundas a tanta sobreabundancia de poder: es restablecer las cosas al orden de la razón y justicia...".

Las condiciones del mediodía italiano eran semejantes a las de las nuevas repúblicas hispanoamericanas, así que no resulta difícil comprender que el esfuerzo de los ilustrados italianos por aplicar el programa general de reformas en su país tuviera una correspondencia con la preocupación de los procesos americanos abocados a la búsqueda de nuevas instituciones con el mismo propósito. Así se explica también la casi identidad de pensamiento entre Valle y su coetáneo Benjamín Constant, a quien cita frecuentemente en apoyo a sus proyectos de constitucionalismo liberal. Porque, dentro de su concepción política, tenía lugar primordial una preocupación semejante: constituir nuevos Estados, pasar del absolutismo a las instituciones liberales, sin caer en excesos igualitarios y demagógicos: "Que los americanos marchen gradualmente sin dar saltos precipitados del extremo en que eran, a otro absolutamente contrario... que el patriotismo de todos los ciudadanos se interese en que la América del Septentrión no sea, como la del Mediodía, teatro funesto de guerras intestinas: que se modere la ambición, persuadida de que primero es ser que tener empleos, y que es imposible ser, no habiendo orden y tranquilidad". Y también la presencia de los "ideólogos" —especialmente Destutt de Tracy—, sobrevivientes intelectuales del espíritu ilustrado y progresista, después del fracaso de la Revolución.

Los límites del liberalismo son cuidadosamente respetados en su pensamiento, y la defensa del sufragio censitario, escrupulosamente subrayada: "Se han declarado ya a los individuos de algunas clases los derechos de ciudadano. Pero los derechos más sagrados en manos de un miserable que no puede sostenerlos son títulos de que no pueden gozar. Solo el propietario sabe conservarlos porque solo él puede hacerlos respetar". Y, cuando la primera Constitución federal centroamericana amplió el derecho de sufragio, se apresuró a formular su crítica: "Otras constituciones, circunspectas en punto tan delicado, no dan el derecho de ser electores sino a los mayores de edad, dueños o usufructuarios de una propiedad... que elija el pueblo a los que le han de gobernar... es muy propio de los gobiernos populares. Pero que se designen las cualidades que deben tener los electores y los electos... siendo dueños de las elecciones los infelices que se ven condenados a trabajar diariamente desde el nacimiento hasta el ocaso del sol para ganar un salario pequeño... dar tanta latitud al derecho de elección y hacer que por esa latitud sufran los pueblos tantos males, es olvidar sus verdaderos intereses y sacrificar al bien de pocos individuos la suerte de una nación entera".

Y mención especial merece su relación personal con Jeremías Bentham, que, como un reformador profesional, desde Inglaterra, se proyectó a muchas partes del mundo y especialmente a Hispanoamérica en el período de la emancipación. Su correspondencia es esclarecedora. "He recibido dos ejemplares de la parte traducida e impresa hasta ahora en su Código constitucional. Yo procuraré que sean útiles a estos Estados y que circulen las luces que desde Westminster está derramando usted...". "Vivo en mi gabinete en medio de mi pequeña biblioteca, y los libros escritos por usted tienen lugar eminente en ella... Deseo que los principios luminosos de usted circulen por el Nuevo Mundo, así como están circulando por el Antiguo. Ya empieza a publicarse que es necesario reformar la Constitución de esta República. Esta opinión va haciendo progreso, y cuando llegue a discutirse la reforma, no dudo que se tendrán presentes las teorías de usted. El mundo político está en movimiento: todos los Estados desean mejorar sus leyes; y usted ha señalado la línea por donde deben marchar para no ser devorados por la anarquía ni destruidos por el despotismo".

Y Bentham se hacía tiempo para escribirle largamente: "Lo que le envío como manuscritos, aunque es menos de lo que yo hubiera deseado (me enorgullezco), son sin embargo más de los que esperaba. La copia que recibirá ha sido tomada exclusivamente con este objeto: pues en la adición del original no existe ninguna otra. Desde que su carta llegó —que fue ya hace 3 ó 4 semanas—, no he hecho otra cosa más que componer y arreglar esas hojas que han quedado como usted las ve ahora. La lengua, si yo he sido bien informado, no es extraña para usted. Entre los fragmentos traducidos impresos de la misma obra, hay uno que, en la forma de títulos de capítulos y secciones, contiene una especie de diseño o boceto de todo mi Código Constitucional. Una comparación de ello con la que está en el manuscrito le mostrará la cantidad de lagunas que hay por llenar; pero de algunas de ellas, me congratulo con la esperanza de llenarlas por el próximo barco..."

Y su interés por Valle era especial. Consideraba que "el lugar ocupado por Guatemala en el hemisferio americano es el lugar ocupado por el sol en el sistema que lleva su nombre" y exclamaba "¡Que él pueda ser el punto radiante desde el cual parta y se difunda la luz a todos los demás!". Y, en significativa referencia, decía que "De acuerdo con los medios que tengo para formarme un juicio según mis lecturas, si hay alguien en su América Central que pueda salvarla de que sea tragada por el golfo del despotismo (como mucho me temo que ha ocurrido con Colombia) ese es usted", y recordando a Rivadavia, a quien Bentham estimaba especialmente, le dice que "en cuanto a aptitudes intelectuales, teniendo en consideración las oportunidades que él (Rivadavia) ha tenido aquí y en Francia y sus habilidades naturales, no puedo imaginar que tenga su igual en la

América Española, pero gracias a las aptitudes morales, además de las intelectuales, usted es en cierto modo mi única esperanza".

Con todo ese aparato ideológico que hemos reseñado, el utilitarismo benthamiano se ajustaba a perfección. Basado en una ciencia moral fundada en el principio de "la mayor felicidad para el mayor número" como la medida del bien y del mal, construía una legislación y una ética orientadas al mismo fin de dirigir las acciones de los hombres de manera tal que se produjese "la más grande suma posible de bien". (Tratados de legislación civil y penal). Como teoría política, el utilitarismo se redujo a la relación entre placer y pena sobre la base de buscar la mayor suma de felicidad para el mayor número de personas, que se concretaría institucionalmente en la nueva estructura de gobierno constitucional representativo republicano, con un ejecutivo fuerte pero responsable y un sufragio ampliado, lo que en el fondo era expresión política de los principios de la economía política clásica: "Las recomendaciones en materia de política pretenden lograr la organización económica más adecuada a esa psicología y, por lo tanto, el máximo de bienestar factible. Es claro que dicha psicología humana simplificada, si bien no aparece ni se concibe como idéntica a la real, encuentra sostén en parte de la situación de la época. Como dice Schumpeter, está asociada a la mentalidad de los negocios y a la filosofía de la vida del empresario; en este sentido, es decir, como parte de un sistema normativo cuyo patrón de juicio es el hombre de negocios, la economía política clásica puede concebirse como una teoría que expresa la mentalidad de una clase".

En Valle, esta teoría aparece clara y reiteradamente formulada, ensamblada con el constitucionalismo liberal: "Es preciso un Poder Legislativo que forme las leyes y un Poder Ejecutivo que las cumpla y haga guardar. Es precisa una ley fundamental que designe aquellos Poderes, que demarque la extensión de sus atribuciones, y señale la forma con que deben ser ejercidas; y esta ley grande es lo que se llama Constitución... Solo una Constitución que asegura el mayor bien posible del mayor número posible puede unir a su favor el mayor número posible: solo una ley de aquella clase puede tener a su favor la fuerza de ese mayor número posible". "La justicia es, en caos tan grande, el lazo único que puede ligar intereses tan contrarios; y

JUSTICIA en lo político, es el MAYOR BIEN POSIBLE DEL MAYOR NÚMERO POSIBLE" (en mayúsculas en el original). Y cuando, como diputado constituyente, se ve abocado a la necesidad de formular un proyecto constitucional, afirma: "En la Comisión de Constitución... yo quería que en el proyecto de Ley Fundamental se sentasen principios... quería que, subiendo al origen de las sociedades, se pusiese la base primera de que todas son reuniones de individuos que libremente quieren formarlas; que, pasando después a las naciones, se manifestase que estas son sociedades de provincias que por voluntad espontánea han decidido componer un todo político; y que, poniendo por segunda la base de que el mayor bien posible del mayor número posible de los socios es el objeto de toda sociedad, se dedujese el sistema de gobierno y derechos y deberes de sus primeros agentes".

También el ejemplo personal de Bentham como reformador militante es acogido por Valle, quien aunó en su personalidad la faceta del intelectual y del político práctico, abocado a grandes responsabilidades, las más grandes de su país, en el propio momento de su nacimiento. Cuando tomó posesión de su cargo de miembro del primer Poder Ejecutivo de la nueva República afirmó: "Daré toda la atención que sea capaz a lo que tiene más derecho para reclamar la del gobierno. La religión que une a los hombres predicando amor a nuestros semejantes, y sofocando odios y venganzas; la ilustración, origen primero de lo bello, de lo grande, de lo útil y de lo sublime; la independencia absoluta inspirada por la razón y sancionada por la justicia; la consolidación del gobierno en la época de las oscilaciones de la opinión y los choques del interés; la educación que debe formar hombres nuevos para un gobierno que también es nuevo; la riqueza que debe aumentarse en razón directa de los gastos que antes eran de una provincia que no hacía figura en la carta del mundo, y ahora son de una Nación que comienza a tener representación en el mapa de las sociedades políticas; estos serán los objetos de mis trabajos. Robaré a los genios de otras naciones los pensamientos que han influido en su prosperidad. Procuraré aclimatar en este suelo aquellos que pueden venir bien en nuestra actual posición". Y en sus discursos, como diputado a la asamblea legislativa, recomendaba —ya en la oposición al gobierno constituido— un plan de gobierno: "En una nación que acaba de proclamar sus derechos, la independencia debe ser el objeto primero de sus cuidados. Para sostener o consolidar la independencia son precisas dos fuerzas: la moral y la física. Para formar la fuerza moral es necesario arreglar la instrucción pública y, para crear la fuerza física, es necesario organizar el Ejército. Para los gastos que exigen la instrucción pública y el ejército es precisa la Hacienda nacional. Para tener Hacienda nacional es necesario la riqueza. Y para que haya riqueza es preciso fomentar la Agricultura, que hace dar frutos a la tierra; la Industria, que mejora o embellece los frutos de la Agricultura; y el Comercio, que transporta los productos de la Industria. Independencia apoyada en dos fuerzas. Instrucción pública, creando la fuerza moral. Ejército, formando la fuerza física. Hacienda nacional, dando fondos para los gastos de la instrucción y del ejército. Agricultura, Industria y Comercio, enviando caudales a la tesorería de la Nación. Este es el cuadro que el Congreso debe tener siempre delante de los ojos...".

Y en el área del derecho, su trabajo es constante, avalado por su cuidadosa formación de jurista, aunque el ejercicio profesional no lo entusiasmara. Preocupación central de su pensamiento jurídico-político fue fijar el papel del gobierno para armonizar los diversos intereses de la sociedad, a través de un texto constitucional que distribuyera competencias y fijara los derechos y obligaciones, pero también reducir toda la abigarrada legislación privada colonial a códigos. Precursor del movimiento de codificación en Centroamérica, integra las primeras comisiones que se abocan a esa tarea, en lo que también su contacto con Bentham fue aprovechado: "Se me ha dicho que usted posee —le responde Bentham a una consulta— una copia del Código Penal del señor Livingston... si no es por el primer vapor, en el otro le enviaré una tabla de los capítulos y secciones del Código Penal, con el mismo plan como el de arriba indicado Código Constitucional. Mientras tanto, no dudo que una eficaz ayuda se derivará de esta obra del señor Livingston. Cualquier ley es mejor que ninguna; y yo creo que lo mejor que usted puede hacer sería adoptar inmediatamente este Código". Valle le había escrito antes, indicándole que una de las necesidades de los nuevos países era "derogar los códigos españoles que han regido en ella, y formar otros nuevos, dignos de las luces del siglo difundidas por los sabios que han sabido perfeccionar la jurisprudencia", y que "sus obras le dan el título glorioso de legislador del mundo. Los que han sido llamados por sus destinos a formar o discutir proyectos de Códigos civiles o criminales han pedido luces a usted; y yo tengo más que otros necesidad de ellas. La Asamblea de este Estado de Guatemala se ha servido nombrarme individuo de la Comisión que debe formar nuestro Código Civil. Yo he vuelto los ojos a usted y a sus dignas obras. Tengo algunas; me faltan otras; y sus pensamientos serían para mí de precio infinito". Por cierto que, en el avatar de los intentos codificadores en Centroamérica, la inicial propuesta de Bentham se abrió camino porque, en la tercera década, se tradujeron los códigos de Livingston para la Luisiana, por uno de los contemporáneos liberales de Valle, y se pusieron en vigor en el clímax del primer experimento liberal de la región.

También en esta línea, debe llamarse la atención sobre su Dictamen a la excelente obra de José María Álvarez, Las Instituciones de Derecho Real de Castilla y de Indias; su análisis de la legislación española en Indias; sus discursos memorables sobre los tribunales especiales en el Congreso mexicano; y sus alegatos contra la pena de muerte, tema recurrente en los primeros años del siglo diecinueve. Y, muy especialmente, su idea precursora —hoy de moda en los estudios jurídicos— de un derecho económico, de las interrelaciones de la economía y el derecho, que solo años más tarde vienen a ponerse en discusión. A Flores Estrada le comunica su preocupación y lo incita a acometer la empresa: "¿Quién otro podría, con más facilidad que usted, escribir un Ensayo sobre la Jurisprudencia en sus relaciones con la Economía Política?... La jurisprudencia que manifiesta lo que es y debe ser la ley no puede llenar su interesante objeto si no es guiada por la luz de la Economía Política. Solo esta ciencia puede darle las necesarias para distinguir las leyes que influyen en el atraso o progreso de las riquezas... ¿La ley que tiende a acumular la riqueza en una clase no producirá estancos o monopolios? ¿No alterará los precios o valores que deben ser efecto de la libertad dada a todos...?"

El entusiasmo de los primeros años de vida independiente da paso a cierto desencanto, producto de la trágica experiencia de los años convulsos de la primera época republicana. "La América es en lo político —le decía a Álvaro Flores Estrada, en 1833— lo mismo que en lo físico: la Tierra de los temblores..." Y la guerra civil, dado su carácter, lo horrorizó, así como el áspero enfrentamiento de los partidos y el ejercicio bélico de la política y el poder: "Si un físico espera que un cuerpo elástico haga esfuerzos para volver a su antiguo estado desde el momento en que lo ve comprimido por la fuerza, un político debe temer reacción desde el instante en que hay acción injusta". Se queja con José Joaquín de Mora de lo inadecuado de las nuevas instituciones y del enfrentamiento que amenaza el orden y el progreso: "El siglo en que vivimos es el de los partidos, es decir, de las acciones y reacciones. No cesa el choque del espíritu con la materia, de los capitalistas con los sans-culottes, de los hábitos monárquicos con los deseos republicanos". Y en el límite del pesimismo, hace una profecía, afortunadamente incumplida: "¿Cuáles serán los destinos de la Europa y de la América? La revolución anterior de la Europa influyó en la independencia de América. La revolución actual de la misma Europa ¿qué otro fenómeno producirá en la América? Yo creo que la Europa, en donde hay monarquías absolutas, va marchando al gobierno republicano; y que la América, en donde hay repúblicas turbulentas, va caminando al gobierno monárquico. Esta es mi predicción. No sé cuándo será cumplida. Pero pienso que al fin llegará a serlo".

VI. LUCES, TENSIONES, INCOMPRENSIONES Y DERROTAS

Una biografía transitada en extrema tensión. Contradicción impresionante la de parte de esa generación, por Valle tan bien representada, que vivió un período de profundos cambios y convulsiones, atrincherada en un aire de casi bohemia intelectual. Generación partidaria racionalmente del futuro, pero horrorizada por el precio a pagar. Tránsito del antiguo al nuevo régimen, con profundas desgarraduras de conciencia. Y, en su caso, o, una excepción que no confirmaba la regla, enfrentado a un medio hostil, muy por debajo de sus personales circunstancias.

Llaman la atención algunos de sus nombramientos y distinciones, por lo que se puede reconstruir parte de su accidentada historia. El de diputado del Reino de Guatemala ante la Suprema Junta Central de la

Monarquía, con lo que "a más de hacer a Ud. justicia, se ha proporcionado asimismo el placer de haber visto uniformarse su votación con la de otros Cabildos, agregándose la particular circunstancia de que la suerte confirmó repetidas veces su elección". Los honores de auditor de guerra, con el agravante de la recomendación del capitán general, José de Bustamante y Guerra, quien "en virtud de la mucha aplicación, instrucción, probidad y costumbres irreprensibles... quiere que se recomiende al Consejo de Estado... para que le tenga presente en los empleos de su carrera en las Provincias de Ultramar", recomendación obtenida en una crucial época de agudo desencanto en su vida, en los albores de la independencia, cuando tenaz e infructuosamente trata de obtener un empleo de la metrópoli y abandonar Guatemala. A la Comisión de Hacienda, en octubre de 1821. Su elección como diputado al Congreso Constituyente mexicano, en el efímero período de la anexión de Centroamérica a México (1822-1823), donde cumple una breve y emocionante participación y da con su humanidad en la cárcel, para su ventura, prisión cumplida en el convento de Santo Domingo, con acceso a su riquísima biblioteca. La insólita y seguramente emocionante comunicación de Francisco de Paula Álvarez, quien le notifica en la cárcel del convento de Santo Domingo en Ciudad de México, que "el Emperador (Agustín de Iturbide) ha tenido a bien acceder a la dimisión que ha hecho del Ministerio de Relaciones el Excmo. Sor. D. José Manuel de Herrera; e instruido de las luces, probidad y amor patrio de V. S., se ha dignado nombrarlo para que lo suceda", cargo que acepta después de rechazos reiterados.

Y sus renuncias y aceptaciones, que reflejan la dramática situación del intelectual y el político, sometido a una permanente y nunca superada contradicción interior y un enfrentamiento también continuado contra un medio hostil, que sin embargo lo consideraba y necesitaba indispensable. Renuncias, algunas probablemente sin conflicto, pero llenas de sentimientos trágicos: "Yo no soy de ningún partido", le decía a su amigo del Barrio en carta a México el 18 de noviembre de 1827, "no tengo necesidad de empleos, ni los he pretendido ni los admitiré: quiero emplear el último tercio de mi vida en coordinar mis pensamientos, y presentarlos a mi Patria en algo. Ensayos que comencé y no he podido acabar por servir los destinos a que he sido llamado". La de hacerse cargo de la primera embajada en Inglaterra: "son públicas las causas que me lo impiden". Con Vicente Rocafuerte, en carta de Londres de 10 de julio de 1825, se duele de no haber podido aceptar: "Qué ocasión tan bella para quien desea ilustración y conoce toda la que dan los viajes; pero no es posible hacerlo ahora". La de la primera embajada, también en Francia: "... volaría para presentar la gratitud del nuevo mundo, y de Centroamérica, porción hermosa de él, a la nación digna que en el siglo pasado influyó en su independencia, y en el presente la reconoce y ofrece cimentar en ella tratados de amistad, comercio y navegación. Volaría para ser espectador del movimiento que se ha dado a la Europa, para conocer la metrópoli de las ciencias, para admirar ese foco en donde salen para el universo entero las luces que lo van ilustrando gradualmente; para ofrecer mis respetos a los sabios que me han dado honor con sus votos y afectos, y para proporcionar a mi hijo la educación que tantos deseos tengo de darle. Mis intereses sufrirían por mi viaje quebrantos domésticos. Pero la patria y las ciencias son superiores a los intereses. Lo que embaraza mi viaje; lo que me pone en la necesidad triste de no poder aceptar aquel destino es el estado de mi salud, quebrantada desde mucho tiempo, y debilitada ahora más que antes". La de diputado a la asamblea en 1826: "Después de trabajos continuados sin interrupción en México y en esta ciudad desde el año de 1821, mi salud ha sufrido el quebranto que era natural. Un diputado digno de ser representante de los pueblos debe asistir todos los días a las sesiones de tres o más horas, concurrir a comisiones de diversa clase, meditar asuntos de distinta naturaleza, discutir cuestiones delicadas, sostener debates acalorados, y llenar la expectación de los pueblos que han fiado a sus trabajos lo más sagrado de sus derechos. Yo engañaría a la nación si me presentara al Congreso como un hombre capaz de tamañas tareas. Hablo de buena fe. No puedo fijar la atención en un asunto por mucho tiempo. Los nervios empezaron a escocerme desde que empecé a sufrir temperaturas más frescas que la de la hacienda de donde he venido y un trabajo continuado los debilitaría mucho más..."

Y las otras, renuncias de gran conflicto, a cargos a los que se le nombra, como premio de consolación, después de haber sido objeto de grandes intrigas, injusticias y hasta fraudes. En 1825, reiteradamente renuncia a la Vicepresidencia de la República, que se le otorga por la misma asamblea que, en una interpretación muy discutible —al consumar el primer fraude electoral de la historia republicana— le ha otorgado la Presidencia a Manuel José Arce, quien había quedado en segundo lugar, muy por debajo de Valle, asamblea misma que "espera de su patriotismo que se presentará a servir al empleo que se le ha conferido", lo que, naturalmente, no hace. Años después de este incidente capital en su vida —que lo hace escribir un excelente boceto autobiográfico, su Manifiesto a la Nación Guatemalana— suficiente para frustrar personalidades menos características, hacía un análisis retrospectivo al conde de Pecchio: "Esto es lo que ha sucedido en Centroamérica. El ciudadano Manuel José Arce, que no poseía aún los elementos de la ciencia de gobernar, quiso, sin embargo, ser primer Presidente de la República. Tuvo algunos votos populares: no fue a su favor la mayoría de ellos. La aristocracia, que había tenido el hábito de dominar, deseaba un jefe que, por la escasez de sus conocimientos, fuese instrumento flexible de su voluntad... hizo que el Congreso eligiese a Arce infringiendo la ley y sobreponiéndose a la elección nacional. Arce fue lo que quiso que fuese la aristocracia... Empezó a ejecutarse el plan meditado por ella para destruir la Ley fundamental. Los estados lo conocieron: comenzó la guerra civil: se derramó sangre de los pueblos: se fue generalizando la opinión: se creó la Fuerza Moral; y ella fue la Libertadora. Cayó el despotismo: están presos Arce, Beltranena y Aycinena, que ejercían funciones de Presidente, Vicepresidente y Jefe de Estado..." Deviene en un candidato profesional a la Presidencia de la República, sin proponérselo. Un candidato natural, dadas las circunstancias: "usted —le dice Pecchio— sería muy útil en este puesto (Embajador en Londres), pero lo sería aún más si se le encargara de la Presidencia, que yo le deseo de todo corazón, en interés de la República y de los amigos de la Libertad"; Flores Estrada le comenta que celebrará "que le elijan a Ud. Presidente: pues no cuento que abunden en ese país y en toda nuestra América los hombres capaces de serlo"; y hasta sus adversarios consideran conveniente su designación: "... aquí (México) —le informa su amigo del Barrio en septiembre de 1830— aun los expulsos deseaban que Ud. fuera el Presidente, porque veían claro que la República haría grandes progresos en todos sus ramos". Y cuando, finalmente —sin hacer campaña alguna— los ciudadanos lo eligen para el cargo, la muerte se interpone entre la historia y su destino. Parecía cumplir —aunque involuntariamente— el consejo que nueve años antes le daba el mineralogista Andrés Manuel del Río, ante su queja de la incomprensión de sus contemporáneos: "... ya sabe Ud. el remedio, que es apelar a la posteridad, que es la que hace justicia seca".

En 1831, renuncia a la Presidencia de la Corte Suprema de Justicia, cargo para el que había sido electo por mayoría de votos populares, elección que la asamblea manipula, en uso de autorizaciones parlamentarias: "Cuando la nación procedió a la elección de Presidente de la alta Corte, quiso hacerme un honor de que no soy digno; me distinguió dándome a mí 84 votos, al C. Mariano Gálvez 67, al C. Mariano Ramírez 32, al C. Nicolás Espinoza 28, al C. Nicolás Buitrago 18. El Congreso se sirvió elegir primero al C. Gálvez y después al C. Buitrago. Uno y otro renunciaron y, por no haber aceptado el destino, he sido electo yo. Pero subsisten ahora las mismas causas que tendría presentes el Congreso para prescindir del que había obtenido 84 votos, y elegir primero a quien tuvo 67 y después a quien solo contaba 18. Mi salud está debilitada; mis quebrantos han sido grandes, y fundado en todas estas causas he hecho ante el Congreso mi respetuosa renuncia".

Posiblemente, ante la falta de elementos que aquejaba a la naciente república, o en un afán ingenuo de instrumentalizarlo, se trata de otorgarle premios de consolación, fuera de proporción. Cuando le arrebatan la Presidencia, lo nombran Vicepresidente, cargo que rechaza con un malestar apenas contenido una y otra vez, hasta que le aceptan la renuncia. Publica entonces un brillante alegato jurídico demostrando la ilegalidad de la maniobra. Y el mismo cargo lo persigue años después, al que también renuncia reiteradamente, en orden a otras consideraciones que subrayan su gran calidad de político y una responsabilidad ética poco común en el manejo de las ideas: "Yo haría gustoso —le comenta a José Joaquín de Mora a Londres en junio de 1833— los servicios posibles a mi cara patria. Pero ¿podría gobernar sin los elementos necesarios para el gobierno? El Federal ha quebrado sin rentas, sin fuerza, sin opinión: y el plan que sigue el Congreso es diverso del mío. Habiendo identidad de opinión en los dos poderes legislativo y ejecutor, yo aceptaría el destino, y procuraría dirigir la revolución. Pero falta aquella identidad, y, por no haberla, serían nulos o peligrosos mis servicios..." Y a Flores Estrada le decía, comentando el mismo asunto: "¿Cómo es posible mandar sin rentas, sin fuerza, sin facultades?", lo que el economista español no aceptaba: "Siento que Ud. no haya aceptado la Vicepresidencia, y si he de decir a Ud. francamente mi opinión, no apruebo esa conducta. Si hay deberes para con la Patria, Ud. faltó esta vez a uno que puede ser muy trascendental".

Sin embargo, llama la atención, en esta coyuntura trágica, el deseo de servicio y el amor a Guatemala: "Yo no cesaré de servir a la República del modo que pueda en la vida privada. Está identificada con su existencia política la mía personal. El nombre de Guatemala, deprimida por otros, es muy dulce para mí... soy hijo y ciudadano de esta digna nación. Estimo estos títulos en todo su valor y amo cordialmente la independencia absoluta, la prosperidad y el honor de mi patria...". Y así, mientras renuncia a aquellas altas dignidades, acepta modestamente otros encargos, posiblemente muchos más engorrosos y menos prestigiosos: escribir una obra elemental sobre la "justicia de nuestra independencia y deberes del hombre en sociedad"; auxiliar y dirigir una comisión para establecer una Casa de Corrección; integrar la que elaboraría los nuevos códigos en el Estado de El Salvador; la que se integró para formar el nuevo plan de estudios y el proyecto de estatutos para un establecimiento literario; e incluso ofrece su sueldo de diputado para pagar al maestro que se contrate para introducir el método lancasteriano...

Hasta aquí, las pinceladas de su retrato, trazadas por él mismo. Un hombre superior. Posiblemente mucho más avanzado de lo que su circunstancia permitía. Entre la ilustración y el liberalismo, es el hombre mejor formado de Centroamérica en la primera mitad del siglo diecinueve. Su legado intelectual y su ejemplo de honestidad y patriotismo están vigentes. En la memoria de la región, su espacio debe rescatarse y subrayarse...

Ciudad de México, diciembre, 1980.

LA PERSONALIDAD ÉTICA DE JOSÉ CECILIO DEL VALLE: Jorge Fidel Durón

La Fundación del Museo del Hombre Hondureño me ha dado el honroso encargo de hacer la introducción de este valioso estudio sobre la personalidad de José Cecilio del Valle.

El autor, que firma con el seudónimo de Febrero, dice, citando a Friedrich Dürrenmatt: "Un ensayo no tiene por finalidad analizar, hasta agotarlo, el tema que desarrolla su contenido, sino simplemente lo elucida en sus variadas concepciones", mediante reflexiones cambiantes: "es una especie de desafío del que no se puede emergir impoluto", por lo que, siguiendo el ejemplo del Sabio, se pide que toda la energía deberá invertirse hasta la clarificación de un destino social, con el propósito de revelar una verdad, con el anhelo por comprender una realidad, procurando hacer la luz, lección que hemos aprendido, precisamente, del Sabio José Cecilio del Valle.

La época en que él vivió fue, ciertamente, de confrontación entre varios criterios éticos anquilosados, que provenían del sistema colonial imperante entonces, así como los de la Ilustración, impulsores de una liberación individual proyectada hacia el cuerpo social, transformándola, dándole paso a una doctrina, el liberalismo, en su expresión económica, para después transformarse en ética denodada.

Afortunado fue el Estado de Honduras al disfrutar el privilegio de que de él surgieron los más destacados talentos de su época, los que jamás fueron tacaños en la difusión de sus luces, sirviendo como paradigmas de un Estado que soñaron unido, fuerte y próspero.

Lo extraordinario del Sabio es el descubrimiento de su propia vigencia, señal inequívoca de su genio y que, a más de cien años transcurridos, continúa siendo ejemplo de los talentos que han surgido en los cinco Estados de la Unión Centroamericana.

De ahí que, así como él preconizaba que el mejor estudio para los americanos era América, igualmente, el mejor estudio humano para las generaciones que se han venido sucediendo lo es la personalidad polifacética de Valle, que pareció anticipar en su visión el acontecer presente y futuro de la América Central.

Para el autor, de los escritos políticos de Valle, pensador iluminado, se desprende un pragmatismo ilustrado en el contexto de las transformaciones sociales de su época. La "escogencia" científica que condujo al Sabio a favorecer los cambios moderados de las corrientes independentistas no le cegó respecto a los peligros implícitos en esa eventualidad; prudencia civilista que le merece al comparársela con las soluciones radicales de otros propugnadores de la violencia.

En un esfuerzo por aportar una claridad honestamente alcanzada, el autor, respecto a la proyección histórica del pensamiento de Valle, asume riesgos calculados, por cuanto admite que no se produjo articulación concreta por parte de Valle ni de ninguno de sus contemporáneos para formular planes políticos conducentes a estructurar una sociedad poscolonial. "Probablemente —dice el autor— no tenemos derecho a exigirle más." Por lo demás, la inexistencia de un propósito colectivo que respaldase esfuerzos que cristalizasen el ideario de Valle operaba en contra de toda eventualidad en ese sentido.

La temporalidad y la supratrascendencia de la ética de Valle no admiten redefinición alguna para el autor. Su concreción ha sido desde siempre contingente de que las naciones y los pueblos americanos reconozcan la necesidad de unirse obedeciendo "el interés de existencia más grande". Reelaborando el pensamiento ilustrado, Valle circunscribió el fin de la ignorancia, la pobreza y la desunión de los pueblos como resultado de la educación efectiva.

En su apreciación, el real ser del hombre americano fue ajeno a los fenómenos mezquinos que entorpecían su total realización como miembro de una sociedad noble y progresista. Dentro de la realidad aparente, el hombre americano se desenvolvía como una figura que, no por ser explotada y sometida, había perdido, en su estado primitivo, la capacidad de prosperar íntimamente; siendo que la creación de una sociedad justa y equitativa nunca estuvo apartada de su mente, Valle proponía la inmigración europea y el cruce racial como una solución homogeneizante y estabilizadora.

Un imaginativo ejercicio analítico de los escritos estudiados por el autor le permite plantear el alcance multidisciplinario sobre el que Valle ejercía dominio, lo cual, irónicamente, dificultaba que lectores menos ilustrados supieran apreciar la magnitud de sus pretensiones materiales y espirituales en provecho del porvenir general.

La dimensión social y filosófica de su pensamiento cotidiano se manifestaba despojándose de consideraciones y ataduras temporales o emocionales, puntualizando la importancia de alzarse en defensa de "la libertad y los fueros de la patria" contra los conflictos y el atraso sociales sin importar su procedencia. La independencia, que para no pocas personas se limitaba a cercenar las ataduras de los imperios, obligaba, en su apreciación, a los gobiernos a cultivar el respeto de las libertades individuales, el fomento de la prosperidad personal y, por encima de todo, la ilustración ciudadana.

Se ha dicho, con razón, que los hombres célebres son el producto de su tiempo. En el caso específico de José Cecilio del Valle, se da que el prócer cholutecano, empapado en las ideas, doctrinas y principios de su época, era, además, pensador consciente de la casi ilimitada capacidad del intelecto y de la sensibilidad humanos, para quien ningún esfuerzo destinado a enriquecer el porvenir común estaba mal empleado, y de quien cada gota de inspiración ha servido y seguirá sirviendo de estímulo y provecho mientras perduren sus palabras, dando razón a su positivismo palpitante, tal como queda demostrado con la presente obra.

VALLE, UNA ÉTICA CONTEMPORÁNEA por Julio Escoto

Dedico este ensayo a mis hijos
Julio Guillermo, Carlos Adolfo y Jorge Enrique,
para que aprendan a conjugar los verbos de la
nacionalidad inscritos en el valor de Lempira,
la nobleza de Francisco Morazán, la sapiencia de Valle,
la pureza de Cabañas y la
humildad de José Trinidad Reyes.

PRÓLOGO

Deseo que Honduras,
donde tuve el honor de nacer,
sea el Estado primero
por su ilustración y riqueza.

José Cecilio del Valle

Sobre José Cecilio del Valle han sido escritas las más elogiosas biografías y las más acerbas críticas. A ciento cincuenta y seis años de su muerte, en el mediodía de un domingo primaveral de Guatemala, su genio y pensamiento han logrado vencer el tamiz del tiempo y significarse más allá de las especulaciones históricas, para resurgir —concluidas las batallas partidarias del nacimiento de la República— cada vez con más honda presencia: un numen luminoso y una indudable proyección contemporánea.

Con don José Cecilio del Valle ocurre lo que con los faros anclados a distancia de la playa: ellos emanan sus luces en las noches oscuras de los pueblos para agotar su energía en un infatigable esfuerzo por disipar las brumas que entorpecen la marcha de los navegantes, que enredan los mapas apergaminados de los capitanes. Trazan rumbos, extienden su claridad más allá de la comprensión inculta del marinero y son guía indispensable en el parto de la noche real, en el alumbramiento de la noche histórica. Luego se extinguen y asedian su presencia, sobrepasados por otros hombres y nuevos acontecimientos que olvidan su irradiación, hasta que, décadas después, siglos después, se les vuelve a descubrir irreductibles e inclaudicables en el paisaje, imprescindibles cuando se torna la vista para justipreciar el avance de una civilización.

En ese momento carece de importancia si se contempla la imponencia física de una edificación hermosa o solo los restos de una gloria pasada. Las debilidades materiales, las mordidas de salitre con que dejaron su huella el mar del tiempo o los seres humanos en aquella arquitectura centenaria, carecen de importancia. Lo que interesa es la luz. Lo que trasciende es la vigencia del resplandor que en su momento dibujó senderos y trazó sendas y que —por la fortaleza de su original emanación— podría continuar alumbrando el presente si acaso poseyéramos una pupila suficientemente sutil como para captar la sombra de la luz que ya ha partido.

En las noches de los mares, los navegantes integran a su conocimiento de los espacios y de los rumbos la presencia de la luminosidad que orienta y guía, la hacen parte de sí y de su inconsciente seguridad. Asimismo, los pueblos, muchas veces sin reconocerlo y aun sin saberlo, incorporan a su credo vital experiencias y enseñanzas provenientes de voces que ya no escuchan, de gestos que ya no perciben, de presencias que ya no son capaces de distinguir. Cierto hálito de tradición respetada y aprendida parece inclinarlos irremisiblemente hacia unidades comunitarias de pensamiento que no identifican y que partieron, probablemente, de próceres de antaño ahora olvidados o desconocidos.

Se hace necesario en tales momentos retomar en el tiempo aquel hilo de voz y traducir a lenguas del presente sus enseñanzas, a fin de reconocer su vigencia y rescatar su perennidad. Más que repetir los accidentes de una biografía que, al fin y al cabo, estuvo condicionada por las particulares circunstancias de una existencia y un ambiente social, los pueblos están obligados a conservar de los próceres la palabra y el gesto, el sentimiento y la fe, el ejemplo de la dignidad y el honor, su pensamiento.

Pero ningún pensamiento del hombre es perenne si no registra, con virulencia o sutilezas, la palpitación de su momento. Trátese de la más honda vibración espiritual, la agitación del intelecto o el uso y la manera de los hombres —el canto lírico o la sociología—, la perennidad exige como requisito el ejercicio de la pasión, pues solo la pasión tiene la potencialidad de imprimir su huella en el tiempo. El artista que sobrenada los pozos de su angustia personal, el artesano que graba en Copán su ansiado pasaporte al futuro milenario, el político que sufre por la prematura gestación social de sus ideas, el sabio que advierte, sin poder prevenirlo, el porvenir errado, todos ellos ensayan y dejan en sus obras la práctica de la pasión. Solo la pasión permanece; lo que trasciende es la luz.

José Cecilio del Valle fue un hombre de pasión, un ser de luz. Releyendo sus escritos es posible captar el énfasis de su momento, la palpitación social activa y visionaria. Apartados los giros propios de su lengua del siglo XIX, la transparencia y la claridad de su mensaje podrían ser los de un pensador de hoy, tal la profunda capacidad de síntesis, apego a una realidad concreta y precisión ideológica que lo caracterizaron.

Durante mucho tiempo, una tendencia del análisis sociopolítico ha exigido que los hombres dedicados a sus sociedades fueran lo que se nombraba "químicamente puros", esto es, intachables y albos tanto en su vida privada como en la pública y en su pensamiento. Concepciones más relativas de las circunstancias particulares en que coexiste cada individuo han ido enseñando paulatinamente que tal fenómeno íntegramente prístino no existe: ningún gran hombre de la historia —con la dudosa excepción de los santos varones que preconizan las iglesias— puede mostrar en su minuta de derrota, como los antiguos capitanes, un itinerario impoluto. Sócrates neurasténico ante su mujer partera, Napoleón acosado por sus excesos conyugales, Marx atenazado por la morbosa inclinación a su pariente, Hernán Cortés asediado por el hambre de oro y riquezas, Pizarro de daga ensangrentada, los nobles Pontífices de Roma con sus secretas historias pecaminosas, Morazán con su mal calculada gestión administrativa en Costa Rica, Trinidad Cabañas con su —para nuestro celo y nuestra época— desmedida admiración por los inmigrantes europeos, Trinidad Reyes alebrestando las campanas a la muerte de nuestro mayor paladín: todos ellos han pecado de una transgresión que no reclama justificación. Fueron esencialmente hombres, seres humanos sometidos a las presiones diarias de la familia y del hambre, a la necesidad doméstica de un cargo remunerado, al juego, quizás ilusorio, quizás ingenuo, de halagar al poderoso y servirlo con probablemente demasiada e intensa fidelidad.

Valle no es la excepción a esta regla perseverante de la conducta humana. Le correspondió actuar públicamente en una de las épocas más revolucionarias de la América Central —que lo son todas— pero, a diferencia de otros intelectuales, Valle supo percibir el cambio de los tiempos, captar las ondas modificadoras del momento y acoplarse, sumarse a ellas, quizás no con el ímpetu arrollador de la masa transformadora, sino con el equilibrio tranquilo del pensador y, lo más trascendental, con la mente organizadora del renovador ideológico, probablemente el más grave de los oficios del hombre, su más exigente desafío, la más absorbente profesión.

Dentro de aquella atmósfera cambiante que señalaba la ruptura del siglo XIX —caracterizada por sus entrambas aguas de la licencia y la represión—, Valle navegó unas veces sirviendo a la autoridad de la Colonia, otras, las más, liberando poco a poco su pensamiento de los lastres de la necesidad temporal y asumiendo una función de pensador y visionario que es su impronta más significativa y por la cual adquirió el derecho a permanecer en la memoria de la historia. El acto más trascendental de su vida no fue el haber redactado el Acta de Independencia —fenómeno llanamente circunstancial— o haber ejercido el cargo de censor o auditor de guerra, menos aún el haber practicado un periodismo por entonces incipiente y novedoso en la Guatemala decimonónica. Su más alabado gesto vital es más bien el de ser un pensador: la gesta del ser humano que invierte su energía mental en prever el mejor derrotero para la conducta de los hombres en sociedad, que alerta sobre las desviaciones conducentes al fracaso colectivo, que previene —extrayéndolas del numen de su conocimiento histórico y filosófico— aquello que los pueblos mismos no podrán visualizar sino en un posterior y probablemente prolongado estadio futuro de madurez social.

Tal es la trascendencia fundamental de José Cecilio del Valle: haber conceptualizado, haber ordenado un cúmulo de inquietudes que, en el ardor patriótico de su reciente independencia, la sociedad misma no estaba capacitada para reconocer y, tras ello, haber asumido el valor ético para trazar rumbos políticos, senderos económicos, destinos filosóficos ideales para dar correcto cauce a las energías transformadoras de una joven nación, procurando enseñar a convivir con dignidad humana, distinto a como hasta entonces habían proclamado hacerlo el Estado español, la Iglesia, los convencionalismos, las leyes y la realidad.

Valle no llegó a formular el patrón de una "doctrina" metódica y coherente sobre tan graves asuntos, y la suya tampoco es una "política" teórica y sistematizada al respecto, mucho menos una "ideología" general. Los suyos son valiosos atisbos ideológicos representados organizadamente en una ética social válida inmediatamente para su momento coyuntural, pero además y sorprendentemente válidos también hoy. El esfuerzo de Valle, por tanto, no fue uno dirigido solamente a difundir un pensamiento liberalizante vigente en su siglo, capaz de disolver las sombras conceptuales de la Colonia, sino además una denodada lucha por ver más allá de su más cercana situación: hacia la Centroamérica unida del lejano futuro, es decir, hacia el encuentro de la luz.

A pesar de tan obvia consecuencia de su vida, la mayor parte de los estudios orientados hacia la persona de Valle se concentran casi exclusivamente en los fenómenos de su recurrencia anecdótica, sus habilidades políticas o su experiencia gubernamental. Un sinnúmero de textos antiguos y presentes rescata del olvido —quizás con excesiva asiduidad— sus parámetros biográficos, descuidando imprudentemente su actuación más trascendental: la de visionario y pensador, esto es, la de reelaborador de un cuerpo lógico y estructurado de deseos, anhelos, ideas, premisas, proyectos, observaciones, tesis, conclusiones y pensamientos concatenados en torno a un mismo fin —Centroamérica o "Guatemala", como la concebía él— durante la mayor parte de su vida y que, por su magnitud e implicaciones actuales, rebasa cualquier esfuerzo de condensación en el espacio breve de un ensayo.

Pero, como advierte Friedrich Dürrenmatt, el ensayo no tiene por finalidad analizar su objeto o exponerlo sistemáticamente, sino elucidarlo en sus variadas conexiones, mediante reflexiones cambiantes, sin querer agotarlo por completo. El ensayo… pertenece a las formas literarias abiertas.

Pretender condensar la ética contenida en el pensamiento global de José Cecilio del Valle, y además intentar relacionar sus ideas con la perennidad de un destino continental, es un desafío del que no se puede emerger sin error, por lo cual se solicita humildemente comprensión. Pero, como él mismo lo ejercitó en el transcurso de su vida, toda energía del hombre invertida hacia la clarificación de un destino social es honrosa y correcta, porque, en síntesis, es el anhelo por revelar una verdad, por comprender una realidad, por hacer luz. Esta es, precisamente, la lección que Valle inculcó.

UN CIERTO SENTIDO DE ÉTICA

Tradicionalmente, la ética es considerada una parte de la filosofía que trata sobre la moral y las obligaciones del hombre. Esta conceptualización escueta deja, sin embargo, intocado uno de los aspectos fundamentales de la idea de ética, cual es la procedencia de los valores sobre los cuales se sustenta una determinada ética. Para la filosofía griega, la ética representa las buenas costumbres y su inserción individual en el contexto social; los hegelianos consideran que tales valores existen en el medio humano gracias a una proyección del ente pensante; para los marxistas, tiene su origen en la determinación de clase del sujeto; para los estructuralistas, toda configuración de la razón debe ampararse forzosamente en la interrelación con una estructura superior y más compleja (como la social); para los semiólogos, es el resultado de una reelaboración procesada en el cerebro del hombre a partir de otras informaciones o "textos" precedentes.

La época en que vivió José Cecilio del Valle fue una de confrontación entre ciertos criterios éticos y anquilosados provenientes del sistema absolutista imperante en la periferia americana, y los de la Ilustración, estos últimos impulsores de una liberación individual que finalmente se proyectó hacia el cuerpo social y que concluyó transformándolo, pero que a su vez dieron paso a una doctrina en su momento modernizante —el liberalismo y su expresión económica, el capitalismo— hasta transformarse nuevamente en una ética demodada.

Valle absorbe, comparte y ejercita ambos estadios, y su pensamiento público es en gran parte el reflejo de esa transición espiritual, vital e ideológica.

En tal sentido, parecería contradictorio afirmar que la de Valle es una ética contemporánea. Sin embargo, si se comprende que la ética es una ramificación profunda de la filosofía y que esta está orientada a plantear interrogantes, no forzosamente a proveer respuestas, debe concluirse que toda ética tiene también como objetivo la búsqueda de los destinos mediatos del hombre, aquellos fines permanentes que conciernen a la humanidad como sujeto ontológico, no a sus intereses inmediatos.

En sí, un verdadero corpus ético no exige apego a determinado sistema político o económico. Por el contrario, en el momento en que un planteamiento ético desciende a la aplicación de mecanismos de respuesta objetiva sobre las necesidades del hombre, abandona su primordial característica especular y deviene en ideología (en el sentido vulgar del vocablo).

La Revolución Francesa —base primaria, junto con la rebelión norteamericana de 1776, sobre la que se gestó la independencia centroamericana— desarrolló a lo largo de muchos años una ética del cambio y la transformación socioeconómica de las estructuras vigentes en el absolutismo monárquico, aunque sin haber llegado a constituirse en sistema político. El planteamiento gestado primariamente por los Enciclopedistas, encaminado a "cuestionar" la base de relación entre el individuo y el poder monárquico, partió inicialmente de ciertas interrogantes básicas ante el reclamo supuestamente divino del derecho de los reyes, la procedencia de su disponibilidad total del Estado y la legitimidad de la transferencia hereditaria de dicho poder. Estos estatutos —llamémosle "subversivos"— en torno al sistema imperante, carecieron en su inicio de una sistematización coherente y metodológica, pero con el ejercicio de su reflexión fueron paulatinamente evolucionando hasta representar lo que, en el estudio de la ideología, se denomina una "aglutinante"; esto es, un principio o un cuerpo de principios capaz de apelar al sujeto corriente —al hombre de la calle— hasta hacerlo adoptar imperativamente dichos principios y transformarlos en su necesidad social.

La aglutinante de la Revolución Francesa fue, precisamente, la exigencia de establecer una nueva relación individuo-Estado, esto es, el polo alrededor del cual convergieron los anhelos colectivos, los que fueron acumulando energía social y terminaron por modificar drásticamente la relación con que se ejercitaba el poder absoluto.

Es importante recordar que la acumulación de energía social en torno a una aglutinante está en relación matemática con el volumen de resistencia que se le opone, lo que da paso al estallido de la revolución, como en Francia, o de la evolución o la transformación —como en la Centroamérica de 1821—.

Pero el corpus de principios que motivó la Revolución Francesa jamás llegó a ser formalizado en un nuevo sistema político o económico. Nadie propuso una teoría estructurada que describiera doctrinariamente el nuevo plan de desarrollo de la relación hombre-Estado, anhelada en el siglo XVIII por el pueblo o divulgada por los Enciclopedistas. Los propulsores y evangelistas de la Ilustración y los principios de Libertad, Igualdad y Fraternidad carecían incluso de una denominación aceptada para identificar aquello que enlazaba todas sus necesidades de cambio. Estaba presente el anhelo, pero era notoria la ausencia de formalización; el objeto amorfo no alcanzaba a ser corporeizado. El planteamiento revolucionario nunca pasó de ser una ética —una nueva ética en estado embrionario— para transmutarse en teoría y luego en doctrina, estadio que nunca fue alcanzado en esa misma dirección.

Caso distinto es, por ejemplo, el de las modernas revoluciones rusa o china, las cuales brotan previa existencia de una teoría materialista para, posteriormente, desarrollar una especie de ética que, entre positiva y negativa, condujo tanto a la obtención de éxitos educativos y sociales como a aberraciones culturales —hoy afortunadamente en proceso de enmienda— en la vida de la población.

Es a este paso transitorio, especie de puente entre lo establecido y lo deseado —curiosamente dramatizado por un hecho coyuntural histórico: las Cortes de Cádiz y el subsiguiente mando de Fernando VII— presente en el complejo conceptual de los siglos XVIII e inicios del XIX, al que nos referimos al afirmar que José Cecilio del Valle vivió en una época, más bien una etapa, de confrontación entre la agonía de un sistema establecido y el nacimiento de otro renovador.

Valle, sin embargo, carece, como el resto de sus contemporáneos, de la necesaria estructuración teórica de dicho cambio propuesto y solo puede acceder y asumir los conceptos generales de la oferta de renovación, esto es, de una ética transformadora corporeizada exclusivamente en forma de anhelos sociales, de proposiciones y planteamientos necesitados para asegurar la modificación de la estructura sociopolítica imperante. No hay teoría aún; está en tránsito a ser elaborada y a ello es que Valle pretende contribuir con sus escritos públicos.

Empero, al aceptar la proposición del cambio político presente en el juego intelectual de inicios de siglo, Valle puede optar por el radicalismo de la revolución o por dar vuelta al eje lento de la evolución y la transformación social. Se trata de dos interpretaciones de esa misma ética ya practicada en Europa y que condujo en aquel continente a la revolución masificadora, así como en América del Sur a la revolución armada. El pensador debe realizar esa escogencia ineludible o bien retroceder a respaldar el absolutismo caduco del gobierno colonial, lo que habría sido no solamente antihistórico sino —y creemos que este es un factor primordial que impulsa a Valle a aceptar la ética de la transformación— hubiera sido una escogencia antiintelectual (desde su personal punto de vista), por cuanto la mayoría de sabios y filósofos por él admirados ya habían aceptado sufragar en favor de esa ética. Cierta vanidad de científico podría no estar ausente de la decisión por la cual opta Valle.

Su proveniencia de clase, su posesión hereditaria de bienes significativos —que entrarían en riesgo en caso de una confrontación armada—, así como el prurito natural en el hombre de ciencia, renuente a esfuerzos físicos y acostumbrado y acomodado a percibir el mundo desde la sala grata de un estudio rodeado de libros, inclinan a Valle hacia la segunda interpretación de la ética del cambio independentista; esto es, la de la evolución y la transformación social, evitando, e incluso advirtiendo sobre los peligros de una violenta revolución social.

Valle entonces se ubica dentro del conservadurismo de la revolución americana —¡atención, lo que es muy diferente de ser solo un conservador!—, en el espacio convergente de la prudencia y la razón sistematizada. Pedro Molina tira sus dados en favor abierto de la revolución radical. El combate periodístico que permea, por tanto, el espacio ideológico de inicios del siglo XIX entre estos dos próceres no es, en sí, una abierta disyuntiva de la oposición. Es solo una recurrencia alternativa entre dos aplicaciones de una misma proposición modificadora de la estructura colonial imperante.

Un análisis desnudo del fenómeno sociopolítico de ese momento mostraría que, en verdad, no hay polémica sustancial en torno al movimiento de la independencia. Solo existe, por una parte, oferta de la ética de la Ilustración —en sus dos vertientes— y, por otra, la amenaza de, o directamente, la represión gubernamental. El Estado monárquico, carcomido y minado dentro de su misma base continental europea, carece de argumentación coherente y su oferta, su apelación, su "aglutinante", pervive únicamente en torno a los privilegios, la cadena de explotación y las costumbres con que, desde sus inicios, ha operado y existido. En el fondo, ninguno de ambos intelectuales se opone a la revolución; discrepan exclusivamente en torno a la forma de su ejecución.

Molina impulsa desde El Editor Constitucional una especie de foquismo revolucionario —a las alturas que, desde luego, podía proveer el siglo XIX— inmediato e impaciente, con una proposición centrada en acelerar el rompimiento umbilical con el gobierno colonial. Su tesis parece ser más de inspiración geográfica: contribuir al parto de una nueva nación en América, desligada del emporio vertebral europeo y con su autónomo complejo de gobierno, economía y legislación. Los propósitos son breves y escuetos: dar a Guatemala, id est Centroamérica, independencia de España, liberar su comercio, expandir sus fuentes de riqueza, transformar el sistema, dar cuerpo vivo a las ansias y anhelos de la ética de la Ilustración.

Si se observa cuidadosamente, se verá que por mucho que se profundice no hay proyecto político. Se busca que Centroamérica sea otra, aunque en las mismas manos que la modelaron originalmente, y de allí el apoyo que le proporcionaron las familias, la petit aristocracia guatemalteca, germen de la naciente burguesía ilustrada que procuraría gobernar el istmo en las subsiguientes décadas del siglo XIX.

Valle se radicaliza en el otro ángulo de la misma proposición revolucionaria de entonces. Su apelación es, probablemente, más consistente que la de Molina aunque menos emotiva y popular (en cuanto se refiere a adopción espontánea por la masa). Está basada en la inspiración de un pragmatismo político no carente de cierta benévola "perversidad". Su propósito es trabajar por subvertir el sistema dentro del sistema mismo, modificándolo abierta o subrepticiamente hasta transformarlo, si se hace necesario, radicalmente. Para ello hace énfasis en la necesidad de educación política —ideas que le inspiraran, sin duda, Montesquieu, Quesnay o Adam Smith— lograda por medio del conocimiento y divulgación de los instrumentos metodológicos de la economía política. Pero, a fin de respaldar esta meta con datos sólidos concernientes a la realidad del istmo, insiste en que el centroamericano reconozca las circunstancias de su propia inserción en su medio ambiente. Este es el motivo de su sistemática preocupación por la estadística. La teoría de la economía política universal no tendrá inminente aplicación local si no se hace, con datos provenientes del espacio mismo sobre el que se proyecta, un ejercicio doméstico y rutinario para cualquier economista del siglo XX; altamente novedoso para los alcances especulativos del siglo XIX.

Valle tampoco posee un proyecto político articulado. Sin embargo, se observa en sus artículos de El Amigo de la Patria que es capaz de percibir la necesidad de los elementos esenciales que conforman, precisamente, un proyecto político: fundamentación científica, capacitación y divulgación para transformar, objetivos a largo plazo concatenados con acciones a mediano y corto plazo, desarticulación y reensamble de la estructura de explotación de la tierra, formulación de una diferente relación a la conocida entre el hombre y los medios de producción y, no menos importante, paciencia para que su tesis cuaje, se expanda y fructifique en un período prolongado, como lo exigen las pobres condiciones culturales de la masa que será a la vez sujeto y objeto de esa transformación.

Probablemente esta es una aseveración atrevida, pero, aun en contra de la figura apariencial revolucionaria de Molina, históricamente retratado como más enérgico e impulsivo que Valle, podría afirmarse que —a ojos nuestros de fines del siglo XX— el verdadero independentista, esto es, quien posee una conciencia más lúcida de las estructuras profundas que deben ser modificadas mediante una revolución liberalizadora, es este último, Valle. Lo cual significa que en Valle se está dando ya un proceso ideológico sumamente interesante: el del pensador que, tomando como base la proposición de una ética cualquiera determinada, avanza hacia su reelaboración conceptual a partir de las circunstancias específicas en que esa ética será aplicada.

Nótese que arriba indicamos que Valle está en proceso de...

Por circunstancias diversas —ocupaciones, aspiraciones burocráticas, exigencia de alianzas coyunturales, represión, insuficiente claridad personal del fin último de esa reelaboración, temor, edad, visualización, en otras naciones, de los extremos a que podía conducir un pensamiento totalmente revolucionario—, Valle no termina de llegar a su fin. Durante el resto de su vida y a pesar del ejemplo inmediato de Morazán —o quizás por ello mismo—, su ideal de transformación se estanca, se petrifica en un estadio no muy lejano al de su inicio, esto es, el de la ética revolucionaria de la Ilustración.

Los propósitos del ideario que divulga en El Amigo de la Patria nunca son convertidos en concreta verdad, jamás reciben la fuerza, la osadía, el impulso personal para ser practicados en la realidad, ni siquiera cuando su autor contó con una alta cuota de poder gubernamental en sus manos. Probablemente no tenemos derecho a exigirle más. Las transformaciones revolucionarias que pregonaba eran de un calibre demasiado voluminoso para salir del puño de un prestidigitador. Se requería el apoyo colectivo, el respaldo popular para ejecutarlas. Este no llegó en el instante adecuado; incluso en la Centroamérica actual tarda todavía en llegar.

Pero el pensamiento está allí, preciso, visionario, emocionado y hasta poético (signo recurrente de alguna medida de pasión). Tras su estudio surge la exigencia de clarificar si lo que ocurre con Valle es un problema nuestro o es un problema de él: definir si —permítase el vocablo sudamericano— no lo estamos sobredimensionando, cercando su figura orgullosa y escuálida con el contexto de una normativa de nuestro tiempo, en vez de considerar estrechamente las particulares circunstancias en que él se desenvolvió. Valle pudo haber hecho más, parece ser el reclamo de alguna parte de nuestra juventud pensante, y aun con mayor avaricia histórica: pudo haber pensado más, haber traspasado los límites naturales de su intelecto, privilegiado por otra parte, y prever (casi sinónimo de predecir, pronosticar) las convulsiones sociales de nuestro momento. Tan extensa demanda es injusta.

Aunque solo sea como recurso retórico, a reclamos de tal categoría hechos en el presente sobre la actuación ética de Valle en el siglo pasado, podría responderse: ¿Y usted, hoy, por qué no ha hecho más?

UNA ÉTICA DE LA TRANSFORMACIÓN

El pensamiento de Valle divulgado en El Amigo de la Patria y su correspondencia conocida se caracteriza por una tipificación primaria: el suyo es un ideario en continua expansión.

Como señaláramos en el capítulo precedente, una virtuosa habilidad de Valle es la de reelaborar el pensamiento de la Ilustración para aplicarlo a la especificidad centroamericana, adaptando, modificando, creando o recreando proposiciones culturales previas llegadas a él por vía de publicaciones, correspondencia o contacto personal. Este pensamiento particularizado se transforma —a fuerza de repetirlo en exposiciones académicas, en el periodismo, en discursos oficiales— en un ideario que distinguirá a Valle como un hombre ampliamente informado, dueño de singulares capacidades literarias y reflexivas y a la altura de un pensador, de un Sabio.

El alcance de su ideario, empero, no se limita al radio centroamericano o al momento en que Valle se desempeña. Se expande más bien en una dirección bidimensional: hacia el resto de América y el mundo en el plano geográfico, y hacia el futuro en el plano temporal.

EL SER Y LA EXISTENCIA

Volvamos los ojos a lo futuro es lo primero que sobresale en uno de sus textos más representativos, Soñaba el Abad de San Pedro y Yo También Sé Soñar, para luego dirigirse a un auditorio más ancho que el estrictamente centroamericano:

Oíd, americanos, mis deseos. Los inspira el amor a la América, que es vuestra cara patria y mi digna cuna.

Para Valle, si bien los pueblos americanos están diseminados por todos los climas, deben formar una familia, esto es, integrarse al calor de sus más íntimas raíces, las provenientes de la geografía, el idioma y una similar historia. Para obtener tal fin se hace necesario, entonces, procurar los métodos que aseguren esa integración, los que Valle encuentra en las ideas de un congreso multinacional, el intercambio de información estadística proveniente de cada pueblo, la mutua protección de los Estados contra agresión extranjera o guerra intestina y, asegurado esto, el incremento de la riqueza, el comercio y el bienestar.

Es bien importante destacar cómo, a partir de un postulado ampliamente idealista —la unión comunal o universal—, que pudo haber rescatado de las enseñanzas heroicas de la revolución norteamericana o la francesa, o bien del naturalismo ingenuo de Voltaire, o quizás del ejemplo de las Cortes de Cádiz, Valle procede inmediatamente a regenerar tal pensamiento y no solo a encontrarle aplicación en el área geográfica de América, sino además a dilucidar los medios por los cuales tal proyecto podría tornarse factible.

Inspira así uno de los fenómenos más sugestivos del siglo XX —con proyecciones inmediata y mediata— y que diera lugar a la teoría del panamericanismo, puesto en práctica durante el Congreso Anfictiónico en 1826 y, un siglo y cuarto después, con la fundación de la Organización de los Estados Americanos (Pérez Cadalso, 1968, passim). A una escala más focalizada, tal es también el eco espiritual que resuena en la creación del actual Parlamento Centroamericano.

Espacio y tiempo son contemplados y balanceados así, visionariamente, por un hombre que piensa en el retiro de una habitación asoleada por la luz del año 1822. Y su reflexión no solo contiene elementos provenientes del más inmediato acontecer americano, esto es, de necesidades presentes y fuertemente apegadas a la realidad. La inspiración que motiva a Valle a escribir Soñaba el Abad... es, además, de profundo e intuitivo carácter filosófico, tal lo que se refleja en la introducción de este texto citado:

...¿la América no sabrá unirse en cortes cuando la necesidad de ser, o el interés de existencia más grande lo obliga a congregarse?

Valle concentra su atención en dos valores que podrían ser perfectamente considerados como expresiones de un filósofo del siglo presente: ser y existencia: el Alfa y Omega sobre la actual disyuntiva de la identidad cultural americana. Mediante la inquisición de la premisa del Ser, Valle confronta un problema radicalmente ontológico, el de la naturaleza particular que hace de América un ente unido no solamente por similares proveniencias históricas sino además por la concertación de un necesario destino común. Mediante el problema de la Existencia, Valle aspira a identificar cuál es ese destino común.

El hablar de una América unida no es un reto intelectual para el pensador de nuestro tiempo: cientos de estudios y ensayos han profundizado sobradamente ya en el deber imperioso de cohesionar el ethos americano y proveerlo de un respaldo unificatorio capaz de vigorizarlo en la realización de empresas comunitarias, colectivas y globales.

Pero, para un intelectual de la época de la independencia centroamericana, englobar la concepción de América como un múltiple mosaico interrelacionado era una alta exigencia de profundidad de visualización histórica, de conocimientos hondos en torno a la existencia de una raíz vertebral presente en la multiplicidad de "razas" —como entonces se le percibía—, de densidades geográficas y de espacios territoriales disímiles que, lo más sorprendente, eran entonces desconocidos en su plena magnitud productiva e incluso cartográfica. Remite, además, a la necesidad de tener presente, ante tanta información diferente según cada región o país, el criterio de unidad filosófica. Creemos que podemos profundizar un poco más en esta cosmovisión.

Lucien Sebag expresa en una de sus obras que la posibilidad de comprender el cambio supone que se haya podido alcanzar la esencia de lo que cambia. Tan profunda observación plantea dos perspectivas íntimas a todo fenómeno cuantificable: la apariencia de las cosas o los hechos, y la esencia de ellos mismos. En el ser pensante que diseca esta bicefalía se requiere, además de conocimiento, capacidad para analizar cada una de las apariencias de los fenómenos, explorar sus expresiones válidas e inválidas y extraer de ellas, como un gran resumido cenital, aquello que las hermana y unifica. Sebag, como buen estructuralista, está planteando, en efecto, la necesidad de encontrar siempre aquella otra estructura remota de la cual depende una inferior.

El ser pensante debe, por tanto, efectuar ambas tareas —análisis y síntesis— en su prístina expresión: deducir qué es la manifestación del fenómeno y cuál su esencia, esto es, el núcleo del átomo si se le considera en términos de la ciencia física. En el caso particular de las ciencias sociales, esta disección es mucho más exigente y conflictiva:

se trabaja con elementos históricos y en constante transformación, como son todos los del hombre, por lo cual extraer la esencia de la naturaleza humana es descubrir el futuro del hombre.

Empero, ningún pensador es capaz de explorar la naturaleza de un fenómeno si este no se le presenta con suficiente cantidad de información como para hacerlo objeto de reconocimiento. En el caso de Valle, su información en torno a América es fragmentada y ancilar, orientada más hacia la expresión material continental: su naturaleza en flora y fauna, su plataforma mineral, sus contornos geográficos y su más reciente historia. Poco, si acaso nada hay en la América de entonces sobre la psicología o particularidad caracterológica del hombre americano, excepto ciertas teorías autoctonistas. Valle tiene, sin embargo, un modelo convergente: Europa, y tomando de ella su observación la aplica al continente en que reside, la América, en un proceso fructífero de reelaboración de teorías ya catadas en un ambiente ajeno y externo.

Valle procura entonces, a partir de la experiencia europea, aproximarse a la esencia del hombre americano. Es capaz de seccionar perfectamente la apariencia del fenómeno (la ignorancia del indio, la falta de educación, el poco aprovechamiento de las riquezas, por solo citar unos ejemplos) de la verdadera raíz del fenómeno: hasta dónde el hombre americano, y particularmente centroamericano, es como es por causas innatas y hasta dónde por la influencia de un vigente sistema de explotación.

En numerosos escritos —prácticamente en la mayoría de ellos— Valle recurre a una idea obsesiva: únicamente la educación podrá modificar lo que siglos de dominación se han encargado de perfeccionar, esto es, la ignorancia, la pobreza, la ausencia de solidaridad y, fundamentalmente, el lastre de desunión entre ya no digamos naciones sino pueblos, ciudades, aldeas y villorrios enemistados por causas que solo intentan provocar la diferencia. En su introspección logra, por tanto, aislar las causas de cierta expresión de la personalidad americana, contra aquellas otras características que, a su bien ordenado pensar, constituyen la verdadera personalidad del americano. Ha tocado la esencia de lo que cambia y con ello es capaz de señalar en dónde existe la necesidad de cambiar.

Es imposible hacer que progrese un país sin conocerle... —dirá en lo que Durón denominó sus Escritos Políticos (Oquelí, 1981, p. 216).

O bien en El Amigo de la Patria: Toda nación ignorante... es una nación envilecida, tarde o temprano subyugada...

Más tarde, en junio de 1829, repetirá: No hay riqueza, no hay libertad consolidada, no hay prosperidad nacional, donde no hay espíritu público... Espíritu público tiene aquí el eco sinónimo de identidad nacional.

Al referirse al indio centroamericano, analizará simultáneamente la expresión y la esencia del fenómeno, el Ser y el Existir:

Un país donde los dos tercios de la población eran compuestos de indios a quienes la ley no permitía contratar sin ciertas formalidades, a ver diversiones sin licencia del alcalde, montar un caballo en ningún caso, tener armas en ningún evento, era necesario que fuera muy embrutecido (Rodríguez Beteta, p. 170).

Y luego, más poéticamente:

La Nación está en los surcos del campo, en la cabaña del labrador, en el taller del artesano... (Ídem, p. 153).

El Ser y la Existencia. Para Valle, el hombre americano se distingue por ciertas propiedades reconocibles: en primer lugar, su disponibilidad de cambio, su alta potencialidad para superar su estadio presente de desigualdad, su plasticidad educacional, su capacidad para mancomunarse intelectual y territorialmente (formar una sola América es otra de sus recurrencias), su ansia de libertad y equilibrio social, su espiritualidad sensible, mayormente reflejada en lo religioso, y su sentido de hermandad, subyacente en la comunidad de proveniencias históricas, para no citar otros elementos de corte inmediatamente material, tales como el aglutinante de una misma geografía continental, de un semejante entorno político o de una homogeneidad lingüística.

Es grande el objeto que se presenta —advierte—, diverso uno de otro, el mundo físico y el político; en el primero, todos los seres tienden a un mismo punto por la fuerza que los arrastra a un centro común; en el segundo, dirigidos a puntos opuestos, cada uno trabaja en hacerse centro de los demás. Cada asociación; cada pueblo; cada clase; cada individuo tiene intereses distintos; cada interés inspira diversas ideas, y a la variedad de ideas es proporcionada la de opiniones y sistemas (Id. 152).

Pero simultáneamente, en la visión que Valle tiene del hombre americano queda sumamente clara la diferencia entre lo que este es y lo que se ha venido a ser por razones exógenas a su naturaleza íntima. Valle es preciso al identificar las causas del atraso, la ignorancia, la pobreza y la desigualdad americana. Diferencia así las motivaciones de los efectos e incide en analizar el producto que dichas causas han creado en la mentalidad del habitante de las Américas, esto es, la existencia de un sistema constituido, fundamentado y ejercitado en hacer que tal hombre no alcance sus virtudes primarias, antes bien que las desconozca, de forma que, ignorándose a sí mismo, oscurecida su vista la propia esencia, no se aproxime a ella y nunca se autorreconozca. Lacras, pues, como la ignorancia, la rigidez, la intolerancia, la violencia, el fanatismo religioso o político no son representación fidedigna del objeto que Valle estudia; son resultados de un manejo y de la administración del mal, son imposiciones externas habilidosamente organizadas para tal fin, en síntesis, son la apariencia del fenómeno y las condiciones de su existencia, no su real Ser.

No será el indio —proclama en El Amigo de la Patria— un ser degradado que en su misma cara, en los surcos de su frente, manifiesta las señales de su humillación. Será lo que es el hombre: un ser noble que, en la elevación de sus miradas, da a conocer la de su esencia... Esos americanos tristes y desmedrados que solo hablan ayes y suspiros se tornarán en hombres alegres, altos y hermosos, como los sentimientos que darán vida a su ser.

No serán humildes como los esclavos. Tendrán la fisonomía noble del hombre libre...

Junto a esta anticipación, reconoce que las dos terceras partes de la población centroamericana no son, precisamente, la base ideal para cumplir un proyecto de, llamémosle así, democratización. La materia prima humana está aún demasiado en broza, tosca y necesaria de modelar. Hay excesivo embrutecimiento y alienación a nivel social y, principalmente, mental y espiritual: el de un pueblo que estaba desarrollando una cultura propia y que fue tajantemente cortada por el viento huracanado de la conquista, hasta hacerle abortar su plan de civilización. Las energías últimas que quedaban a los grupos étnicos se agotaron durante la resistencia a esa conquista y tuvieron que trasladarse a un segundo plano esencialmente melancólico, ya sin fuerzas para reimponerse sobre la cultura absorbente y mandataria del colonizador.

La práctica de esa imposición derivó en el ejercicio de una psicología del oprimido —lo que es para Valle, aunque no lo exprese así, el más grave y profundo problema de su momento— que orilló al indígena a autorreconocerse solamente como instrumento de trabajo y sujeto de explotación. Su fuerza laboral aplicada a las minas, la agricultura, el vasallaje, la tributación e incluso el transporte correspondiente al animal sirvió exclusivamente para el enriquecimiento y engrandecimiento del amo conquistador, cegándolo de esta manera para cualquier otra consideración que no fuera la de escapar, llana o subrepticiamente, a la exacción del sistema. De allí la abulia típica del indio para la búsqueda de su independencia, el refugio en los engaños del misticismo y el alcohol, su ausencia de iniciativa social, su descreimiento y su encierro, prácticamente su desmembramiento de cualquier otro entorno que no fuera el estrictamente tribal.

La plataforma colonial produjo otro ser altamente metamórfico, práctico y escurridizo, dotado por la necesidad de una sorprendente modelación plástica para acoplarse a los beneficios del sistema o para rehuir sus demandas: el ladino, generalmente servil con el amo, acomodaticio a los vaivenes del poder, rémora del monstruo colonial, molusco multiforme de sus expresiones cambiantes. El ladino se alimenta parasitariamente de los residuos provenientes del sistema y a la vez procura explotar al indio, manipular su ingenuidad, flotar entre las aguas del contexto social succionando hacia arriba y hacia abajo. El ladino va a constituir —a largas distancias de su origen— parte medular de la psicología de la futura clase media centroamericana, sostenedora y a la vez minante del sistema, en pugna por alcanzar estadios superiores del espectro social y, sin embargo, estable dentro de su propia armonía conservadora y protectora (Martínez Peláez, passim).

Este extracto subyacente en la composición de la sociedad decimonónica es lo que va a hacer que Valle vea con suspicacia la proclamación de un acto de independencia puramente formal. Con palabras que podrían provenir de reformadores actuales advierte tempranamente sobre la vacuidad de lanzar ese grito solitario y angustioso en la noche colonial, expresado más para satisfacer una inmediata necesidad emocional que para cumplir real, objetivamente, un ejercicio de autonomía. El pensamiento de Valle refleja transparentemente que la independencia debe comenzar por dentro del individuo para, posteriormente, implantarse en el medio social; mientras no haya un cambio interior es inocuo pretender la modificación a fondo de la estructura colectiva exterior. De allí su insistencia semineurótica sobre la imprescindencia y el poder de la educación.

Incluso llega a plantear soluciones de eficacia relativamente inmediata para conmover la roca profunda que es la psicología del hombre centroamericano de su instante. Un cruce racial podría ser una adecuada solución, propone, no porque en sí las razas sean garantes de un mayor nivel de intelectualidad, sino por el efecto positivo que esa inyección de cultura traerá sobre los abismales niveles de humillación y degradación en que se encuentran depositados el ladino y el indio centroamericanos. A similitud de los grandes proyectos de injerto étnico concebidos por Mitre o Sarmiento, Valle cree que la inmigración europea será saludable para generar otra raza más fuerte y hermosa, digna de sus ansiados proyectos de libertad:

Cruzándose los ladinos y los indios con los españoles y suizos, los alemanes e ingleses que vengan a poblar la América, se acabarán las castas, división sensible de los pueblos: será homogénea la población: habrá unidad en las sociedades: serán unos, los elementos que la compongan...

Aislada, la cita anterior podrá parecer exclusivamente genetista por parte de Valle, pero no es así. Lo que muestran este y el resto de sus escritos es una composición lúcida del análisis de las causas del empobrecimiento de la población y las vías por las cuales podrá superarse esa situación. Eliminando el analfabetismo, el desempleo, la insalubridad, la limitación al comercio, la imposición política y religiosa colonial o, tras la independencia, la imposición tradicional; creando legislación y estímulos, abriendo fuentes de ilustración general, se eliminarán las causas del atraso y se podrá acceder a la esencia de las potencialidades del hombre centroamericano. El inmigrante —germen nuevo— sería un factor contribuyente a este proceso. Las de Valle parecerían las palabras de un pensador moderno.

Ilustrados con las luces de las ciencias; restituidos al goce de sus derechos; libres bajo un gobierno protector; iguales en una legislación justa e imparcial; sin reglamentos en la elección del trabajo; sin opresión en el goce de sus productos; ricos con el desarrollo progresivo de gérmenes nuevos de prosperidad, los americanos conocerán al fin que son hombres: sentirán toda la dignidad de su ser...

Porque —añadirá después—: Se trata de crear una República, donde no había más que una colonia regida por un gobierno lejano; se trata de hacer ciudadanos a hombres que por tres siglos habían sido formados para que no lo fuesen jamás...

Y el reconocimiento del conflictivo panorama local es además extendido a todos los pueblos que requieran libertad en el mundo, tal como los africanos. Expande la vista sobre el continente y traspasa los mares en su avariciosa, su sedienta necesidad de comprensión y generalización del bien. La institución infame de la esclavitud es uno de esos temas colaterales en la búsqueda de la identidad americana. La trata de hombres desarraigados de su lar, trasladados en barcos negreros como vulgar mercancía, tasados y vendidos como máquinas de trabajo a otros explotadores de su energía, quienes los someten a la más grave humillación —la de negarles su condición humana—, le ofende y repugna.

Cesará el comercio que ofende más a la razón: —predice— no venderá el hombre a sus semejantes; y la libertad de América hará que se respete la de África...

Poco después, en 1823, la primera Asamblea Nacional de las Provincias Unidas de Centro América se adelantó al resto del continente al emitir por unanimidad el decreto que declaraba abolida en Centroamérica la esclavitud. En el momento presente, si Valle existiera, estaría posiblemente arengando en contra de la dependencia y la esclavitud económica de los pueblos —como observaremos más adelante—.

Vale la pena recalcar un poco más sobre el resultado de la metodología seguida por Valle en su introspección de la situación de América. En primer lugar, Valle distancia claramente las potencialidades del hombre americano de las causas que motivan su estado deplorable en los inicios del siglo XIX. El motor desencadenante de la pobreza, la baja cultura productiva y la carencia de una identidad social es el sistema colonial, no la base genética, nivel de inteligencia o supuesta inferioridad del americano. Para este Sabio observador no hay duda alguna de que existe un Ser colectivo continental en período, a similitud de las plantas, de dormancia, presto a despertar y unificarse cuando las condiciones ideales lo motiven, y que, sabiendo cultivarlas y desarrollarlas, las virtudes latentes del americano emergerán y fructificarán espléndidamente.

Parte, asimismo, de su conocimiento de la sociedad al momento de proclamar la vigencia de ese Ser colectivo: hay raíces históricas y geográficas, de las cuales se tiene información inmediata, para asegurar una similar proveniencia de los hombres y, por proyección, una similar consecuencia en su trayectoria y su destino final. En aquellos casos en que las diferencias son tan vastas que impiden el autorreconocimiento de los pueblos, Valle apela a la ciencia económica como recurso político ilustrativo que permita buscar entre unos y otros y mostrar unos a otros los perfiles de la semejanza.

Su anhelo de un Congreso americano apunta a que, en sus logros, los Diputados (lleven) el estado político, económico, fiscal y militar de sus provincias respectivas, para formar, con la suma de todos, el general de toda la América, y con ello protegerse de agresiones externas y formar el plan más eficaz para elevar las provincias de América al grado de riqueza y poder a que pueden subir.

La unidad latinoamericana no es, de esta forma, un sueño vago y sentimental. Es un principio imperativo y necesario que Valle primero reconoce y que luego sustancia con los pasos más inmediatos para hacerlo asequible. Es el reforzamiento del Ser mediante la superación de las condiciones de la Existencia, una ambición cósmica que comprende simultáneamente el ejercicio de las prácticas dialécticas, filosóficas, políticas, intelectuales, económicas y sociales. Con dicho plan se fortalecería la familia americana, y es sabido que no existe familia donde no impera la hermandad. Así:

Se estrecharían las relaciones de los americanos unidos por el lazo general de un Congreso común: aprenderían a identificar sus intereses; y formarían, a la letra, una sola y grande familia...

Modificando entonces esas condiciones de existencia, podrá darse ambiente y libre paso a la expresión de una unidad americana, previo, lógicamente, la unidad nacional. En este aspecto, la claridad ideológica de Valle es irrefutable y contemporánea, tan válida en su momento como en el actual. Muchos de los esfuerzos de los líderes latinoamericanos de hoy por fortalecer la identidad del Ser americano pasan, inevitablemente, por el camino de la transformación social, sin la cual se carece del hábitat esencial para el florecimiento de las ambiciones del espíritu.

LA RIQUEZA DE LAS NACIONES Y LA POBREZA DE LOS HOMBRES

En septiembre de 1812 —cuando aún quedaba algún espacio por recorrer hasta el momento de la independencia— Valle pronuncia ante la Junta General de la Sociedad Económica de Amigos de Guatemala uno de sus más significativos discursos, aquel en que hace el elogio de la economía política y en el que muestra tan temprano las bases científicas sobre las cuales va edificando paulatinamente un ideario transformador y, para su momento, revolucionario.

El ambiente de ese instante es de una intranquila conmoción por la cercanía de eventos históricos que conmovieron al alma centroamericana. En el medio se continúa polemizando sobre los alcances permitidos por la libertad de imprenta y en diversas provincias del Nuevo Mundo se conspira abiertamente en pro de la autonomía, aún no suficientemente precisa pero presente al fin en el espíritu de los hombres. Don José de Bustamante y Guerra de la Vega Cobo Estrada y Zorlado, represor de las insurrecciones de Montevideo, había asumido la Capitanía General de Guatemala en marzo del año anterior, rodeado por las noticias y rumores sobre el alzamiento del cura Hidalgo y del rebelde Allende. En la madrugada del 5 de noviembre de 1811, un puñado de independentistas había asaltado las casamatas reales en San Salvador, comandados por don Manuel José Arce, para ser posteriormente sometidos por fuerzas leales al Capitán General. De Sudamérica provienen noticias sobre diversos alzamientos. Valle vaga encandilado por las premuras del amor y, en pocas semanas tras su exposición ante la Junta General, contraerá matrimonio con María Josefa Valero Morales, descendiente de un opositor comayagüense al reinado de Carlos IV. La ecología política del sistema se degrada rápidamente.

El punto central de su discurso ante los notables de la Sociedad Económica parte de una interrogante general:

¿Por qué hay países en abundancia y lugares de miseria? ¿Por qué se estanca la riqueza en uno o dos puntos solamente, y no se distribuye por todos? ¿Por qué hay pobres y ricos?

Valle indica que la respuesta a este fenómeno observable es un trabajo pertinente a la economía política, la que solo puede ser útil en manos de un sabio de método, capaz de analizar el devenir de los pueblos en los tiempos y establecer, sobre tal plataforma de reflexión e información, las causas verdaderas de la desproporción pecuniaria y su desenvolvimiento futuro. Este hombre de pensamiento debe proceder por aplicación sistemática a examinar hechos precedentes —las ciencias antiguas, sucesos pasados— y con ellos desmenuzar intelectualmente lo que es válido y lo que dejó de serlo. Discurrirá con exactitud —enseña— para determinar causas de error, expurgar estatutos creados por el interés, calcular con raciocinio y determinar orígenes. Luego estudiará las épocas de los pueblos y conocerá las razones de su riqueza o su miseria, de su comercio y su industria, así como las interioridades de su acontecer social, porque los comerciantes (son) los que fertilizan el campo con su sudor, los que se sacrifican llevando a unos lugares el sobrante que hay en otros, los que auxilian los trabajos del cultivo franqueando fondos a quien no tiene de ellos, los que taladran cerros para extraer los metales que animan la circulación...

Valle está prácticamente retratándose a sí mismo y hace gala de su conocimiento sobre el método científico y de la certitud de sus reflexiones en torno a América. En su discurso es impresionante el nivel de lo que hoy denominaríamos grado de sensibilidad social, por cuanto su exposición pone al desnudo la generalidad de la economía política pero también, entre líneas, la real situación de Centroamérica. Un embozado afán de denuncia se esconde tras la máscara del academicismo, inspirado tanto por las ideas del siglo que nace como por el espíritu conciliador y renovador de la Sociedad de Amigos de Guatemala, gestora entonces de la oxigenación del pensamiento político del momento (Mejía, p. 70 y ss.). Valle cavila alrededor del origen de la abundancia de las naciones y de la pobreza de los hombres, de la desigualdad y la restricción al libre comercio, de la injusticia y la infelicidad social. El que haya mayor concentración de riqueza en las capitales y mayor concentración de trabajo en las aldeas —hoy lo expondríamos como concurrente entre la metrópoli y la periferia— se debe a causas funestas que embarazan (...) la felicidad de los hombres: supone vicios (...) en la suerte de los pueblos: supone trastorno en lo que se ha establecido para afirmar el orden.

Nombra entonces el rango de esos factores del atraso: el clima, suelos estériles, inercia humana, deficiente comunicación entre niveles productivos, falta de consideración social del trabajo manual, carencia de instituciones sociales, diferencias urbanas y rurales, influjo de las leyes, las costumbres y la religión, glorificación del ocio infértil, seguimiento de políticas económicas importadas arbitrariamente... y forja un brillante recuento de aspectos que podrían ser aplicados casi íntegramente a los pueblos del istmo durante el transcurso de los siguientes ciento setenta y ocho años de su historia. El pensamiento de Valle es extraordinariamente contemporáneo, no porque haya aprendido a practicar las artes adivinatorias sino porque las causas por él develadas prosiguen desarrollando similares efectos en la Centroamérica de hoy que la de ayer.

Un análisis de las connotaciones culturales manejadas directa o indirectamente por el discurso de Valle causaría sorpresa, tal la vigencia de su pensamiento hábil para permanecer sintonizado en la motivación principal del desarrollo de las ciencias y las artes —o sea, el destino del hombre—, lo que le permite disertar, tratar, enfocar, circunvalar, aludir o sugerir temas y materias que el avance contemporáneo de las disciplinas intelectuales ha ido compartimentalizando y asignando a diferentes oficios y especialidades. Un llano ejercicio al respecto, por sencilla vía de ejemplo y extraído del texto indicado, mostraría que la reflexión especulativa de Valle contiene diversidad de elementos culturales viejos y modernos, pertenecientes a una variedad de planteamientos (indicados entre paréntesis):

El economista, dice...

juzga la opinión que lo juzga todo (lógica). La ve derivarse del clima (meteorología), del gobierno (administración pública), de la religión (metafísica), de la ley (jurisprudencia) y de las costumbres (ética); fortificarse con el transcurso de los siglos (historia), dilatarse por los pueblos y triunfar de la misma ley, del clima y las costumbres que la han producido (causalidad); hace circular las opiniones benéficas que preparan o aumentan o influyen de cualquier manera en la suerte feliz del hombre (comunicación); reúne todas sus fuerzas para atacar las que causan su miseria dándole ideas falsas de felicidad (ideología), inclinándole a separar los deberes de la religión de los de la sociedad (laicismo) en vez de persuadir a los pueblos que no pueden llenarse los unos sin ser fieles a los otros (solidaridad), haciéndole ver como ocupación de hombres viles (consideración social) el trabajo que debe ser la primera virtud civil de un ciudadano (industria), llevándole a considerar no sé qué grandeza en el ocio orgulloso (psicología aplicada), origen de males para el que se abandona a él (sociología) y de gravamen para los demás que lo sostienen (justicia), clasificando la estimación de las artes y los oficios (producción y productividad), no en razón de su utilidad sino arbitrariamente por las leyes del capricho, o los votos de un gusto mal formado (semiología), desatendiendo u olvidando el artículo principal que en cada país debe formar el primer objeto de fomento (administración pública, planificación), aplicando a provincias de diversas circunstancias las teorías económicas (economía) que solo pueden ser adoptadas en otras donde las exigen las particulares de su suelo (agricultura), aconsejando el sistema de imitación (dependencia) que ha hecho la infelicidad de muchos pueblos (política), o ha sido de tan poco provecho como el de sembrar en el sur las plantas que solo produce el norte...

Texto de alternas y ambiciosas lecturas, es comprensible que el discurso de Valle no fuera de calurosa aceptación popular: su multiplicidad de códigos culturales debió exigir un arduo esfuerzo de concentración a sus seguidores. Es también quizás este revestimiento científico y esa búsqueda de profundidad lo que permitía a Valle ser a la vez un funcionario del sistema colonial y un revolucionario.

Este discurso es, sin embargo, el arranque analítico a partir del cual es posible observar la progresiva evolución de Valle en torno a la riqueza, la pobreza y la dependencia económica, una materia presente a lo largo de toda su obra en forma explícita o velada:

¡Guatemala conoce y respeta la verdad! La América no debe estar sujeta a la Europa. El Centro de América debe ser independiente de Norte y del Mediodía.

O bien: Una nación ignorante estará también en dependencia proporcional a su ignorancia (Oquelí, p. 219).

El concepto de la independencia no se constriñe, en Valle, al acto protocolario de una declaración política. Su pensamiento es más bien el de un planificador político, el que sueña y ambiciona proyectos de desarrollo para una nación nueva que solo podrá obtener su real y verdadera autonomía a través del progreso económico ante los poderes —en ese entonces preponderantemente militares—, económicos y políticos que circundan la región de su querida Centroamérica. El vivo ejemplo de Inglaterra, ambiciosa y pujante, que va ocupando progresivamente el istmo hasta configurar en él un reinado títere (Floyd, passim) hace que tema no solamente la presencia inmediata de una fuerza nuevamente conquistadora — España vengativa— o dominadora —Inglaterra—, sino además aquello que, corporeizándose en el futuro, no es visto por los pueblos pero que está presente allí. Valle, tras parámetros sorpresivamente reflexivos, visualiza la aparición de los filibusteros encimados sobre su cara patria:

Sabedores de (la ruina del istmo) un aventurero, aprovechando momentos, vendrá a dictarnos leyes. Los pueblos, debilitados, abatidos y degradados, no tendrán la energía necesaria para conservar sus derechos, sucumbirán indecorosamente a la fuerza del poder... (R. Beteta, p. 202).

Esa concepción de lo que es positivo para una nación lleva a Valle también a conceptualizar, por consecuencia, lo que es negativo, y entre los cuatro jinetes del Apocalipsis dedica una especial atención al más grave espectro por su poder de destrucción y aniquilamiento: la guerra, la guerra intestina, la guerra internacional, el odio entre pueblos, la inquina que lleva a unas naciones a volverse contra las otras desoyendo la voz de hermanos, el destino común, el porvenir mancomunado. En muchos de sus escritos, particularmente los publicados en los siguientes cinco años tras la independencia formal, Valle recalca que el daño mayor para Centroamérica se encuentra en la discordia de la división política, la que conduce inexorablemente a la guerra, con su secuela de abatimiento en todos los órdenes del crecimiento y el desarrollo. Las palabras de este extraordinario pensador podrían haber aparecido escritas ayer en uno de nuestros diarios locales:

...las leyes no se forman entre los horrores de la discordia. Se meditan en el silencio de la paz, en el reposo del orden. Si, en vez de pensar en nuestra común felicidad, maquinamos nuestro mal recíproco; si, en lugar de ocuparnos en los trabajos pacíficos de la legislación, nos abandonamos a las disputas sangrientas de las divisiones intestinas, no gozaremos jamás de nuestra independencia, nos sacrificaremos unos a otros; y en medio de cadáveres, cansados al fin de derramar sangre, nos sentaremos sobre escombros y ruinas a contemplar las de Guatemala y llorar nuestras desgracias...

O bien, en México, visionariamente: ¿Podría ser durable una república que se extendiese desde Texas hasta el istmo de Panamá y, dando un salto sobre el océano, abrace en su territorio toda la isla de Cuba?

Incluso uno de sus sueños menos divulgados, el de la construcción de un canal interoceánico que abra las puertas del comercio a través del istmo menor de Nicaragua, es visto por Valle, tras argumentar a su favor, como una obra de ingeniería que debe ser valorada y ponderada solo tras analizar la conveniencia política de su edificación, ya que el mal manejo de ella podría conducir a acentuar la dependencia hacia las grandes potencias entonces existentes.

Supóngase que abra la comunicación de los dos mares trabajando un canal por el istmo que separa el lago de Nicaragua del golfo de Papagayo, o por el istmo de Panamá, como se ha propuesto por diversos geógrafos...

¡Maravillosa visualización de un estadista aún sin Estado! No son exactamente las palabras un tanto frías de un filósofo inclinado sobre la balanza del porvenir; tampoco las del economista afiebrado por la simplicidad relativa de las estadísticas; menos las de un aspirante presidencial que evoca planes y proyectos que colman de ensueños su ambición personal. En Valle se da un profundo sentido de combinación entre su percepción de la realidad y el amor, el amor por evitar que esa misma realidad continúe su letargo de corrupción y conduzca a males mayores.

Para prever con tanta fidelidad el origen de un daño el hombre requiere estar sentimentalmente dotado de la capacidad para proteger al objeto amoroso del impacto del daño. En Valle se percibe la vibración espiritual por el bienestar de su región, un gozo tan cálido como el que cualquier hombre justo y recto podría experimentar ante las desgracias de la Centroamérica de hoy, dividida y en guerra, atenazada por los conflictos de la dominación y la dependencia, de la discordia entre hermanos y del subdesarrollo y el alejamiento de la civilización. Múltiples, innúmeras ocasiones retorna este pensamiento a la mano caligráfica de Valle. Oquelí ha resumido en varias páginas la recurrencia de esta angustiosa preocupación (ver Oquelí, pp. 301-312).

Si se observa cuidadosamente se verá que Valle no dedica su pensamiento a promulgar la aplicación de un determinado sistema político capaz de resolver los problemas entonces actuales y los futuros de su Centroamérica. Si bien puede auscultarse en su ideario la presencia de las renovadoras ideas del capitalismo naciente y del liberalismo antimonárquico que caracterizaría a su siglo, en prácticamente ninguna de sus páginas hay la incitación hacia una vía específica de solución de las ambigüedades históricas o por venir de la región. Valle no es un propagandista de ideas particulares; es un analista de circunstancias determinadas que, como causas, conducen también a determinados resultados sociales previsibles y en alguna forma manejables. Su mayor virtud es la de la disección del ciclo histórico en que le ha tocado convivir para, a partir de tal exégesis, fijar rumbos ideales, establecer pautas, caracterizar modelos, señalar estructuras de desarrollo.

Este es un aspecto en apariencia insustancial, pero es a su vez lo que caracteriza la dimensión de un sabio —en cuanto este vocablo implica un cartabón "científico"—. Incluso en los momentos más emotivos de 1821, acabada de declarar la independencia, la personalidad de Valle es inmediatamente detectable por la mesura de sus comentarios, la templanza de sus estudios y el academicismo con que se aproxima a aquellas causas que, en manos de un político, darían abundante material para los recursos de la demagogia. Por el contrario, Valle es cuando más maduramente evoluciona en su pensamiento y dedica prácticamente el resto de su vida a hacer que los pueblos centroamericanos alcancen una verdadera independencia basada en el progreso económico, la solidaridad entre naciones, el respeto a la determinación política que cada uno de los Estados desee asumir, la no anexión a potencias o poderes inter o extrarregionales, el alejamiento de la guerra y el impulso a la educación. En tal sentido, esta es su ética pública, respaldada por diversas actuaciones en que —con la incluso polémica excepción de su estadía en México— no condescendió a las manipulaciones del poder repetidamente ofrecidas en halago a su carrera política (Pastor, passim).

Dados al juego usual de ciertos términos, los hombres de nuestra época tendemos a olvidar frecuentemente el verdadero significado de algunas palabras. Una de ellas es independencia, de la cual corrientemente se pasa por alto que es la antinomia de dependencia y sujeción. Probablemente por ser hoy más sutiles los términos de intercambio en que tal sujeción se lleva a cabo, hemos trasladado al recuerdo y a la celebración de efemérides un acto que, como el de independencia, conlleva en sí una profunda carga de búsqueda de la dignidad y la razón. A pesar del aparente juego retórico, puede afirmarse que los pueblos americanos en general han luchado durante siglos más por excluir de su currículum vítae colectivo la dependencia que por lograr una real independencia (LaFeber, passim).

En efecto, la historia de América Latina es una de vigilancia y rendición, de ciclos de perversa entrega a poderes superiores o de infatigables y heroicos esfuerzos por no ceder ante las múltiples y seductoras pretensiones y ofertas de las potencias. Trátese de la primera rebelión americana en Haití o del más cercano intento de unificación del istmo inspirada por el Parlamento Centroamericano, de la saga antidictatorial de Chile o de la guerra de las Malvinas, entre batalla y batalla Latinoamérica no ha tenido tiempo para ser. Ha invertido cuantiosas vidas y espíritus en procurar no ser, no ser esclava de potencias imperialistas o hegemónicas o de conquistadores racistas como William Walker, en no rendir su territorio o ceder su plataforma marítima, en no abandonar a la explotación inmisericorde sus recursos naturales o en no entregar su educación a intereses foráneos, en no transformarse —grave paradoja del mundo actual— en agente financiero de los países más acaudalados del universo o en no caer en la más abyecta pobreza y dependencia como la que sufren ya algunos de sus Estados. En este instante somos en Latinoamérica lo que no deseamos ser; falta aún la ciclópea lucha por alcanzar lo que debemos ser.

Basta releer, a la luz magnésica del siglo XX, los escritos de Valle para darse cuenta de que en su ética se asume esta grave y binaria preocupación: para ser ella misma América debe precaver los males del —llamémosle así ahora— subdesarrollo material y espiritual de sus hombres y transformar a estos en ciudadanos poseedores de independencia y dignidad. Ello solo es posible, para tan insigne pensador, por medio de la educación y la formación cívica, el conocimiento de las potencialidades individuales y colectivas, y a través de la unión. Palabras que, con mayor o menor aplicaciones específicas, continúan siendo tan contundentes para el porvenir de Latinoamérica ayer como hoy.

LA EDUCACIÓN, LLAVE DE LA LIBERTAD

Pueblos —advierte Valle—, procurad seriamente la educación de vuestros hijos. Si no hay luces y virtudes en ellos, la libertad solo estará escrita en la Constitución que la declara...

A pesar de ser en esencia un economista y aunado a su principio de que los pueblos americanos deben procurar el incremento y sostenimiento de la riqueza, en un giro sorprendente de su ideario Valle insiste infatigablemente que no es la riqueza el primer elemento del poder. Es la ilustración, ya que la riqueza misma no podrá ser fructífera y productiva en manos de ignorantes.

Forma así un trinomio del que no se apartará por el resto de su existencia: Educación-Riqueza-Libertad, e insistimos, a pesar de ser un pensador economicista Valle no coloca a la riqueza en primer lugar sino a la educación. Revela así una faceta sumamente interesante de su personalidad (y de ese amor y esa pasión que señalábamos en líneas precedentes), la cual le lleva a considerar que, si bien los pueblos del istmo se caracterizan por ser poseedores de diversas riquezas naturales depositadas a lo ancho de su geografía, estas serán inútiles si no se tiene la ilustración requerida para hacerlas producir, para fortalecer el poder que las defienda y para transformarlas en sinónimo de independencia (no dependencia) y libertad.

Aunque con una sana simplicidad que quizás disgustaría a un planificador educativo del presente, Valle incursiona —sin olvidar recursos— en el estudio de los medios por los cuales podría incrementarse el volumen de educación en las masas desposeídas de Centroamérica, particularmente del indio, del que registra en sus escritos una significativa inclinación dado el panorama particular del indígena en el Estado de Guatemala. Propone así desarrollar sistemas de emulación —diferentes al tradicional de la Colonia— para motivar mediante honores y premios la afición al estudio; sugiere un cambio de métodos formativos para abrir paso al lancasteriano, de tan pródigos resultados en países por entonces más avanzados; recomienda cultivar las ciencias del alto como del común interés, con lo que pretende democratizar los beneficios de la educación, haciéndolos de proyección tanto vertical como horizontal en la pirámide de los rangos sociales; solicita que cada Intendencia cuente con una imprenta, costeada quizás por las mismas comunidades, para publicar con ella periódicos y cartillas elementales que lleguen a las manos del pueblo llano (Esta enseñanza ha de ser común a todos, ricos y pobres, grandes y pequeños...); aspira a fundar sociedades que, a similitud de la Económica, integren a labradores y artesanos, como ya había comenzado a ocurrir en Europa; busca multiplicar las escuelas de primeras letras y mejorar las que ya existen; calcula que debe ser utilizada la religión para profundizar en el impacto de la educación (la ilustración no se ocupará en engañar, dice) y para ello piensa en que se debe reconocer el mérito de aquellos curas benéficos que más se hayan distinguido en favorecer la ilustración de los indios; torna la vista hacia Europa, particularmente a Francia, y ambiciona de ella sus mayores logros para aplicarlos en América... (1820, El Amigo de la Patria).

Vuelvo a decirlo —pregona por quincuagésima vez—: la ilustración es el primer necesario, el primer útil, el primer hermoso. Sin ilustración no hay gobierno, no hay agricultura, no hay artes, no hay comercio...

Empero, en su apasionada —y correcta— concepción del beneficio de la educación también es suficientemente cauto como para percibir que la copia facsimilar de un sistema exitoso en otra nación no siempre es ineludiblemente la más adecuada para Centroamérica. En su Memoria o informe al Estado Federal de Guatemala señala bien precisamente que, aun cuando Francia tiene organizados sistemas avanzados de instrucción general para su población, los sistemas o planes deben ser proporcionados al estado del pueblo a quien se presentan; (...) que en lo literario, así como en lo político y económico, debe haber una escala gradual y que los saltos aun a extremos de perfección son imprudentes y peligrosos...

Orientador, planificador, educador, promulgador, legislador, traductor: todos los oficios los ejerce Valle sin demora en su ansiosa lucha por el desarrollo de la educación. Propone congresos que reúnan sabios y estudiosos para conocer y divulgar lo que es América; imagina expediciones científicas compuestas por geógrafos, astrónomos, botánicos, naturalistas, que exploren los más recónditos rincones de nuestra América, revelándola; sugiere formas de financiamiento comunal e internacional; demanda que los manuscritos más importantes de nuestra historia se hagan públicos y que se vuelvan de conocimiento popular los mapas, croquis, planos o cartas que muestren al mundo, y particularmente a los americanos mismos, la extensión de sus provincias, la ubicación de sus puertos, la sinuosidad de sus costas, el albergue de sus bahías, la elevación de sus montañas; reclama bibliotecas donde no haya solo libros sino además máquinas, instrumentos y aparatos que faciliten la democratización del conocimiento...

¡Qué infatigable es la voluntad iluminativa de Valle! ¡Qué incansable su vocación, solo parangonada por aquel otro gran Valle, Rafael Heliodoro, un siglo después!

En el fondo, los artículos de El Amigo de la Patria son apología y propaganda de la ilustración —afirma Rodríguez Beteta—, de la transformación de las masas sociales mediante ella, de las ciencias, las artes, el bien decir y la cultura (p. 164).

Y esto es lo sorprendente en un hombre de gabinete, proveniente de una de las más acomodadas familias criollas de Centroamérica, abogado de asiduas relaciones con la cúpula más elevada del poder colonial, funcionario en diversos momentos de ese mismo sistema y —de acuerdo con lo que relatan sus biógrafos— personalidad de orgulloso talante y distante simpatía, el cual, sin embargo, y a similitud de las burguesías ilustradas que tanto bien y tanto mal han hecho a América, no vacila, una vez levantados los aires de la rebelión, en sumarse a ella desde su personal óptica y su profesional punto de vista.

En términos de exégesis materialista puede aceptarse que Valle no olvida su proveniencia de clase, pero debe reconocerse que también sobrepasa aquellos intereses pertenecientes a su clase para subvertirlos y minarlos, exponerlos a la luz pública bajo un ampuloso lente de aumento capaz de desentrañar de ellos sus causas, sus probables efectos modernizadores o incluso la necesidad de su erradicación. Es así como Valle se transforma de sujeto pasivo del avatar de su siglo en agente activo de este. A similitud de los agitadores intelectuales de nuestra centuria —aunque probablemente con una mayor altura, profesionalidad y pureza de intereses—, Valle agita el pensamiento de su momento, expone razones, argumenta, polemiza, discute, enseña. Y conocedor de los reales fundamentos en que descansa el atraso secular de esta parte de América, va a la raíz: la ignorancia es la fuente de los males pasados y presentes de la sociedad; la ignorancia debe superarse con la educación masiva, con la educación transformadora, con la enseñanza colectiva y la formación liberalizadora del hombre.

En esencia, la revelación más palpable del ideario de Valle es su vocación democratizadora. Los bienes de América, insiste, deben pertenecer a los ciudadanos de la gran patria de América; pero antes debe formarse a estos para, en primer lugar, valorar sus tesoros naturales y personales y para, en segundo término, aprender a gozarlos, a explotarlos, protegerlos y renovarlos sin peligro de extinción. Valle podría parafrasear el espíritu de las enseñanzas de la Biblia o de Paulo Freire: la educación os hará libres..., una educación capaz de transformar grupos de tribus indígenas en hombres civilizados, esclavos en entes libres, rémoras del desarrollo en motores de su bienestar. Una enseñanza misionaria es la que reclama, con una mística hábil para modificar drástica, aunque paulatinamente, la plataforma colonial de la opresión y el deterioro social, tan obvio y prolongado. Pretende, en síntesis, el renuevo global de las estructuras de relación colectiva mediante la modificación de las formas de producción humana hasta entonces imperantes: cese de la esclavitud, cese de la imposición de unas clases sociales sobre otras, cese del aprovechamiento de la ignorancia, cese del imperio del absolutismo, del autoritarismo y del olvido de la razón, cese de las restricciones al libre comercio, cese incluso de la represión, cese de la exacción del trabajo que, en casos como los del indio y el ladino, ejercen unos hombres sobre otros.

He allí por qué es posible afirmar que la ética divulgada por José Cecilio del Valle es eminentemente contemporánea: porque, a pesar de un mayor o menor grado de desarrollo y progreso, y a pesar de que hoy la sujeción es propuesta más en el plano económico y menos en el geográfico, las causas mismas que condujeron al grito de la independencia centroamericana prosiguen existiendo y siendo motivo de las desigualdades y las guerras entre sus pueblos. Y porque, asimismo, las soluciones básicas y fundamentales propuestas por Valle continúan potencialmente vigentes.

En ocasiones esa ética transformadora es expresada en forma contundente, precisamente interrelacionada en los elementos del trinomio que antes señaláramos, como cuando se trata de formar a los hombres que constituirán el futuro ejército de Centroamérica. En el citado informe que presenta al Estado Federal, Valle notifica haberse llevado ya a cabo algunas imprescindibles tareas conducentes a la modernización del sistema educativo.

El 2 de septiembre —explica— se hizo que se presentase a la Asamblea para su aprobación o reforma el reglamento que formó para la creación de un colegio militar que facilitase a los alumnos la educación física, literaria y moral que deben tener los que algún día han de ser defensores de la libertad y fueros de la patria...

Valle, a un siglo de distancia, preveía y ensayaba precaver las causas íntimas del caudillismo militarista que habría de plagar la historia de Centroamérica en las décadas más inmediatas y en su extenso futuro. El colegio militar contribuiría a formar hombres de armas, es cierto, pero a la vez dotados de suficientes conocimientos literarios, físicos y morales como para refrenar el instinto de la premura que asalta irremisiblemente al ignorante cuando está armado.

Ilustrad a las naciones, instruid a los pueblos —dirá—. Ellos conocerán entonces las fuentes de su riqueza, los valores de sus derechos, los horrores del despotismo, los desastres de la anarquía y el precio de un sistema constitucional meditado para su bien...

¿Veía Valle aparecer en lontananza a los Carrera antiguos y a los filibusteros modernos que habrían de encarnarse en los obstáculos más insalvables para la unión de América, es decir, para el logro y culminación de sus sueños?

La ilustración es el primer necesario —tercamente enfatiza—. Un pueblo ignorante es víctima del charlatán más atrevido, juguete de la hipocresía más astuta o desprecio del orgullo más imprudente...

Pero Valle no se restringe al plano individualista de la educación. Precisamente su concepción democratizadora lo lleva a ascender —como lo hemos visto en múltiples ejemplos— desde la necesidad de educar al hombre hasta formar colectivamente a las naciones mismas en el ejercicio de la libertad.

Europa sigue siendo su modelo ideal, y admira de ella el nivel de cultura que hasta ese momento han asumido sus pueblos, lo que los convierte, a pesar de sus guerras y de las dentelladas mutuas que se dan los imperios, en la muestra fehaciente de cómo el desarrollo iniciado desde la base termina transformando la entera pirámide social, hasta ennoblecerla y perfeccionarla.

Las naciones educadas son, así, ejemplo para las menos civilizadas, y la luz que derraman sus avances impregna la atmósfera de aquellas que aún permanecen en la oscuridad, motivándolas a la libertad. Debe instruirse a las naciones o se hundirán (...) en el caos de la anarquía, o serán al fin gobernadas por un poder absoluto, advierte en una de sus cartas.

Francia, Inglaterra, Estados Unidos, están particularmente cercanos en su mente visualizadora. Y de allí que en diversos escritos se proyecte en altura en torno a los beneficios de educar a las naciones.

La ilustración que eleva a un hombre sobre los demás hombres, eleva una nación sobre las demás naciones. La ilustración, que es la fuerza más grande de un individuo, es también la fuerza más poderosa de un pueblo...

A pesar de las apariencias inversas, Valle es un pensador eminentemente pragmático, un político pragmático en el mejor sentido de la palabra. En verdad, se podría afirmar mejor de él que es un estadista pragmático, lo que ya conlleva en sí connotación política. En vez de "El Sabio", su apelativo ideal sería el de "El Reformador", si tan solo hubiera podido poner en ejercicio práctico sus ideales. Por su personalidad y debido al acicate de la relativa desconsideración social que le guardaban en Guatemala los aristócratas, por ser en el fondo provinciano, Valle es extensamente ambicioso e inconforme. Tales peculiaridades psicológicas podrían parecer que contienen un énfasis de negación, pero no es así.

Es un intelectual pragmático porque comprende que un grito de independencia armada solo podría conducir a un vasto y grosero derramamiento de sangre en el cual los avances y los retrocesos de la transformación social ocuparían décadas, siglos, y dividirían más a la familia centroamericana, hundida irremediablemente en un pozo de destrucción. Los fenómenos y cataclismos sociales en la Centroamérica del siglo XX le hubieran dado instantáneamente la razón. La pugna de la fuerza que subvierte y del poder o sistema que se resiste —como ocurrió en los primeros años del siglo XIX entre los independentistas como Arce y los Capitanes Generales, o como sucede hoy— reclama para sí una inconmensurable cuota de sacrificio, sufrimiento, daño y tragedia que solo puede justificarse en pueblos definitivamente sumidos en la desesperación. La guerra como elemento indispensable de la transformación no existe en las concepciones de Valle: piensa más en la evolución transformadora, en la rebelión dosificada, en la revolución constructora, lo cual solo es posible a través de un largo proceso de educación política, nacida tras la práctica de los rudimentos de la educación elemental. Lo opuesto es tentar la represión, y mientras una nación no está suficientemente educada como para prevenir mediante sus leyes, moral y costumbres los desmanes de la represión, no debe provocar esta, ya que no está preparada para afrontarla y se arriesga a sucumbir.

Reléanse las crónicas —más cercanas a la fantasía de la imaginación— de las dictaduras americanas de los Rosas, Ubico, Rodríguez de Francia, Carrera, Belzú, Páez, Walker, Trujillo, Batista, Estrada Cabrera y tantos más, para comprobar este aserto.

Valle considera importante determinar con claridad cuál será el agente que transmitirá esa educación elemental al pueblo, y para ello sugiere conocer los nuevos métodos didácticos practicados en el exterior, dar la bienvenida a sabios, técnicos y científicos, crear bibliotecas, impulsar en general el movimiento iluminativo. Tal agente, sin embargo, debe procurar elevar a la población y hacerla superar su incultura, en vez de —como ocurría habitualmente— obtener usufructo de su ignorancia. Pide, entonces, maestros hábiles, experimentados, incluso jóvenes, y no un viejo adusto, censor eterno de la juventud, ni de genio o carácter severo, menos aún que pertenezcan a aquellas clases tradicionalmente interesadas en fomentar la sumisión. Ese tipo ideal de maestro tampoco debe ser individuo de aquellas clases u órdenes que, por desgracia, tienen intereses opuestos a los del pueblo. Si este ha sido ignorante, degradado y supersticioso, es, además de otras causas, porque sus preceptores creían convenir a su elevación la ignorancia, superstición y envilecimiento de los pobres. Fiada a ellas la educación de los niños, el movimiento se dirigía casi siempre al interés de quien diese el impulso (Oquelí, 218).

A esta altura de su proyección pública (1829), Valle ha abandonado la sutileza que lo caracterizaba al enfocar temas relacionados con la religión, la que durante y aun después de la declaratoria de independencia continuaba ostentando un sitio preferencial normativo dentro de la sociedad centroamericana.

Decíamos, pues, que es un estadista pragmático porque sabe comprender que, si el perfeccionamiento individual consume años, el de las naciones puede insumir décadas y aun siglos, y es por ello requisito programar su desarrollo. Es asimismo un reformador porque, si bien evita asumir la posición del revolucionario ardiente y apasionado, no por ello deja de advertir y proclamar la necesidad de proceder a una sustancial transformación del equilibrio estatutario de la sociedad colonial y nacientemente independentista. Es un hombre ambicioso e inconforme porque sus profundos estudios acerca de la realidad centroamericana —y no solamente de una determinada teoría científica— le enseñan que las circunstancias particulares del desempeño social del istmo deben ser modificadas si se desea crear enteramente una nueva nación. Sin embargo, apto para comprender que solo ambicionando lo mayor se puede obtener lo menor, Valle apunta hacia los más altos objetivos que su intelecto es capaz de formular y sueña con el más vasto plan de integración, organización y solidaridad entre los Estados americanos, como ningún otro pensador de su época lo pudo imaginar.

Solo que, a diferencia de sus contemporáneos, Valle asume que la raíz materna del desarrollo no está solo en la riqueza —llave de la independencia y la libertad nacional—, sino en la educación, esto es, en el más profundo y explotable recurso inextinguible de creatividad, progreso y superación depositado por la naturaleza en la conciencia del ser humano. Para Valle, la educación es, pues, la íntima razón del ser, único impulsor suficientemente poderoso como para transformar las condiciones de la existencia y forjar una América mejor.

LA UNIÓN DE LAS AMÉRICAS

Y arribamos, por fin, a una de las vetas más ricas, fecundas y exuberantes del complejo ético de José Cecilio del Valle: su ideal de anfictionía, el que por sí mismo evoca el mundo fabuloso de las antiguas ciudades griegas confederadas bajo un sistema de común acuerdo —y de donde proviene el vocablo— para gobernarse en paz, equilibrio de intereses y armonía.

El ideal de la paz universal forjada a través del entendimiento entre las naciones fue y es siempre uno de los más caros sueños del hombre en todas las longitudes y alturas del universo, como que forma parte de los anhelos colectivos y subyacentes en el intelecto humano desde su aparición en el cálido seno de la historia. La Arcadia bucólica e idílica que inspirara a los poetas y longevidentes de la cultura mediterránea precristiana, o que reflejaran en sus escritos los autores medievales, así como la que subconscientemente se encontraba en la mente de los constituyentes de la Carta de las Naciones Unidas, muestra cómo el hombre organizado en sociedad procura disipar de su entorno el espectro destructivo de la guerra y cómo las armas de la negociación, el entendimiento y la convivencia pertenecen más que las de la guerra al arsenal pacifista depositado en el acervo de la raza humana.

Recordemos que la historia cercana a la vida de José Cecilio del Valle estuvo profusamente plagada de ejemplos de luchas entre imperios, de monarquías que se agotaban o de asombrosas estadísticas que enseñaban la inutilidad vergonzosa con que, particularmente el europeo, dedicaba su población y recursos a pelear y a matar. Guerras de cien años, guerras de treinta años, guerras civiles, revoluciones, subversiones, revueltas y asonadas llegaban a América como noticias envueltas en el rumor de los marinos que arribaban, en la contracción del comercio que se restringía o en la inagotable exacción de recursos con que los reyes azotaban al nuevo continente para financiar sus aventuras militares. América misma comenzó desde 1630 a ser escenario significativo de la confrontación entre los poderes del viejo continente (Floyd, passim) y con ello la soledad oceánica y el silencio colonial que separaban a

Centroamérica de la metrópoli se empezaron a desmoronar, dando paso a una nueva configuración de influencias e intereses que modificó esta región del universo.

Un filósofo francés, Carlos Ireneo Castel (1658-1743), abad de Saint-Pierre Église, o Iglesia de San Pedro, se hizo eco de la necesidad mundial de convivencia y propuso un Proyecto de Paz Universal entre las Potencias de Europa (Leiva Vivas, p. 377), prospecto que, en su espíritu y más tarde, con aplicación específica a América, impulsaría Simón Bolívar en su conocida Carta de Jamaica, esto es, el de una confederación de países independizados que permitiera fortalecer lazos de unión, generar entre ellos nexos indestructibles de comunidad y contribuir a crear un solo y poderoso Estado americano formado por las antiguas provincias coloniales y continentales pertenecientes a España.

Diversos proyectos de confederación fueron dados a conocer por autores realistas o idealistas en las postrimerías del siglo XVIII e inicios del XIX (Martínez de Rosa, Juan Egaña, Bernardo Monteagudo y, en general, Miranda, Sucre, San Martín, entre otros); en febrero de 1822, como hemos señalado previamente, José Cecilio del Valle publicó en El Amigo de la Patria su célebre artículo Soñaba el Abad de San Pedro y Yo También Sé Soñar, el cual no solo resume extraordinariamente la aglutinante típica de su momento: el deseo de unión de las Américas, sino que además plantea con especificidad los instrumentos por medio de los cuales esta quimera podría transmutarse en realidad.

El citado artículo del sabio hondureño, así como otras y continuas referencias de sus escritos, plasman sin duda alguna en la agenda del panamericanismo la presencia y contemporaneidad visionaria de José Cecilio del Valle. No haremos un análisis de dicho trabajo porque es suficientemente conocido, porque ha sido estudiado ampliamente por valiosos autores (Leiva Vivas, Pérez Cadalso, por ejemplo) y porque aspiramos a que la publicación de este ensayo vaya acompañada de las páginas más sobresalientes de aquel brillante pensador del siglo pasado. Nos inclinamos más bien hacia el lado más difícil de la exégesis: el de recalcar en forma breve y como punto final la profundidad de su significado social y fraternalmente americano, el de su actualidad inmediata y el del intenso y trascendental humanismo que contiene.

En Soñaba el Abad... Valle traza una línea limítrofe entre sus previas inspiraciones centroamericanas y una nueva visión continental que ya por entonces le apasiona y le ocupa el pensamiento. En él resume su más honda preocupación humana: encontrar las vías racionales de la paz y construir para ellas cauces de factibilidad y aplicabilidad histórica y geográfica en tierra americana. Para ello concibe entonces la formación de un congreso constituido por diputados de las antiguas provincias de América, incluyendo a las de origen y sometimiento inglés y francés, para que con las luces de sus mejores ideas funden una federación de naciones capaz de aprovechar sus riquezas, defenderse mutuamente de agresiones externas, apagar los incendios locales de las guerras civiles y, principalmente, hacer florecer en el corazón de todos los americanos el ansia de la paz, la solidaridad y el bienestar.

Para Valle esta congregación de hombres y de pueblos es la cúspide de sus anhelos americanistas. Su realización comprende la culminación material de los principios e ideales que ha proclamado constantemente en sus escritos, que han inundado su vida y a los cuales ha jurado dedicar sus energías y reflexión. Esta América unida que bulle en su mente ambiciosa es la representación precisa y la vigencia manifiesta de diversas de sus proposiciones públicas, entre ellas la solución de los conflictos por las vías pacíficas, la búsqueda y definición de una identidad continental, la superación coherente y programada de las condiciones ambientales del hombre que puebla estos lares, el encuentro de los hermanos disgregados por distancias, mares, lenguas, creencias e intereses varios, el triunfo de la ilustración sobre la barbarie, el reino de la razón y el aseguro de la tranquilidad social de las naciones.

Una brillante conjunción de todos los temas que hemos abordado en páginas anteriores se fragua en este breve texto de Soñaba el Abad..., con el agregado de un humanismo sincrético y la declaratoria de una nueva misión que Valle proclama y voluntariamente asume:

La América será desde hoy mi ocupación exclusiva. América de día cuando escriba; América de noche cuando piense. El estudio más digno de un americano es la América.

273

Valle sobrenada, al concebir tan majestuoso espectáculo, las aguas de la pasión emotiva y de la rigurosa reflexión científica. El nuevo poder que imagina —el de millones de americanos unificados bajo una inspiración y un proyecto común— es, ha sido y continuará siendo factible. Valle jamás plantea en su concepción la exigencia de reunir a las naciones del continente bajo un solo Estado físico, como lo ambicionaba, por ejemplo, Bolívar; tampoco privilegia un sistema económico particular o desea que las naciones se sometan a un principio filosófico, religioso o social determinado. El eje vertebral de su proyecto tiene como pivote argumental la necesidad de instituir una nueva conciencia americana y americanista, corporeizada por la renuncia a la guerra, la búsqueda de la concordia, la generación y utilización de la riqueza con fines de favorecimiento para los mismos hombres que la desarrollan, la solidaridad internacional, la no intervención absolutista, la definición de metas de común interés y la articulación de un práctico y sistematizado destino conjunto.

En la cima y en el fondo de su proposición lo que sobresale es la preocupación por el hombre americano, sujeto y objeto inmediato de estos beneficios colectivamente organizados. Es el ser humano de carne y hueso, elevado a ente sustancial sobre el cual deben volcarse las energías de sabios y naciones, el que domina cenitalmente el espíritu declaratorio de su concepción. Lo ha dicho innumerables veces antes, lo continuará repitiendo: llegará el momento en que los americanos formarán una sola y grande familia, tanto que ni sus palabras han caído en el olvido ni se ha perdido la fe en que el continente cumpla, en un futuro cercano, tan audaz y prometedor sino.

La voz de Valle, por tanto, no solo nos llega vigente y premonitoria desde las luces nuevas del pasado decimonónico para repetir ante nuestras conciencias nuestra más irrecusable verdad; y no solo permanece siendo contemporánea y profética, sino que además nos impulsa, nos inspira para que fortalezcamos nuestra hermandad americana y para que la transformemos en una productiva, irreversible y contundente realidad.

Diciembre 12, 1989.

BIBLIOGRAFÍA

A fin de no incurrir en excesivas citas bibliográficas dentro del texto, se mencionan acá algunas de las obras más destacadas sobre o relacionadas con José Cecilio del Valle que sirvieron de fundamento al análisis expuesto en este ensayo. En lo pertinente se citará solo el nombre del autor y fecha u obra en el cuerpo del texto:

Alvarado García, Ernesto. Historia de Centro América, 3.ª ed., Tegucigalpa, Calderón, 1954. 378 pp.

Boumgartner, Louis. José del Valle of Central America, Durham, E.U.A., 1963. Conocemos solamente fragmentos de esta obra, divulgados en otras publicaciones.

Cardoso, Ciro F. S. y Héctor Pérez Brignoli. Centroamérica y la economía occidental, Costa Rica, Editorial de la U.C.R., 1977.

Carías Reyes, Marcos. Hombres de pensamiento, Tegucigalpa, Imp. Calderón, 1947. pp. 7 y ss.

Dilatado Proceso Histórico por la Liberación Nacional, Tegucigalpa, Ediciones de la FEUH, 1973. 145 pp. Valioso trabajo que aplica elementos metodológicos modernos al fenómeno de la independencia, en confluencia de estructuralismo y marxismo.

Floyd, Troy. The Anglo-Spanish Struggle for Mosquitia, Albuquerque, University of New Mexico, 1967. 235 pp. Aunque no se relaciona directamente con Valle, esta es la mejor obra para comprender la rivalidad entre Inglaterra y España por Centroamérica. A la fecha de esta publicación ha aparecido ya la 1.ª ed. en español de este libro: La Mosquitia: Un conflicto de imperios. Centro Editorial, San Pedro Sula, 1990. Traducción de Gypsy Silverthorne T.

Jerez Alvarado, Rafael. Del descubrimiento a la fundación de la república (Historia de Centro América: Apuntes, reproducciones y documentos), Tegucigalpa, Editorial de la Escuela Superior del Profesorado, 1971. 354 pp.

Karnes, T. L. El fracaso de la unión: 1824-1975, traducción inédita en los archivos del Programa de Ciencias Sociales del CSUCA, Costa Rica, de la edición de Arizona, E.U.A., 1975.

LaFeber, Walter. Cap. I. "Setting Up the System", Inevitable Revolutions, 2.ª ed., New York, E.U.A., W. W. Norton & Co., 1984. pp. 19-83.

Leiva Vivas, Rafael. Vigencia del sabio Valle, Costa Rica, Editorial Universitaria Centroamericana, 1980. 442 pp. El más reciente y completo estudio sobre el entorno y figura de Valle.

López Jiménez, Ramón. José Cecilio del Valle, Fouché de Centro América, Guatemala, Edit. Pineda Ibarra, 1968. Esta obra, más apasionada que histórica, enfoca la tradicional confrontación Valle-Arce.

Martínez Peláez, Severo. La patria del criollo, 8.ª ed., Costa Rica, Editorial Universitaria Centroamericana, 1981. Caps. V y VI.

Mata Gavidia, José. Anotaciones de historia patria centroamericana, 2.ª ed., Guatemala, Editorial Universitaria, 1969. 402 pp.

Mejía, Medardo. Historia de Honduras, Tegucigalpa, Editorial de la UNAH, 1985. Tomo II. Passim.

Meléndez Chaverri, Carlos, editor. Próceres de la Independencia Centroamericana, Costa Rica, Editorial Universitaria Centroamericana, 1971. 396 pp. Passim.

Meléndez Chaverri, Carlos. Textos fundamentales de la Independencia Centroamericana, Costa Rica, Editorial Universitaria Centroamericana, 1971. Passim.

Oquelí, Ramón, antólogo. José del Valle: Antología. Tegucigalpa, Editorial de la UNAH, 1981. 599 pp. El trabajo de Oquelí es el más exhaustivo sobre la obra de Valle, posible solo por la infatigable capacidad de este historiador.

Pastor, Rodolfo. Historia de Centroamérica, México, Ediciones del Colegio de México, 1988. 272 pp. Apegado a la microhistoria, el recuento de Pastor Fasquelle es muy ilustrativo.

Pérez Brignoli, Héctor. Breve historia de Centroamérica, México, Alianza Editorial, 1986. 170 pp.

Pérez Cadalso, Eliseo. Valle, apóstol de América, Tegucigalpa, Calderón, 1968.

Pinto Soria, J. C. Guatemala en la década de la Independencia, Guatemala, Editorial Universitaria, 1978. Este breve trabajo (52 pp.)

es un impresionante análisis sociopolítico del real trasfondo de la independencia.

Rodríguez Ayestas, Julio, editor. Hondureños ilustres en la pluma de Paulino Valladares, Tegucigalpa, Presidencia de Honduras, 1972. p. 13.

Rodríguez Beteta, Virgilio. Ideologías de la independencia, Costa Rica, Editorial Universitaria Centroamericana, 1971. 270 pp. Passim.

Rosa, Ramón. José Cecilio del Valle, oro de Honduras, Rafael Heliodoro Valle, editor. Tegucigalpa, Secretaría de Educación Pública, tomo I, 1954. p. 33 y ss.

Valle, Rafael Heliodoro. José del Valle: Bibliografía, Tegucigalpa, Ediciones SECTIN, 1977. 62 pp.

Valle, Rafael Heliodoro. Historia de la cultura hondureña, Tegucigalpa, Editorial de la UNAH, 1981. pp. 170, 189, passim.

Woodward Jr., Ralph Lee. Central America: A Nation Divided, 2.ª ed., New York, E.U.A., Oxford University Press, 1985. 390 pp. Los capítulos 2 a 5 presentan un sensato panorama de Centroamérica en el siglo XIX.

2. Toda labor sincera de los jóvenes hondureños debe empezar con el estudio de la vida de José Cecilio del Valle. Hondureños ilustres..., 1972.

3. Dürrenmatt, Friedrich. Sobre el sentimiento patriótico, Kultur Chronik, 5-38:1989.

4. Sebag, Lucien. Marxismo y estructuralismo, 3.ª ed., México, Siglo XXI Ed., 1976. p. 72.

JOSÉ CECILIO DEL VALLE por Rómulo E. Durón

Nació don José Cecilio del Valle en la villa de Choluteca, el 22 de noviembre de 1780.

Era hijo de don José Antonio Díaz del Valle y doña Gertrudis Díaz del Valle, quienes se trasladaron a Guatemala, para procurarle su educación, en 1789.

Aprendió las primeras letras en la Escuela de Belén; estudió Gramática Latina en el Colegio Tridentino; y en la Universidad de San Carlos cursó las asignaturas de Filosofía, Derecho Civil y Derecho Canónico.

Valle logró extender sus conocimientos, recibiendo las enseñanzas de los hombres doctos de aquella época, entre los que se contaba fray José Antonio de Liendo y Goicoechea, y debido a ellos y a su conducta obtuvo en edad muy temprana, a pesar de los usos de entonces, varios cargos públicos, que supo desempeñar con notable acierto.

Cuando ocurrieron los primeros movimientos en favor de la Independencia, Valle fue leal servidor del régimen colonial. Figuró entonces como jefe del partido evolucionista y como redactor del importante periódico "El Amigo de la Patria". Cuando llegó el memorable 15 de septiembre de 1821, no creía que fuese llegada la hora de proclamar la Independencia, y manifestó, en la junta que se verificó en el palacio de los Capitanes Generales de Guatemala, que para hacerlo debía oírse el voto de las provincias; pero su parecer no fue adoptado. La Independencia fue proclamada inmediatamente, y Valle redactó el acta en que se hizo constar aquel glorioso acontecimiento.

En 1822 se promovió la anexión de Guatemala al Imperio Mexicano. Valle se opuso a ella enérgicamente. Pero intrigas de mal género dieron el triunfo a los anexionistas, y, creada, debido a esto, una nueva situación política, el país debía tener representación en el Congreso de México. Valle fue electo diputado a ese Congreso, por Tegucigalpa y Chiquimula, y en él supo distinguirse por su vasto saber, por su elocuencia y por sus ideas independientes. Estas fueron causa de que el emperador Agustín I lo mandara poner preso en el convento de Santo Domingo; pero, a los siete meses de prisión, no solo recobró la libertad sino que fue nombrado ministro de Relaciones Exteriores del Imperio. Valle renunció el alto puesto que se le ofrecía en reconocimiento de sus méritos y como una reparación por los agravios que había sufrido; pero el emperador se empeñó en que había de aceptarlo, y tuvo que entrar al ejercicio de sus funciones. En el Ministerio se condujo como era de esperarse de sus sobresalientes dotes de hombre de Estado. Cuando cayó el Imperio, Valle volvió a ocupar su puesto en el Congreso, ante el cual hizo una representación en que evidenciaba la nulidad del acta de anexión de Guatemala a México. El Congreso, de acuerdo con el Ministerio del nuevo Gobierno que se había organizado, reconoció expresamente los derechos que los centroamericanos tenían a constituirse como les pareciese, y de esta manera se puso término al orden de cosas creado por la Junta Provisional Consultiva el 5 de enero de 1822.

De regreso a Guatemala, adonde llegó cuando ya se había emitido por la Constituyente el célebre decreto de 1.º de julio de 1823, fue uno de los individuos que desempeñaron el Poder Ejecutivo de las Provincias de Centroamérica, y, en unión de don Tomás O'Horán y don José Manuel de la Cerda, sus colegas, puso el "Ejecútese" a la Constitución Federal dictada el 22 de noviembre de 1824. Posteriormente los pueblos lo eligieron presidente de la República; pero el Congreso, mediante el fraude, hizo recaer el cargo en el general Manuel José Arce y nombró vicepresidente a Valle. Este no aceptó el nombramiento, sosteniendo que era nulo, como nulo era el de presidente recaído en el general Arce.

La presencia de Arce en el Poder Ejecutivo produjo serios conflictos en Centroamérica. El Salvador y Honduras fueron invadidos por fuerzas federales, y, mientras la guerra civil hacía sus estragos, Valle permanecía entregado al estudio de las ciencias y al cultivo de las letras y a mantener activa correspondencia con los sabios de Europa y América, que le honraban con su amistad, uno de los cuales era Jeremías Bentham, el gran jurisconsulto inglés.

Por este tiempo fundó "El Redactor General", periódico que, según la expresión de Marure, sobrepujó a todos los escritos de su tiempo.

La política de Arce sucumbió por fin el 13 de abril de 1829, en que el general Morazán, a la cabeza del ejército aliado, protector de la ley, entró triunfante a Guatemala. Valle volvió entonces a tomar parte en la política, ocupó su puesto en el Congreso, donde pronunció magníficos discursos, y sin trabajo alguno y con el prestigio solo de su nombre, hizo competencia al general Morazán, cuya popularidad era inmensa, cuando se procedió a elecciones de presidente de la República. No obtuvo entonces la mayoría de votos; pero fue suya en las elecciones que se practicaron en 1834, en las que habían vuelto a ser competidores el hombre de ciencia y el hombre de guerra. Mas la suerte había decidido que Valle no fuera jamás presidente de la República, pues falleció el 2 de marzo de aquel año, en el camino de su hacienda de "La Concepción" a Guatemala, casi al mismo tiempo en que abrían los pliegos en que constaba su elección.

Valle recibió de sus contemporáneos el renombre de sabio, que justifican sus notables y luminosos escritos, y tuvo la honra de ser nombrado individuo de la Academia de Ciencias de París. Su muerte fue hondamente sentida. La Asamblea de Guatemala acordó que su retrato fuese colocado en el salón de sesiones y que, en demostración de duelo por su muerte, todos los funcionarios públicos llevasen luto por tres días. Los mismos honores fúnebres decretó la Asamblea de El Salvador, poco después, a la memoria del ilustre centroamericano.

En Honduras fue honrada esta posteriormente. En 1875 acordó el Congreso mandar imprimir por cuenta del Estado las obras de Valle, y mandar hacer dos retratos del eminente sabio para colocarlos, uno en el salón de sesiones del Cuerpo Legislativo y el otro en el de los actos literarios de la Universidad de la República. Este acuerdo no pudo llevarse a efecto, a causa del levantamiento del general Medina en Gracias. Con fecha 22 de diciembre de 1881, el Gobierno del doctor Soto acordó que se hiciera una edición de las obras del ilustre hijo de Honduras, y comisionó, para que las revisara y ordenara y pusiera al frente de ellas la biografía del autor, entendiéndose en los trabajos de la edición, al doctor don Ramón Rosa. La biografía fue escrita, y es una obra que honra a las letras centroamericanas; pero, en cuanto a los otros puntos, el acuerdo no fue llevado a efecto, desgraciadamente.

El 27 de agosto de 1882 decretó el mismo Gobierno la erección de un monumento a Valle en la plaza de San Francisco, de esta capital. El monumento se inauguró el 30 de noviembre de 1883, y en el lugar designado se ve ahora una estatua de mármol de Carrara del gran Sabio, colocada sobre un pedestal de piedra y mármol, en el que hay inscripciones relativas a su alta significación y a la gratitud que la patria le consagra por sus servicios.

He aquí una noticia bibliográfica incompleta de las obras de don José Cecilio del Valle:

Acta de Independencia del antiguo Reino de Guatemala; Soñaba el Abad de San Pedro, y yo también sé soñar; Código Legislativo; La legislación española; Elogio fúnebre de —Tegucigalpa.— (N. del E.)

CERTIDUMBRES Y VACILACIONES DE UN PROVINCIANO por Ramón Oquelí

"En un remanso de las montañas de Tegucigalpa, donde parece sosegarse el esplendor tropical, se halla la imagen marmórea de un hombre meditabundo y en pie.

"...y nos parece que, con la voz más acendrada y con menos angustia, esa figura se desencarna del mármol y vuelve a andar".
Rafael Heliodoro Valle.

"Dulce es nacer y que la suerte amiga, de un osado vigor dote la mente". Este delicado aplauso del poeta Quintana a la genialidad goyesca lo habría aceptado para sí José del Valle, estadista, escritor y ganadero, nacido en Jerez de la Choluteca y Mis Reales Tamarindos, el 22 de noviembre de 1777, y fallecido en Corral de Piedra, Guatemala, el 2 de marzo de 1834.

Porque, pese a la frustración en varios de sus proyectos personales o colectivos, y durante tres candentes decenios (1804-1834), este sorprendente personaje de la historia centroamericana patentiza una inquebrantable decisión en escudriñar los llamados secretos de la naturaleza, avizorar siglos, descubrir las leyes que rigen la historia, contribuir a la construcción de una ciencia que englobe todos los conocimientos y lograr que su patria, privada ya de la posibilidad de convertirse en nación próspera —como era su primordial ilusión—, lograse por lo menos escapar de hundirse en las ruinas, de sortear el naufragio definitivo.

Acaudalado heredero[45], poseedor de la biblioteca "más grande y escogida de Centroamérica", su vida oscila entre aspiraciones bien

---

[45] Su bisabuelo, José Díaz del Valle, fue alférez mayor y regidor perpetuo de Choluteca, donde enviudó tres veces y fue sepultado. Originario probablemente de Andalucía, ostentaba en su escudo la leyenda "El que más vale no vale tanto como vale Valle" y llegó a apacentar en sus haciendas más de 16 mil cabezas solo de ganado mayor.

definidas: la seguridad de su familia, que se reconozcan sus méritos, la organización de la República, el engrandecimiento de América y el anhelo permanente por lograr un mayor rendimiento de la capacidad humana en todos los niveles y latitudes.

Inscrito resueltamente dentro de la estirpe que más admiraba —la de los pensadores activos—, Valle trata de ampliar la línea iniciada en Centroamérica por el costarricense Liendo y Goicoechea[46]. Si su maestro, formado en la España de Carlos III, era admirador de Quevedo, La Fontaine, Fontenelle y Boileau, Valle se desvela por conocer hasta dónde habían llegado las investigaciones, las realizaciones de griegos, romanos, europeos y americanos. Entre otros: Aristóteles, Cicerón, Lutero, Newton, Locke, Linneo, Cuvier, Pascal, Mably, Say, Montesquieu, Voltaire, Decandolle, Rousseau, Jovellanos, Humboldt, Bentham, Buffon, Pradt, Grégoire, Caldas, Flores Estrada, Mirabeau, Mill, Filangieri, Saint-Pierre, Lagasca, Gall, Destutt de Tracy, Napoleón, Mirbel, Bolívar, Vicente Cervantes, Sack, Chateaubriand, Canning, Pecchio, Villaurrutia, Julien, Barrio, La Vigne, Condamine, Benjamín Constant, Bergaño, Mier y Terán, Unanue, Andrés del Río.

Sin convertirse nunca en un vulgar repetidor, Valle sintetiza, rectifica, amplía y utiliza el pensamiento recibido para analizar la problemática que le incitaba (¿sobre qué no discurrió Valle?). Sin desconocer la génesis y el alcance de las transformaciones violentas,

---

El bisnieto y homónimo José Díaz del Valle y Díaz del Valle fue puntual administrador de sus bienes, así como era ordenado en la contestación de su correspondencia y en la preparación de informes y discursos.
Ver Cartas de José Cecilio del Valle (Tegucigalpa, Universidad Nacional Autónoma de Honduras, 1963), Cartas autógrafas de y para José Cecilio del Valle (México, D. F., Biblioteca Porrúa, 1978), Cartas familiares (Tegucigalpa, Imprenta La Democracia, 1967) y la Introducción de Juan Valladares Rodríguez a El pensamiento económico de José Cecilio del Valle (Tegucigalpa, Banco Central de Honduras, 1958).
[46] Hombre de buen humor, fue el reformador del plan de estudios de la Universidad de San Carlos de Guatemala y diligente misionero en Agalta (Olancho). Ver Lázaro Lamadrid: Una figura centroamericana, Dr. Fr. José Antonio Liendo y Goicoechea, O. F. M. (San Salvador, Tip. La Unión, 1948).

su talante e intereses no lo impulsaron a la revolución, sino a las reformas globales y graduales. ¿Qué nos dice hoy su obra?

FUNCIONARIO Y PUBLICISTA

Sus juicios no proceden de un teórico, de un analista de la política, sino de un activo participante en la vida pública, que sabe cuándo debe hablar o reservar su pensamiento. "Son efectivamente muchas las reflexiones que he hecho desde el seno de mi biblioteca. Podría escribir un tomo sobre guerras civiles. Pero es trabajo largo. Ahora narrato narro sin dar juicios ni soltar opiniones". Y en carta familiar, después de relatar brevemente su encuentro con el brigadier Vicente Filísola, en Quezaltenango, advierte: "No olviden limpiar de continuo mi librería. Sean activos en los cobros, y denme razón de la entrega de la hacienda y de todo lo que ocurra. No es reservado el contenido de esta. Pero no hay necesidad de comunicarlo. La reserva es útil aun en cosas indiferentes".

En esta excesiva cautela se manifiesta la faceta conservadora de Valle, subrayada en el punto primero del Acta de Independencia, cuando, después de reconocer que aquella es "la voluntad general del pueblo de Guatemala", expresa temor a "las consecuencias que serían temibles en el caso de que la proclamase de hecho el mismo pueblo". Y en la apertura del primer Congreso Federal: "Si aumenta la energía de los pueblos, se disminuye o debilita la del gobierno".

Lo más frecuente, sin embargo, es que, ya en el ejercicio de los cargos públicos (auditor de guerra, fiscal, alcalde, diputado, ministro, miembro del Ejecutivo) o durante sus repliegues tácticos, en los que alterna el cultivo de las ciencias con las maniobras para alcanzar la suprema magistratura de la nación, Valle dirija o colabore en la publicación de órganos periódicos (El Amigo de la Patria, El Redactor General, Mensual de la Sociedad Económica de Amigos del Estado de Guatemala, Gaceta del Gobierno Imperial de México, Gaceta del Supremo Gobierno de Guatemala), la cual interrumpe su publicación al cesar Valle como individuo del Poder Ejecutivo en 1825. La línea que mantiene en ellos es la del combate contra la sinrazón, la injusticia y el despotismo; atreviéndose a plantear problemas, ofreciendo soluciones, enfrentándose resueltamente a sus adversarios. No rehuía la polémica y, a veces, la provocaba.

Valle se define a sí mismo como liberal. Y así como defiende el derecho a la propiedad, la libertad de comercio, no es menos enérgico sostenedor del derecho a la libre emisión del pensamiento: "La imprenta es el sentido universal del cuerpo humano. Su libertad es consecuencia necesaria de la falibilidad común. Es preciso permitirla, o decir que los que gobiernan no pueden errar. Ella enfurece al espíritu orgulloso de dominación, porque le quita la máscara; ella intimida y desconcierta a la audacia y tiranía por la posibilidad sola de su vigilancia, pero estos temores que inspira son elogios serios, y una prueba más de su necesidad".

"¿Cómo se ha conservado la tiranía? Por la esclavitud de imprenta. ¿Cómo se ha destruido la tiranía? Por la libertad de imprenta. En medio de las tempestades de una revolución es precisamente cuando las pasiones aumentan su audacia y actividad... pero esas mismas pasiones se neutralizan por su misma lucha... Su vigilancia activa compensa y repara los males que hacen nacer". "La mano más poderosa no tiene imperio sobre el pensamiento, y mientras haya en el globo un solo hombre que piense, las ideas de este hombre se irán dilatando por toda la tierra. Para que no existan las ciencias es necesario que no haya hombres. Habiéndolos, ha de haber quien piense, y existiendo algún pensador, sus pensamientos han de correr por la superficie de la tierra como las aguas del Támesis o el Sena, del Tajo y el Marañón".

A los treinta y ocho años de edad, cuando era fiel súbdito de la corona española[47], Valle hace un recuento de su producción literaria: "Una memoria o instrucción sobre la langosta y modo de exterminarla, y de precaver la escasez de comestibles, que se imprimió de orden del Gobierno; un papel acerca de lo practicado por aquel comercio en demostración de su lealtad en las actuales circunstancias e indicando las providencias que convendría dictar para que prosperase el giro de aquel reino, de cuyo papel se hizo

---

[47] Una de las más tristes imágenes de Valle nos la proporciona él mismo, en su contestación al capitán general José Bustamante y Guerra excusándose de escribir una memoria sobre los orígenes del movimiento independentista, pero prometiendo hacerlo si se le concedía colocación en la península (Revista del Archivo y Biblioteca Nacionales, Tegucigalpa, tomo I, 1905, pp. 313-316).

mención honrosa en la Gaceta de México; varios papeles anónimos publicados en los primeros tomos de la de Guatemala; una memoria sobre el método que debe seguirse en el estudio de la jurisprudencia, adornándose con los conocimientos de la historia civil y la particular de nuestro derecho, para saberlas aplicar; un prospecto o plan de enseñanza para la clase de Economía Política, en que ofrece escribir unas instituciones de esta ciencia, habiendo la Sociedad aprobado y reconocido su mérito; una memoria sobre el plan de estudios que convendría adoptarse en aquella Universidad; una instrucción manifestando los derechos y facultades de los jueces árbitros, los de las partes compromitentes, y el método con que deben proceder aquellos, y muchas alegaciones en derecho sobre asuntos de gravedad que ha defendido en aquella Real Audiencia".

En 1820, año anterior a la independencia centroamericana, Valle da a conocer que ha escrito un diccionario, "que no se ha publicado por falta de buena imprenta", propósito que reiteró nueve años después. Algunos artículos se referían a los siguientes temas: Autores, Ciencia, Educación, Maestros. En 1827 presentó nuevo inventario: "He continuado El Redactor, que comencé a publicar en 1825. Envío los números 10, 20, 22, 25, 26, 27 y 28, mi discurso sobre el Arancel, mi Prospecto de la Historia de Guatemala, mis observaciones sobre el Catecismo de Geografía, mi Proyecto de una expedición científica, mis pensamientos sobre el Congreso de Panamá, mi descripción de esta república en la parte constitucional y mis reflexiones sobre la necesidad de su existencia para conservar el equilibrio de la América. Remito también otras obritas mías de que he conservado algunos ejemplares, y estoy actualmente escribiendo un pequeño ensayo sobre el Congreso de la América".

"Yo no soy de ningún partido. No tengo necesidad de empleos, ni los he pretendido, ni los admitiré: quiero emplear el último tercio de mi vida en coordinar mis pensamientos y presentarlos a mi patria en algunos ensayos que comencé y no he podido acabar por servir los destinos a que he sido llamado". "Yo sigo como antes. Mi vida es de estudio, observación, meditación. La América dividida en nueve repúblicas y un imperio es obra muy instructiva, compuesta de diez volúmenes. Esta república es entre ellas la que me ofrece más observaciones".

Y en 1833, un año antes de su muerte, Valle remarca su vocación de divulgador de noticias y opiniones (en varias ocasiones pidió que los labradores diesen a conocer sus experiencias y que tanto alcaldías como congresos editasen diarios de sus sesiones, que serían como "focos grandes que derramarían luces por toda la república"): "Yo no ceso de ensuciar papel. Pero la impresión es cara en este país; sentiría mucho robar a los lectores el tiempo que pueden dar a tantas producciones de los genios europeos".

Esperaba rematar su obra a los setenta años de edad, pero fue a los cincuenta y seis, cuando posiblemente, a causa de infarto de miocardio con edema agudo de pulmón, y bajo ardiente sol, en medio del campo y "horribles ventarrones que se habían desatado por aquellas llanuras", concluyó una existencia que había sido más desvelo que diversión. Vida preciosa, "fecunda en labores", como la sintetizaría su primer gran biógrafo[48].

EL TIEMPO, EL HOMBRE Y SU ESTILO

"A una vida laboriosa acompaño regularmente una conducta irreprensible, porque el trabajo exige recogimiento, y el retiro no permite las distracciones del vicio público y privado". Así se quería ver a sí mismo don José del Valle, como hombre de bien "en toda la extensión de mi ser, en toda la latitud de mi vida y en la aceptación estricta de la palabra", "receloso de caer en falta alguna vez". Deseaba que la posteridad "le hiciese justicia". "No deseo ser condenado por la posteridad". "Yo no hablo a las generaciones presentes. Hablo para las futuras que les sucedan".

"No tengo ambición, ni es posible que la haya en quien conozca toda la delicadeza de nuestras circunstancias. No pretendo empleos, no deseo destinos, ni he mendigado sueldos. Abro mi alma para que la lea el que quiera. Mi primera pasión, la que ha formado mi carácter y creado el género de mi vida, no es la de mandar, especialmente en la época más espantosa para los mandos; no es la de estar cosido a un bufete leyendo procesos insípidos o repugnantes. Es la del estudio en

---

[48] Ramón Rosa, Biografía de don José Cecilio del Valle (Tegucigalpa, Tipografía Nacional, 1882) y "Don José Cecilio del Valle y la posteridad", Centro-América Ilustrada, Guatemala, no. 1, septiembre 1889.

las delicias del retiro y soledad: la de cultivar esas ciencias que han sido el primer placer de mi alma, la de leer lo que ha publicado el talento en los libros inmortales, gloria del hombre, orgullo de la especie...".

"Dado a ocupaciones de esta especie, leyendo, pensando, escribiendo, comenzaría desde luego a pasar tranquila y plácidamente el tiempo de que al fin soy señor[49]. Pero hay momentos en que no es permitido el silencio; y uno de ellos es el presente. Pueblos que me honran con su opinión quisieron darme sus votos para el primer empleo de la República". Liberales y conservadores, poniendo tregua a su rencilla permanente, coincidieron en el fraude electoral. Francisco Morazán, quien, disputando el mismo cargo, venció a Valle en 1830, así como perdió frente al mismo en 1834, afirmó en 1841: "La elección de Presidente de la República hecha por el Congreso en el ciudadano Manuel José Arce, contrariando el voto de los pueblos que dieron su sufragio al ciudadano José del Valle, fue, en mi concepto, el origen de las desgracias de aquella época"[50].

Al reproche de haber desempeñado un ministerio durante el imperio de Iturbide, quien anteriormente lo había apresado, Valle responde: "Yo vi por una parte en don Agustín Iturbide lo que no olvidó jamás el Congreso de México, el general que tuvo valor para ejecutar con suceso el plan de independencia; y compadecí su suerte porque la de un desgraciado interesa siempre a los que no han nacido en el país de los carnívoros... Cuidé especialmente de que la revolución, avanzada ya a mi ingreso en la secretaría, no fuese sanguinaria ni tuviese el carácter de reacción física, horrorosa como todas las que llegan a tomarlo; supe quiénes habían sido mis delatores e informantes; pude vengarme de ellos y no lo hice entonces, ni lo he hecho después". "Los reptiles que entran arrastrándose en los palacios para abusar después de la autoridad con orgullo, los delatores oscuros,

---

[49] En otras ocasiones anotaría: "El tiempo me ha sorprendido", "El tiempo vuela con la rapidez del águila, y su movimiento precipita los sucesos, varía las escenas, y nos pone en situaciones diversas".
[50] Honduras Literaria, 2a ed. (Tegucigalpa, Ministerio de Educación Pública), no. 6, 1958, p. 123. Selección de Rómulo E. Durón.

los informantes ocultos, han sido siempre los que he visto con más horror".

Según Valle, mientras a principios del siglo XIX "las provincias de América sujetas a la legislación de Castilla tenían un movimiento uniforme y tranquilo que no presentaba sucesos grandes o extraordinarios", en 1822 "esos mismos pueblos desarrollaban con energía los resortes de su elasticidad, cuando la voluntad dominante era mudar la faz de las naciones, destruyendo lo antiguo y creando sobre sus escombros otro orden nuevo de instituciones, cuando en un año se levantaba majestuosamente una monarquía que quería extenderse desde California hasta el Istmo de Panamá; y en el siguiente desaparecía esa misma monarquía sin muerte ni sangre, casi sin ruido o estrépito. Residente en la capital de la nación donde se representaban escenas tan grandes; puesto sin pretenderlo en el centro del Poder Legislativo primero, y del Ejecutivo después; víctima yo mismo del torrente que arrastraba unas sobre otras todas las cosas; hoy en un arresto y al otro día en un ministerio, la sucesión misma de los acontecimientos era preciso que hiciese pensar al hombre menos ejercitado en observaciones. Yo quiero presentar las mías a mi patria".

Era partidario Valle de una jerarquía humana con las siguientes escalas: "Primero, el que ilustra; segundo, el que siembra; tercero, el que fabrica; cuarto, el que transporta; quinto, el que defiende a la sociedad de que es individuo; sexto, el que concilia y excusa pleitos". Aunque afirmaba no ser sabio, sino estudiante, tenía plena conciencia de su excepcionalidad, y en algún momento de humor lo consigna: "Creo que en la Historia Natural Linneo no me hubiera puesto en la clase en que habría colocado a Martínez y los Asturias"; "admiré las singularidades de mi vida", dirá en otra ocasión. También reconoció haber recibido dos grandes herencias: sus haciendas de Honduras, a las que no volvió desde niño, y la educación en Guatemala.

Sin atreverse a hacerlo, Valle anunció: "Moriré pobre, sin fincas o propiedades", con el fin de hacer felices a miles de sus conciudadanos. Son evidentes las falacias a que recurrió para justificar actos políticos: "La ignorancia del pueblo es el origen de la esclavitud que sufro y la prisión que padezco". "Mis servicios comenzaron en 1821". Sus contemporáneos conocían los que prestó a tres capitanes generales: González, fusilado por Morelos en

México; el duro Bustamante y el más dúctil Gabino Gaínza. Este pasado servil fue una de las causas del rechazo de Valle que todavía perdura.

Los otros posibles factores son su estilo literario y nuestra pequeñez aldeana.

Ya Andrés Bello, desde Londres, en el Repertorio Americano, comentando sus intervenciones en el Congreso Federal de 1826, lanzó esta advertencia: "Sería de desear que el sabio autor de estos discursos no hubiese contraído el hábito de encadenar y graduar sus ideas con una uniformidad que hace amanerado su estilo". Ramón Rosa, otro entendido en la materia, no soportaba al pisoteador de la gramática y aconsejó no tomar como modelo "un lenguaje monótono, abrumador por la grandeza del pensamiento, abrumador por la monotonía de la forma... una serie prolongadísima de dos puntos escalonados en cada breve párrafo; entre cada dos puntos un gran pensamiento, y con frecuencia en una enumeración, dos puntos separan una palabra de otra... abunda en latinismos, galicismos, anglicismos e italianismos".

El otro Valle, el gran polígrafo hondureño del siglo XX, elogió el abandono de su estilo habitual, dando como ejemplo la alabanza que don José hizo del plátano: "Originalidad de su fisonomía, en la belleza de su forma, en el esmalte y extensión de sus hojas, en el poco costo de su cultivo, en el corto tiempo que tarda en fructificar, en la fecundidad con que se produce, en la cantidad alimenticia de su fruto, en la harina que da cuando es verde; en los manjares a que se presta cuando es en sazón". Agregando Rafael Heliodoro el siguiente comentario: "Maravillosa musácea que, en el devenir de los años, en vez de ser la bendición que él deseaba para los hijos de Centroamérica, se trocó en tormento y a veces en símbolo de esclavitud y fruto ensangrentado"[51].

---

[51] Prólogo a la antología Valle (México, D. F., Secretaría de Educación Pública, 1943), reproducida por EDUCA (San José, Costa Rica, 1971), con el título El pensamiento vivo de José Cecilio del Valle.

EL GUATEMALTECO INSATISFECHO

En la última década del siglo XVIII, y procedente de su natal Choluteca, el niño Valle llegó a la capital del reino de Guatemala. Su origen provinciano le será recordado con frecuencia, y la postergación que esta condición genera lo lleva a reaccionar contra el "espíritu de familia", a enfrentarse a la "aristocracia municipal" de la ciudad que más amó[52]. En 1818, escribe: "Los hijos de Guatemala, niños imberbes, están casi todos colocados; y yo no lo estoy después de trabajo y sacrificios". Dos años después publica una lista de sesenta y cuatro empleados "que por sus enlaces forman una familia". Lamentablemente, el artículo "Del absolutismo a la libertad" se interrumpe cuando profundizaba en el desenmascaramiento: "La aristocracia municipal de Guatemala era, como todas las aristocracias, enemiga decidida de los derechos de igualdad. Pero supo, como las demás, hablar idioma que no era el de su pecho. Para elevarse más sobre las que se llamaban castas, para no estar sometida a un gobierno que daba a los españoles los empleos más importantes; para subir a los primeros puestos y gobernar desde allí a los pueblos, quiso la independencia y trabajó para ella con aquel objeto".

Es consciente Valle de la necesidad de superar tres siglos de pasado colonial, generador de "nuestra degradación y miseria". Denuncia las leyes que "hicieron renacer en el nuevo mundo, con nombre y forma distinta, el sistema feudal que había en el antiguo... las leyes que han sido origen de la distribución poco justa de las tierras; las leyes que procuraban fundar las poblaciones en derredor del oro y la plata sobre montañas estériles y embarazaban la población de las costas, hermosas por su fecundidad y riqueza... las leyes que en un aspecto presentaban al indio como el ser más privilegiado, y en otro no le permitían montar una caballería, ni tener bailes, ni haber armas defensivas ni ofensivas... y prohibiendo al español la residencia en pueblos de indios, impedían la ilustración de estos y no permitían vivir en sociedad a los que eran individuos de ella"; "las que formaron una nomenclatura depresiva de los que nacen fuera de matrimonio.

---

[52] "Entré en esta capital; y si hubiera sido posible estrechar en mis brazos a Guatemala, yo la hubiera apretado en ellos con más gozo que un amante al objeto de sus amores", escribirá a su regreso a México. Algo de este fervor conocían seguramente quienes a finales de 1820 lo eligieron alcalde.

Espurios, manceres, notos, fornecinos, naturales, legitimados, etc., esta es la nomenclatura bárbara con que las leyes de Partida degradaron a clases enteras".

"No han sido formadas por la razón la división económica, la eclesiástica, la militar y la forense de lo que antes se llamaba Reino de Guatemala[53]. Parecen hechas a la aventura, sin fijar los principios que debían servir de base. El gobierno que en una provincia se concentra en el espacio pequeño de 18 leguas de longitud sobre 13 de latitud, en otra se extiende a un área de 28 leguas de E. a O. sobre 30 de N. a S. El poder que se dilata en unas a 200 000 individuos es reducido en otras a 25 000". "Ved aquí producida, por la distribución injusta de territorio, la desigualdad de fortunas, origen de vicios, causa de la miseria en unos y de la riqueza en otros".

"Se trata de crear una república donde no había más que una colonia regida por un gobierno lejano; se trata de hacer ciudadanos a hombres que por tres siglos habían sido formados para que no lo fuesen jamás. Se trata de desarrollar la multitud de gérmenes que existen escondidos en una extensión vasta de miles de leguas; se trata de abrir canales, mudar el curso de las aguas, descuajar montes y taladrar montañas; se trata de luchar con la naturaleza y hacer culto lo que era bruto".

"Los que creen que el dinero es preciso para todo, juzgarán imposible sin él la aperción de caminos, la composición de puertos. Yo veo la colmena hermosa que regala mi paladar. Sin dinero la han hecho las abejas; sin dinero han elaborado tanta miel y formado tantas celdillas unos insectos pequeños, incomparables con el hombre. El trabajo unido y constante que hace colmenas, puede abrir caminos, componer puertos y emprender obras de bien general. Uníos para las obras de común utilidad; y esa mano que eleva al hombre sobre los tigres y leones os hará poderosos y ricos".

"En Guatemala calculan unos tres y otros dos millones largos de habitantes. Todas las probabilidades son en su favor. No ha habido en ella desde muchos años peste alguna desoladora, no ha sido víctima de las guerras devastadoras que han sufrido Colombia y México; las tierras son fértiles, las sustancias baratas, el sexo fecundo (son

[53] Valle gusta llamar a Centroamérica "Nación guatemalana".

diversas las madres que han tenido más de 20 hijos), y el peso de las contribuciones mucho más suave que en Nueva España y las demás naciones de América y Europa".

Recomienda Valle evitar que en la capital se acumulen "el gobierno superior, la audiencia territorial, las tropas, el arzobispado, etc.; que esto es lo que le da prepotencia extraordinaria, y por esta prepotencia sufren las provincias; que debe haber equilibrio, y para que lo haya, se debe establecer en una provincia la capitanía general y tropa, en otra la intendencia y rentas, en otra la audiencia, en otra el gobierno político, etc.".

Partidario inicial de la apertura del canal de Nicaragua, Valle advierte después el peligro de entregar a una compañía extranjera la llave del comercio. "Nuestra república está tierna todavía. Abrir ahora el canal es poner en ella la manzana peligrosa de la discordia; es sembrar la semilla de los celos y rivalidades extranjeras cuando no tenemos todavía desarrolladas nuestras fuerzas". También teme que la dobleguen México o Colombia.

"El centro de América puede serlo de luces y riquezas. Está colocado en medio de un continente inmenso, inagotable de preciosidades. El Atlántico baña al norte sus costas y, dándole puertos por aquel lado, le facilita las comunicaciones de la América septentrional, de la Europa y el África. El Pacífico fecunda al sur su litoral y, proporcionándole puertos por aquel rumbo, lo abre a las relaciones del Asia y de la Oceanía". Sueña con emular a Inglaterra. "Guatemala hubiera sido la primera nación del mundo si para serlo hubieran bastado los votos ardientes de mi voluntad". "No es una hipérbole nacida del amor al país natal. Es una verdad de hecho, patente a todos los ojos. Son inmensas en Centroamérica las ventajas de su figura, de su posición, de su suelo, y de todos los seres físicos que la pueblan".

Pero ocho semanas después de la declaración de independencia, Valle advierte los peligros de la discordia, que produciría "todos los males de la anarquía y los escándalos de la guerra civil". Cuando estalla, escribe: "Esta república tranquila y sosegada empezó a conmoverse porque el gobierno no respetó la ley fundamental". "La Constitución no prohíbe su derogación o mutación. Si tiene vacíos o defectos, deróguese o varíese del modo que ella misma designa".

A fines de 1826, "empezó la revolución que no olvidarán jamás los anales de Centroamérica. Desaparecieron los poderes constitucionales, quedó solamente el despotismo incendiador de los pueblos, destructor de hombres, devorador de capitales; los Estados de El Salvador, Honduras y Guatemala se alzaron contra él en uso de sus derechos, y la justicia triunfó al fin como era de esperarse". "El hacha de la revolución derramó la sangre de los operarios, destruyó la propiedad de los capitalistas y sofocó la voz de los hombres de luces en los últimos años. No han quedado más que escombros, fragmentos o ruinas".

"Centroamérica, mi patria querida, había hecho en el tiempo pasado algunos progresos en la ilustración y riqueza. Pero cuatro años de gobierno inepto, dos y medio de revolución horrorosa han hecho que retrograde espacios inmensos. Escombros y ruinas, sangre y muerte son los monumentos que ha dejado el despotismo. No bastan talentos ordinarios para reparar un edificio tan estropeado. Aun los extraordinarios sería preciso que meditasen y trabajasen mucho".

Muchos centroamericanos confiaban en que la salvación de la república se encontraría en la dirección del sabio estadista. Z. G., uno de aquéllos, escribe cinco días después de su muerte: "Él era ya el Presidente popularmente electo. Después de tantos años de calamidades y errores, aleccionados en la escuela de la desgracia, no nos dirigíamos ya por las intrigas de un partido, ni, más deslumbrados por la brillantez de una gloria alcanzada en combates de hermanos contra hermanos, pagábamos este obsequio a la capacidad. La votación unánime de los Estados de El Salvador y Costa Rica, y numerosos sufragios en los demás Estados, el clamor de los hombres sensatos y las instancias de los verdaderos patriotas llamaban a Valle al frente de la República". "... y algún día, la historia americana, al recordar a los patriotas, los héroes y sabios del hemisferio occidental, inscribirá en sus páginas el nombre de nuestro compatriota con elogios"[54].

---

[54] Obras de José Cecilio del Valle, compiladas por José del Valle y Jorge del Valle Matheu (Guatemala, Tip. Sánchez & de Guise, 1929), tomo I, pp. 303-304.

UNA EXIGENCIA AMERICANA

Sólo una vez traspasó Valle las fronteras de Centroamérica y nunca cruzó el océano. Europa es entrevista a través de sus lecturas y reflexiones: "Es la porción más luminosa, la que reúne y esparce más luces. No ha mucho tiempo que era salvaje, y la comunicación inmensa de los hombres que la habitan la ha elevado a ese punto de razón que admira a la misma razón". "Los europeos ignoraron mucho tiempo la existencia de la América; y esa ignorancia fue feliz para sus indígenas". "La América no caminará un siglo atrás de Europa, marchará a la par primero, la avanzará después; y será al fin la parte más ilustrada por las ciencias, como es la más iluminada por el sol".

Este débil fundamento teórico lo lleva a menospreciar otros continentes y a confiar excesivamente en la potencialidad americana: "La América será, por último, lo que debe ser, colocada en la posición geográfica más feliz, dueña de tierras más vastas y fecundas que las de Europa, señora de minerales más ricos, poblada con la multiplicación de medios más abundantes de existencia, ilustrada con todos los descubrimientos del europeo y los que estos mismos descubrimientos facilitarán al americano; llena de hombres, de luces, de riquezas y de poder, será en la tierra la primera parte de ella: dará opiniones, usos y costumbres a las demás naciones, llegará a dominar por su ilustración y riqueza, será en lo futuro, en toda la extensión del globo, lo que es al presente en Europa la rica y pensadora Albión".

Con el transcurso de los años, gran parte de estas ilusiones se van desmoronando. "Ya está proclamada la independencia en casi toda la América, ya llegamos a esa altura importante de nuestra marcha política, ya es acorde en el punto primero la voluntad de los americanos. Pero esa identidad de sentimientos no produciría los efectos de que es capaz, si continuaran aisladas las provincias de América, sin acercar sus relaciones y apretar los vínculos que deban unirlas". "Chile ignora el estado de Nueva España; y Guatemala no sabe la posición de Colombia".

Valle advierte el peligro de que los americanos no se despojen del espíritu de conquista abierta o disfrazada: "Supóngase que empiezan a ocupar con tropas el gobierno de Washington a los pueblos de Nueva España que quieran ser parte de los Estados Unidos de Norteamérica; el de México, a los pueblos de nuestra república que quieran sujetarse a la mexicana; el de Guatemala, a los de Colombia que quieran unirse a Guatemala, etc. La América sería entonces imagen verdadera del caos. Los malcontentos de una república darían voces a favor de la vecina. Todo sería confusión. Un desorden general se extendería desde Texas hasta Chile. No habría paz, sosiego ni tranquilidad".

"La ambición es muy astuta. No sólo trepa a los tronos suntuosos de las monarquías. Sube también a los doseles modestos de las repúblicas. La cartaginesa se apoderó de casi todas las islas del Mediterráneo... La romana fue más conquistadora que Alejandro; y la francesa, ¿no fue también plagada del espíritu de conquista en medio de los ascensos de libertad, cuando la de los pueblos de Francia era el objeto de su entusiasmo?".

"El hombre es hombre en las democracias y monarquías, en las oligarquías y teocracias. Cuando su alma siente superioridad de fuerzas, su razón no la tiene algunas veces para impedir el abuso de ellas. Desconoce los principios de justicia, y ataca los derechos de otros al mismo tiempo que proclama respeto a los suyos". Las repúblicas americanas invadirán algún día las Antillas, vaticina Valle en una ocasión, y en otra condensa su apreciación negativa: "Veintidós años pasados desde 1810, digo yo de la América, mi patria, han sido 22 años de equivocaciones, sangre y lágrimas".

Para prevenir estos males, Valle propuso una confederación de todas las provincias que habían alcanzado su independencia: "Se crearía un poder que, uniendo las fuerzas de 14 o 15 millones de individuos, haría a la América superior a toda agresión, daría a los Estados débiles la potencia de los fuertes; y prevendría las divisiones intestinas de los pueblos, sabiendo éstos que existía una federación calculada para sofocarlas". "Se comenzaría a crear el sistema americano, o la colección ordenada de principios que deben formar la conducta política de la América, ahora que empieza a subir la escala que debe colocarla un día al lado de la Europa, que tiene su sistema y ha sabido elevarse sobre todas las partes del globo".

La admiración y desconfianza hacia Europa, sus fervores y decepciones americanas, van acompañadas de pretensiones que superan los límites de ambos continentes. Cree Valle que es necesario fijar "los derechos y deberes del hombre, los derechos y deberes del ciudadano, los derechos y deberes de las naciones", y que, para ello, es indispensable conocer hasta dónde puede llegar la especie humana. El rara vez ingenuo, el seguro o contradictorio Valle, el pensador alerta, el estadista no improvisado, rechaza los estereotipos que enturbian la visión de muchos de sus contemporáneos.

LA ESPECIE HUMANA

Era frecuente —lo sigue siendo — llamar ignorantes y perezosos a los indígenas. El 7 de mayo de 1822 Valle describe Mixco, a pocas leguas de la capital guatemalteca, con 2.550 indios y 500 ladinos. "No hay escuela de primeras letras, ni estanquillo de aguardiente; pero hay 6 de chicha. En la cárcel de mujeres no había reo alguno. En la de hombres había 4, y uno de ellos es un indio que había dado muerte a su mujer. No tienen los indios ejidos por el lado que mira a Guatemala; se ven obligados para sus siembras de maíz a ser arrendatarios de los pocos propietarios de las tierras; y este costoso arrendamiento les sujeta a dar 2 pesos y 2 gallinas para la licencia, y una fanega de maíz de cada docena de las que cosechan. La arriería, las siembras de maíz y la construcción grosera de ollas y tinajas de baño son los 3 ramos principales en que se ocupan los del pueblo. Están muy incultos los indios; y su inculto es la prueba más decisiva de la poca protección que han merecido de la capital, sin embargo de tenerla tan inmediata. Un viajero encuentra los víveres necesarios para su mantención y la de sus caballerías. Pero se penetra de sentimiento viendo tan ignorantes y miserables a los que, por estar cerca del gobierno, debían ser ricos y civilizados. La inmediación a la capital sólo les sirve para desmoralizarlos. Por el lado opuesto tienen ejidos hasta El Manzanillo, que está como a una legua de distancia del pueblo. Pero estas tierras no bastan para sus labores. Deben ser arrendatarios, y el arrendamiento es una de las causas de su pobreza".

En estas notas de viaje, en las que Valle sigue un plan menos extenso en lo físico que Humboldt, pero "con puntos de vista más interesantes en lo político", consigna: "Los pueblos, lejos de progresar, parece que van retrogradando. Es poblado un partido, es laborioso y rico, tiene nombre para serlo, y esta opinión, que debía ser su felicidad, es el origen de sus desgracias. Su riqueza arriba la codicia de un pretendiente ambicioso. Logra el mando con el nombre de corregidor, alcalde mayor o jefe político; y desde entonces comienza a obrar una de las causas destructoras que sensiblemente va empobreciendo los pueblos. La Ley de Indias que manda procesar a los alcaldes mayores que, entrando pobres, salen ricos, supone ejemplares lastimosos. Termómetro a los 63 grados".

"... El indio, a quien se ha supuesto indolente y perezoso, es activo y capaz de los trabajos más duros. Sus brazos son los que rompen las montañas y pulverizan las peñas para sacar el oro y la plata que exporta el comercio". Confiesa Valle haber leído con gusto planas escritas por niños y niñas indígenas. "Newton y el indio son hijos de una familia, individuos de una especie". Además del bretón, "honor de la especie", Valle admira profundamente a Jovellanos, "ese hombre raro, poeta, político y filósofo a un mismo tiempo, desgraciado y perseguido por ese genio maligno que en todos los tiempos y países se place en morder todo lo grande". A partir de este tipo de observaciones e inclinaciones, se pregunta: "¿Cómo hacer para que en los semblantes indígenas no se refleje la humillación?". "¿Cómo se podrá suavizar el carácter feroz del hombre?". "¿Cómo explicar la necesidad de sangre que atormenta a algunos individuos de la especie humana?". "¿Por qué hay países de abundancia y lugares de miseria? ¿Por qué se estanca la riqueza en uno o dos puntos solamente y no se distribuye por todos? ¿Por qué hay pobres y ricos?". "¿Se acabará al fin la desigualdad que hay entre las naciones? ¿Hará progresos la igualdad en los individuos de un pueblo? ¿Podrá perfeccionarse realmente el hombre?".

"Es sensible, pero es cierto. Los hombres son injustos e ignorantes, o ignorantes o injustos simultáneamente". "El hombre, comprimido por los pesos del fanatismo, de opiniones erróneas, de leyes injustas y gobiernos despóticos, no ha podido hasta ahora, después de tantos siglos, desarrollar plenamente sus facultades o potencias". "Los hombres marchan siempre de un extremo a otro extremo y no se fijan jamás en el medio de la prudencia, sino después de experimentos dolorosos y sacrificios sangrientos". "Han corrido millares de siglos. Ya es viejo el mundo. ¡Y todavía hemos de ser niños!". "Cada país presenta ejemplos, cada siglo lecciones. Pero los hombres no las reciben. Son insensibles a las desgracias de su especie: no investigan su origen ni estudian sus causas".

Rara vez disimulador de sus propios errores y vacilaciones, Valle reconoce: "Son diversas las dudas que me han atormentado en los períodos de mi vida". Esta experiencia personal es generalizada: "Todos empezamos errando, todos damos traspié en una carrera difícil". "Errores y verdades; desatinos torpes y descubrimientos felices: esto es la marcha del hombre. Si queremos que nuestros caros hijos tengan la gloria de los segundos, resolvámonos nosotros a sufrir el oprobio de los primeros. ¿No son los padres los que trabajan para que gocen sus descendientes?".

"Todavía no se sabe de lo que el hombre es capaz de ser. Haced, legisladores, el experimento. Permitid que desarrolle todas sus capacidades y desenvuelva todas sus energías". "Las facultades físicas, la fuerza, la destreza, la finura de los sentidos son de aquellas cualidades cuya perfección puede transmitirse. Al menos la observación de las razas de animales domésticos, inclina a creerlo, y sería útil que lo confirmásemos con observaciones directas hechas sobre la especie humana".

"El hombre, ese entecillo que, puesto en pie, en las aptitudes de más fuerza, no ocupa una vara cuadrada de tierra, es el dominador universal". "No está probado si existen o no seres en otros planetas". "Es igualmente imposible decidir a favor o contra la realidad futura de un suceso que no podría realizarse sino a la época en que la especie humana hubiese adquirido luces de las que apenas podemos formar idea. ¿Quién osará adivinar lo que puede ser algún día el arte de convertir los elementos en sustancias útiles para nuestro uso?".

¿Qué ha impedido a los hombres alcanzar la máxima plenitud? El absolutismo político, la desigualdad económica, la falta de educación, la injusticia de las leyes, la no domeñada irracionalidad. Con la religión, la moral, la educación, la ciencia y el gobierno dirigido por la razón y la experiencia, Valle cree que es posible mejorar la especie humana.

RELIGIÓN Y MORAL

En numerosos escritos y actos de su vida, Valle se proclamó fervoroso creyente, así como resaltó la importancia política de la religión. La católica, "que hemos profesado en los siglos anteriores y profesaremos en los sucesivos", debía conservarse pura e inalterable, según exigencia del Acta de Independencia.

"Si en todos los tiempos es necesaria la religión, en las transiciones peligrosas de gobierno, es más precisa que en los demás"; "la religión que, uniendo a los hombres con caridad tan sublime, identifica las existencias y hace desaparecer los partidos; la religión que tiene los poderes del cielo, es la que, empleándolos en bien de los hombres, los une a todos con los vínculos más fuertes". "La política, en vez de destruir, debe conservar la religión que penetra hasta donde no llega la ley; la religión que pone freno a los que no tienen el de honor, luces y educación. No es la destrucción de los ministros de la Iglesia el fin que debe marcarse. El objeto importante de los gobiernos debe ser nacionalizarlos, hacerlos ciudadanos, procurar que no se dividan los conceptos de miembros de la Iglesia e individuos de la sociedad".

Anclado, al parecer, en una visión religiosa del mundo, no existe en Valle la idea de una Providencia que dirige a sus criaturas; la historia es hecha por los hombres. Llegó a ser acusado ante el Santo Oficio porque, al comentar los sermones del admirado Massillon, le señalaba un defecto: espiritualizar demasiado a los reyes, pretendiendo "desprenderlos excesivamente de la tierra", asegurando el denunciante que Valle parecía querer hacer extensiva esta observación al mismo Evangelio[55]. Por su talante crítico, Valle

---

[55] El cristiano errante (Guatemala, Editorial José Pineda Ibarra, 1960), tomo I, pp. 52-53, y Memorias para la historia de la revolución centroamericana, 2a ed. (Guatemala, Imp. de la Paz, 1853), p. 71. Jacobo Haefkens, cónsul holandés, dejó testimonio de que, en su informe como presidente de una comisión legislativa, Valle justificó "la conveniencia y justicia de la pena de destierro", a la vez que "se alzó con vigor irresistible contra la pena capital en general; la contemplaba desde un punto de vista histórico e hizo ver cómo el mundo civilizado empezaba a condenarla", en Viaje a Guatemala y Centroamérica (Guatemala, Editorial Universitaria, 1969), p. 233.

hubiera coincidido con aquel predicador de la leyenda, que matizaba los dogmas: "Como dijo el Espíritu Santo, y en parte tiene razón...".

Si las religiones son varias, la moral es una sola, y no hay separación entre la moral pública y la privada; ambas son inseparables de la justicia, que reinará cuando los ciudadanos de cada nación sean compañeros, cuando los hombres construyan una verdadera sociedad: "la sociedad será lo que debe ser: compañía de socios, familia de hermanos. Estos sentimientos de justa libertad, estas sensaciones de libertad bien entendida, harán nacer la moral que no puede existir entre amos y esclavos, entre opresores y oprimidos; no hollarán los unos los derechos de los otros; el hombre se respetará a sí mismo en sus semejantes, y la moralidad, que es el respeto mutuo de los derechos de todos, brillará al fin en las tierras donde ha sido más ofuscada". "¿Puede haber filantropía más sublime que la de identificar a todos los hombres, haciendo que en mi semejante vea otro yo?".

CIENCIA

El 12 de marzo de 1814 Valle señala que el trabajo que más interesa a las ciencias es el de "desnudarlas del aparato misterioso con que se han presentado, el de hacerlas populares, el de achicarlas y ponerlas al alcance de todos". El 7 de agosto del mismo año recomienda: "Si se unen los hombres para ocuparse en conversaciones insípidas o para verse unos con otros, fumar y bostezar, únanse ustedes para cultivar las ciencias comenzando por donde debe principiarse. Todo origen es pequeño". El 26 de octubre de 1820 afirma: "Todas las ciencias son útiles, todas influyen en el bien social, las que se arrastran por la superficie del suelo y las que se elevan a la región de los planetas"; "la armonía, suavizando el carácter feroz del hombre, hace que no sea carnívoro, o que sea más humano con sus semejantes. El escolasticismo, objeto de risa en estos tiempos, era escala para subir al método feliz del análisis. Sólo un espíritu pequeño, incapaz de abrazar grandes relaciones, no percibe las del hermoso todo que forman las ciencias, influyendo unas en otras para sus progresos, y contribuyendo todas a la felicidad general. Sólo la ignorancia puede desdeñar unas y alzar otras".

"Las ciencias son relativas a las necesidades que las han creado; las necesidades son relativas a la organización física del hombre; los hombres son relativos al punto que ocupan en la tierra; y la tierra es relativa al lugar que tiene en el universo. Todo es enlace, todo es vínculo". "No es demostrada la población de los otros planetas. Razones de analogía la afirman, razones de la misma especie la niegan. Pero supóngase cierto. En esta hipótesis, las ciencias de los que vivan en Saturno serán distintas de las cultivadas en Mercurio encendido". "Las ciencias tienen simultáneamente el sello de la unidad en un sentido, y el de la diversidad en otro. Es preciso que sea así. Los hombres son unos en todos los países, mirados en un aspecto, y diversos en todos, considerados en otro".

"La naturaleza es un sistema sabiamente concatenado de seres; y las ciencias deben ser también un sistema, organizado con sabiduría, de conocimientos relativos a las partes y leyes de la naturaleza". "Todo es luz refleja en el sistema científico. Si se corta la comunicación de unas ciencias con otras, si se aíslan o separan por líneas impenetrables, no habrá reflexión de luces ni claridad en los espacios que se extienden a cada una de ellas. Todo será oscuridad y tinieblas". "Las ciencias que ilustran a los hombres son partes de un todo hermoso. Es uno el sistema que constituyen de conocimientos humanos. Los progresos de las que parecen más aisladas influyen en las demás, las luces reflejan en todas, y las tinieblas de unas oscurecen a las otras".

"Si el análisis es el instrumento grande del arte de pensar, las ciencias naturales son las que enseñan el método, y cuando las morales, las legislativas, etc., formen tablas de virtudes y vicios, de delitos y penas, etc., tan claras y metódicas como las de plantas y fósiles, entonces los trabajos serán menos penosos; las ciencias abrazarán espacios más grandes, y el amigo de ellas verá, en un cuadro pequeño, el sistema entero de los conocimientos humanos".

"En la naturaleza hay variedad casi infinita de fenómenos que se suceden unos a otros; todos son, sin embargo, efecto preciso de leyes invariables, y el conocimiento coordinado de estas leyes forma la ciencia. En las sociedades políticas hay diversidad menos numerosa de fenómenos o acaecimientos, todos son obra de leyes igualmente constantes, y el conocimiento de ellas, elevado a sistema o cuerpo organizado de doctrina, forma la ciencia".

"La ciencia de los hechos debe preceder a toda teoría científica o política. En vano se forman sistemas, en vano se trazan planes si no anteceden los conocimientos que deben servir de base. Los primeros son imaginarios y los segundos inexactos cuando no se han reunido, estudiado y coordinado los hechos en que deben fundarse". "Obsérvese la marcha de las ciencias en el movimiento de los tiempos. Desaparece la física que admiraba el siglo antecedente y comienza a brillar otra en el que sigue. Cae la política de una edad, y sobre sus escombros se levanta otra que también será arruinada". "A Buffon sucedió Cuvier, después de Cuvier nacerán otros sabios y, más allá de Newton, la imaginación divisa otros Newtones".

"El siglo XV presentó el arte de la imprenta; el XVI, el Nuevo Mundo, la cochinilla, el añil y el tabaco; el XVII, el telescopio, el barómetro y el termómetro; el XVIII, una filosofía nueva; el XIX, la independencia de la América y las experiencias grandes. Los que le sigan serán superiores, y, marchando sucesivamente, yo no sé hasta dónde llegarán los adelantamientos de las ciencias, los progresos de la riqueza, la mejora de los pueblos y las perfecciones de la especie".

SOCIEDAD E HISTORIA

A la observación de la naturaleza, Valle une el análisis histórico. "La historia entera del género humano no es más que una historia de acciones y reacciones; y entre unas y otras jamás hay igualdad matemática". "Estudiemos la materia bruta, que es lo más sencillo de la naturaleza; subamos después a la materia vegetal, que presenta fenómenos más difíciles; trepemos sucesivamente a la materia animal, que aparece más complicada en todas sus funciones; ascendamos al hombre, que es el ser más grande de la tierra".

"En lo político, como en lo físico, nada se hace de repente. Todo se va formando lentamente. Las peras que hermosean una mesa no son frutos sazonados en un día. Sudó el labrador, limpiando, arando, preparando y sembrando la tierra; comenzaron a desenvolverse los gérmenes tiernos de las plantas; fueron creciendo poco a poco...". "El mundo político está sin duda sometido a leyes tan constantes como el físico. Mucho tiempo ha que leo y releo la historia solo para ir descubriendo esas leyes. Tengo algunos apuntamientos. Pero es asunto inmenso".

"Ved allí la lucha de las clases unas con otras, la guerra de las opiniones, la divergencia de intereses, la oposición de los sentimientos". "Hubo ignorantes e ilustrados, pobres y ricos, desvalidos y poderosos, opresores y oprimidos; hubo clases separadas unas de otras por la diferencia de costumbres, capacidad, intereses y capitales; hubo desigualdad y brotaron las pasiones y vicios que existen siempre cuando unos pueden todo lo que quieren y otros son impotentes aun para lo que deben querer".

"La historia de una nación es un curso de ciencias morales, políticas y económicas. Presenta el cuadro del país donde se han unido los hombres para vivir en sociedad; indica su clima, aguas, vientos, producciones, etc., etc.; descubre el origen primitivo del Estado, manifiesta las formas de gobierno que han adoptado sucesivamente, las leyes que se han dictado o recibido, y las influencias de sus sistemas físico y político en la moralidad, ilustración y riqueza de los pueblos; desarrolla la cadena de sucesos derivados unos de otros y ligados entre sí todos, los progresos o retrocesos, las causas que dan impulso a los primeros o producen los segundos, los tiempos de luz y los días de tinieblas, las épocas de vida y los períodos de muerte. La historia presenta simultáneamente la teoría y la práctica. Es la política en acción, la crisología obrando, la ciencia moral demostrando sus principios con hechos".

"Es infinita la distancia entre lo que sucede y lo que se escribe. Yo no daré mi confianza sino a los historiadores imparciales, antiguos o modernos, que hayan sido testigos de los hechos y poseído talentos penetrantes". Hasta que América empezó a conmocionarse, comprendió el alcance de las Décadas de Tito Livio: "Empezó el choque de las clases, empezaron a estrellarse los intereses y a dividirse las opiniones. Un rayo de luz disipó las tinieblas. Se iluminó lo que era oscuro; y vi claro el origen de la discordia entre el pueblo y los patricios, las capitulaciones de los nobles y la plebe, la energía de los tribunos, la política del Senado, la conspiración de Catilina, la ambición de César, el patriotismo de Tulio y la moral de Catón".

"Para conocer a un hombre es preciso verle en todos los períodos; y para conocer a un pueblo es necesario observarle en todas las épocas de su historia". "Tres siglos ha que Carlos V concibió el proyecto (digno de su pecho) de destruir la Constitución anterior de los españoles. Han corrido 300 años y todavía sufre España los resultados de aquella infracción". "Mirad el Imperio de Roma desde que Augusto usurpó todos los poderes; el de otras naciones de Europa en los siglos funestos del feudalismo; el de Turquía, el de Rusia y las monarquías absolutas. Si todos los poderes se depositan en una sola clase, se produce el mismo fenómeno con caracteres más odiosos".

Bonaparte es visto como producto de sucesos históricos y, a su vez, generador de otros. El 30 de agosto de 1826 Valle opina que la muerte del zar Alejandro no interrumpía los trabajos por "la reforma política" de la sociedad rusa, que venían acentuándose desde 1815. "El sucesor de Alejandro es el emperador Nicolás, que no tiene iguales talentos. Ha habido algunas conspiraciones que se creen ensayos de la revolución que acaso habrá algún día".

El 31 de julio de 1831 Valle declara: "Se acerca el siglo de las revoluciones, dijo Rousseau desde finales del pasado, y su predicción se ha ido cumpliendo rápidamente... El movimiento de Francia es más comunicativo que el del fuego eléctrico... La revolución anterior de Europa influyó en la independencia de América. La revolución actual de la misma Europa, ¿qué otro fenómeno producirá en América?".

"¿Y qué diremos de aquellas dos potencias observadoras de las escenas tumultuarias que se representan en los dos mundos? La Inglaterra y Norteamérica, aprovechándose de las lecciones que sacan de nuestra revolución, se mantienen tranquilas, equilibrando su política según el mayor o menor interés que pueda resultarle de los cambios. Todavía la Rusia, conforme ella es, no ha representado su papel en esta tragedia, y está anunciando que la ilustración de este poderoso imperio será una nueva época en el antiguo continente".

EDUCACIÓN Y GOBIERNO

Rotundamente, Valle proclama la exigencia de "No existir o existir como corresponde. La no existencia es preferible a la existencia de colonos, súbditos o dependientes de otra nación". Enfatizando que, si no existe educación y virtudes, "la libertad sólo estará escrita en la Constitución que la declara", sostiene que toda nación ignorante "es una nación envilecida, tarde o temprano subyugada". De ahí su permanente reclamo por la puesta en funcionamiento de escuelas de diversa índole; de sociedades de instrucción elemental o mayor nivel científico; bibliotecas circulantes; publicación de anuarios, estadísticas, etc.

Valle trata de instituir industrias que empleen materias vegetales. "Cuando los gobiernos posean la ciencia de tornar útiles a los hombres que no lo son, entonces serán menores las miserias de los pueblos. No es la pena que corta cabezas la que nos hace más felices. Es la que hace laborioso al que no trabaja, la que vuelve moral a quien no lo era, la que torna provechoso al inútil o improductivo".

"La obra más grande entre todas las obras es la de crear, y la educación es una especie de creación". Frustrada con frecuencia, porque "una expresión sólo es entendida en toda su energía por el que concibe el pensamiento de que es imagen". "No es el verdadero objeto de una ciencia el que se enseña en las lecciones de la ciencia. Es un libro, una lámina, un globo de madera, las líneas de una pizarra. Recorre un joven el círculo de las aulas, sale del colegio y entra en los pueblos. Todo es nuevo a sus ojos. No sabe cultivar la tierra, no sabe formar un libro de caja, no sabe medir un campo, no sabe determinar la posición de un lugar, no sabe observar un eclipse. Es nulo en la sociedad".

"Después de años ocupados en la ciencia de los libros es necesario que emplee otros años en la ciencia de la naturaleza. Se divide la enseñanza que debía ser una, se consumen años que debían economizarse". "Hay un sistema de agricultura para desenvolver todas las capacidades de la tierra, labrándola y poniéndola por la labranza en aptitud de dar todas las producciones posibles. Debe haber otro sistema de hominis cultura para desarrollar todas las facultades del hombre, cultivándolo y poniéndolo por el cultivo en estado de producir cuanto sea capaz de dar".

"Dos leyes son de absoluta necesidad: una que, dilatándose a toda la sociedad, trace el plan grande de educación; y otra que, extendiéndose a todos los órdenes de empleados, fije las cualidades físicas, morales y literarias que ha de tener cada uno, y las pruebas que debe dar para acreditar su posesión antes de entrar al servicio de un empleo".

"Si educo a mis hijos porque la educación es origen de todos los bienes, si pienso cada noche y leo de día porque cada conocimiento es un muro que defiende mis derechos, desearé también la educación de los pueblos, desearé su civilización y cultura. No temeré nunca su ilustración, porque la ilustración hace conocer la justicia. Temeré su ignorancia, porque la ignorancia es la que precipita a horrores". "Deseamos que los hombres de todas clases tengan rango más elevado que el de lectores pasivos. Queremos que sean pensadores activos, queremos que aumente la masa de luces".

Pero hay clases sociales interesadas en perpetuar la ignorancia o en imponer una educación esclavizadora, deformante. Así como las leyes "son en lo general dictadas, modificadas y variadas según el interés de su clase", los ricos, armados de muchos poderes, monopolizan también la educación. "Cada clase es como la de los sacerdotes de Egipto. Tiene sus secretos o misterios, sus opiniones o intereses; no quiere hacer traición a ellos, trabaja por el contrario para mantenerlos inalterables en el pueblo, y la enseñanza sale corrompida cuando la dan labios que prefieren los intereses de su familia o clase a los de la verdad... Los individuos son por la naturaleza de las cosas llamados a propagar las opiniones y sostener los intereses de la clase a que pertenecen".

Alude constantemente Valle al absurdo de que no reciban adiestramiento quienes se encargan de la difícil tarea de gobernar. "Se han establecido seminarios, colegios y academias para formar eclesiásticos, artilleros, ingenieros, militares y marinos, y no los hemos tenido para formar hombres capaces de trazar el plan legislativo o sistema sabio de gobierno. Ha habido escuelas para enseñar a manejar el cañón o esgrimir la espada; y no se han fundado para enseñar a gobernar. Se multiplicaban los maestros de baile, y no había un profesor para las ciencias legislativa y económica. Se creía precisa la enseñanza del derecho privado, y no se juzgaba necesaria la del derecho público. Se abrieron clases para formar comerciantes, y no las ha habido para formar intendentes".

"Hay un arte de jardinería que deben estudiar los que se dedican a este ramo de la agricultura, y hay una ciencia de gobernar que deben saber los que gobiernan. Si se ignora esta ciencia, si las pasiones usurpan el lugar que debe ocupar la razón ilustrada, los efectos deben ser funestos". "No importa al pueblo que haga botas, tejidos, casas, etc., cualquiera que tenga voluntad de hacerlas. Le interesa que las haga el que aprendió a hacerlas, el que sabe fabricarlas y formarlas acabadas. Si este principio es indudable en todos los géneros de trabajos, ¿por qué causa original cesará de serlo en el más importante de todos? ¿Legislar, gobernar, juzgar son acaso obras más fáciles que hacer botas, tejidos o casas? Si es preciso un aprendizaje largo y muy aprovechado para lo uno, ¿por qué anomalía sería innecesario para lo otro?".

"Gobernar no es copiar las providencias que se dictan en otros pueblos de clima, moralidad, carácter y hábitos diversos; no es mandar lo que inspira el humor o interés del momento. Es poseer la ciencia más difícil entre cuantas ha creado el talento del hombre; es saber aplicar sus principios con exactitud; es hacer aplicaciones de ellos a la totalidad de circunstancias que forman el estado en que se halla la nación a quien se manda".

"No es posible hacer una obra perfecta sin formar antes su diseño; y el gobierno de una nación exige, más que cualquier otra obra, un plan profundamente meditado. Si en él no hubiera unidad, se multiplicarían las contradicciones, y todo sería inconsecuencias y desaciertos". "Los hombres son elásticos. A la acción sigue la reacción y esta serie no tendrá término sino habiéndolo la causa que la produce". "Se vuelven contra un gobierno que en su misma esencia tenía la causa de su destrucción, establecen otro que esconde tal vez en su seno el germen que, desarrollado, puede también disolverle, y cuando llega el momento triste, cuando mil manos se placen en hacer piezas el ídolo que antes era la divinidad de su culto, los hombres, tendiendo la vista por tantas víctimas, mirando tantas ruinas y escombros, 'no es posible' —dicen— 'hacer obras perfectas. No es dado establecer gobiernos que lo sean. Tiene el sello de nuestra miseria todo lo que es trabajo de nuestras manos'".

ECO PERDIDO. RECUPERACIÓN

El fraude, el prestigio militar de Morazán y la muerte impidieron en 1825, 1830 y 1834, respectivamente, que Valle ejerciera la presidencia de Centroamérica. Aduciendo razones de salud e incorrecta interpretación del cómputo de sufragios populares, renunció a otros cargos: diputación, jefatura política, embajadas en Europa, vicepresidencia de la República, presidencia de la Corte Suprema de Justicia. En sus actitudes de renuncia o en sus exigencias, parece que se consideraba algo así como el partero o preceptor de su provincia natal.

¿Y cómo lo vieron sus contemporáneos? Antonio José de Irisarri, quien lo superó en radio de acción y en el dominio de la prosa, y de cuyo carácter nos da indicio frases como esta: "Sobre la tierra nos destruimos todos, bajo la tierra nunca discordamos", se burló conjuntamente de Leval, Milona y Glevaz (Valle, Pedro Molina y Mariano Gálvez): "Leval se tuvo y lo tuvieron por un sabio". Manuel Montúfar lo acusó de haber redactado el decreto de proscripción de 1829.[12]

Mariano de Aycinena afirmó: "Es un sabio verdaderamente y acaso sin igual en Guatemala; pero sin ningún mundo, y de un corazón tan pequeño que, agotada la política del gobierno y de los vecinos de probidad para hacerlo útil al común, nada ha bastado. Un orgullo sin tamaño lo pierde". Según Manuel José Arce, tenía el arte de exasperar, no sufría opinión distinta y "su humor se exalta cuando se le contradice". José Francisco Barrundia: "Jamás se humilló ni a la revolución ni al poder". George Thompson lo juzgó como "Cicerón andino", con apetito intelectual desorbitado; José Pecchio, como "la única palmera del desierto". Jeremías Bentham: "Un hombre como usted hace adelantar su siglo más de una generación".

Andrés Bello elogió su "entendimiento cultivado, vigoroso y acostumbrado a pensar por sí". Bernardo Monteagudo, compañero de O'Higgins, San Martín y Bolívar, después de viajar a Guatemala sin poder encontrarlo porque Valle no había regresado de México, le comunica por carta que el último lo consideraba como "uno de los más vigorosos defensores de la libertad americana".[56] Álvaro Flores

---

[56] En un libro a semejanza del delicioso Cicerón y sus amigos de Gastón Boissier, se podrían revivir aspectos de la vida y obra de personas con quienes Valle entró en relación, como el para nosotros desconocido inglés James Kirkwood, "hombre positivamente honrado", que con su teodolito, sextante y termómetro de Fahrenheit se dedicó en Guatemala a modestas observaciones astronómicas; los italianos Pecchio y Lavagnino; el

Estrada reconoció haber escrito por inspiración suya el influyente Curso de economía política, iniciado en Londres en 1828 y concluido, en su edición definitiva, un año antes de morir, en 1853, a los ochenta y siete años de edad (Introducción de Jesús Munarriz Peralta a En defensa de las Cortes. Madrid, Editorial Ciencia Nueva, 1967). A fines de 1828 o principios de 1829, Valle vuelve a insistir ante Flores Estrada para que escribiera otro ensayo, demostrando que la jurisprudencia debía "ser guiada por la luz de la economía política". Su coetáneo Jorge Guillermo Federico Hegel desconocerá completamente esta orientación; Marx y Engels no habían llegado a una edad adecuada para esta clase de cavilaciones.

La vida de Valle se extingue en 1834, el año posterior a la muerte de Fernando VII y cuando las protestas de los tejedores de Lyon anunciaban el inicio de una nueva época, que tampoco iba a enmarcarse dentro de los parámetros en que Valle pretendía encauzar la historia: "Las revoluciones, comenzadas con objeto justo, se alejan a veces del término propuesto y marchan a extremos dolorosos. Es porque, creciendo la efervescencia, llegan al fin a enmudecer la razón; toman la palabra las pasiones, suceden las exaltaciones del entusiasmo a los métodos severos de raciocinio, se habla como Dantón y no se piensa como Newton. Si los directores de las revoluciones fueran estadistas acostumbrados a tener siempre el compás en la mano, y acostumbrados a calcular las fuerzas y resistencias, las acciones y reacciones, los bienes y los males, la razón iría estableciendo su imperio sin derramar torrentes de sangre, la suerte de las naciones sería muy diversa, y, para corregir un mal, no se haría sufrir muchos males".

---

escuintleco Simón Bergaño y Villegas, a quien Bumgartner llama "el Sócrates centroamericano", y a otros fuera de serie como Manuel Mier y Terán y Bernardo Monteagudo. Este coincidió también con Valle en el inocente juego de las predicciones; cuando no había concluido la lucha contra el dominio español, augura: "esta es una guerra mansa comparada a los destrozos, matanzas y asesinatos que hemos de ver en estos países después de haber botado al último español de la tierra americana" (E. M. S. Danero, Monteagudo, Buenos Aires, Eudeba, 1968).

Este singular cultivador de la razón, el cálculo y los sueños,[57] el propagandista de la medicina preservatriz, de "reproducir las actitudes en que el hombre es más pensador"; el que reconocía y agradecía permanentemente la influencia que había recibido de sus maestros, no dejó discípulos inmediatos. Tuvieron que pasar más de cuatro décadas después de su muerte para que Adolfo Zúniga y Ramón Rosa empezaran a levantar "la fría y pesada losa del olvido" que había gravitado sobre su obra.

Rosa confía en que "la juventud siempre buena, desinteresada y generosa, se inspirará en la vida y en las obras del sabio hondureño; ya a la inmoralidad opondrá la honradez, y a la rutina opondrá la ciencia, y a la injusticia opondrá la rectitud, y a la mentira opondrá la verdad, y a la venalidad opondrá la probidad, y a la fuerza opondrá la ley, y al terror opondrá la siempre respetada y querida libertad".

El propósito de publicar los escritos de Valle, anunciado en 1875 y reiterado en 1882, no empieza a concretarse sino hasta 1906, en que Rómulo E. Durón inicia el primero y único tomo de sus obras completas editado en Honduras, el que no terminó de imprimirse hasta el decenio siguiente. La hasta ahora más completa edición fue preparada en Guatemala por el nieto y bisnieto del autor, José del Valle y Jorge del Valle Matheu, en 1929 y 1930, sin que apareciera el anunciado tercer tomo, que contendría "producciones inéditas o muy poco conocidas". Posiblemente, algunas de estas podrán consultarse en los papeles que guardan sus familiares en Guatemala, a los cuales pocos investigadores han tenido acceso. Desgraciadamente, según Carlos Alberto Uclés, se perdieron en Tegucigalpa algunas obras adquiridas por el gobierno de Marco Aurelio Soto, en 1882.

Rafael Heliodoro Valle, en 1934, publicó una interesante bibliografía que fue reproducida inmediatamente por la Revista del Archivo y Biblioteca Nacionales; en julio de 1969, por los Anales del Archivo Nacional, y nuevamente en folleto, por la Secretaría de Cultura, Turismo e Información. La edición original fue publicada en

---

[57] Ver Edgardo Paz Barnica, "Presencia de José Cecilio del Valle en el bicentenario de su nacimiento", en La oratoria en Honduras desde la colonia a nuestros días (Tegucigalpa, Universidad Nacional Autónoma de Honduras, 1979).

México y las reediciones, en Tegucigalpa. Louis E. Bumgartner, cuya prematura muerte constituyó una pérdida inmensa para la historiografía centroamericana, en 1963 publicó José del Valle of Central America (Duke University Press), el cual no ha merecido traducción al castellano.

El genovés Juan Bautista Bacigalupo di Tomaso fue el escultor que perpetúa en Tegucigalpa el recuerdo de Valle; así como, en los jardines de la Secretaría General de la Organización de los Estados Americanos, en Washington, se encuentra otra escultura del cubano Juan José Sicre. El francés René Pouck ha evocado, en un breve film a colores, escenas de su vida (1977). Valle es el único centroamericano incluido en la Antología del pensamiento social y político de América Latina, recopilada por Leopoldo Zea y Abelardo Villegas (Washington, D. C., Secretaría General, Organización de los Estados Americanos, 1964).

Entre los críticos de su actuación histórica se encuentran el salvadoreño Ramón López Jiménez, quien lo comparó con Fouché, y el guatemalteco Severo Martínez Peláez, autor de la valiosa obra La patria del criollo. Entre sus admiradores se pueden mencionar los guatemaltecos Alejandro Marure, Máximo Soto Hall, Virgilio Rodríguez Beteta, Pedro Tobar Cruz y Rigoberto Bran Azmitia; los hondureños Antonio R. Vallejo, Alberto Membreño y Medardo Mejía. Este último, en su folleto El sabio Valle, lo califica como "burgués revolucionario", "orgulloso, soberbio y ambicioso" (Tegucigalpa, Imprenta La Democracia, 1977).

Algunos partidarios de relevantes personajes como Morazán y Arce han solido desdeñarlo. La actitud general hacia su figura es la que resumió muy bien el español Constantino Láscaris Comneno, fallecido recientemente en San José de Costa Rica: "Valle no es figura que levante pasiones ni lirismos. El elogio convencional o cierto menosprecio es lo habitual. Lo que no es habitual señalar, y yo deseo hacerlo, es que Valle unió a su capacidad mental y claridad intelectual, un temple humano y una entereza únicas en Centroamérica. No entereza de gritos ni desplantes, sino de reciedumbre serena". "Sobre todo, tuvo las dos cualidades ausentes en Centroamérica: la ecuanimidad y la prudencia". "El fracaso de

Valle en lo civil es paralelo al de Morazán en lo militar. El economista sensato y el estratega de talento, ambos fueron desoídos"[58].

Al conmemorarse el segundo centenario del nacimiento de Valle, la Organización de los Estados Americanos convocó a un concurso para premiar la mejor biografía sobre Valle, ocupando el primer lugar el hondureño Rafael Leiva Vivas por su obra Vigencia del sabio Valle, y el segundo el costarricense Carlos Meléndez Chaverri por su trabajo José Cecilio del Valle, sabio centroamericano. A este último, autor de varios libros que demuestran su especialidad en la historia pre y postindependentista y paisano del cura Liendo, el que adiestró a Valle en el "hábito feliz de pensar", ha correspondido la responsabilidad de seleccionar los textos de la presente antología.

En ella, los lectores activos que pedía el autor podrán enjuiciar la obra de quien planteó problemas sobre los cuales todavía nos debatimos. Quien, a la vez que sentenciaba: "Todos los pueblos de la tierra han sido y serán en todos los siglos y climas divididos en dos clases: los propietarios o capitalistas y los que no lo son", denunciaba la situación existente en los barrios extremos de Guatemala: "En todos se ve la pobreza, la miseria, la desnudez, el hambre y la sed". Quien creía que, si los hombres eran iguales, "los pueblos compuestos de hombres deben serlo también". Somos pobres porque "no se han desarrollado los elementos de nuestra riqueza"; "debemos liberarnos de nuestra dependencia".

Este es el testimonio de un hombre que admiraba la gloria de Bolívar, pero temía el excesivo poder que había concentrado en sus manos. Que creía que "muchas veces es necesaria la guerra. Nuestra suerte es inevitable. La espada es tan precisa como el compás". Pero a la vez lamentaba: "Son tristes para la humanidad las decisiones de los militares". Que no se limitó a denunciar los peligros de la Santa Alianza, sino que, "amando racionalmente" a América, confiaba en que cuando la justicia formase "una liga de pueblos así como la ambición ha formado una liga de reyes, entonces no habrá cruzadas escandalosas contra la libertad... Comenzará una nueva era para el género humano, empezará a alumbrar un sol hermoso sobre toda la

---

[58] Historia de las ideas en Centroamérica (San José, Costa Rica, EDUCA, 1970), pp. 430-438 y 461.

tierra, y sus rayos disiparán esas exhalaciones fétidas, esos vapores pútridos que apestan al mundo entero".

Una obra, en fin, que diversas circunstancias impidieron llegar a feliz remate, pero que evidencia un lúcido empeño dedicado a la tarea de generalizar el derecho a vivir, trabajar y dudar.

Tegucigalpa, noviembre de 1979

NOTAS

EN TORNO AL PENSAMIENTO DE VALLE por Carlos Meléndez

BIOGRAFÍA

Hijo de esa América que parece despertar de un largo letargo al finalizar el siglo XVIII y en los albores del prometedor siglo XIX, es José Cecilio del Valle. Natural de la soleada ciudad de Choluteca, en el Pacífico de Honduras, vino al mundo el día 22 de noviembre de 1777, en el hogar de José Antonio Díaz del Valle y Gertrudis Díaz del Valle. Ricos propietarios de haciendas de ganado y obrajes de añil, habrían de convertirle con el paso de los años en un típico propietario ausentista, pues de ocho o nueve años de edad le llevaron a Guatemala, y aun cuando buena parte de sus recursos provenían de tales bienes, no estuvo don José Cecilio nunca en ninguna de sus extensas propiedades. Sus primos Herrera, que figuraron luego de un modo activo en la política hondureña, serían los que asumirían las responsabilidades de su administración, entre otras razones, para permitir la activa figuración cultural y política que nuestro personaje llegó a tener en el ámbito de la ciudad de Santiago de los Caballeros de Guatemala.

Uno de los rasgos más marcados del temperamento de Valle va a ser su sedentaria inclinación a permanecer en Guatemala, sin más salida que unas cuantas leguas durante la estación seca, para trasladarse al campo, conforme a las prácticas usuales de las familias de relevancia social en la ciudad capital del Reino de Guatemala.

Las primeras letras las hizo en la escuela de Belén, de donde pasó luego al Colegio Tridentino para estudiar sus "latines", que le abrirían las puertas de la Universidad de San Carlos Borromeo, que sería el medio donde hallaría los recursos para tornarse un letrado e intelectual.

Resulta imprescindible enfatizar esta última circunstancia de sus estudios universitarios, porque fue allí donde más de frente se halló ante la corriente de la Ilustración, de la que sería uno de sus más dignos representantes en Centroamérica. En su elogio al padre Goicoechea, nos encontraremos con una semblanza biográfica hecha con el calor de la admiración y la amistad hacia la persona que más fuertemente influyó en él, para llegar a ser el hombre de letras e intelectual de muchas luces, con que la posteridad lo ha ubicado justamente.

La Universidad de San Carlos era entonces la institución llamada a atender la educación de los hijos de españoles, o de los criollos fuertemente ligados a la "hacienda", o sea los señoritos, los primeros, y los "mantistas", los segundos, pertenecientes estos últimos a los mestizos y otras castas menos relevantes.

Pero Valle será un "señorito" provinciano que reside en la capital, y por la misma causa, visto por las familias tradicionales de Guatemala como ciudadano de segunda clase. No diremos que Valle fue alguna vez un resentido social, pero al menos debemos señalar que esta circunstancia de su origen provinciano debió ser uno de los más fuertes estímulos que le llevaron a pugnar por elevarse sobre la mediocridad intelectual ambiente, hasta alcanzar el calificativo de sabio con que usualmente se le designa, con méritos más que suficientes para el término.

La verdad es que el ambiente intelectual que se respira en la Universidad en aquel entonces no es el cómodo y tranquilo de anteriores tiempos. Los oleajes innovadores de la Ilustración no han pasado en vano, y cátedras y programas se renuevan y ajustan a las aspiraciones y demandas de las nuevas corrientes de pensamiento, en particular las del racionalismo, que desterraban el aristotelismo tradicional y el tomismo de los dominicos. El latín, que era la lengua tradicional en el claustro universitario, empezaba a perder su terreno ante la práctica de enseñar en español. Era una de las formas de la secularización de la enseñanza, la misma que llevaría también al establecimiento de cátedras para la enseñanza de las lenguas indígenas.

La brevedad de estas líneas nos impide profundizar más en un tema rico en contenidos y profundo en alcances, cuyo principal rasgo viene a ser el de la renovación intelectual en todas sus dimensiones.*

El rasgo más saliente de nuestro personaje en el ámbito universitario va a ser su vocación hacia las leyes, en contraste con la tendencia más generalizada de volcarse hacia la religión y el sacerdocio. Quizás como consecuencia de esto mismo, hallaremos en su conducta posterior una muy fuerte determinación ética muy ligada a la religión y una actitud muy pura en todos sus procedimientos como hombre público. Crítico como era, no llegó, sin embargo, en el terreno del pensamiento, a moverse en las movedizas arenas de la crítica a la religión y el ateísmo, en que otros más acalorados habrían después de desembocar.

En 1794 graduóse de Bachiller en Filosofía; en 1799 obtuvo su título de Bachiller en Leyes y Cánones, y tras suficiente experiencia práctica, logró examinarse en agosto de 1803 para recibirse de abogado.

La carrera pública de don José Cecilio se inicia en 1805, cuando se le nombra diputado interino de la Comisión de Gobierno para la consolidación de los bienes de Obras Pías y, además, en el desempeño del cargo de Censor en la Gazeta de Guatemala, lo que es a la vez un reconocimiento de su valer en el campo de las letras. Pero su lucha mayor la realiza en el Consulado de Comercio de Guatemala, desde donde parten sus fuegos certeros, enderezados para combatir al clan de la familia Aycinena, que pretendía ejercer un control monopolístico del comercio del Reino en su propio beneficio. Esta posición sería constante y cada vez más clara y definida por parte de Valle, que, como "provinciano", palpaba con mayor profundidad lo que tal extremo significaba para quienes se hallaban al margen del poder tradicional.

Una de sus estrategias, bastante polémica por cierto, consistió en acercarse a la autoridad superior del Reino, el Capitán General, para que con este amparo se pretendiese poner freno al creciente imperio económico de la casa de Aycinena. Tal sucedió cuando colaboró con don José de Bustamante y Guerra, en 1811, de quien fue prácticamente su mano derecha, pese al carácter recio y a las actitudes fuertes ante la creciente ola de antiespañolismo que hasta en el mismo Reino de Guatemala empezó a propagarse. Hilando bien delgado, podríamos hasta señalar que, en este enfrentamiento entre los provincianos y los patricios de la familia Aycinena, se hallan las raíces de los partidos políticos de la independencia.

La pugna se trasladó en especial al Ayuntamiento de la ciudad, donde uno de los objetivos fundamentales fue el ejercer su influencia dominadora en cada uno de los grupos en pugna. A la postre, esta lucha se realizaba entre capitalinos y provincianos. Los primeros, tratando de ejercer una especie de colonialismo interno, en el que los bienes económicos buscaban ser canalizados en forma exclusiva hacia los miembros del clan Aycinena, mientras los provincianos fortalecían su conciencia de que sufrían las consecuencias de tales privilegios, lo que les empobrecía más y más.

Las libertades que se implantaron con el restablecimiento de la vigencia de la Constitución de Cádiz, en 1820, trajeron como directa consecuencia una activa labor periodística que conglomeró las dos tendencias, cuyos inicios se dieron en las tertulias hogareñas de los grupos afines que terminaron plasmando en realidades sus ideales a través de órganos de prensa. El grupo autodenominado liberal, que acogía a españoles y criollos, empezó a sostener el Editor Constitucional, frente al cual se colocó don Pedro Molina, quien respaldaba al grupo de Aycinena, denominado popularmente como "caco", es decir, ladrones, quizás por querer destacar las condiciones de privilegio del grupo, así nombrado por sus oponentes.

La oposición halló en Valle al vocero autorizado, que pronto empezó por editar El Amigo de la Patria, que, por su ascendencia con los españoles europeos y el sector criollo provinciano, fue calificado por sus opositores como "del gas", dando a entender que se componía de borrachos.

El fenómeno periodístico que arranca en 1820 nos ilustra muy bien sobre la fuerza alcanzada ya en Guatemala por la Ilustración, y para nuestro particular interés, acerca del pensamiento social, económico, político y cultural de la figura prócer de don José Cecilio del Valle.

El periodismo guatemalteco llama la atención en más de un sentido. Tiene, de un modo notorio, un fin formativo y muchas veces didáctico, que contrasta notoriamente con el actual, que procura más ser informativo. Diríase que sus redactores sentían una responsabilidad ciudadana fundamental, la de educar una sociedad. Y por lo mismo, atienden con interés y responsabilidad la tarea que se han impuesto. Subyace, además, un ingenuo optimismo: el de poder modelar por ese medio las sociedades, para de esa manera alcanzar las metas de regeneración y superación de que tan necesitadas estaban nuestras gentes para superar su postración.

El mismo Valle figurará de un modo activo en el proceso eleccionario de la ciudad de Guatemala para fungir en 1821. Don José

Cecilio resultó electo alcalde primero, para disgusto del círculo opositor de "la familia". En torno al libre comercio —modo de combatir los privilegios de los comerciantes de Guatemala— se amalgamó una fuerza dentro de la cual Valle figuraba como su más ilustre mentor, mientras los opositores ganaban por estrecho margen la Diputación Provincial, desde donde se parapetaban para su defensa.

Los primeros meses de 1821 fueron tensos desde el punto de vista político, ya por hallarse planteada una evidente crisis en los precios del añil, así como porque la monarquía en América estaba cada vez más tambaleante. Sólo los espíritus apasionados creían poder hallar en la ilusión de la libertad política la solución a males que eran mucho más profundos. Además, un hombre débil y oportunista regía los destinos del Reino de Guatemala, don Gabino Gaínza, mientras que en la vecina Nueva España se precipitaban los acontecimientos, por caso, el grito de Iguala.

Estos y muchos otros sucesos condujeron a la convocatoria de la sesión del célebre 15 de septiembre de 1821, de donde salió la Declaración de Independencia del Reino de Guatemala, cuyo texto fue escrito por el prócer Valle.

Mucha tinta se ha gastado analizando los sucesos de ese día, y más particularmente por comprender la posición de Valle, quien se manifestó de un modo claro en favor de la declaración de independencia. Valle era un espíritu eminentemente moderado, razón por la cual había sido tenido como enemigo de dar este paso de tanta trascendencia. Al analizar su pensamiento dentro de un contexto global, pensamos que en muchos aspectos tenía suficientes razones para su modo de pensar. En primer término, no podemos discutir el hecho de que no estábamos preparados para asumir las responsabilidades que el paso implicaba. Nuestra sociedad carecía de los recursos humanos y económicos para llevar adelante con el acierto del caso el desarrollo que las mismas demandaban. Allí están, en las páginas de nuestra historia posterior a 1821, las mejores pruebas de ese temor que había embargado a Valle para mostrarse circunspecto y reflexivo en cuanto al destino futuro del territorio centroamericano.

Pero lo más importante de su acción en la sesión antedicha es su interés por que se consultase a todo el Reino antes de proceder a la toma de decisiones. Don Pedro Molina y quienes como él pensaban, en su entusiasmo libertario, eran los abanderados de la resolución inmediata, asumiendo, en consecuencia, la capital las decisiones que comprendían todo el Reino. Desde esta perspectiva, Valle nos resulta mucho más democrático, aunque no se le comprendiera bien ante el calor de la pasión política del momento. Por ello, abogó también por la convocatoria de un Congreso que tardaría en realizarse, al que asistirían los representantes de todas las provincias que formaban el Reino.

El tiempo, que desnuda los hechos para dejarlos tal cual son, se encargaría a la postre de darle la razón a Valle, sobre todo en su enfrentamiento con el grupo de Molina, y años más tarde este último, desilusionado de la realidad y del curso que los acontecimientos tomaron, acabaría por plegarse —aun cuando no lo confesase así— al criterio de Valle.

El curso rápido y cambiante que los acontecimientos tomaron a partir del mes de septiembre de 1821 trajeron la anexión sin más de Guatemala al que habría de ser efímero imperio de Agustín de Iturbide en México, cercenando parte del territorio del Reino de Guatemala tras la ocupación militar de Chiapas y el envío de tropas "protectoras" a Guatemala, que terminaron por dominar a la rebelde San Salvador. Y en estos sucesos aparece de nuevo la casa de Aycinena, interesada en extender su imperio económico, a la vez que buscaba profundizar en el control político tanto dentro como fuera del Reino de Guatemala.

La anexión a México se realizó no sin la oposición de quienes a tiempo vieron que se entregaba a Guatemala sin condición alguna. Es por entonces que el mismo Valle debió considerar con seriedad la anexión a México como un modo de resolver la crisis política de Guatemala, en el entendido lógico de un acuerdo y no de una entrega sin condiciones, pero los hechos posteriores le llevarían a rectificar dicho juicio, una vez que los acontecimientos se encargaron de mostrar el error en que había caído, sobre todo tras la ocupación militar de Guatemala por tropas mexicanas.

En marzo de 1822, Tegucigalpa le nombró su representante ante el gobierno de México, y pese a su disgusto de viajar, tratándose de un evento de tanta trascendencia, se dispuso a movilizarse para arribar a finales de julio de 1822 a la Ciudad de los Palacios. Valle se integró en los primeros días al Congreso, y pronto adquirió renombre por la cordura de sus razonamientos y la responsabilidad de su comportamiento. Pero oscuras nubes se hallaban en el horizonte e Iturbide, desembocando en un sendero de arbitrariedades, optó por disolverlo para satisfacer sus inclinaciones absolutistas. Valle pasó en condición de detenido al convento de La Merced a finales de agosto y pocos días después se le ubicó en el de Santo Domingo, de donde se le sacó el 22 de febrero de 1823 para que fuese a servir nada menos que de Secretario de Estado en el despacho de Relaciones Exteriores. Iturbide se había dado cuenta de su error al considerarle enemigo suyo y quiso reivindicarle, de esta manera, en su honra y prestigio.

En dicho cargo, trabajó de un modo infatigable, en momentos en que el imperio mexicano empezaba a desmoronarse, pues el 19 de marzo llegó a su término tras una pacífica rebelión. De allí retornó a la asamblea para gestionar el retiro de Guatemala de la misma. Enfatizó allí la falta de libertad que hubo para declarar esta agregación y la justicia de su reclamo. Su voz halló el eco necesario para plasmar en realidad, en julio del mismo año, su deseo, y a la vez restituirse al seno de su hogar. Por ser tiempo de lluvias, hubo de demorar su salida, pero mientras tanto se dedicó a recoger libros, cartas y documentos para su interés de sabio. Salió de México en noviembre y, a finales de enero, llegó finalmente a su amada Guatemala, tras dos años de ausencia.

A pocos días de su regreso, encontramos a Valle en el desempeño de su cargo como individuo del Supremo Poder Ejecutivo, para el cual había sido nombrado con anterioridad. Se marchaba, tras el retiro de las tropas mexicanas, hacia la constitución de la que se llamaría República Federal del Centro de América. Mientras tanto, la actividad política fue polarizándose alrededor de dos figuras provincianas de relieve: el salvadoreño Manuel José Arce, prócer de los movimientos precursores de 1811 y 1814 en San Salvador, y el propio don José Cecilio. La mayor oposición a este vino de la capital, donde el círculo aristocrático no aceptaba su personalidad tan definida en su contra. Valle obtuvo la mayoría de los sufragios, pero ante una duda se burló al que más derecho tenía y se eligió a Arce, para pena de Valle y dolor de la posteridad. Y para mayor afrenta, se pretendió que aceptara la vicepresidencia, ocasión que fue a la vez propicia para que redactara uno de sus documentos más importantes, su Manifiesto a la Nación Guatemalana, donde analiza su trayectoria política desde 1821.

Hay de entonces la huella de su labor periodística en El Redactor General, y de tiempo posterior, su figuración en el Congreso como diputado, donde hallará oportunidad de rememorar, en un discurso fundamental, su trayectoria de luchas ciudadanas. Arce no tuvo paz ni sosiego en su función presidencial, en una Centroamérica convulsa y más bien anárquica, y su tino político no parece haber sido mucho, pues se llegó hasta la guerra civil. Los opositores liberales hallaron más tarde en Francisco Morazán el aliado que necesitaban. Valle, mientras tanto, hallaba solaz en relacionarse epistolarmente con algunos distinguidos hombres de Europa, como Bentham, el conde de Pecchio, Flores Estrada y otros más.

A principios de 1829, entra Morazán triunfante en la ciudad de Guatemala, y restablecido el Congreso, vuelve Valle de nuevo a sus funciones de representante, para seguir adelante con su lucha por la justicia y la cultura. Morazán, prácticamente hijo espiritual de Dionisio de Herrera, primo de Valle, no parece haber amistado profundamente con este. En las nuevas elecciones para presidente de la Federación, fue el nombre de Valle el rival más inmediato a Morazán, quien triunfó por abrumadora mayoría. Pero el prócer tampoco parece haber fincado entonces sus mejores esperanzas en este proceso electoral.

En 1829 se restableció en Guatemala la Sociedad Económica de Amantes de la Patria, de honda huella por la labor en la misma de Valle y su inmediato colaborador José Francisco Barrundia. Allí evocó la predecesora de 1795 y dio rienda suelta Valle a sus devaneos sobre el destino superior del suelo que le vio nacer. Expresión de patriotismo y sacrificio en beneficio del para él más querido terruño. En estos afanes, no escatimó esfuerzos ni sacrificios, como amigo verdadero de la patria.

Aproximándose la nueva elección de presidente para la República Federal, el nombre de Valle se volvió a escuchar como más inmediato rival de Morazán. En diciembre de 1833, retiróse a su hacienda de La Concepción y allí, tras breve dolencia, la familia dispone trasladarlo a Guatemala, pero muere de camino, cara al sol en una abierta llanura, acosada por horribles ventarrones. Era el 2 de marzo de 1834.

Valle murió sin saber que los votos electorales, todavía no escrutados, le favorecían para el ejercicio de la presidencia que nunca tuvo en sus manos. Centroamérica perdió entonces la oportunidad de que un pensador y visionario rigiera sus destinos. El vacío intelectual que dejó era imposible de llenar, y los centroamericanos todos todavía padecemos de este infortunio de no hallar el digno sucesor de Valle.

PENSAMIENTO
I. El Ilustrado

No es Valle un filósofo, pero sí un estudioso ilustrado que alentaba alcanzar la meta superior del sabio mediante una extraordinaria aplicación al conocimiento y una singular fe en las fuerzas excepcionales de la razón. Su vida es una entrega total al conocimiento, y por ello pensamos que no habría dudado en decir con Rousseau en su Profesión de fe: "No soy un gran filósofo y no me preocupa serlo. Pero a veces tengo sentido común y siempre amo la verdad".

Pero en Valle existe otro amor apasionado: la patria que le vio nacer, y por ello no dudó un día en poner al vocero periodístico de los tiempos de la independencia el nombre de El Amigo de la Patria. Así se retrataba a sí mismo de cuerpo entero.

Los centroamericanos hallamos en Valle un espíritu superior que se puso en movimiento con ideas muy claras y precisas en su mente, en tiempos cambiantes, en los que la mudanza de opiniones fue casi norma general en las gentes. Pero desde esta perspectiva, Valle era rectilíneo y ello habría de acarrearle dificultades y molestias.

Hallamos en él no solo la cultura sólida y bien sustentada de quien ha encontrado en los libros y en la actividad epistolar el vehículo ideal para transportarse intelectualmente, mientras mantenía su apacible forma de vida en la capital de Guatemala.

Ortega y Gasset, en un incisivo artículo, establece una clara y precisa diferencia entre "ideas" y "creencias". Hay pensamientos sobre esto y lo otro, pero las creencias son lo que conforman el continente de nuestra vida, nos dice. Las creencias las hacemos nuestras, casi hasta llegar a ser parte de nosotros mismos. Desde esta perspectiva, podemos entonces afirmar que Valle era hombre de creencias, y las mismas son por esencia propias del hombre ilustrado que fue.

Quizás una de sus páginas más vehementes y vigorosas es la que dedica a "El sabio", a quien acerca a la Divinidad. Es el hombre iluminado que engrandece la especie humana; es el hombre ilustrado que se eleva por sobre sus semejantes en procura del bien más universal y duradero. "La civilización, lo sublime, lo bello y lo útil, ha sido formado o perfeccionado por el sabio", nos dice, para de seguido exaltar algunos sabios de los más representativos. Y más adelante expresa con verdadero arranque de sinceridad: "Todo es expectable en el sabio. Son inmensas sus tareas; sublimes sus obras; heroicos sus triunfos". Y el mensaje no puede menos que dirigirse a los jóvenes, para que imiten a quienes son el soporte de la humanidad. Y por ello les dice: trabajad para ser sabios.

El escrito que comentamos parece recoger sus más hondos ideales, su más profundo mensaje, y hasta nos atrevemos a expresar que constituye la idealización de sí mismo, el reflejo de sus aspiraciones superiores.

La Ilustración nada vale si no sirve para ayudar al hombre, y esta es una idea constante en Valle, que se manifiesta de un modo u otro en todos sus escritos. Porque para él, de nada sirve la Ilustración si no se hace partícipes a todos de sus beneficios. Con ello, llegamos a detectar otro rasgo personal muy suyo: el de su afán de servicio y desinterés por su persona en beneficio de sus semejantes.

Resultaría explicable, desde esta perspectiva, que la figura del centroamericano no fuera agradable a muchos, por cuanto para predicar del modo como lo hacía era preciso adoptar una postura señorial, que debió ser muy suya. La racionalidad y reflexión necesariamente conducen a una cierta frialdad, a un amaneramiento que no es fingido sino el resultado de un proceso de interiorización de su conciencia, no siempre comprensible para los demás. Este hombre culto que era Valle estableció un compromiso con la sociedad en que convivía y se dedicó a servirla. El "provinciano" era quien daba lecciones de moral con sus mismos actos; era el que se erigía en rector ideológico y, por esto mismo, tenía que desagradar a quienes se sentían menos ante él. Pero el sabio debía pasar todo esto por alto, ignorarlo y callarlo, por cuanto su estatura personal era enorme ante la pequeñez de tales actos.

Valle es en mucho equilibrio. Hay fuego de pasión en sus entrañas a la hora de la búsqueda de la verdad, pero externamente se manifiesta en equilibrio, en mesura, en tolerancia.

Los fundamentos de su pensamiento son científicos. Las ciencias resultan para él grandiosas, la principal tarea a que debe consagrarse el sabio. Todas las obras del hombre nacen de un principio, de un sistema racional y metódico que es lo que llamamos Ciencia. Esta reflexión le va conduciendo a un proceso creador en el que los hallazgos resultan de la necesidad que provocó su búsqueda. Paulatinamente, nuestro personaje nos va conduciendo en esta reflexión sobre la ciencia, a un sistema global que se modela como fruto de la observación y la reflexión, del sello de unidad y diversidad que caracteriza simultáneamente las ciencias.

Al ilustrado le resulta imposible, tras observar el mundo que le rodea, y analizarlo a la luz del conocimiento y la razón, pensar en que podremos llegar a ser ilustrados, a tener algún peso en el concierto de las naciones, si no cultivamos las ciencias, si no enseñamos a nuestras juventudes en el ejercicio creativo de lo que hoy llamamos investigación. Este pensamiento sigue hasta hoy manteniendo su vigencia, así como cuando Valle llega a expresar que no hay límites en el campo de las ciencias y que los gobiernos deben favorecerlas, para favorecerse ellos mismos. Le preocupa hondamente el sentido de utilidad, dado que el ilustrado ve en todo conocimiento el beneficio del hombre o la sociedad. La ignorancia de los gobiernos es su peor inferioridad, y el mayor de los esfuerzos de quienes gobiernan las sociedades debe orientarse en el mejoramiento de la educación, en el estímulo a quienes cultivan las ciencias, en acercar los medios innovadores a los pueblos. He aquí, en definitiva, todo un esbozo para una política de mejoramiento social, que sirva como base a la reivindicación del hombre por el hombre.

Poco a poco, vamos viendo un pensamiento organizado, claro, preciso y definido, como que es consecuencia de un profundo deseo de comprender el orden del mundo, las leyes que rigen las sociedades y, en fin, la esencia de las cosas para poder emprender las duras y difíciles tareas del arte de gobernar.

Así, en "El escrutador social", se entrega al planteamiento de preguntas y cuestiones fundamentales acerca de la desigualdad, ora entre los pueblos, ya entre los individuos. La pregunta fundamental sigue siendo la misma, si reflexionamos hoy acerca de las tendencias y partidos que se sienten llamados a regir los destinos de las naciones. Y hasta nos atrevemos a replantear la principal interrogante de Valle: ¿Podrá perfeccionarse realmente el hombre? Y para dar respuesta a todas estas inquietudes, empieza por profundizar en el concepto de si los principios que rigen las leyes de la naturaleza son los mismos que orientan al hombre. De la historia, busca extraer lo que la misma enseña a quien, como él, quiere hallar respuestas adecuadas. ¿Ha sido Europa correcta en su trato sobre las demás naciones del globo que ha llegado a someter? El monopolio colonial es para él una forma clara de imposición y un instrumento preciso de tiranía. El libre comercio afianzará el respeto a todas las naciones y la libertad hallará de este modo su arraigo, donde hoy florece el absolutismo. ¿Podremos nosotros negar la validez de estos conceptos, vistos desde la perspectiva que nos dan los años transcurridos desde que esto fue escrito?

Pero esto no es todo; en sus reflexiones, Valle nos lleva a plantear como una necesidad de las grandes naciones, "la igualdad de los pueblos como la de los individuos, el respeto a la independencia de los estados débiles... la compasión o humanidad con la ignorancia y miseria".

Es decir, todo un camino para asegurar a la humanidad los derechos sociales, sin discriminación de poder o riqueza. He aquí afirmados los principios básicos del derecho internacional. Y por lo mismo, adoptando un tono profético, exclama:

Llegará... el momento venturoso en que el sol no alumbre sobre la tierra más que hombres libres que no tengan otro dueño que su razón; en que los tiranos y los esclavos no existan más que en la historia y los teatros; en que los hombres sólo se ocupen en compadecerse de los que hayan sido víctimas, para vivir en útil y continua vigilancia, para saber conocer y sofocar con el peso de la razón los primeros gérmenes de la tiranía si osaran alguna vez aparecer.

Pero, al mirar en la historia de las sociedades, halla una profunda diferencia entre lo que las leyes proclaman y lo que los ciudadanos gozan, entre la idealidad y la realidad. Y al buscar la razón, la halla en la desigualdad de la riqueza entre los hombres, las diferencias sociales y la desigualdad en cuanto a acceso a la educación. Por ello, considera que estas causas deben, si no desaparecer porque parece imposible lograr el objetivo, al menos disminuirse de continuo. Pero como su perspectiva es reflexiva y serena y no revolucionaria, busca con afán el cambio, pues más bien ve en forma clara que su destrucción total sería más bien la fuente de una mayor desigualdad y un ataque funesto a los derechos del hombre. La riqueza de la sociedad es la riqueza de las naciones y Europa es lo que es por la distribución de la industria y del trabajo, por los beneficios colectivos de tal orden de cosas. Valle ve en el todo social el beneficio y el poder de las naciones. Y por lo mismo, se lanza en circunstanciados razonamientos y juicios que le orientan en las explicaciones que sirven para comprender la compleja realidad. Pero todos estos razonamientos no le impiden a Valle darse cuenta de que todos los hombres no son iguales y, en consecuencia, la natural diferencia de facultades existe, aun cuando con la educación se puede remediar la desigualdad, y con la libertad y la perfección del hombre es posible esperar mucho más de él.

Su fe en el hombre y en sus capacidades le hacen esperar todo de él. El progreso y la participación del hombre en él va elevando al hombre y, con ello, va consiguiéndose además su superación, que es reivindicación a la vez. Las ciencias mismas son el resultado de este esfuerzo común de los hombres que hará partícipes a un mayor número de individuos de todos estos beneficios comunitarios.

Pero hay una cosa que le preocupa y le llena de inquietudes profundas. ¿Hasta dónde es perfectible el ser humano? ¿En qué momento el mundo no podrá ya alimentar a quienes lo pueblan? Y cosas aún más inquietantes pasan por la mente de Valle: ¿Qué límites deben trazarse entre los individuos y las sociedades para conseguir el equilibrio social? ¿Han marchado las artes y las ciencias a la par de los progresos de la razón? Todas sus reflexiones le llevan finalmente a considerar como real la perfectibilidad del hombre, de la misma manera como parece serlo en la naturaleza.

Vislumbra con sorprendente claridad los progresos de la salud pública, el combate de las enfermedades, la prolongación de la vida promedio entre los pueblos. Sus razonamientos le convencen de que el hombre no llegará a ser inmortal, pero le quedan muy claros los sentidos generales de la perfección de las cualidades dignas de transmitirse en la especie humana.

Y así vemos a Valle marchar con paso firme con la constante preocupación por llevar la luz a todos los ámbitos del conocimiento, mediante la observación y la reflexión, pero fundamentalmente hacia la conquista de la educación, como base para todo cambio social. No hay igualdad entre los individuos ni entre los pueblos. Esa desigualdad es la consecuencia de la ignorancia, dado que son los hombres educados los que se hacen dueños de los incultos. Del mismo modo, sucede entre las naciones, ya que son los pueblos cultos los que dominan a los ignorantes.

Uno de sus más profundos y extensos escritos que se incorporan en este aparte de la selección de textos de Valle tenía lógicamente que ser sobre la educación. A través de las anteriores reflexiones, ha fundamentado con método, claridad y definida orientación el valor que la educación tiene en las sociedades que mejor se aproximan al ideal social. Las ciencias, en su más amplio sentido, son el origen de todo bien. Al razonar a través del recuerdo de algunos de sus pasos por los cargos públicos, Valle destaca que esta preocupación por la educación ha sido constante, por ser de los más convencidos de la necesidad social. En tiempos pasados, fue privilegio de unos pocos que no mostraron interés en cultivarla, concluye en la introducción a un tema de tanta preocupación para Valle.

Educar es enseñar a crear, y negarle al hombre este derecho es condenarlo a la incapacidad. Valle ve la magnitud del problema desde la perspectiva global y reconoce también la necesidad de la diversidad de educaciones. Todos somos actores en el teatro de la vida y cada uno de los participantes debemos desempeñar diferentes papeles. Valle escudriña en la evolución del hombre y le encuentra forzado a adoptar la división del trabajo, y la consecuencia lógica de ello será la diversidad de educaciones, lo que llevó a la desigualdad social. Así se ve en la estratificación de la Iglesia y los eclesiásticos; de la misma manera, los ricos acumulan simultáneamente muchos poderes, lo que les trae autoridad, propiedad y beneficios de toda índole.

Valle ve en todo esto un proceso natural y lógico, que se encarga de poner de relieve para que se adquiera conciencia de lo que ello significa. La ilustración es luz y el error es hijo de la ignorancia, nos dice, para, sobre esta base, afirmar la necesidad de acercarnos a un nivel de justicia y razón que contribuya a extender las virtudes sociales. Por lo mismo, Valle aboga por el establecimiento de la forma más útil de gobierno y que se la favorezca, pensando incluso en el mejor sistema de educación que se adecúe al propósito.

Y al reflexionar sobre los sistemas de gobierno, repudia Valle el de un solo individuo que obra conforme a sus intereses; rechaza igualmente el que sirve sólo a beneficio de una sola clase social, en particular la aristocrática. La nación es la universalidad de los individuos que la componen y la educación el sistema que acerca a los individuos al grado posible de identidad. Con Platón, cree que mientras los sabios no gobiernen no cesarán los males del género humano. Apoya de un modo pleno la división de los poderes y el funcionamiento pleno de cada uno de ellos, pues su influencia es poderosa en la educación moral e intelectual del ser social. La defensa del sistema constitucional es el modo de protegerse contra el poder absoluto.

Pero el sistema requiere numerosos aciertos, por caso en la legislación, que debe ser justa, humanitaria, protectora de los derechos de los hombres. Cada individuo debe ser libre para cultivar su espíritu, para trabajar conforme a sus deseos y aptitudes. Nadie puede ser privado de tales oportunidades, pues es derecho primordial, de donde fluyen todos los demás. Debe, además, haber derecho para pensar y comunicar libremente dicho pensamiento. No hay ocupaciones nobles ni viles en la sociedad, pues todas son útiles y necesarias.

El sistema mercantil autorizó el monopolio y creó los privilegios de unos y la miseria de otros. Fue, en consecuencia, una legislación injusta.

La Inquisición mató la razón, quemó al hombre, prohibió el libre pensamiento. La esclavitud redujo en extremo el valor del hombre. El sistema colonial en América fue opresivo, y en todos sus campos limitó las posibilidades de un rico continente, hasta hacer pobre al país de la riqueza.

Y al mirar hacia todos los continentes del mundo, vemos que el hombre no ha podido desarrollarse en todas sus facultades. Los períodos de libertad han sido breves en comparación con la existencia global de las sociedades. El respeto de los derechos y facultades del hombre es el principio de la prosperidad individual y general.

Por todo ello, Valle se levanta desde su tribuna para pedir a los legisladores que supriman todas las barreras que impidan al hombre llegar a ser plenamente en sus derechos, en sus libertades, en sus oportunidades, en la justicia, en la formación moral de la sociedad.

Solicita, además, que permitan al hombre llegar a ser todo lo que es capaz de ser, a través de leyes justas y sabias, del reconocimiento de la virtud y el talento en la función pública y, por lo mismo, escoger al funcionario conforme a su saber y educación.

E, igualmente, como se ha desarrollado la ciencia de la agricultura, ha de ensayarse la del cultivo del hombre en todas sus facultades. Se debe organizar el sistema de enseñar a las madres para moralizar a los pueblos. No es posible dar una sola instrucción, pues conforme las facultades del hombre se desarrollan, hay que seguir desarrollando todas las potencias de que es capaz. Cada pueblo debe tener sus leyes e instituciones, conformes con su condición de nación y sus fines políticos, pero de un modo u otro, el proceso debe arrancar con sus escuelas elementales.

Todas estas profundas y serenas reflexiones conducen a Valle a la elaboración de un cuidadoso plan educativo, que abarca tanto las escuelas elementales, y dentro de ellas, en condición especial, las aulas científicas, como también centros avanzados de enseñanza, las academias de educación. Esta última institución es el centro ilustrado que cabe sospechar dentro de la mentalidad de Valle y de su tiempo. Hasta podríamos resumirla con una frase final suya: "Educación en todos sus aspectos; educación en todos los puntos donde hay hombres".

Concluimos con destacar que la visión de Valle como ilustrado es una visión global y profunda de la sociedad, vista desde sus orígenes, analizada en sus progresos y dificultades. Pero para él es claro que la carrera del hombre ha sido y es ascendente. Hay un curso, una fuerza, una voluntad de tendencia innovadora, dispuesta a seguir su marcha, de proseguir hacia esa búsqueda eterna del hombre de la perfección. Valle trata de enseñarles a las sociedades centroamericanas el camino, de preparar la marcha hacia adelante de nuestra sociedad, iluminando con su intelecto el camino de la tradición secular y las metas precisas de nuestras superiores aspiraciones. Por esto Valle es luz, es audaz, es reflexivo. Porque es el más fiel, el más auténtico "amigo de la patria".

II. EL CENTROAMERICANO

Los textos que se han seleccionado para este aparte tienen por objeto presentar diversas facetas de la actividad de Valle, que se caracterizan por ese sentimiento que siempre le distinguió: su amor al terruño que le vio nacer, pero no espíritu cerrado que se limita al Reino de Guatemala, sino el abierto y amplio propio del ilustrado. O hasta podríamos decirlo de otro modo: es la forma como vio la problemática centroamericana este ilustrado universal que fue el prócer Valle.

Existen diversos escritos de este autor dedicados a procurar presentar el marco de la realidad de Centroamérica. Nos parece que es él el primero que intenta elaborar un texto básico de geografía, que ilustre al foráneo tanto como al nacional sobre las riquezas de su suelo, de los recursos de su agricultura y modesta industria. Como algún día habrá de escribirse la obra que muestre a Centroamérica en su totalidad, él se satisface trazando algunas líneas, nos dice. La ve con el optimismo de quien pinta más para el futuro que para el presente, del patriota que intuye un destino superior, como parece desprenderse de su ubicación geográfica, de sus riquezas potenciales, de su posición clave dentro del comercio mundial y continental.

Pero sólo puede ser grande el que tiene sueños de grandeza. Por lo mismo, Valle lucha por plasmar en realidades sus sueños magníficos, porque ve en la ilustración el primer origen de la riqueza y el poder de las naciones, conforme a su modo de expresarse, y en la ignorancia, la causa de su miseria y pobreza. Europa, pequeña en territorio, es la iluminada; América, grande en extensión, en bellezas naturales y riquezas territoriales, está en la sombra. Su poderío descansa en la ilustración, y por lo mismo, el mundo se halla a sus pies.

La naturaleza americana, pródiga y fecunda en cuanto a vegetación, puede ser la fuente de riqueza y prosperidad de sus pueblos. Estudiar y valorar sus recursos en este campo es multiplicar sus valores y las riquezas de sus pueblos, es evaluar la potencialidad de esta tierra; cabría afirmar, convirtiendo en términos más actuales sus expresiones de ayer.

En resumen, la idea de una cátedra de botánica en Guatemala no es sino la orientación práctica del ilustrado hacia el beneficio de la sociedad en que convive, y Valle ve en este esfuerzo el inicio de la explotación de tesoros hasta entonces desconocidos.

Del mismo modo, el "Prospecto de la historia de Guatemala", a juicio de Valle, y con toda razón, constituye una necesidad de la colectividad, al considerarla, con Cicerón, como la maestra de la vida. Valle ve en ella la fuente de orientación para el político, el legislador y el gobernante. En esto, el autor se confiesa seguidor de Rousseau, cuando este fue invitado a legislar para el gobierno corso. Su visión de la historia, desde esta perspectiva, nos resulta interesante, tanto por su consideración del pasado como camino de ascenso del hombre, como por las enseñanzas que la misma trae consigo, para llevarla a "la altura a que la llaman sus destinos".

Nuestro autor halla en Tito Livio, en Montesquieu y otros autores, los elementos fundamentales para rastrear los procesos evolutivos, del mismo modo como Bossuet vio desfilar los pueblos del mundo antiguo en su discurso.

Tras estas disquisiciones de tanto interés, Valle pasa a esbozar lo que podrían ser los principios generales. La historia de España, para comprender el modo de su acción en Indias; la de México, para entender desde su etapa más antigua anterior a los españoles hasta la revolución de la independencia y su desgraciado gobierno imperial. Finalmente, se observaría el proceso de Guatemala, desde los cakchiqueles hasta la república federal, determinando cuatro etapas principales, que de seguido empieza a analizar: Guatemala india, Guatemala provincia de España, Guatemala provincia de México y Guatemala república libre.

No se contenta con la periodización, sino que esboza algunos de los más salientes rasgos de cada etapa, hecho que no sólo es muestra precisa del conocimiento que se tiene de dicho pasado, sino a la vez orientación al lector inquisitivo y crítico.

Se puede censurar a Valle por este esquema, pero no deberá olvidarse nunca que es el primero en plantear un esbozo metódico para el enfoque de nuestro pasado, en que da unidad al enfoque y deja señaladas las bases para una sincera reflexión. Como Voltaire, busca hallar el "genio" del pueblo guatemalteco (en el sentido vasto del término, es decir, para todo el antiguo Reino), y así explicar el proceso global. Sus explicaciones, llanas y accesibles, son de hombre que funda su pensamiento en la práctica; sus deducciones buscan sobre todo orientar al político. Mas le preocupa hondamente la enseñanza que cabe sacar de todos los hechos, ya que la mirada hacia el pasado no es recreación simple, sino cuestión de responsabilidad con la sociedad de su tiempo.

El elogio al padre Goicoechea es uno de esos testimonios vivos que escribe el discípulo predilecto en memoria del maestro ya ido. Cargado de hondo sentimiento humano, sirve a la vez para rastrear el proceso mismo de cambio del estudiante hacia el intelectual, a través del panegírico, al formador, al artífice de su propio intelecto. Goicoechea tiene, sin lugar a dudas, un sitial de honor en el proceso de desenvolvimiento de la cultura en Centroamérica, y Valle se encarga, en este artículo, de ponerlo de manifiesto en sus aspectos más profundos, como son los indelebles lazos de vinculación humana con el reformador e introductor del cartesianismo en Guatemala. Goicoechea fue grande por su genio, por esa personalidad atrayente y sagaz, además de humilde, que le permitió llegar, con mansedumbre franciscana, a atacar las tradiciones y fundamentos de la escolástica tradicional. En este sentido, su dimensión se universaliza y el discípulo procura con empeño ponerlo así de manifiesto.

Sigue su huella desde la recóndita provincia donde naciera, para seguirle en el proceso interesante de su formación intelectual, de sus inquisiciones y dudas, que le llevarían a replantear, desde sus bases, la problemática de su mundo, de su propia formación como intelectual, pero a la vez sin apartarse del recto camino de su condición de religioso. Profundiza en sus lecturas y reflexiones, lo mismo que en sus viajes, en procura de horizontes más abiertos, como cuando fue a Europa, de la que sacó el mejor provecho, para volver renovado a Guatemala. Pero también le ubica en las montañas de Agalta, hasta donde se trasladó, buscando acercarse, como buen ilustrado, a la naturaleza y los hombres de vida más primitiva, para sacar de todo ello hermosas enseñanzas y ricos conocimientos etnográficos.

Exalta lógicamente las dimensiones del intelectual como orador sagrado, como teólogo y filósofo, como naturalista y miembro activo de la Sociedad Económica de Guatemala, como universitario que se proyectaba a las juventudes a través de la cátedra. No silencia tampoco las envidias y enconos que le trajo la iniquidad de sus pobres enemigos; pero su grandeza se elevaba sobre tan débiles seres, que lo que hacían era expresar más bien su bajeza y envidia. Por ello, marchó en pos de más elevadas metas, que por sus propios méritos pudo alcanzar. Valle llora, con lágrimas sinceras de dolor y sentimiento, la desaparición física de quien le abrió al discípulo el camino luminoso que habría de recorrer.

Uno de los documentos que más fama han dado a Valle es el que redactó para resumir y concretar los principales aspectos tratados en la célebre reunión del 15 de septiembre de 1821, verificada en el Palacio Nacional de Guatemala. Es la célebre acta de independencia de Centroamérica.

Nos parece que tradicionalmente el enfoque que se ha hecho de dicho documento no ha sido bien planteado, dado que el mismo contiene evidentes contradicciones que algunos han atribuido a sagacidad, o más bien falsedad, del propio Valle. A nuestro juicio, el documento lo que hace es sintetizar las diferentes opiniones que se expresaron en la célebre reunión, los acuerdos que prevalecieron, los que, en efecto, no llegaron a conformarse en un todo armónico global y, por lo tanto, debían manifestarse en el documento que sintetizara el desarrollo del evento.

Quizás el rasgo más democrático de toda esta acta es aquel en el que se convoca un Congreso "que deba decidir el punto de independencia general y absoluta...", concepto ampliamente expresado en dicha sesión por Valle, para refrenar a quienes asumían poderes para los cuales no estaban investidos, como eran los de decidir por todo el Reino.

Los sucesos posteriores habrían de encargarse de darle toda la razón a Valle, y en este sentido es que cabe destacar, una vez más, el sentido visionario del prócer, la serenidad y cordura con que actuó en momentos en que la pasión cegaba a otros hombres. Esta altura y serenidad, además de plena y permanente identidad con sus ideas precisas e invariables, frente a la mudanza de opiniones que predominó en su tiempo, habrían de causarle sinsabores. La clara visión de Valle era interpretada por otros como frialdad, soberbia y aun indiferencia, cuando más bien era todo lo contrario.

Algunos de los documentos posteriores que redactó como ciudadano de Guatemala y patriota celoso del destino de su tierra ponen, una vez más, de manifiesto su espíritu nacionalista y su alta preocupación por el destino y suerte de su terruño querido.

Quizás el de mayor trascendencia sea su planteamiento hecho ante el Congreso de México, en 1823, sobre la "Nulidad de la unión de Guatemala con México". Hay en él una extraordinaria valentía: la de plantear cuestión tan delicada como era su tesis, de que Guatemala se había visto forzada a pronunciarse en favor de la agregación a México, sin que hubiesen funcionado todos los mecanismos que evidenciasen que dicho paso había sido espontáneo y fruto de la voluntad popular, sino más bien de una presión militar, hija de la autoridad y no del deseo de los pueblos.

En este documento es donde podemos hallar más definida y concreta la mentalidad del hombre de leyes que era Valle profesionalmente. Con estudiada metodicidad, va planteando paso a paso una sólida y profunda argumentación, que a la postre resulta irrefutable. En el seno de un congreso donde se habla de representación nacional, de libertad, de unión de las naciones, debía escucharse este razonamiento con respeto y consideración, ciertamente, pero en el fondo con disgusto, por cuanto ponía a descubierto una situación indigna para la nación mexicana.

La claridad de sus juicios, la dimensión moral de quien pronunciaba tan incisiva argumentación, debió sorprender de un modo bastante favorable a los integrantes de dicha asamblea. Escuchémosle: "Para que México y Guatemala formen un todo político, es necesario que México y Guatemala quieran constituirlo. México no tiene derecho para violentar la voluntad de Guatemala, reduciéndola a provincia suya, ni Guatemala tiene para forzar la voluntad de México a entrar en sociedad con ella".

Sobre esta base tan precisa, prosigue todo un razonamiento lógico, incontrovertible, que va preparando el terreno para lo que se propone conseguir. Descubre, ante los asambleístas mexicanos, el modo como se actuó, coactivamente, bajo la presión militar, sin que el pueblo de Guatemala fuera consultado en su opinión. Enfatiza también en las barreras geográficas precisas que antes de la independencia separaban los dos territorios; las diferencias en el sistema económico y moral entre los dos pueblos, lo que, conforme a su concepto ilustrado del problema, llevaba a trayectorias distintas de ambas sociedades, pese a su vecindad. Guatemala, en resumen, marchará conforme a sus aspiraciones y necesidades al asegurar su independencia, y lo que haga será conforme a sus propias realidades y necesidades. Agregada a México, sería una provincia más dentro de un inmenso estado que muy poca atención puede prestarle, ni mucho menos puede gobernarla bien, si tiene muchas otras necesidades que atender. Ni el genio más singular ni el talento superior puede atender la solución de tantos problemas en tan vastos territorios.

De mantenerse México en esta actitud, Guatemala habrá de luchar por su libertad, y las dos naciones, que deben amarse por ser americanas, llegarán a enemistarse, habrá guerra, se derramará la sangre hermana y los pueblos desaparecerán. Se luchó contra el despotismo europeo y se adopta en América la política injusta del déspota. Si México quiere ser independiente, Guatemala también desea serlo. Sólo la voluntad libre y espontánea puede alterar esta situación, y Guatemala no ha tenido oportunidad de expresarla en este sentido, de su anexión a México. Por lo tanto, la unión de Guatemala a México es nula por cuanto no hubo el acto libre que se pronunciara por la unión.

Así de claro habló en México el licenciado Valle y su voz tuvo la altura que las circunstancias demandaban, y como sus argumentos fueron contundentes, a la postre, en el seno de la asamblea, tuvo que triunfar la aceptación de tal separación de Guatemala de México, para triunfo indiscutible de quien luchó honestamente y de modo valiente por lo que era su propia convicción.

No vamos aquí a analizar si, desde la perspectiva de los hechos posteriores, ello fue conveniente o no. Lo fundamental estribaba en que se había impuesto una anexión contra todo principio de respeto a los pueblos que se vieron afectados por el paso arbitrario de un militar y un ejército llamado a mejores destinos.

La fe del ilustrado se palpa muy bien en el momento en que Valle escribe sobre el sistema federal recientemente adoptado en Centroamérica. Si bien el documento que se titula "Manifiesto del Gobierno Supremo de los Estados del Centro de América" aparece suscrito por varios individuos, es innegable que Valle fue el principal redactor del mismo, porque los razonamientos se ajustan de modo extremo a su manera de escribir y de pensar. Hay, podríamos decir, una embriaguez espiritual que lleva al escritor a desbordarse de entusiasmo, a soñar en las delicias que nuestra tierra centroamericana habrá de gozar al amparo de una de las concepciones políticas más profundas y originales que cabe esperar dentro de los sistemas de organización política. Se hace prácticamente innecesario seguirle en sus erráticos devaneos, en su euforia de entusiasmo, que está en dicho documento bien clara. No vislumbra riesgos ni peligros, todo se ve color de rosa, aun cuando se olvida de que las formas políticas deben ser el resultado de un proceso histórico natural, más que de una decisión hija de un entusiasmo imitativo, pues bien sabemos que se tomó sencillamente el modelo norteamericano.

Los posibles riesgos y peligros, piensa Valle que fácilmente pueden superarse, y el mayor, como es la separación de los estados, no lo ve tan inmediato. No es que no se dé cuenta de los riesgos, es más bien que los subestima y, además, los ve más lejanos de lo que en la realidad estaban. Quizás por la índole misma del documento, convenía manifestarse así, pero, en todo caso, el sistema le convence, le seduce profundamente hasta el grado de reflejar su entusiasmo en cada línea. Sueña en que el sistema se hallará pronto en manos capaces, sin siquiera sospechar que se le haría a él mismo la mala jugada de eliminarle, teniendo como tenía todos los títulos para ser el primero, para guiar la nave del Estado al puerto que mejor le convenía. Su llamado final a los pueblos de Guatemala es para que elijan a los más capaces, los mejor preparados, quienes muestren ser poseedores de las condiciones superiores que el sistema requiere.

Todo lo anterior contrasta de un modo notorio con el artículo "La Constitución Federal", en donde es cierto que hallaremos la mentalidad razonadora y serena del estudioso y el hombre de leyes, pero esta vez cargada de cierta desazón derivada de la experiencia vivida. En forma apacible y mesurada, Valle va planteándose la interrogante de si el sistema federal debe permanecer, reformarse o sustituirse. Ve, desde sus orígenes, el sistema constitucional; analiza el proceso de nuestra independencia y alaba el patriotismo con que actuaron los modeladores del sistema, para empezar también a rastrear sus defectos, por caso, la multitud de funcionarios que debían atender a seis gobiernos supremos que se establecieron.

Valle cree hallar débiles estructuras electorales, demasiado abiertas al voto de los más, sin que estos sean capaces de valorar el poder que la Constitución puso en sus manos. El voto popular le ha desilusionado y piensa que Montesquieu, si renaciera y viera lo que ocurre en América con el voto, borraría sus juicios.

Se halla decepcionado de los legisladores, por cuanto no se han educado para el ejercicio que practican y, por ende, no saben desempeñar el papel que se espera de ellos. Se nos va tornando Valle en aristocrático, en selectivo, tras las decepciones de cuanto ha visto acontecer en el seno de las asambleas legislativas y senados. Tampoco le convence ya el sistema bicameral y analiza en mucho detalle sus juicios y consideraciones, para respaldar su aserto.

En la misma forma, Valle halla un poder ejecutivo débil y fragmentado en cinco estados, carente de autoridad delegada por la Constitución para lograr que sobre los estados se erija la república. Dicho poder central carece de rentas, es débil en lo político y lo militar, se halla sujeto a la fuerza de los estados. "Vivirá si los estados quieren que viva; vivirá el tiempo que quieran los estados; vivirá de la manera que agrade a los estados". De ese modo, Valle vislumbra con claridad el futuro de Centroamérica, y por lo mismo, proféticamente expresa: "Habrá cinco repúblicas débiles por no haber vínculo de unión". También le ha decepcionado el poder judicial, porque no se le ha organizado de un modo deseable ni funciona como cabía esperar. La Constitución misma se equivocó en muchos aspectos, de modo que se yerra al querer aplicar justicia y hasta la misma ley no es clara cuando debía serlo.

En fin, al cabo de ocho años de vivir la realidad del sistema federal, el artículo que comentamos despide sólo desaliento, pero crítico, y en el fondo también con posibles alternativas de solución, de manera que no podríamos calificarlo de tremendamente negativo. Es, pues, un diagnóstico, para en seguida aplicar la medicina adecuada.

El artículo con que cerramos esta sección alude a la instalación de la Sociedad Económica de Guatemala, de la que Valle fue su director.

Empieza por recordar la institución similar que la precedió en tiempos de la dominación española y rastrea sus orígenes peninsulares y europeos. Respalda con calor su establecimiento, pues lo concibe como medio para formar un espíritu único en la diversidad de la nación. De esta manera, se unirán los hombres.

No duda Valle de la importancia del establecimiento de dicha sociedad, que podrá llevar a Centroamérica a un gran destino. Su posición geográfica singular, su relieve y suelos, sus riquezas vegetales, todo ello encierra los gérmenes de la abundancia. Valorando todos estos recursos, podremos asegurar nuestro porvenir.

Las ciencias enseñaron al hombre a producir la riqueza y la prosperidad de las naciones, a elevar al hombre, a conquistar el progreso de los estados. Cada siglo ha realizado su aporte y la mejora de los pueblos. Pero para ello es preciso que haya ilustración, gran productora de riquezas. Conocer la naturaleza es la base para la riqueza, por el conocimiento que es preciso tener para adquirirla. Los propietarios son precisos en todo país que quiera ser rico; donde se respete la propiedad se acumularán los valores y habrá riqueza. El capital es necesario para crear riqueza, y en los países cultos los capitalistas han contribuido a numerosas obras de beneficencia pública.

Hay que abrirle al europeo, sea sabio, capitalista u obrero, las puertas de Centroamérica para que venga a producir riqueza. El progreso asombroso de los Estados Unidos se debe a la buena acogida que saben dar a los extranjeros.

No hay riqueza si faltan los brazos de los obreros. El operario ofrece brazos, el capitalista salarios. Los obreros constituyen una fuente que genera riqueza y necesitan la ayuda para que no caigan en el vicio; de allí la necesidad de la educación popular, para alejarlos de la ruina y la miseria.

Por todo ello, es preciso extender la instrucción, fortalecer las relaciones con Europa, respetar la propiedad, atender al obrero y velar por la armonía entre capitalistas y operarios.

Una vez más, el ilustrado Valle plantea todo un esquema ideal de soluciones sociales y económicas, pensando sobre todo en el porvenir de Centroamérica, en su mejor suerte futura, él, el más noble y visionario de los centroamericanos de entonces.

III. EL AMERICANISTA

Si algo caracteriza a Valle es su afán por abarcar los grandes temas fundamentales que preocupaban al hombre de su tiempo. La independencia, lógicamente, replanteó la problemática de la conquista, el proceso por el cual las tierras del continente americano entraron a formar parte de España y su imperio. En el fondo, se trata de una búsqueda para darle una dimensión de universalidad a esta preocupación americanista, pero arrancando de lo concreto, de lo real, de lo vivido, como soporte del futuro vivir.

Valle, mediante el recurso del diálogo con distintos personajes claves en nuestra historia americana, procurará ensayar una respuesta que habrá de ser la consecuencia final de esta fingida conversación, la primera de ellas sostenida entre Cristóbal Colón y Juan Jacobo Rousseau. Colón encarna el optimismo, la defensa de lo hecho, la justificación por los fines. Rousseau, por lo contrario, adopta la posición reflexiva y razonadora, hondamente analítica y crítica, que no pasa por alto y menos silencia los aspectos que, ante la razón, no tienen justificativo. Colón mira hacia el cielo, Rousseau hacia la tierra; el uno es la razón de España y el otro la de la humanidad. Pensamos también que tras Rousseau se esconde asimismo quien escribe dichos diálogos, y esto no deja de ser importante, por cuanto Valle se perfila con contornos nuevos, de quien se ha liberado de la mentalidad colonial, de la tutela de la Iglesia, para definirse más bien deísta cuando pone en boca de Rousseau esta expresión: "Todo es bien al salir de las manos del autor de las cosas; todo degenera en las manos del hombre. Ese Dios, óptimo, máximo, que siento en mí mismo, y descubro fuera de mí en todas sus obras, creó la América y parece esmerado en su creación".

América, obra perfecta del creador, nos dice, exaltando de este modo su visión casi prometeica del mundo americano. Le da a nuestro continente la nueva dimensión que otros le habían negado, lo que quizás sea un modo de reaccionar ante pensamientos que Valle conocía bien, como el de Pauw, que había estigmatizado el Nuevo Mundo.

Basta seguir el hilo de la conversación para encontrarnos con la inversión de la visión europeísta de las cosas: "Se subyugó al americano para gozar de sus riquezas; se hizo esclavo al africano para tener operarios que las extrajesen; se corrompió al asiático llevando a sus puertas las que se extraían; se degollaron unos a otros los europeos por ser poseedores exclusivos de ellas".

Y ante quienes levantan la bandera de la religión como justificativo de la conquista, Valle reverencia el Evangelio, pero dice: "Jesús no dijo: Conquistad para propagar el Evangelio; haced esclavos para hacer prosélitos. Enseñad, dijo; predicad; llevad las luces al universo entero. Uno de los padres publicó una verdad grande cuando manifestó que la fe no se ha de mandar sino persuadir. Hacer uso de la fuerza para extender la religión es hacer odiosa a la misma religión".

Y de este modo va desenvolviendo una argumentación que es, en el fondo, el enfrentamiento claro del criollo revolucionario que repudia el pasado de dominación, que argumenta con método y claridad para liberar mentalmente a quienes ya se habían emancipado políticamente.

¿La fuerza es acaso un derecho? Los hombres nacen libres; la paz viene del respeto a los derechos de los demás; todos los hombres son individuos de una misma especie; hay que respetar la justicia; es preciso buscar la felicidad de los pueblos... De este modo, Valle va llevándonos hasta la culminación del diálogo en que Colón confiesa que América se ha perdido para el Viejo Mundo y Rousseau lo estigmatiza señalándole que su descubrimiento sirvió para humillar a un pueblo, derramar sangre, matar y quemar. Es, pues, el antiespañolismo lógico de Valle el que aflora para liberar a los americanos de su conciencia de dependencia en que habían vivido.

El diálogo segundo se verifica entre Hernán Cortés y el barón de Montesquieu. Está planteado desde otra perspectiva, predominantemente histórica, que muestra un conocimiento detallado de la vida de Cortés, quien, lógicamente, procura defenderse, mientras su contendiente razona sobre la misma problemática con un lenguaje concreto y de menor profundidad filosófica que el precedente. Hay, sin embargo, algunos momentos climáticos como este: "(Cortés): El valor español fue positivamente auxiliado por Dios. (Montesquieu): ¡Para devastar la obra más grande de sus manos! ¡Para destruir la inocencia y hollar la justicia!".

En el curso de este diálogo, Valle sigue paso a paso la información básica que ha sacado del historiador Antonio de Solís. Pero, a la vez, adopta una actitud razonadora ante el enfrentamiento de las dos culturas tan profundamente distintas. Analiza las estrategias empleadas, los métodos y tácticas usados por la Corona española para afirmar su dominio y las concesiones dadas a Cortés, harto generosas. Pone a descubierto el proceso de la destrucción de las Indias, amparándose incluso en el padre Las Casas para sustentar sus argumentaciones. Plantea también la problemática del oro y la plata dentro de la estructura del colonialismo, para cerrar el diálogo mostrando la incapacidad de España para gobernar un continente tan vasto como América y la mutación misma del español al actuar siempre como español si nació en la península, pero viendo que sus hijos, nacidos en América, piensan y aman los derechos y la prosperidad de su tierra americana.

El diálogo tercero entre Carlos I y Carlos III es el que se da entre el monarca despótico y el ilustrado. El primero empieza tratando de conocer lo que ha sucedido en España después de dos siglos de su paso. El Borbón contesta mostrando los cambios que le ha sido dable aportar, sus desvelos y preocupaciones por difundir los conocimientos útiles y abrir los horizontes de la sociedad española. Tras esta entusiasta enumeración de logros, el primero de los Carlos le denosta al Borbón en sus actos, por el error de ilustrar a su pueblo: "Tú olvidaste el secreto de los reyes", le dice, para enumerarle luego los peligros del fomento de la ilustración, de las libertades y derechos que demandaran los pueblos, hasta perder este su imperio colonial y poner en peligro la suerte misma de las monarquías europeas. "Sólo la mano diestra de los Torquemadas y Mendozas puede impedir que penetren esos rayos peligrosos que alumbran, pero queman y abrasan", exclama el emperador Habsburgo. Mientras el Borbón levanta la voz de la justicia y la ilustración, el otro aboga por el retorno al absolutismo. Mientras uno dice: "Las revoluciones nacen del choque de los gobiernos con los pueblos", el otro se opone, restaurando el viejo régimen. Carlos III cierra el diálogo mostrando su constante preocupación americana y diciendo: "Conozcamos la verdad. Una nación no puede estar por muchos siglos sometida a un gobierno lejano". La emancipación debe darse sin hacer infeliz al americano ni desgraciado al español. Llegado el hijo a la edad viril, se aparta de su casa, reconocido de sus padres que le dieron educación y fuerzas. De este modo, los diálogos cubren un propósito bien preciso, educativo, práctico, para quien está preparado para captar la intencionalidad y profundidad de los temas tratados.

Entre los documentos ciertamente profundos y reflexivos de su pasión americanista, se halla su artículo "América". Arranca, en cierto modo, destacando el periodo de "inocencia" de nuestro continente antes del descubrimiento por Colón. Mas las diferencias físicas y culturales de nuestros indígenas sirvieron de pretexto para su sometimiento; pero la fuerza no es derecho.

Las obras de las culturas indígenas atestiguaban la grandeza de la tierra, pero ello no justificaba su sometimiento. América ha producido hombres de talento. Hubo despotismo tanto entre los indios como entre los españoles. No ha habido jamás despotismo que destruir para adoptar otro semejante. La ignorancia de la religión cristiana no justificaba tampoco el sojuzgamiento de los americanos. Tanto España como América fueron primero salvajes y luego civilizadas. La conquista de América nunca se pudo legitimar; fue la fuerza del cañón, pero jamás el derecho, lo que la sometió. España fijó sus políticas y todos tuvieron que someterse a ellas. La religión y la política estaban unidas para alejar toda posibilidad de libertad. Los pueblos de Europa se han levantado contra sus sojuzgadores; los mismos españoles lo hicieron frente a Napoleón en 1808. ¿Por qué el americano no tenía ese mismo derecho? Oponerse a la libertad de América era luchar contra el espíritu del siglo. El Nuevo Mundo no será en lo futuro como lo ha sido en el pasado, tributario infeliz del antiguo. Se levantará sobre sus obras para atender sus propias necesidades. Se integrará a la economía mundial, abriendo sus puertos, ofreciendo los productos de su industria, incrementando la agricultura. Con su suelo libre y fértil, hallará el extranjero la riqueza e incrementará la población. Se mezclarán las razas y desaparecerá toda discriminación.

Con el comercio y las luces de los pueblos, se harán progresos rápidos y América no caminará ya un siglo atrás de Europa. Ilustrados, los americanos conocerán al fin que son hombres. El alma del americano se elevará como la del europeo; sus habitantes tendrán la fisonomía del hombre libre. Todos serán iguales ante la ley, y si bien no pueden eliminarse las diferencias sociales y económicas, se acercarán las distancias. Los hijos de una provincia tendrán vínculos estrechos con otra, pues la sociedad política será lo que debe ser, familia de hermanos.

América llegará a alcanzar sus metas superiores, pero antes de acceder a ellas hay riesgos que se deben correr, peligros y amenazas que nos acechan, y son críticos los momentos que se viven. Hay que formar nuevas instituciones, nuevas leyes, y crearlo todo nuevo. De allí que deba prevalecer la justicia y elaborarse un plan preciso que ordene y oriente la sociedad, que afirme los derechos del ciudadano, que sea la expresión de la voluntad general de los pueblos. Una constitución debe darse, no menos liberal que la española y no menos justa que otras en el mundo. Valle ve los peligros al avanzar; por ello recomienda no dar saltos, moderar las ambiciones, uniformar las opiniones. Esta es la forma clara y precisa de Valle en su amor al continente en que vio la primera luz.

En otro de sus artículos, titulado "Primero es ser", reflexiona serenamente sobre el goce del americano de ser libre, de tener conciencia de ser hombre. De allí, el camino de reivindicación, para elevar el alma del americano a la altura del europeo. La armonía social llevará a la desaparición de las diferencias entre las distintas etnias y culturas. La sociedad será más justa porque el hombre tendrá mayor libertad. Al pronunciarnos independientes, América se irá integrando al mundo y no habrá limitaciones a su crecimiento y expansión de la riqueza y la ilustración. Pero hay mucho por hacer y son vastos los territorios para unificar criterios y hacer partícipes a todos de los goces de la libertad.

Es también necesario formar una constitución que haga felices a todas las clases, así como leyes que contribuyan a extender la justicia sin discriminaciones de ninguna especie.

Si la justicia es la ley fundamental del respeto a los derechos de los pueblos, en América este deber es más grande que en todos los demás continentes. El patriotismo habrá de moderar las ambiciones y América podrá llegar a ser todo lo grande que deseamos.

De este modo, vemos replanteados los propósitos, las ambiciones del patriota ante su mundo americano, bien delineados, clarificados y los que ponen en evidencia una actitud plenamente racional del hombre de nuestro continente en los albores del siglo XIX.

Dos breves artículos completan este aparte. El primero es muy preciso y claro, en el sentido de la necesidad de poder valorar nuestros propios recursos continentales y, a la vez, tener acceso a cuantos trabajos acerca de nuestra tierra se han escrito y, de esta manera, adquirir los conocimientos más profundos sobre todos los temas. Por ello, Valle sueña con una biblioteca americana que recoja cuanto se ha escrito acerca de nuestro suelo. Además, desea que se constituya una academia americana de los hombres de mayor distinción intelectual en las distintas disciplinas como la política, la economía, la moral, la física y la matemática, y que cada uno de estos institutos redacte los extractos de todo este conocimiento para darlo a conocer a los demás. Los bienes globales que se derivarían de esta actividad serían inmensos y, por ello, concluye con una frase lapidaria: "El conocimiento de un país es el primer elemento de la riqueza".

—Para un hombre como Valle, que por años mantuvo una abierta inquietud en procura de libros y documentos que le ilustraran mejor sobre la realidad del Nuevo Mundo, era dable esperar un escrito de esta naturaleza, puesto que nadie mejor que él en Guatemala se había dado cuenta de las limitaciones de acceso a las fuentes bibliográficas existentes en nuestro hemisferio. El final es uno de los testimonios más vivos y fundamentales para sentar las bases de estudio para su comprensión e interés americanista. Es su más elevado mensaje al continente donde está su cuna.

Aquí, el amigo de los hombres del continente empieza por lamentar la ausencia de coordinación en el proceso de la independencia americana, que hizo del continente dos zonas distintas, la de la esclavitud y la libertad. Repasa en forma breve el pasado de nuestro continente, para mostrar la necesidad de la unión, el error táctico de no habernos unido en la conquista de nuestra libertad; "la memoria se niega a recordarlos", nos dice. Pero, de seguido, para no desmayar ante nuestros errores, nos dice de un modo optimista: "Volvamos los ojos al futuro". Así nos colocamos en la cima para ver hecha realidad esta conquista tan ansiada. ¿Pero qué ocurre? Mantenemos nuestra desunión, nos desconocemos unos a los otros cuando más bien debíamos formar una familia.

Pero Europa nos puede brindar una enseñanza, dado que ellos saben juntarse en congresos. ¿Por qué nosotros no somos también capaces de unirnos cuando la necesidad y el interés nos obliga a congregarnos?

Ello le permite a Valle, de inmediato, llegar a un planteamiento concreto y visionario, trasladando a Costa Rica o Nicaragua "un Congreso General, más expectable que el de Viena", con representantes investidos de plenos poderes. Conocerían allí la realidad global del continente; se trazaría un plan de defensa continental contra los agresores extranjeros. Formarían un plan de desarrollo, como cabría llamarlo en términos modernos. Surgiría así la federación de todos los estados americanos y el plan económico para su enriquecimiento. Habría un ejército común para la defensa continental y una corte para asegurar la paz entre los estados. Finalmente, esboza un tratado general de comercio con los Estados Unidos de Norteamérica y el fomento de una marina americana.

¿Acaso en todos estos temas esbozados por Valle no se encuentra ya el esquema de la Organización de los Estados Americanos y del mismo panamericanismo? Cierto, y de modo muy claro. La Asamblea General de la OEA y las Conferencias Interamericanas son el Congreso que Valle soñara. Los sistemas interamericanos de defensa, los programas de desarrollo planteados a nivel internacional y americano llenan a cabalidad la aspiración soñada por Valle. La Organización de los Estados Americanos cubre todos estos afanes que desvelaran al prócer hondureño, razón por la cual cabe tenérsele como uno de los más auténticos precursores y el más visionario de los centroamericanos, por aspirar a la constitución de proyectos de dimensión muy vasta, que desvirtúan de un modo pleno los prejuicios de aquellos que creían incapaz a Centroamérica de mirar más allá de sus limitados contornos de la geografía.

La América hispana, que nació bajo la falsa ilusión liberadora, en lo político únicamente, necesitaba de estructuras y sistemas acordes a la nueva situación del continente. Valle, con su espíritu inquieto e intuitivo, tocaba un punto medular de nuestra realidad. Sigue, sin proponérselo, el mismo sendero de unión americanista planteado por Miranda en 1797, por el peruano Egaña en 1810, por O'Higgins en 1818 y hasta por lo planteado también por Rocafuerte, Artigas y Troncoso. Es decir, por las mentalidades más visionarias, a la altura del gran Bolívar y su Congreso de Panamá, en especial. Monteagudo dio a conocer a Bolívar este texto que comentamos y lo instó a volverlo a publicar, y aquel, en su meritorio ensayo de 1824, "Sobre la necesidad de una federación general entre los estados hispanoamericanos y plan de su organización", cita a Valle con elogio. Por esto mismo, pensamos con el hondureño Eliseo Pérez Cadalso que:

El pensamiento de Valle afloró en el Congreso de Bolívar; estuvo en pie durante aquellas sesiones y se echó a andar definitivamente por los caminos de la inmortalidad. No se trataba de un rapto de inspiración, desarticuladamente luminoso. Era, por el contrario, todo un sistema ideológico, preconizado y robustecido desde mucho tiempo atrás.

Por todo ello, podemos afirmar que Valle, conforme le conocemos mejor, conforme agudizamos más profundamente su conocimiento, se nos perfila como uno de esos visionarios patriotas que se preocupan fundamentalmente por el orden y la libertad de los pueblos y que ven con optimismo el futuro de nuestro continente. Por ello es que debemos decir los centroamericanos, los americanos todos: que resucite Valle o que al menos revivamos su pensamiento mediante su mejor conocimiento, para que repitamos también con él: "El estudio más digno de un americano es la América".

IV. EL ECONOMISTA

Entre los múltiples campos del conocimiento cultivados por Valle, debe citarse la economía, que parece incluso una de las ramas preferidas por él. Fue el abanderado de su conocimiento en Guatemala y el primero en establecer cátedras específicas y, por supuesto, quien más empeño puso en aplicar tales conocimientos a la solución de los problemas fundamentales de su país.

Valle no es un radical; aun cuando estudia los problemas de la economía y trata de buscar soluciones, se muestra un decidido reformador en el terreno económico-social.

Su primer artículo aquí recogido, "Economía política", explica la necesidad de esta disciplina en Guatemala y la razón de su enseñanza, pues "donde se han hecho aplicaciones prudentes de sus principios, la riqueza y la felicidad de los pueblos ha sido el resultado feliz". Es, en consecuencia, el primer mensaje, la introducción de la ciencia económica en Centroamérica, y el razonamiento acertado y correcto de su necesidad. Sus conocimientos en este campo son serios y bien actualizados. Valle milita en el bando de los enemigos del mercantilismo y toma de los fisiócratas las ideas de libertad económica y cosmopolitismo. Pero es buen seguidor de Adam Smith y, por lo mismo, gran entusiasta del método deductivo, de las meditaciones y de la creencia en el hombre de esfuerzo creador. Se afilia, pues, Valle al liberalismo económico bajo sus tres principios fundamentales de libertad personal, propiedad privada e iniciativa individual o espíritu de empresa. Pero, en el caso de Valle, resulta imposible callar un nombre, el de Jeremías Bentham, su amigo por correspondencia y, lógicamente, su ídolo en más de un sentido. Aun cuando no se le considera por lo común como economista, Bentham fue un claro representante de lo que hoy se llama escuela inglesa o ricardiana. El utilitarismo de Bentham tuvo siempre como especial preocupación el problema del bienestar de la humanidad y la filosofía social. Y al tratar de comprender al hombre en su medio global, sentó las bases de lo que hoy se llama ciencia social y, por lo mismo, integró la economía, la jurisprudencia, la política, la educación y hasta la religión en una ciencia de la conducta humana.

Todo ello lo percibimos en Valle a través de escritos como el que comentamos, donde se termina explicando el sistema de su enseñanza y hasta los mismos contenidos programáticos. ¡Y todo esto en 1812!

"El economista" es una visión global y generalizadora, tanto del valor de la enseñanza dentro del contexto global de las ciencias, como de la necesidad de reformas para elevar al hombre. Y una de ellas, la más importante, la más privilegiada, es la economía política. Por ello, Valle se pone a discurrir acerca de la realidad del mundo económico, de la conciencia de cuanto acontece que condiciona al hombre. "¿Por qué hay países de abundancia y lugares de miseria?", se pregunta, para seguir adelante en sus explicaciones. Todo desemboca en el concepto de que el economista se prepara para trabajar por la felicidad de los pueblos. Exalta el significado global del trabajo, para decirnos: "El pueblo donde haya mayor suma de trabajo debe tener mayor suma de riqueza". Y busca en la complejidad de la realidad económica, en el análisis de la legislación, en la libertad de comercio, en la tierra, en la instrucción de la juventud, en la seguridad y tranquilidad, los elementos que interesan al economista. Por lo mismo, este se ha convertido en el vocero más autorizado para la comprensión de toda la problemática fundamental de la vida de las naciones y las sociedades y, en fin, para determinar la serie de principios generales y particulares que sirven para dar, además, lecciones útiles a la juventud, para que bajo su influjo promuevan la felicidad general.

"Las matemáticas en sus relaciones con la prosperidad de los estados" constituye otro de esos trabajos de gran valor persuasivo y de profundidad argumental convincente, para mover la sociedad y desplazarla hacia superiores metas, en terrenos antes desconocidos. Al considerar que los elementos del Estado son la ilustración, la fuerza, la riqueza y la moralidad, pasa de seguido a demostrarlo, mediante el análisis particular de cada uno de esos aspectos. Las ciencias dan el poder al pensamiento; el hombre ha alcanzado la inmensidad del universo con las luces de las matemáticas; en todos los campos del conocimiento no pueden faltar las matemáticas, porque forman parte del arte de la razón y el conocimiento. Por la instrucción, el hombre llega a ser productor de riquezas; el progreso de los pueblos es fruto del adelanto de las matemáticas.

Los razonamientos de Valle van fortaleciendo y dando sólido soporte a lo que quiere demostrar, es decir, que la influencia de las matemáticas es universal, es uno de los soportes firmes de la prosperidad de los pueblos y se extiende sobre todos los sectores sociales de los estados. Por lo mismo, para conseguir los afanes que inspiran el más auténtico patriotismo, es preciso promover su enseñanza en todos los niveles.

Los temas que Valle trata tienen la virtud de haber mantenido plena actualidad, y aun cuando los economistas no han estado exentos de cometer errores, como hombres que son, ello no impide reconocer que sus pensamientos han tenido la virtud de mover los hombres y las sociedades hacia metas de clara superación. "La estadística, plataforma del enaltecimiento social", adquiere, desde esta perspectiva, su gran valor, por cuanto su desarrollo posterior lo que ha venido es a consolidar muchos de estos juicios, quizás no originales de Valle pero sí divulgados por él en temprana hora para Centroamérica. El conocimiento de lo que tenemos, en el sentido más general, es fundamental para saber lo que podemos hacer. Es de una lógica elemental, ciertamente, pero que para la América ha carecido de significado, mientras que para Europa es una de sus prácticas más generalizadas. Grande es nuestro desconocimiento de nuestra realidad en todos los campos, nos dice Valle, en una frase que sigue teniendo vigencia en nuestro tiempo. Pero nos está hablando de una estadística en su más amplio sentido, que comprende la cartografía, sobre la cual puede proyectarse toda esa información o incluso hacer levantamientos para efectos censales.

El llamado de Valle es para que se empiece la importante tarea, para que coloquemos las piedras fundamentales de la felicidad pública. Que cada institución sepa de los recursos con que cuenta y que el gobierno, acopiando toda esta información, la sistematice y divulgue. De este modo, el país y sus ciudadanos tendrán de qué partir al momento de elaborar proyectos para el beneficio de la sociedad. Así sabremos del estado económico del país, de sus tierras, industria, comercio y recursos. Un inventario de los recursos humanos, clasificados conforme a sus actividades, es de gran valor y significación. Sobre cada uno de ellos, conviene en que se debe formar estadísticas y acumular informaciones. Sus reflexiones le llevan a la botánica, la industria, el comercio, la educación, las milicias y la hacienda pública. Para él, la estadística tiene el espíritu de la combinación, su sentido integrador y su gran valor práctico; lo fundamental es su valor informativo para comprender a los pueblos y las naciones.

El artículo final de esta parte se titula "Comercio", y su sentido principal es el de razonar la problemática del establecimiento de un arancel que no vaya a destruir las bases fundamentales de la economía centroamericana. Pero para hacerlo, debe también pasar sobre los elementos productivos básicos de nuestra economía, puntualizando cada uno de ellos con el conocimiento práctico y preciso de quien se ha consagrado a proteger dichas bases o del que se propuso conocerlas a fondo para afirmar de mejor modo sus criterios. Siempre está Valle dispuesto a comunicar, a formar juicios orientadores para sí mismo y para los demás.

Valle reconoce sus limitaciones y la ausencia de información confiable, pero, tras esta confesión, procura presentar un cuadro integrador, tanto de la realidad geográfica del país como de sus principales recursos, tales como el de la grana, con la que hace una acertada comparación respecto a otros mercados internacionales.

El punto básico de partida es el libre comercio, que Valle defiende con inusitado calor. De igual modo, defiende el derecho de propiedad y la libertad para su traspaso, que es el que le da valor a la propiedad. Pasa a pormenorizar el valor y trascendencia de la libertad de comercio, a nivel del simple artesano y en su dimensión nacional, exaltando la virtud de esta apertura al mundo y su comercio. Pero manteniendo determinadas normas de moral comercial, regulando la circulación de las mercancías y estimulando la exportación de los géneros de la tierra.

Valle sueña, como siempre, en una reunión interamericana para regular todas estas actividades conforme a nuestra conveniencia, pero mientras ese día llega, se hace preciso estrechar las relaciones mercantiles. Y para conseguirlo, hasta sueña con una flota fácilmente construible, dada la abundancia de maderas de nuestra tierra.

Razona y razona, dando argumentación sólida y precisa, ajustada a nuestra realidad y necesidad, procurando que a la hora de legislar no se vaya a causar daño a nuestra economía, llamando a la reflexión oportuna. Le interesa también que los aforos sean justos, equitativos y, para ello, procura hasta dejar planteados los mecanismos para su correcto funcionamiento.

Una vez más, Valle aboga por el triunfo de la razón, de la sensatez, de la justicia, al mismo tiempo que nos deja escuchar su voz de cordura y razonamiento que le es tan característica.

Valle nos resulta, a la postre, tras toda esta serie de artículos, el abanderado de la economía aplicada a todos los campos, el introductor de la razón en el campo de la producción, como base para la acción efectiva y benéfica para su querida Centroamérica. Nos deja planteados con toda precisión, nos deja a descubierto los elementos básicos para llegar al modelamiento de un nuevo mundo, en el que la pobreza y la explotación desaparezcan, como resultado de la aplicación práctica de ideas precisas y renovadoras. Por ello, queda fascinado con el estudio de la economía, por cuanto su objeto es ayudar al hombre, a las sociedades, a salir de todas las limitaciones, a conseguir satisfacer el número siempre grande y variado de necesidades del hombre.

V. IDEAS POLÍTICAS

A través de la presente introducción, hemos podido dejar establecidas con claridad muchas de las concepciones de Valle sobre el mundo y la realidad. Desde esta perspectiva, y a estas alturas, no cabe dudar que Valle fue un hombre de ideas. Pero la gran diferencia, con respecto a otros, es que nunca se satisfizo con tener un modo de pensar, sino que siempre estuvo presente en su mente la idea de hacer partícipes a los demás de sus claros conocimientos. Y en este sentido, su dimensión principal viene a ser, por supuesto, la política.

Admirador de los talentos de los genios, conocedor profundo de cuanto se publicaba en el Viejo Mundo, terminó en sus últimos años por desarrollar una inusitada actividad epistolar, que le puso en contacto con algunos de los representativos mayores de Europa y nuestra América.

Pero su ídolo, el personaje más acabado y completo, fue, sin lugar a dudas, Jeremías Bentham, famoso utilitarista inglés que prestó siempre mucha atención a las cuestiones del Nuevo Mundo.

Por ello, empezamos esta parte con el "Elogio a Bentham", que aunque incompleto, nos deja esbozados muchos de los rasgos sobresalientes que, a juicio de Valle, eran su mejor dimensión. Para él, lo principal es el hecho de haber podido ser su amigo, amigo de un gran sabio europeo que fue maestro de la humanidad. Porque, en verdad, Bentham tenía como interés y preocupación la regeneración de las sociedades del mundo. La lucha por la libertad, donde fuera que se librara, era su lucha. Por ello, en su necrología, procura Valle dar la dimensión global de este sentimiento de dolor por su desaparición física, proyectándolo a los distintos continentes, en su espíritu crítico y de justicia, pero sobre todo en su dimensión de legislador, es decir, de modelador de las sociedades.

Pero su mayor sentimiento es por la muerte del amigo, de esa alma a la que tan identificado se sentía, de esa deidad viviente del sabio legislador.

Para Valle, Bentham era el ciudadano del mundo, digno representante de la especie humana y, por lo mismo, siente que sus palabras, que su intelecto, no es capaz de expresar todo lo profundo de su pensamiento, en esa hora aciaga de su desaparición física.

Nos traza algunos rasgos de su biografía, pero fundamentalmente nos lo presenta como el regenerador de las sociedades, como el hombre providencial que la humanidad no puede nunca olvidar. Su voz es el eco de la civilización que viene desde la antigüedad, de un espíritu libertario que arraiga sus raíces en la evolución de los pueblos y las sociedades. Le califica de emancipador del género humano, del que porta el mensaje de la civilización, no como un dios, ciertamente, pero como continuador de esas mismas tareas que vieron a Aristóteles, a Descartes, a Lutero, a Rousseau, trabajar y luchar para contribuir a la elevación del hombre al pedestal que hoy ocupa.

Desde las alturas de su privilegiado intelecto, Bentham contempla al mundo, profundiza en su realidad, reflexiona para actuar. Legisla.

Pero las ideas de Valle se interrumpen bruscamente por ausencia del texto completo; sin embargo, lo que conocemos nos resulta congruente con otras expresiones de Valle en diferentes escritos, en particular en su correspondencia con el sabio.

No cabe duda de que, a través de cuanto Valle escribió, no es dable hallar prosa más efusiva, sincera y profunda sobre un hombre, como esto que intentó ser su semblanza del hombre más extraordinario con quien tuvo contacto epistolar, para empaparse de su pensamiento, de sus ideas, y hacerlas suyas.

Valle no es hombre que examina superficialmente las cosas; busca siempre partir de sus comienzos, de sus principios originales. Y a la hora de sus preocupaciones en torno a la política, lo hallamos siempre adoptando esa misma actitud. En "Del absolutismo a la libertad", Valle retrocede hasta esas negras etapas de las sociedades sometidas a un señor absoluto, para pronunciarse de inmediato diciendo: "El hombre no es propiedad del hombre".

Valle rastrea en la historia el proceso de las sociedades en lucha por adquirir el principio fundamental de su libertad: Inglaterra, Holanda, Portugal, los Estados Unidos... Presta especial, muy especial atención, al caso de Francia; estudia su proceso y, como es lógico, analiza su proyección sobre España, para llegar finalmente a América. Analiza a América desde la conquista para llegar al proceso de su independencia y destacar el contenido básico de sus esperanzas y promesas. Y en este análisis, sale de nuevo el provinciano que nos dice que los propósitos de la aristocracia guatemalteca era combatir los derechos de igualdad, destruyendo, en consecuencia, los fines fundamentales del proceso político de 1821. Y aun cuando Valle no lo dice de un modo concreto, se entiende con claridad que el mundo de la política se desenvuelve entre estas dos fuerzas y que son las sociedades mismas las que, en última instancia, definen su destino futuro.

En "Sistema político", nos parece hallar una verdadera continuación de la anterior temática, pues Valle comienza hablándonos de las dos alternativas que siempre han existido entre absolutismo y libertad. Retoma la problemática de su evolución en la historia de las sociedades, proyecta el tema a América, para abogar por el constitucionalismo como solución. Reconoce la realidad de Europa con una Inglaterra que domina el mundo, la que, a la vez, no ha dudado en reconocer la independencia de varios países americanos. Destaca que Holanda y los Estados Unidos lo han hecho también, para volcarse en una honda preocupación sobre la suerte de los conflictos que ve plantearse en Europa y la decisión de España de recuperar su perdido imperio colonial.

Valle quiere llevar a las gentes a una severa reflexión acerca de lo que ocurre. Pero reafirma, del mismo modo, el derecho fundamental que hemos adquirido, el de la independencia absoluta, que nos lleva a decidir por nosotros mismos sobre nuestro futuro destino.

Nos lleva además por otros temas misceláneos, dado que el trabajo tiene más bien por objeto cubrir diversos propósitos de reflexión. Mas la preocupación constante es el llamado al patriotismo, a la valoración de lo que significa ser hombre, ser americano, tener comunidad de intereses. Es la necesidad de todos para asegurar nuestra independencia y libertad, siempre amenazadas. Es la preocupación del sabio que ve nubes de diferentes tonalidades en el horizonte futuro de la patria. Pero vislumbra una cosa muy cierta: que España se halla abatida y jamás podrá acometer empresa tan grande como la de reconquistar su mundo colonial, aun cuando se lo propongan.

Nos queda aquí el cuadro pintado por quien, desde el balcón de Guatemala, dirige su mirada al Viejo Mundo, busca comprenderlo e interpretarlo y, con las luces de su brillante intelecto, trata de focalizar facetas que, a la postre, nos lo muestran poseedor de una gran intuición política.

"Constitución" es un verdadero llamado a las sociedades para que aunen sus opiniones al momento de plantearse la necesidad de determinar la forma política que debemos adoptar. Empieza resaltando el valor de la ley fundamental en las sociedades, de fijar sus opiniones, delegando libremente en sus representantes la voluntad de los pueblos. Pero ve en ello un momento delicado. Tenemos formada opinión en cuanto a la necesidad de la independencia, pero no en el sistema a adoptar. Debemos unir criterios para determinar lo que queremos, para asegurar nuestra felicidad social, para hacer el mejor bien posible al mayor número posible. Pero hay que aceptar el orden, meditar nuestro futuro y protegernos del despotismo y de la anarquía, fuente de males mayores.

Y como la mente de Valle es concreta y razonadora, plantea una serie de puntos que, como normas, podrían conducirnos al objetivo deseado: el de asegurar la felicidad general, sin que la pasión ciegue o destruya nuestro actual orden político.

En "Necesidad de la armonía de los poderes", nos lleva el autor a señalar que, tras todo sistema, hay un plan que es preciso conocer para que sea adecuado al objeto. Y el Poder Legislativo de Guatemala ha de ser, en consecuencia, conforme al plan del mismo país. Debe adecuarse a cada realidad social y la obediencia vendrá fácilmente. Pero reflexiona, además, sobre el papel de los funcionarios públicos y la necesidad misma del equilibrio entre los poderes como base del orden social. Llega, en el fondo, a plantearnos la necesidad orgánica de la paz y el equilibrio como fundamento de nuestro destino futuro. Son consejos prácticos y nacidos del hombre experto que procura plantear de modo anticipado los problemas, para de este modo conseguir que la independencia, que ha quedado en nuestras manos, nos lleve en el futuro a la ilustración y al destino adecuado a nuestras aspiraciones.

Valle actúa casi como el padre que aconseja y dirige a sus hijos, como la persona conocedora que todos reconocemos en él.

En el artículo "Código legislativo", escrito antes de la independencia, hallamos un contraste demasiado evidente con respecto al artículo anterior. Aquel es la reflexión dentro del ámbito de la nación ya libre, que debe decidir sobre su sistema político. Este es del súbdito de España que, dentro de la corriente reformista ilustrada, se desenvuelve dentro de los cánones de la monarquía.

Psicológicamente, surgen elementos marcadamente distintos entre cada uno de estos escritos. Es la defensa de la Constitución gaditana y de las estructuras legales vigentes. De allí que hallemos referencias a Alfonso el Sabio y sus Siete Partidas, a la recopilación de las Leyes de Indias y demás leyes indianas, pero analizadas en sentido crítico y comparativo. Pero se definen aquí mismo los caracteres de su pensamiento típico, al ver que no cabe legislar para América desde el Viejo Mundo, que somos geográficamente diferentes y requerimos códigos y leyes que se adecuen a nuestro medio. No hay duda de que tras este pensamiento se esconden las influencias indiscutibles de Montesquieu y Rousseau, que no podía Valle desconocer con su espíritu siempre tan permeado de las nuevas ideas.

Una de las páginas que más hondamente nos impresionan en este aparte es la relativa a la "Libertad de imprenta". Pese a los años que han transcurrido desde que fue redactada, conserva siempre la pujanza de lo reciente, porque el tema sigue preocupando, sigue interesando a las gentes.

La libertad de imprenta es fundamental en la vida política y es el arma para combatir la tiranía. Por lo mismo, es siempre tan afrenta, porque es arma que ofende a los tiranos. Por esto mismo, Valle afirma con acierto: "¿Puede concebirse que un país sea libre cuando no lo son el pensamiento o la palabra, que es su expresión?". Sus lógicos razonamientos y sagaces observaciones nos convencen de que su convicción es honda y profunda, ya que detecta la amenaza constante a ella. Es preciso leer con detenimiento su lógica persuasiva y convincente, su discurrir de ideas que han conservado su valor hasta hoy. Y en su razonar, lógicamente, cae en el terreno de la religión, pero manteniendo incólumes sus principios y convicciones.

Es quizás este artículo uno de los más valiosos por su vigencia y valor persuasivo, en un mundo como el de hoy, donde el problema adquiere en forma plena su dimensión más honda.

Finalmente, llegamos a otro planteamiento vigoroso de Valle, esta vez alrededor "De la oposición a los gobiernos representativos". Es otro de esos escritos de Valle que tienen indiscutida actualidad, en especial donde las fuerzas radicales pretenden eliminar toda forma de oposición, como si en el mundo hubiese hombres investidos del don de la infalibilidad.

Si seguimos el hilo de su desarrollo, nos hallaremos con un proceso de razonamiento muy preciso, que empieza por atacar el absolutismo y dar base al desarrollo de las instituciones de tipo democrático. Sigue los lineamientos fundamentales de la evolución histórica del sistema, para contrastar su importancia en el siglo de las luces. Destaca el papel moderador que fomenta la libertad de opinión y el valor de la moderación en el proceso de opinión. Es un educar las pasiones, nos dice, para llevar adelante su razonamiento, que respalda el valor de la formación de la opinión pública en toda sociedad armónica. ¡Cuánto nos duele que nuestros pueblos, nuestros gobernantes, nuestros hombres de Estado, no hayan adoptado hasta lo más profundo todos estos principios señalados por Valle! Otro habría sido el curso de muchos acontecimientos; distinta habría sido la suerte de nuestras sociedades, de haber sabido escuchar, de haber sabido respetar principios tan fundamentales como los esbozados.

Valle es el profeta de nuestra sociedad. Es el hombre sagaz que, muy a tiempo, pudo palpar los peligros que nos amenazaban. Es el hombre que, con su talento volcado hacia su pueblo, sigue hablándonos en mensajes vivos, actuales, cargados de reflexión y moderación. ¿Podremos algún día los centroamericanos seguir sus enseñanzas para soñar conquistar las grandezas que Valle soñaba para nuestra tierra? Podría ser. Pero hoy nos hallamos bastante lejos de sus afanes.

VALLE Y MORAZÁN. HERRERA Y ARCE: PARALELO EN LA VIDA Y EN LA MUERTE por
Eliseo Pérez Cadalso

LA PROVIDENCIA premió a la naciente nacionalidad centroamericana con un estado mayor de hombres ejemplares, entre quienes figuran José Matías Delgado, Pedro Molina, Manuel José Arce, Miguel Larreynaga, José Cecilio del Valle, José Francisco Barrundia, Dionisio de Herrera, Francisco Morazán y otros. De entre ellos, las dos máximas figuras son José Cecilio del Valle, el más fuerte pensador istmeño de todos los tiempos, y Francisco Morazán, militar y estadista, cuyo paralelo con Napoleón hiciera en brillante escrito Nicolás Raoul, oficial francés que militó bajo las órdenes de ambos generales.

Valle y Morazán tenían algunos aspectos comunes. En efecto:

a) Los dos nacieron en Honduras, la tierra de los pinos y los ópalos. Valle encontró en Guatemala el ambiente cultural propicio a su formación académica, pues la antigua capital federal viene siendo desde tiempos coloniales el ombligo de la cultura centroamericana. Y Morazán encontró en El Salvador el espíritu de lucha y los soldados idóneos para emprender su cruzada. Valle profesó a Guatemala igual cariño que a Honduras. Morazán legó sus restos a El Salvador. Esto quiere decir que ellos concebían a Centroamérica como una nación, como un todo indivisible que arranca de un pasado común y apunta hacia una misma meta.

b) Ambos amaban y defendían la Federación. Valle la concebía como un supuesto necesario para la prosperidad de Centroamérica. Morazán la sostuvo como un punto de su programa reformador, pues la reacción estaba a punto de despedazarla. En esos nobles afanes, Valle y Morazán se enfrentaron al grupo conservador, compuesto por la antigua nobleza española, el clero y algunos militares.

c) Valle y Morazán fueron paradigmas de abnegación, probidad e hidalguía. En repetidas ocasiones abandonaron sus propios intereses por servir a la Nación. Valle fue al Congreso de México, por su cuenta y riesgo, llevado tan solo del amor a la Patria, cuando el Erario Público le debía todos sus honorarios anteriores. Hallándose en México, iba a ser tomado prisionero por orden de Iturbide, y varios amigos le aconsejaron que huyera. Él entonces contestó: "Que huyan los que son positivamente criminales; yo no conozco el crimen. Yo soy un hombre de bien". Y se dejó apresar, pudiendo eludir la captura. Por su parte, Morazán, epónimo defensor de las instituciones democráticas, cierta vez que los enemigos le tomaron prisionera la familia para obligarlo a capitular, expresó algo como esto: "Los rehenes que los enemigos tienen en su poder son para mí sagrados y hablan vehementemente a mi corazón. Pero soy el Jefe del Estado y mi deber es atacar...". Y tomó la plaza logrando rescatar, sanos y salvos, a sus queridos deudos. Cuando años después, en San José de Costa Rica, la tarde del 15 de septiembre, yendo hacia el cadalso, resbaló y sus guardas creyeron que intentaba fugarse, los increpó con energía: "No he de huir. No me falta valor para morir". Y continuó la marcha a paso de vencedor.

d) Al asumir Valle el Ministerio de Relaciones Exteriores del Imperio —la más importante posición del régimen— bien pudo vengarse de aquellos que le hicieron daño, de los "delatores oscuros", como él los llama. Y no lo hizo. Morazán, al morir fusilado, dijo en su testamento: "Declaro que no tengo enemigos y ningún rencor llevo al sepulcro; que perdono a mis asesinos y les deseo el mayor bien posible".

e) En los programas de acción de los dos próceres figuran proyectos similares, por entonces utópicos. Morazán era estadista y literato, y su pensamiento ha pasado a la posteridad en forma de proclamas y mensajes a los pueblos. Ambos fueron incansables defensores de la democracia política y económica. La libertad de pensamiento, la intervención del Estado en favor de las clases oprimidas, el derecho de resistencia contra gobiernos despóticos, la equitativa distribución de la riqueza, la difusión de la cultura, la soberanía como expresión de la voluntad popular, el incremento de las relaciones con los demás países de América eran temas en el orden del día para Valle y Morazán, quienes, además de la identificación de sus ideas, llegaron a profesarse profunda simpatía. En efecto, Valle aceptó de buen grado su derrota en las elecciones para la Presidencia de Centroamérica en 1830 y se apresuró a felicitar al héroe de la Revolución. Morazán, por su parte, admiraba el talento del autor de las dos independencias. Y cuando, cuatro años después, pudiendo valerse de la maquinaria oficial para perpetuarse en el poder, convocó a elecciones libres y resultó victorioso su ilustre compatriota, hubo de repetirle entonces los cordiales votos congratulatorios, augurándole buen gobierno.

f) Tanto Valle como Morazán hicieron trascender su nombradía más allá de Centroamérica. Valle sostuvo correspondencia con eminentes sabios de ambos continentes. Bentham, el autor de la corriente utilitarista, legó en su testamento a algunos sabios amigos, en prueba de estimación y cariño, un anillo, un retrato y un mechón de cabellos. Valle recibió estas prendas de aquel a quien él llamaba "su ilustre padre". Otro de sus grandes honores fue la designación como Miembro de la Sociedad de Ciencias de París, cuyo diploma fue recibido en agosto de 1827. El genio militar de Morazán fue conocido en la América del Sur. Al salir de Centroamérica en 1840, se estableció en la entonces colombiana ciudad de David y allí escribió sus Memorias. Por ese tiempo el Perú confrontaba dificultades internas e internacionales. El Gobierno de aquel país le ofreció un alto cargo en el Ejército, pero el Paladín de la Unión agradeció diciendo que consagraría su vida solamente a la causa de su Patria y que, por lo tanto, le era imposible aceptar tan honroso ofrecimiento.

g) Valle y Morazán murieron cuando la Patria cifraba en ellos las más caras esperanzas. No solo porque en aquel tiempo de mezquinas ambiciones ellos encarnaban el desinterés —Valle en varias ocasiones pagó de su propia hacienda el sostenimiento de algunos servicios públicos, y Morazán dejó al morir una deuda de varios miles de pesos—, sino porque a su edad prometían trascendentales realizaciones. Valle murió en 1834, cuando iba a cumplir cincuenta y siete años, y Morazán fue fusilado cuando alcanzaba la cincuentena. Para los estadistas, cincuenta años es edad propicia, pues ya se ha alcanzado la suficiente prudencia en las actitudes y la consiguiente madurez de juicio.

Lógico es suponer, por tanto, que otra sería la suerte de Centroamérica si aquellos dos varones egregios hubieran cumplido el ciclo de sus respectivas trayectorias.

La muerte de ambos fue consonante con su género de vida. Valle murió tranquilamente, cerca de su hacienda "La Concepción", camino de Guatemala, víctima de una enfermedad propia de los hombres que sienten bien y piensan mejor. Morazán cayó como todo un hombre bajo el impacto del plomo homicida, y a tono con la suerte de un guerrero de su talla. No es concebible que el héroe de cien batallas muriera de calenturas, ni que el sereno pensador cayera bajo el fragor de la tormenta. Todo lo dispuso así el Autor Supremo, bajo cuya potestad murieron.

Los dos más grandes centroamericanos expiraron pensando en la suerte de la Patria. El testamento de Morazán dice: "Declaro que mi amor a Centroamérica muere conmigo".

Valle, en el delirio de su agonía, soñaba con traer a los más grandes sabios del mundo para iluminar los caminos hacia la redención de Centroamérica.

La muerte de Morazán reviste un patetismo singular. Como en el drama de Jesús, un Judas entra en escena. En casa de un compadre le tomaron preso y, sin juzgarlo en derecho, lo condenaron a muerte. La tarde del 15 de septiembre, cuando Centroamérica celebraba el vigésimo primer aniversario de su nacimiento a la vida independiente, se le notificó la tremenda resolución. Morazán pidió tan solo tres horas para testar. El testamento, verdadero documento histórico, es, al decir de Marco Aurelio Soto, la cartilla donde deben aprender sus primeras letras los niños de Centroamérica.

La frente alta y la conciencia limpia, la faz resplandeciente como la del hombre que ha cumplido su deber y deja su legado a la posteridad, Morazán marchaba hacia el patíbulo con la altivez que acostumbraba en los campos de batalla. Apolínea y seductora la presencia, parecía un dios de bronce cortando su perfil en el trasfondo del atardecer. A un compañero suyo, que iba profundamente compungido por aquella suerte, le dijo con enérgica piedad: "Querido amigo, la posteridad nos hará justicia".

El pelotón encargado del fusilamiento esperaba órdenes. Era Morazán quien debía darlas por haberlo así pedido a sus verdugos. El héroe se acercó a los soldados, preparó más de un rifle en manos de aquellos inexpertos ciudadanos y dio la orden de: "¡Fuego!", ganando así su última batalla y abandonando la prisión terrena para convertirse en el ángel tutelar de nuestros pueblos.

La vida de Morazán puede simbolizarse con relámpagos, tormentas, huracanes, montañas y abismos. Su vida militar y política duró quince años, pero su nombre llenará los siglos con estrépito glorioso.

Morazán supo morir. Murió cómo y cuándo debía. Los pueblos sintieron sobre sus corazones el aletazo del dolor y la noche de la barbarie se entronizó por tiempo indefinido.

Dichosos los que bien mueren, porque de ellos es el reino de la posteridad. Sócrates debe parte de su gloria a la forma de su muerte. La cicuta lo inmortalizó. Jesús, el más sabio y más justo de los hombres, aún conmueve a las multitudes con su martirio indecible. Juana de Arco murió en la hoguera, sosteniendo la pureza de la fe. Los bravos indios que defendieron palmo a palmo la tierra americana, también supieron morir. Lord Byron, el genial romántico inglés, cayó peleando como un caballero de la libertad. Y Schubert entregó su alma de crisálida, tiernamente, apaciblemente, en manos del Creador, como si se tratara de una sinfonía inconclusa. Benditos los que saben morir oportunamente, y si mueren jóvenes, ¡tanto mejor!

Yo no querría la muerte que le dieron a Napoleón, el coloso de Austerlitz, porque para aquel varón singular, cuyo teatro había sido el mundo, buscaron el más pobre rincón, matándolo de asfixia; y no querría la muerte de Don Quijote, símbolo del ideal en todas las edades, porque un luchador como el iluso manchego debió sucumbir en una de sus quiméricas batallas. Ni querría la muerte de Bolívar, el hombre más completo de la Historia, después de Jesucristo, porque fue la suya una muerte gris, sorda, triste, indigna de una vida luminosa. Me figuro al Libertador de las Naciones, desolado en San Pedro Alejandrino, prisionero de la amargura y la tuberculosis, como un haz de podredumbre alrededor del cual aullaban noche a noche los mastines de la muerte. ¡Oh, agonía, incompatible con el temperamento de quien la sufre! Si Bolívar era el Cóndor de los Andes, debió haber sufrido el vértigo y despeñarse hacia el abismo.

Ante los restos de Valle en 1834 y ante los despojos de Morazán, en 1842, Centroamérica estuvo de rodillas, llorando su largo desconsuelo, como la madre escuálida y agonizante, que clama al hijo que iba a ser su salvación. Y ese llanto de sangre aún empavorece los corazones y aún sigue buscando nuevos cauces de redención.

VALLE y MORAZÁN constituyen las paralelas de la Historia Centroamericana.

CONFRONTO UNIFICADOR

Razón, mucha razón tienen los que afirman que la Historia de Centroamérica no se ha escrito todavía. Tal vez a las realizaciones efectuadas en tal campo no les falta contenido humanístico, pero sí imparcialidad. Cuando no es la carcoma del prejuicio partidista, son el criterio aldeano y el amor propio lugareños los que deforman los hechos, atribuyéndose cada narrador para su grupo el monopolio de las grandes hazañas y virtudes, y cargando en la cuenta de sus hermanos todas aquellas plagas que por más de siglo y medio han afligido el alma de la Patria Mayor.

Esa mentalidad nos ha llevado a convertir —como niños que se ponen a jugar de cosas adultas—, cinco aldeas en repúblicas. Y después de consumar tan compleja travesura nos hemos asustado de tal modo, que la sorpresa no se nos borra de los ojos. Y, en el colmo de la preocupación, no nos quedó otro expediente que lavarnos las propias manos e inculpar a los demás, exaltando al mismo tiempo el orgullo local de la parroquia.

A partir del descuartizamiento de la Patria Grande, cada parcela comenzó a enfocar los hechos a través de un mirador estrictamente localista, cercenando, con afán de cirugía regional, todos los contactos y ramificaciones de los hechos históricos hasta obtener su aislamiento total. Idéntica es la obra de los partidos políticos.

Lástima grande en verdad, porque los sucesos de alcance ístmico, y especialmente los que acaecieron entre 1821, año de la gesta emancipadora, y 1838, año del Decreto que dejó en libertad a los Estados para regirse como mejor les pluguiese, se entrelazan en tal forma desde Guatemala hasta Costa Rica, que no se pueden juzgar separadamente sin incurrir en grave riesgo de parcialidad.

Hay, entre otras, cuatro figuras próceres que han sido víctimas de este análisis: Dionisio de Herrera, José Manuel Arce, José Cecilio del Valle y Francisco Morazán. Siendo su ejecutoria de anchura ístmica y aun continental, nos hemos atribuido en forma excluyente su paternidad, como si fuesen patrimonio privado, sin darnos cuenta de que con tal procedimiento los empequeñecemos al reducirles la dimensión de sus propios escenarios. Otros, como Barrundia, Cabañas, Jerez, Mora o Delgado, tienen la suerte de ser unánimemente reconocidos y, bien que mal, los hemos admitido en toda el área como glorias legítimas del Istmo.

Ahora, lo que es preciso aclarar de una vez, es que la intención, tanto de aquellos como de estos, no fue estrecha ni localista, sino que, por el contrario, les inspiró siempre el deseo de que su vida fructificara para todos sin discriminación alguna.

A medida que el tiempo dilata su pantalla cinemascópica, las divergencias —más de tipo personal que ideológico—, entre Valle y Arce, entre este y Herrera y entre Morazán y Arce, van progresando también merced al rasero lugareño, tanto que las comarcas de donde son oriundos ellos se han arrogado para sí y ante sí la defensa de sus propios connacionales, emprendiendo al propio tiempo la ofensiva consiguiente contra el hermano que nació en la otra provincia.

En Honduras, por ejemplo, se ha tratado de ignorar que Arce es uno de los hombres a quienes más les costó la independencia. Nadie como él sufrió en la viva carne seis años de cautiverio. Quizá se le aproximen las duras experiencias del Padre Larrazábal, que estuvo prisionero en el Convento de Belén en Guatemala, y las de Santiago José Celis, estrangulado bárbaramente en una cárcel de San Salvador, y Pedro Pablo Castillo, quien, convicto de conspirar en contra de la Corona, se expatrió hacia Belice para morir en Jamaica con nostalgia de su tierra idolatrada. Y tal vez el único martirologio digno de compararse al suyo fue el del patricio Marure, padre del historiador don Alejandro del mismo apellido, quien, después de sufrir prisiones y vejámenes a manos de sus verdugos en Guatemala, fue enviado a Cuba para purgar su amor a la libertad en un lóbrego castillo, del cual fue trasladado al paredón de fusilamiento. En el campo de las armas, Arce tiene también páginas gloriosas, como la defensa de San Salvador contra las fuerzas invasoras de Filísola en 1822; la pacificación de Nicaragua en 1824 —paso este que posibilitó el ordenamiento constitucional de dicho Estado—, y otras.

Recíprocamente, en El Salvador la figura de Valle goza de muy pocas simpatías.

Los diferendos entre Herrera y Arce, y entre este y Valle, obedecen a cierto pugilato personal, pues debemos recordar que, a la altura de 1823, año de la segunda y última independencia, los tres reunían méritos suficientes para aspirar a la Presidencia de Centroamérica Unida. Arce y Herrera habían figurado entre los quince candidatos seleccionados por la Asamblea Nacional Constituyente para integrar el Poder Ejecutivo. Arce, con su actuación militar y su martirologio; Herrera, con su cultura jurídica y política, y Valle, con su sabiduría ecuménica y su reciente ejecutoria antianexionista, todos eran acreedores a la estimación general. Como es sabido, Arce llegó a triunviro ese mismo año, siendo bien vista su designación para tan alto destino.

Al practicarse las elecciones en 1824, los sufragios favorecieron a Valle; pero este, que no era un liberal exaltado como Barrundia, Molina o Gálvez, ni un conservador como Aycinena, sino un ideólogo moderado, como correspondía a momento tan difícil para la República, no mereció la confianza de los bandos contendientes, y ambas facciones se confabularon para birlarle la Presidencia a la hora de la elección que efectuaría el Congreso. Los Diputados llegaron, pues, a sus puestos con consigna, y nada tuvo que ver el general Arce en el asunto, porque la maniobra estaba prefabricada.

Arce era liberal, pero los conservadores no lo objetaron; y los liberales, contentos de llevar a un copartidario así fuese por medios fraudulentos, le ofrecieron cooperar estrechamente en la solución de los problemas.

Valle, con brillantez digna de su causa, impugnó por viciada la elección. La tesis que esgrimiera el presidente de los pensadores ístmicos revestía tanta verdad y solidez, que en ella se apoyó Morazán seis años más tarde para hacer valedera su elección en contra del mismo Valle, quien, fiel a su posición original, no solo no reclamó, sino que incluso reconoció paladinamente la victoria del caudillo federalista. ¡Es que varones de tal estirpe luchaban por la santidad de los principios y no por la curul parlamentaria o el sillón presidencial!

Oigamos sobre ese particular a don Lorenzo Montúfar:

"En junio (de 1830) se hizo el escrutinio. Los votos populares estaban divididos entre Morazán y Valle. Morazán tenía mayor número, pero para averiguar si había o no elección popular era preciso que se declarara si sería la base el número de sufragios emitidos o los tomados en cuenta al tiempo del escrutinio. En el primer caso no había elección popular y el Congreso debía decidir entre Morazán y Valle. En el segundo caso estaba electo popularmente el general Morazán. La misma cuestión se presentó el año 25 entre Arce y Valle. Si se tomaban por base los sufragios que se debían emitir, no había elección popular; y si la base eran los sufragios emitidos, Valle estaba electo popularmente. Entonces el Congreso, para excluir a Valle, declaró que la base eran los sufragios que debían emitirse y, procediendo a decidir entre los candidatos, fue electo Arce. Valle escribió luminosos folletos demostrando que la base debían ser los sufragios emitidos y que se le había usurpado la Presidencia de la República. El año 30, conforme al texto literal de los folletos de Valle, se tomó por base el número de los sufragios emitidos y se declaró electo popularmente al general Morazán. Valle no reclamó".

En asumiendo la Presidencia de Centroamérica, Arce trató de formar gobierno de conciliación, integrando el Gabinete con ministros de ambos bandos; pero —¡oh, desengaño!—, sus amigos liberales que lo habían empujado a la aventura, hoy le zafaban el cuerpo negándose a cooperar. Ni Barrundia ni Gálvez le aceptaron cargo alguno. Dionisio de Herrera rechazó un ofrecimiento de Ministro Plenipotenciario en ultramar, y Valle, herido en su orgullo por la artera jugada de que había sido víctima, ni remotamente daba indicio de prestarle sus luces al naciente régimen.

En tal situación, al Jefe del Ejecutivo no le quedó más recurso que formar su gabinete con mayoría conservadora, lo cual dio motivo para que sus copartidarios, juzgándolo tránsfuga, le hicieran cruda guerra hasta separarlo del Poder.

Las cosas se complicaron más cuando, ya electos los Jefes de Estado de Costa Rica, Nicaragua, Honduras, El Salvador y Guatemala, la política de estos entró en abierta pugna con la del Gobierno Federal.

Arce era buen militar, ciudadano íntegro y poseedor de una regular cultura; pero su temperamento autoritario y recio no compaginaba con la flexibilidad y tacto tan necesarios al estadista en momentos como aquellos. Sin explorar lo bastante el terreno en el que pisaba, creyó cortar por lo sano en el caso de Honduras, cuyo Jefe de Estado, Dionisio de Herrera, político ilustrado y astuto, contaba con la asesoría de su primo hermano José Cecilio del Valle y tenía como Secretario General a un joven de esclarecido talento y fogoso corazón: Francisco Morazán.

El Presidente Federal, ocupada su atención en múltiples asuntos del área centroamericana, le dio poca importancia al problema de Honduras, donde, a mayor abundamiento, figuraban varones de valentía y talento bien probados como Joaquín Rivera, José María Gutiérrez, Francisco Antonio Márquez, Diego Vijil y otros, a quienes la opinión pública apoyaba en forma unánime.

Harto pueril fue el pretexto que Arce usó para invadir a Honduras por medio del coronel José Justo Milla, a la sazón Vicejefe de Estado. Y más reprobable que la prisión de Herrera fue el incendio de Comayagua, su capital, acto vandálico que consumó el invasor de acuerdo con el comandante de la plaza, Antonio Fernández.

Pero es preciso decir, en obsequio a la verdad histórica, que no existe documento alguno donde conste que Arce diera órdenes de incendiar, saquear o cometer depredaciones y abusos. Y no puede existir, porque él era militar de escuela, con alto sentido del honor y de respeto a la dignidad humana. En su vida de soldado no hay un solo borrón ignominioso.

Los crímenes de Milla deben cargarse a su propia cuenta y se explican por su odio al jefe Herrera, a quien deseaba suplantar en la primera oportunidad, y por la intransigencia sectaria que desde la sombra atizaban los frailes Irías y Rivas, dos sotanudos que, en el colmo de su encono, llegaron hasta urdir la supresión del jefe Herrera, en atentado que más tarde se comprobó públicamente.

Los historiadores están de acuerdo en que el Presidente Federal dispensó en Guatemala a Herrera, su ilustre prisionero, las consideraciones inherentes a su condición de hombre culto. Herrera no fue a la cárcel, sino que estuvo como huésped en casa del general

Arce, bajo tratamiento caballeroso, como aquel Corazón de León que fue cautivo de Saladino.

¡Hombres extraordinarios los fundadores de la República!

Herrera fue jefe de Estado en Honduras, lo fue más tarde en Nicaragua y finalmente en El Salvador. Ya retirado a la vida privada, ejercía el magisterio en la ciudad de San Vicente y murió en San Salvador, completamente pobre, él que descendía de una rica familia estimada en todo el Istmo.

Arce, por su parte, después de infortunadas empresas políticas, se sumió voluntariamente en perfecto olvido. La incomprensión y la miseria hincaron muy duro el diente en su carne prócer; y cuando, en su agonía, le anunciaron que el Gobierno salvadoreño le había asignado una pensión, respondió con altivez:

—José Manuel Arce está en la miseria; ¡pero no acepta limosnas del poder!

Y él, como Herrera, había sido en su juventud un próspero terrateniente.

Si aquellos manes egregios, nivelados por el martirologio, se perdonaron sus errores mutuamente, ¿a qué seguir nosotros reavivando la tea de los odios lugareños?

Que la Patria Unificada sea la suprema aspiración de todo centroamericano y que, sobre la tumba de los grandes abuelos, crezca un jardín de rosas federales, ¡porque ellos sí supieron vivir en voto de patriotismo y santidad!

MINERALOGÍA, BOTÁNICA, ZOOLOGÍA, FÍSICA Y QUÍMICA por Eliseo Pérez Cadalso

Desde temprana edad, José Cecilio del Valle se consagró al servicio de la ciencia. En pleno siglo XIX, cuando ya las especialidades se iban imponiendo como norma de la vida, el bisoño líder ejercía un rectorado intelectual en América Latina. Sus trabajos en diversos campos científicos han causado con justicia el asombro de nuestros contemporáneos. ¡Cuánta profundidad y amplitud se advierte en sus conceptos! ¡Cuántos hechos histórico-sociales logró predecir gracias a la penetración de su genio! Su mirada taladraba el futuro, y su voz dejó latiendo el eco sobre el temblor de las edades.

En las ciencias naturales elaboró numerosos trabajos, que son por regla general el resultado de sus personales investigaciones. Su gabinete de labor, que se conserva intacto merced a la filial solicitud de sus descendientes, consta de nutridos y valiosos elementos.

En Mineralogía escribió varios estudios, siendo digno de especial mención el que se refiere a los minerales del suelo americano.

La Botánica y la Zoología constituyeron para él motivo de seria atención científica. Sobre "Vegetales" redactó algunos artículos, haciendo clasificaciones y divisiones según los usos. Así los llama: medicinales, fabriles, venenosos, alimenticios, tintóreos, etc.

Durante sus períodos parlamentarios hizo hincapié en la necesidad de aclimatar en Centroamérica muchas plantas útiles. Recordemos la iniciativa mediante la cual debía comisionarse al señor Juan de Dios Mayorga, enviado de Centroamérica ante el Gobierno de México, para:

"1°) Que el Gobierno le recomiende que, cuando verifique su viaje de regreso a esta capital, traiga semillas y estacas de los vegetales que, no existiendo en nuestras tierras, pueden ser de mayor provecho; y

2°) Que ponga a su disposición cien pesos para gastos de conducción de los que trajere."

Hablando de las numerosísimas especies de la América, dice:

"Recordémoslo con gozo puro. La América es la que ha dilatado más los límites de la Botánica. Los sabios más grandes son los que han dejado la Europa para venir a la América a observar las riquezas vegetales de este inagotable continente.

Hernández pasó de la antigua a la Nueva España; estuvo siete años observando sus plantas, escribió muchos volúmenes, y no pudo, a pesar de esto, describirlas todas. Plumier hizo de Francia a la América tres viajes distintos para examinarlas; herborizó dos años en el primero, trabajó dos obras y tampoco pudo agotar el número de vegetales. Feuille abandonó el mismo suelo para estudiar los del Perú, Chile y las costas orientales de la América del Sur; fueron grandes sus trabajos y jamás pudo terminarlos. Jussieu viajó treinta y cinco años por el Perú y otras provincias de la misma América; hizo colecciones preciosas y no pudo acabar sus trabajos. Kalm le siguió en ellos; fueron infatigables, y sin embargo de serlo, nunca llegó al término. Loefling, el discípulo amado de Linneo, salió de Cádiz el 15 de febrero de 1754; llegó a Cumaná en abril siguiente, y a los seis meses tenía una colección de 550 a 600 especies. Jakin vino también a la América; descubrió nuevos vegetales y regresó a Europa en 1756 sin haber clasificado todos los que había. Commerson trabajó igualmente el año de 1773, en las costas del Brasil, Buenos Aires y Magallanes; y sus trabajos tampoco llegaron a tocar el fin. Ruiz y Pavón recorrieron después, por espacio de once años, el Perú y Chile; formaron herbarios que admiraron Londres y París, y sus sucesores encontraron después especies nuevas que escaparon a sus ojos. Sesé, al frente de expedición distinta, herborizó en Nueva España; describió y dibujó multitud de plantas, y aquella vasta región tiene todavía vegetales desconocidos. Michaux observó doce años la América del Norte desde 1785, mandó a Francia 60.000 pies de árboles y 40 cajones de semillas; multiplicó las observaciones y no pudo apurar el fondo. Don Luis Noé, ese hombre infatigable que, en honor a la ciencia, emprendió cuantos trabajos podían arrostrarse, salió de Cádiz en 1789; hizo herborizaciones en Montevideo, Talcahuano, Chile, Chillán, etc.; recorrió la Cordillera de los Andes; llevó a España en 1794 diez mil plantas, y después de sus viajes dilatados y penosos se han encontrado especies y géneros nuevos. Tafalla y Mancilla extendieron sus observaciones desde el Perú hasta Guayaquil; adelantaron las conquistas vegetales, pero no pudieron llegar a la meta. Mutis, a quien la América del mediodía debe luces y conocimientos dignos de gratitud, fue en 1782 director de otra expedición en el Nuevo Reino de Granada; trabajó cuarenta años en aquella provincia; hizo un herbario de más de 24.000 plantas; el general Morillo, en 1818, mandó a Madrid 105 cajones de minerales, vegetales, etc., acopiados por aquel sabio; y Humboldt y su digno compañero Bompland encontraron después otras especies en la misma América del Sur. No habían recorrido más que una parte de ella, y su colección en 1803, antes de concluir su viaje, pasaba de 4.200 plantas en países, dice, donde la naturaleza se complace en derramar sus gracias y multiplicar vegetales de nuevas formas y fructificaciones desconocidas..."

Terminado el drama de la anexión, José del Valle regresó en septiembre de 1823. El período previo a la salida fue de observación sobre la realidad moral y material de México. Hizo nutridas glosas, penetró fenómenos sociales, inquirió en la Geografía, en la Historia y en todos los terrenos que provocaban su afán de trazar las leyes del conocimiento.

Oigámosle ahora relatar esta parte de su viaje:

"Deseaba hacerlo (el viaje de regreso) con todo el provecho posible, y busqué con este objeto los instrumentos más útiles. Pero no pude conseguir más que un barómetro y termómetro de la escala Fahrenheit.

Sin tener otros auxilios para llenar el afán de quien deseaba trabajar, me propuse:

1°) Tomar la altura sobre el nivel del mar de los lugares principales del tránsito; formar tablas, una de alturas barométricas, según el procedimiento de D. Francisco Caldas; comparar unos con otros los resultados y deducir las ventajas y desventajas del método ingenioso de aquel observador, hijo de la otra América, digno de los elogios de Humboldt y uno de los que más han trabajado en este siglo para el progreso de las ciencias naturales.

2°) Observar la opinión de los pueblos —que la tuviesen— especialmente sobre la independencia de Guatemala, que era mi asunto predilecto.

3°) Llevar un Diario de mi viaje expresando las distancias de los pueblos, según la voz o juicio común, manifestando sus temperaturas y apuntando lo más notable que hubiese en cada uno de ellos.

No pude ejecutar en su totalidad este plan, porque en la Venta Salada, a siete leguas de Tehuacán de las Granadas, me rompieron el barómetro que traía con tanto cuidado. Pero lo ejecuté del modo posible en los demás puntos. Tomé con el barómetro las alturas de México, Río Frío, Puebla y Tehuacán; computé con el termómetro las de todos los lugares donde hacía noche desde México hasta Guatemala; y algún día presentaré la línea o perfil desde aquella a esta capital; observé la opinión de los pueblos que parecían tenerla, y podría también formar la línea de ellas; vi las familias de vegetales más notables que se suceden unas a otras en todo el terreno que atravesé; medí el sabino de Santa María del Tule, que ha dado nombre en todo el mundo a pueblo tan pequeño; fui a conocer el palacio antiguo de Mictla y formé el plan de una obrita que podría escribirse con el título de Ruinas de Mictla; llevé el Diario que deseaba; traje una colección de semillas que di a varias personas y han comenzado a ser útiles; traje bien disecadas algunas plantas de diversos lugares, especialmente de los Cuchumatanes, que parecen el jardín formado por la naturaleza para presentar al amigo de la ciencia tanta variedad de géneros, especies y formas...”

De la carta que Valle escribió al conde de Sack, en 3 de octubre de 1825, son los párrafos siguientes:

“El señor don Andrés del Río, mi digno amigo, me ha escrito que usted deseaba la historia de esta nación, escrita por el padre Domingo Juarros, y dos monitos verdes, macho y hembra, despanzurrados y remitidos en dos vasijas con espíritu de vino.

La recomendación del señor del Río es poderosa para mí. En obsequio de ella y de lo que se merece un amigo de la ciencia, que por adelantarlas y cultivarlas ha pasado del Antiguo al Nuevo Mundo, he procurado hacer desde luego lo que desea.

Yo no he visto aquí monitos verdes ni encontrado sujeto que asegure su existencia. Como una rareza verdadera, un amigo me mandó, años ha, de Nicaragua, un monito amarillo. De los verdes nadie me ha dado razón. Un hijo de Nicaragua me ha dicho que los que se han visto son negros, blancos y acanelados o de color canela.

He escrito, sin embargo, a un amigo para que, si los hubiese verdes, me remita vivos los que desea. No es preciso matarlos o despanzurrarlos. Vivos traen los correos algunos negritos que se les encargan, y vivos tendré el honor de remitirlos, si los hubiese." *(*)*

En otra parte de la misma, invitaba al sabio tudesco para que extendiese su expedición hasta Centroamérica. Le ponderaba las riquezas minerales, vegetales y animales de estas latitudes, y le ofrecía todas las facilidades que podrían hacerle los gobiernos para el colmo feliz de aquella empresa.

Tiempo después, y siempre como una profesión de fe científica, escribía:

"...En 1824 propuse, y acordó a mi propuesta el Poder Ejecutivo, que nuestros enviados a Norte y Sur América presentasen cada uno en su legación respectiva el proyecto de una expedición científica, compuesta de astrónomos, geógrafos, botánicos, etc., destacada a reconocer este nuevo continente en sus puntos más importantes, y costeada por los gobiernos de todas las repúblicas de América.

En marzo de 1825, sabiendo que el barón respetable de Humboldt pensaba repetir su viaje a Nueva España, aproveché ocasión tan oportuna para llamar a estos países su celo acreditado por las ciencias naturales, y le escribí con este objeto una carta muy recomendada en su dirección.

En septiembre del mismo año recibí una del profesor de Mineralogía de México, en que comunicó la llegada a aquella capital del naturalista alemán conde de Sack, y me hizo a su nombre diversos encargos. Volví entonces al deseo de ver en este suelo a un hombre digno de observarlo en una de las ramas de la Historia Natural, y el 3 de octubre siguiente le escribí convidándolo a extender sus viajes por nuestra república."

Luego se lamenta de tanta fallida tentativa, y estando cerca el Congreso Bolivariano de 1826, se permite renovar la invocación así:

"Se va a instalar en Panamá el Congreso General de la América; y en esa dieta respetable, donde se van a reunir plenipotenciarios de todas las nuevas repúblicas, sería importante que se acordase la expedición que debe recorrer el Nuevo Mundo y ser costeada por los Estados que existen en él..."

He aquí al sabio que ama a la naturaleza, y al patriota que, sin olvidar la ciencia, piensa en la tierra americana con entrañable devoción.

La Química y la Física, puentes entre lo animado y lo inanimado, merecieron a Valle estudios serios y trascendentales. Y las Matemáticas, sobre las cuales adquirió dominio magistral, fueron también campo propicio para sus exposiciones.

(*) En el jardín zoológico de San Salvador, capital de la República de El Salvador, existía hasta hace poco un ejemplar de monito verde. Recientemente hemos visto otro en el Central Park de Nueva York. La verdad es que siguen siendo muy raros.

MATEMATICAS, ESTADISTICA, GEOGRAFIA E HISTORIA

Aristóteles, Pascal y Kant eran filósofos y matemáticos; y a esa dualidad maravillosa deben ellos el poder de su genio renovador.

Valle era filósofo y matemático también; realizó trabajos estupendos de Estadística y Economía Política, influyendo decisivamente en el pensamiento de su tiempo.

Bajo el nombre de "Las Matemáticas en sus Relaciones con la Prosperidad de los Estados", pronunció, con fecha 16 de mayo de 1831, y en ocasión de abrirse un curso de Matemáticas bajo el auspicio de la Sociedad Económica de Guatemala, una brillantísima conferencia a la cual asistieron numerosas personas del mundo político-científico. En uno de los párrafos finales decía:

"La influencia de las matemáticas es universal; se extiende a todos los elementos de prosperidad; abraza todas las clases de los Estados. Convencida de esto, la Sociedad Económica de Guatemala hace los votos que inspira el verdadero patriotismo. Desea:

1°) Que las luces de aquellas ciencias entren en los colegios de los que se dedican a las letras, en los talleres de los artesanos y en los almacenes de los comerciantes; en los campos del labrador y en los cuarteles del militar; en las masas de los pueblos y en los salones de los poderes.

2°) Que el Gobierno se sirva con este objeto acordar las medidas más eficaces para propagar conocimientos tan útiles; que el estudio de las matemáticas sea una sección del plan general de los de la Universidad, y que entretanto se conceda a la clase que se abre en este día la protección que debe tener mientras exista.

3°) Que los padres de familia envíen a ella sus hijos para que, acostumbrándose desde sus primeros años a pensar con exactitud, sepan en los años siguientes hacer su felicidad y la de su patria."

Cuando nadie en estas latitudes hablaba de la Estadística, Valle la defendía ardientemente, considerándola como "el mapa grande de los gobiernos, la carta donde el hombre público fija los ojos para hacer aquellas combinaciones felices que sirven de base a los sistemas benéficos de administración".

Más adelante: "No hay gobierno sabio sin el genio del cálculo, y no puede haber cálculo sin Estadística".

En su estudio intitulado "La Estadística, Plataforma del Enaltecimiento Social", después de una serie de consideraciones históricas, filosóficas y matemáticas, aconseja:

"La Estadística debe a este respecto formar las tablas siguientes:

1°) La de las tierras que tenga la provincia.

2°) La de los hombres que pueblan las tierras.

3°) La de las plantas que cultivan los hombres.

4°) La de la industria en que se ejerciten.

5°) La del comercio en que se ocupen.

6°) La de los establecimientos instituidos para su bien general.

7°) La de las fuerzas acordadas para mantener el orden.

8°) La de las rentas establecidas para las erogaciones públicas."

Su "Método para formar la Estadística" nos revela a Valle como un estadígrafo de alto relieve. Relacionado íntimamente con este aspecto, hay otro trabajo suyo sobre la necesidad de intensificar la Minería, cuyas luces son un aporte valioso para cualquier gobierno; y en su exposición sobre "Lo que Enseña un Cuadro Estadístico", se conjugan el doctrinario y el práctico para presentarnos, en admirable conjunción, el panorama numérico de la realidad económico-social de aquella época. Valle fue el primer centroamericano que, tanto en sus argumentos parlamentarios como en sus artículos periodísticos, recurrió a la Estadística para vigorizar sus opiniones.

Saldría sobrando decir que un hombre de tan ancha ejecutoria poseía extensos conocimientos de Geografía e Historia. Pero lo que estamos obligados a explicar es que Valle, amén de sus numerosos trabajos donde revela su indisputable autoridad en las citadas disciplinas, realizó importantes monografías. Por ejemplo, es autor de un "Estudio Geográfico", que se inicia con capítulos como "La Geografía e Importancia de la Geografía", para entrar en la parte medular con una descripción del Estado de Guatemala, que es, sin duda alguna, el ensayo más feliz realizado en aquel tiempo. Es un estudio de unas cien páginas que comprende, en síntesis, todas las categorías llamadas a figurar conforme a las normas de construcción científica.

Y en la ciencia que inmortalizó a Heródoto y a Bernal Díaz del Castillo, nos encontramos con un "Prospecto de la Historia de Guatemala", donde Valle traza los fundamentos y la orientación que deben tomar los historiadores para realizar una verdadera obra. Comprende varias secciones, a saber:

a) Guatemala india;

b) Guatemala, provincia de España;

c) Guatemala, provincia de México;

d) Guatemala, república independiente y libre.

Termina aquel trabajo con un apéndice intitulado "Datos sobre Guatemala".

Escribió también otros ensayos de importancia, entre ellos Los Caracteres del Siglo XV y apreciaciones sobre El Descubrimiento y la Conquista, La Historia y los Historiadores de Indias, El Prospecto de la Historia de Guatemala; y los datos ya citados merecieron comentario del Correo Literario y Político de Londres, en los términos siguientes:

"Tal es el prospecto de la Historia de Guatemala que ofrece el ilustrado patriota D. José del Valle, en quien concurren todas las circunstancias necesarias para desempeñar tan importante empresa. Su vida pública ha dado suficientes testimonios de amor a la independencia, de celo, de desprendimiento y de patriotismo; sus escritos descubren un entendimiento cultivado por excelentes estudios, una lectura escogida y una ilustración profunda, particularmente en aquellos ramos que más pueden contribuir a la prosperidad y a la ilustración del país a que ha hecho tan grandes servicios.

Este mismo señor —continúa— ha tenido la bondad de corregir las inexactitudes que involuntariamente se cometieron al escribir el artículo Guatemala, del Catecismo de Geografía, publicado por Mr. Ackermann *(*).* Cuando salió a luz este libro elemental, la República de la América Central acababa de proclamar su independencia; eran escasísimas las noticias que se tenían en Europa acerca de un país tan interesante, y el autor del Catecismo tuvo que reducirse a las cortas luces que pudieron darle una traducción inglesa de la obra de Juarros y el mapa americano de Carey. Probablemente el Catecismo de Geografía, del cual ya se han hecho dos ediciones, llegará a la tercera, y entonces el artículo Guatemala se refundirá completamente, según los apreciables datos que el Sr. Valle ha recogido y dado a luz."

PEDAGOGÍA, ECONOMÍA POLÍTICA, FINANZAS Y SOCIOLOGÍA

De sus trabajos sobre educación ha quedado una Memoria que constituye valioso documento doctrinario. En ella preconiza la educación pública subvencionada por el Estado con miras a extender sus beneficios al pueblo. "La primera necesidad de una nación es la educación de sus hijos".

Valle sostuvo siempre que el mayor bien de un pueblo es la ilustración:

"No cesaré de repetirlo: no hay riqueza, no hay libertad consolidada, no hay prosperidad nacional donde no hay espíritu público, y es imposible la existencia del espíritu público donde no hay ilustración que lo forme, dirija o sostenga."

(*) El señor Ackermann (Rodolfo) era un publicista e inventor alemán establecido en Londres, donde hizo amistad con varios patriotas hispanoamericanos como Miranda, Bello, Irisarri, etc., a quienes ayudó para llevar adelante la independencia de América. Publicó numerosas obras sobre nuestros países. Era un espíritu inquieto y luminoso. Nacido en Sajonia en 1764, murió en la capital británica en 1834.

Después de hablar sobre la necesidad de una cartilla divulgatoria que explique los beneficios que acarrea la educación, como base de una campaña manumisora; luego de hablar sobre la necesidad de que las madres se eduquen eficientemente por ser ellas las primeras maestras de los hijos, insiste en la necesidad de formar maestros, pues:

"Si hay ciencias y artes para hacer aritméticos y geómetras, ¿no habrá para hacer maestros, profesores?"

En cuanto a las Escuelas Elementales, Valle propone un ideario así:

1°) Que deben establecerse doquiera que haya niños, u hombres que sean niños, en las ciudades y en los pueblos, en las aldeas y en las haciendas o cortijos, en las cárceles y en los cuarteles.

2°) Que deben constituirse de la manera más propia para disponer los alumnos al ejercicio de las funciones a que serán un día llamados por la ley fundamental, de conformidad con el plan de las Escuelas de Hazelwood, en la inteligencia de dejar el poder en manos de los alumnos, mediante un régimen de libertad en el cual se propongan, discutan y decreten las leyes de la escuela; crear una especie de jurado presidido por un juez para calificar las faltas o culpas, y establecer un ejecutivo compuesto de oficiales o funcionarios nombrados por la comisión para el régimen de la escuela.

3°) Que deben enseñarse los principios o ideas fundamentales de las artes y ciencias de mayor importancia y necesidad.

4°) Que el maestro no debe ser un viejo adusto, censor eterno de la juventud, ni genio de carácter severo, pues "es muy grande el espacio que separa a los viejos de los niños; y atravesando las lecciones que diesen los primeros, serían muy lentos los progresos de los segundos".

5°) Que tampoco debe ser el profesor individuo de aquellas clases u órdenes que, por desgracia, tienen intereses opuestos a los del pueblo. "Si este —el pueblo— ha sido ignorante, degradado y supersticioso, lo es, además de otras causas, porque los preceptores creían convenir a su elevación la ignorancia, la superstición y el envilecimiento de los pobres."

6°) Que el maestro de los niños debe ser individuo de la nación, sin otros intereses que los generales del pueblo, amigo sincero de la verdad, cultor ilustrado de la virtud, de buen genio y humor, amante de la niñez, "capaz de achicarse y jugar con los niños", perfectamente instruido en las artes y ciencias que ha de enseñar, y dueño del idioma en que los ha de explicar, de modo sencillo.

7°) Que las lecciones no deben ser abstractas, sino proporcionales al alcance de los niños y siguiendo el método de la naturaleza, que nos presenta primero individuos y fenómenos particulares, nos hace percibir después relaciones de semejanza y diferencia, nos lleva a formar especies o géneros, nos enseña a clasificar y formar las teorías que constituyen las ciencias y las artes. "Un maestro —preceptúa— debe dar a sus discípulos el hábito feliz de observar los hechos y averiguar las causas que los producen."

8°) Que el método que se adopte sea el que facilite más la instrucción; el que sensibilice las lecciones; el que haga intuitiva la enseñanza. "Todo debe hablar a los ojos en una escuela. Todas las lecciones deben tener objetos que las hagan perceptibles a ellos. La niñez no está todavía elevada a la región de las abstracciones. Es preciso pintarle los pensamientos, las virtudes, el patriotismo. Estos cuadros deben ser el ornamento de la escuela."

9°) Que el maestro capaz de darle a sus discípulos conocimientos y virtudes sea dotado y honrado como corresponde. "Las escalas de premios formadas por los gobiernos han sido injustas. A empleos de menor importancia y trascendencia se han franqueado más honores y designado sueldos más grandes que a otros de mayor trabajo, delicadeza y utilidad. Un hombre que debe olvidar su propia existencia para pensar solamente en la de sus alumnos; el maestro que empieza a formar los ciudadanos que han de ser la felicidad o la desgracia de la patria, debe disfrutar el sueldo y gozar los honores que exigen funciones tan importantes. Premiad a los maestros como merece este título, y encontraréis hombres eminentes para desempeñarlo."

10°) Que el local mismo de las escuelas coopere también a llenar el objeto de su establecimiento. "Que no haya en él cosa alguna repulsiva; que por el contrario todo sea atractivo por el aseo y limpieza de las salas, el buen gusto de los muebles, la comodidad de los asientos, la belleza de los objetos, los jardines y entretenimientos;

que la enseñanza sea una diversión y los niños asistan a la escuela con el mismo placer que los lleva a un lugar de recreo."

Entre todas las ciencias, la Economía Política gozaba de su predilección. La entonces juvenil disciplina encontró en Valle un servidor leal y agradecido.

Para un ambiente como la América en la primera mitad del siglo pasado, es una grata sorpresa la mentalidad de un economista de su talla, que no solo conocía a los clásicos de muchas lenguas, sino que cultivó correspondencia con algunos de ellos.

La ciencia había sido iniciada por Quesnay, un médico francés, a mediados del siglo XVIII, habiendo continuado sus trabajos algunos hombres de ciencia incorporados más tarde en la escuela fisiocrática, hasta lograr que la Economía se constituyera en disciplina autónoma, independiente de la política. Esta fue la obra de Adam Smith, considerado como el Padre de la Economía Política.

Los fisiócratas sostenían la existencia de un orden natural, determinado por Dios para bien de los hombres. La obligación del Estado era, pues, orientar la conducta de los individuos hacia este orden providencial, abolir toda clase de trabas creadas artificialmente y asegurar el ejercicio del derecho de propiedad y la práctica de las libertades. Para ellos, la única actividad económica capaz de producir riqueza era la agricultura. "Los industriales y los comerciantes ganan, pero no producen". La circulación de la riqueza era un movimiento biológico, de clase a clase. Y las clases en que se hallaba dividida la sociedad eran tres: los productores (agricultores, pescadores, mineros); los propietarios (dueños del suelo y titulares de soberanía); y los estériles (industriales, comerciantes, tenedores de profesiones liberales, etc.).

La manera de conseguir todos estos fines era dejando hacer a cada individuo, libremente. He aquí el primer atisbo de liberalismo. Los fines esenciales del Estado debían ser: guardar y defender el orden natural; preocuparse de la instrucción y fomentar los trabajos públicos.

Más tarde Adam Smith publicaba su portentosa obra sobre las causas que determinan la riqueza de las naciones (1776), donde trataba problemas apasionantes, tales como la política colonial, el régimen de las grandes compañías comerciales, sistema mercantil y organización monetaria, impuestos y otros, al tiempo que superaba las teorías de antecesores como Hutcheson, David Hume, Mandeville y algunos de la escuela fisiocrática.

Smith sostiene en parte lo del orden natural, pero en forma de espontaneidad, como característica de las instituciones económicas; no intervención del Estado, al cual le atribuye tan solo tres funciones: administración de justicia, defensa del territorio y construcción y sostenimiento de ciertas obras de carácter público.

Smith defiende la existencia de la división del trabajo y la necesidad de mejores salarios.

Finalmente se declara defensor del libre cambio, como una reacción directa contra el reglamentismo que había aniquilado el comercio en la edad media. Y combate a los mercantilistas, pues la riqueza de un país no consiste solo en el atesoramiento de moneda, "sino en tierras, casas y objetos consumibles de diferentes especies".

Contrapuestos en cierto modo a Smith aparecen los pesimistas, cuyas dos figuras cimeras son Malthus y Ricardo. El primero es menos conocido por sus trabajos sobre Economía Política, no obstante ser estos de buen número y gran valor.

Malthus (1776-1836) es el verdadero creador de la Demografía. Y es, por su modo de ver los fenómenos económicos en relación con los biológicos, el verdadero precursor de la teoría de Darwin sobre la lucha por la vida como medio de selección y factor determinante del progreso.

David Ricardo escribió sendos trabajos sobre economía. De ellos han quedado muy pocos en pie. Su gran aportación a la ciencia consiste en su teoría de la renta, de la cual aún se ocupan los autores de este tiempo, y del valor-trabajo, antesala de la tesis sobre la plusvalía que más tarde inmortalizaría Karl Marx. Escribió mucho también sobre temas tan importantes como los salarios, y la emisión y la reglamentación de papel moneda. Era partidario de la libertad de comercio y solo justifica el monopolio a favor del Banco del Estado para la emisión del papel moneda.

La escuela liberal dominó en Europa durante el primer cuarto del siglo XIX. Penetrando por un proceso de ósmosis, se había encarnado al parecer definitivamente en todas las capas sociales. No obstante, muy luego aparecieron dos fenómenos que hicieron cambiar de ruta el pensamiento reinante. Estos fenómenos fueron el crecimiento desmedido del industrialismo, con su secuela de injusticia por el régimen de explotación a los obreros, y las primeras crisis económicas de superproducción (1815-1825), las cuales han venido repitiéndose a través del tiempo, con periodicidad casi matemática.

El liberalismo económico, que obligaba al Estado a una posición de simple espectador de los hechos, había cumplido su misión. Precisaban nuevas doctrinas o, por lo menos, una revisión de las existentes.

Y aparecen las primeras reacciones. Sismondi, antes ardiente liberal, publicó sus Nuevos Principios de Economía Política, donde aboga por una reorganización del Estado y de la sociedad. En este libro radican los orígenes de la Escuela Crítica.

Según Sismondi, los daños derivados de la superproducción no se corrigen de manera espontánea, como pretendieron los representantes de la escuela clásica; pues ni al obrero le es fácil cambiar de oficio ni al fabricante cambiar de actividad. Evidenció las desventajas del maquinismo y condenó por inmoral la conducta de rebajar el salario a los obreros mecanizados, por abundante oferta de mano de obra. Y fue el primero en formular la tesis de que la industrialización tiende a dividir la sociedad en dos sectores: los ricos y los pobres, o más claramente, capitalistas y asalariados.

Sismondi es el precursor del intervencionismo. El Estado no debe creer ya en la armonía natural de dos sectores irreconciliables. Es evidente la desigualdad entre las clases, e innegable su secuela de sufrimientos para los unos y de holgazanería morbosa para los otros. La injusta distribución de los valores y la periodicidad de las crisis económicas son hechos que merecen la atención del poder público. Y, al efecto, Sismondi pide, aunque de modo vacilante, que el Estado se apersone en el teatro de los hechos para buscar las soluciones más ecuánimes.

Finalmente, y antes de la mitad del pasado siglo, aparece otro sistema que pretende solucionar los grandes problemas económicos de la época. Se trata del colectivismo, cuyo jefe es Saint-Simon.

Sostenían los saint-simonianos que el capital no es un fin, sino un medio. Y no era lógico ni justo que este medio de producción fuera objeto de herencia, por los azares consiguientes al pasar de unas manos a otras. El Estado, en cambio, podría hacer la distribución más equitativa. A cada quien según su capacidad; a cada capacidad según sus obras. Se iba, de esta manera, tras una igualdad de oportunidades.

Defendían los saint-simonianos la necesidad de industrializar los pueblos y la definitiva desaparición de las clases sociales. Para ellos existían solo dos categorías de personas: los trabajadores, entre quienes incluían, además de los obreros manuales, a los agricultores, artesanos, manufactureros, banqueros, artistas y sabios; y los ociosos. La función del Estado, según ellos, debía ser económica y no política: asegurar a los trabajadores contra la acción improductiva de los privilegios y defender la libertad y la seguridad de la producción.

Este es, a grandes líneas, el cuadro de la realidad social y económica de Europa, al tiempo en que un hijo de América proclamaba doctrinas similares.

El pensamiento económico de Valle es de una potencia deslumbradora tal, que, aun corriendo los tres últimos cuartos del pasado siglo, sirvió de pauta a estadistas y a sociólogos; a filósofos y a políticos.

Recordemos que la situación de este hemisferio, durante todo el tiempo del coloniaje, no sufrió alteraciones mayores. América gimió bajo la opresión política y económica, y su estructura feudal hubo de conservarse por centenares de años.

En Europa el proceso de composición histórico-social había sido diferente. Allí las estructuras sufrieron profundas metamorfosis. La economía arrancaba de la época esclavista, atravesaba la edad feudal, llegaba al mercantilismo, hasta tocar el industrialismo. La propiedad privada, desde el régimen de Roma, venía conservándose omnímoda e inalterable, para dar paso al concepto de soberanía, y hasta hace muy poco no se conocía como función social. Los derechos humanos, antaño nugatorios, vinieron cada vez cobrando personalidad. Desde los regímenes donde las mujeres y los esclavos eran equiparados jurídicamente a los animales, ha ido creándose el respeto a la vida mediante el influjo del Cristianismo y la perfección de las instituciones, hasta llegar a la Revolución Francesa que proclama la igualdad entre los hombres.

Europa ha sido el yunque donde se forjaron las más poderosas corrientes filosóficas. Ha sido también el primer escenario para ensayar las nuevas concepciones. Y mucha sangre cuestan estas formidables experiencias históricas.

Para un medio como el Viejo Continente, fácil resulta distinguir cada una de estas doctrinas. Tienen principios vertebrales, precursores y propagandistas, escenarios perfectamente delimitados en el espacio y el tiempo y, en fin, una serie de características susceptibles de constituir puntos referenciales.

No puede decirse lo propio de nuestra América. Embotada como se hallaba la inteligencia; diluido el concepto de la nacionalidad; resquebrajada la economía; cerrado el comercio a los demás países; prohibida la ilustración; anémica la industria minera y agrícola; desteñido el amor a la libertad, y así por el estilo, distintas tenían que ser las modalidades.

Por consiguiente, al proclamarse la independencia, los próceres se hallaron con un mundo por hacer, ayuno de las más elementales nociones políticas, culturales y económicas. Y lo más grave del caso es que, en América, las jóvenes nacionalidades se erigieron en repúblicas libres y soberanas sin tener conciencia de la responsabilidad histórica que este paso conllevaba. Había que inaugurar regímenes jurídicos, políticos y económicos a la altura de aquellas pomposas denominaciones. ¡Y cómo escaseaban los hombres capaces, los atlas que pudieran soportar sobre sus espaldas tan pesado cargamento!

Centroamérica tuvo la suerte de contar con Valle, a quien tocó la mayor parte de los nuevos trabajos, desde redactar el acta de independencia hasta elaborar la nueva legislación. Su pluma y su pensamiento laten en la Constitución Federal; en el Arancel de Aduana; en las leyes civiles y, en fin, en todo aquello que constituye la base de la naciente entidad política. Ahora bien: en lo económico, Valle consideró que lo mejor era implantar una concepción ajustada a la realidad ambiente y con miras a favorecer a los más. Así encontramos en él notorias huellas de mercantilismo, de liberalismo y, más adelante, de intervencionismo de Estado y aun de socialismo, doctrina esta última que por aquel tiempo no se anunciaba en Europa.

Veamos algunos de los aspectos que presenta su ideario económico:

1°) "Si queremos que subsista lo político, pensemos como corresponde en lo económico. Tener derechos y vivir desnudos sería muy triste vivir.

2°) El plan más importante de administración para hacer rico a un pueblo es dejar en libertad a los labradores, fabricantes, artesanos y comerciantes; procurarles toda la instrucción necesaria para que adelanten en su oficio respectivo; facilitar las comunicaciones por agua y tierra, moderar los impuestos que gravitan sobre ellos y hacer respetar las propiedades.

3°) El trabajo es el origen de toda riqueza; el trabajo es el principio de la escala inmensa de valores; y, si son infinitas las formas con que se presenta la riqueza en los granos del labrador, en los fardos del mercader, en las obras del artesano, uno solo es el elemento de la estimación. El pueblo donde haya mayor suma de trabajo debe tener mayor suma de riqueza. Esta es la verdadera balanza política.

4°) El Economista, considerando el mundo político para descubrir el origen de la riqueza y la felicidad de los pueblos, parece un ser divino digno de las adoraciones del reconocimiento.

5°) Son grandes los pasos que se han dado y rápidos los progresos que se han hecho. No es fácil avanzarlos descubriendo verdades nuevas en una ciencia manejada por Hume, por Smith, por Jovellanos, por Campomanes, por Arriquibar, por Canard, por Sismondi, por Say y otros sabios. Pero el conocimiento de las leyes que ha descubierto el trabajo de los sabios; la colocación de los útiles que se hallan dispersos en escritos de diversas clases; su aplicación a las circunstancias particulares de este Reino; el examen de las causas por qué están baldías las tierras fértiles y hermosas de Guatemala; por qué no se multiplican las fábricas de esa industria inventiva que, representándonos muestras repetidas en cada semestre, nos pide fomento y protección; por qué no hay comercio en países felizmente situados, bañados por ambos mares y con proporciones que envidian otros a quienes las negó la naturaleza; ¿estos trabajos son, por ventura, el objeto de menor interés, o deben ser pospuestos a los de teorías abstractas que solo tienen valor cuando hay manos que saben aplicarlas? En la Economía Política, lo mismo que en todas las ciencias y artes, hay principios generales que son como la base o la parte universal de la ciencia, y nociones particulares que forman la ciencia especial de cada país."

6° — "Si los capitalistas merecen, por su influencia en la producción de la riqueza, las miradas del Gobierno, los operarios son por igual causa muy dignos de ellas. No hay riqueza faltando los brazos del obrero. Son improductivos en tal caso los capitales del propietario y los conocimientos del sabio. Ya corrieron los siglos en que todos los trabajos eran hechos por manos de esclavos; ya va pasando el tiempo en que los jornaleros eran vistos como siervos y los propietarios como dueños o señores de ellos. Los cálculos de las ciencias demostraron que los esclavos, oprimidos y mal alimentados, no pueden interesarse en que sean grandes los productos de sus trabajos; que hombres degradados o envilecidos no son capaces de inventar o perfeccionar cosa alguna; que la cantidad gastada en el esclavo es, en último análisis, mayor que el salario pagado al hombre libre. Un operario, obrero o jornalero no es un siervo; es un coproductor de la riqueza. No es una servidumbre lo que se estipula, es un pacto el que se celebra. El operario ofrece brazos y el capitalista promete salarios. No sería este contrato una magistratura autorizada para castigos, violencias u opresiones. Se da al uno derecho para exigir los servicios estipulados, y al otro acción para demandar el jornal ofrecido. Yo manifiesto con placer los derechos de los obreros, hollados injustamente en los siglos pasados".

Siendo la Hacienda Pública una ciencia que establece las normas y principios que rigen la constitución, la preservación, la administración y la inversión de los bienes del Estado, a fin de garantizar el funcionamiento de este y la eficiente prestación de los servicios públicos; y hallándose dicha ciencia íntimamente relacionada con la Economía Política, muy claro resulta que Valle también extendiera hasta aquella el dominio de su conocimiento.

Varios trabajos suyos sobre ciencia financiera han quedado para la posteridad, mereciendo especial nota el primer Arancel de Aduanas que tuvo la República Federal, cuyo artículo inicial dice: "La libertad de comercio es consecuencia exacta del derecho sagrado de propiedad; y el derecho de propiedad es deducción precisa de los primeros e imprescriptibles derechos del hombre".

Siempre bajo el imperio de la escuela liberal, encontramos su Memoria sobre Abasto de Carnes, donde hace un análisis de los sistemas económicos a través del tiempo y revisa las doctrinas de Montesquieu, Genovesi, Quesnay, Bandini, Smith, Filangieri, Jovellanos, Storch, Bentham, Say y Flores Estrada, y de otros sabios europeos, al tiempo que recuerda a los legisladores de diversos países en todas las épocas.

De grandes alcances son, asimismo, sus estudios sobre La Renta de Tabaco y sobre los empréstitos ofrecidos al Gobierno por potencias extranjeras.

En materia de Sociología, Valle escribió numerosos trabajos. A través de sus discursos parlamentarios, en las hojas periodísticas, en las exposiciones docentes, en fin, se revela como sociólogo de poderosa penetración. Es regla general en su línea de labor sacar una serie de conclusiones, particularmente de la índole citada. Algunos tipos sociales, como el sabio, el indio, el pícaro y demás, le merecen estudios especiales. Del primero nos dice, entre otras cosas: "En la escala de los seres, el hombre es el primero; en la escala de los hombres, el sabio es el más grande. El sabio es el que más se aproxima a la divinidad. El que da honor a la especie y luces a la tierra".

Analizando la situación del segundo, clama por su redención, incorporándolo a condiciones de vida más favorables, sin perder sus tradiciones ni la directriz de sus esperanzas. Describe su situación así: "Las luces no podían pasar de una clase a otra; la marcha de la civilización era retenida, y el indio, después de tres siglos, no sabe hablar el idioma de Castilla por dos razones: 1°) Porque la ley le ha alejado de los que podían enseñárselo; y 2°) Porque no ha tenido confianza de los ladinos, y cuando no hay confianza, se inventa o conserva una lengua que haga impenetrable la expresión de sentimientos. Merezcamos la confianza del indio; acérquense a él todas las clases; reúnanse en los ayuntamientos de los pueblos los indios y los ladinos; y entonces la porción más grande de estas provincias, la que tiene más derecho a nuestra protección, avanzará en cultura, aprenderá el idioma que debe unirnos a todos y será más feliz. Los indios forman la mayor parte de la población, y es imposible que haya prosperidad en una nación donde no la gozare el máximo".

Hablando de la vagancia y la manera de combatirla, Valle explica: "El vago es un hombre improductivo que no trabaja, ni llena los deberes de socio cooperando al bien de la sociedad: es un hombre alimentado y vestido por los demás; una carga que pesa sobre el pueblo; una parásita que se mantiene con los jugos del árbol a que es asida... Alejarlo del ocio, destinarlo al trabajo no es inhumanidad. Es amar su bien y el de los pueblos".

Y, para no citar más, traslademos íntegro el retrato de un producto social común a todas las latitudes.

EL PÍCARO

1° — Pícaro es una de las palabras que se repiten en las situaciones más diversas. La cólera la arroja como un dardo para herir a su objeto; el amor la pronuncia para celebrar el talento o las gracias del suyo; y la justicia para manifestar el celo.

2° — Todos usan aquella voz. Cada uno tiene distinta idea; pero todos son acordes en un punto.

3° — El que hace daño repeliendo la fuerza que le ataca; el que lo causa con nobleza, sin traición ni disimulo; el que ofende en un movimiento de ira, no es llamado pícaro.

4° — Pícaro es aquel que lo es realmente, y afecta no serlo. La divergencia entre su pecho y su fisonomía; la disonancia de sus sentimientos y sus voces; maquinar una cosa y ostentar otra, es el carácter principal que le distingue.

5° — Si hubiera pícaros en el reino vegetal no lo serían aquellas plantas venenosas que, por su fetidez, sabor desagradable y aspecto lúgubre, manifiestan que lo son. Tampoco lo serían las asclepias y apocinos que cierran los pétalos y aprisionan la mosca que osa hurtar el néctar de sus flores. Lo sería la Dionaea muscipula, que, teniendo tendidas sus hermosas hojas, las cierra al momento para sofocar al insecto inocente que se posa sobre ellas.

6° — El león, que solo ataca cuando es ofendido o está hambriento, no sería pícaro, aun habiéndolos en el reino animal. Lo sería la araña que tiende la red y se retira, o el murciélago que bebe la sangre del hombre dormido, o la zorra, emblema de la astucia.

7° — Pero no hay pícaros en ninguno de los tres reinos de la naturaleza. Los hay solo en la especie humana. Sabedlo, hombres orgullosos. Este es uno de los timbres exclusivos de la familia que se cree primera entre todas las del globo.

8° — El sabio no es pícaro porque conoce sus verdaderos intereses, y el fatuo tampoco lo es porque no tiene talento para serlo. El espacio que separa estos extremos es inmenso y todo él se ve poblado de hombres más o menos pícaros, según la distancia respectiva de aquellos puntos.

9° — En todas partes hay Gobierno, leyes, penas, premios, moral, cadalsos, verdugos, y en todas partes hay pícaros siempre en número mayor que el de los hombres de bien. El pensar es tormento. Las ciencias no han podido, en tantos siglos, discurrir un sistema que produzca efecto contrario. ¿El pícaro será superior a la Filosofía? ¿Será más poderoso que todo poder?

10° — Todos los pícaros deciden el daño de su víctima; esconden su resolución y maquinan medios para ejecutarla. Pero la especie y cantidad de daño; el modo de ocultarlo; la voluntad de hacerlo, y los medios de ejecución los distinguen unos de otros.

11° — En sociedad alguna, desde el norte de la Tartaria hasta el Cabo de Buena Esperanza, y desde la embocadura del Plata hasta más allá del lago Assiniboia, no hay una sola clase que pueda gloriarse de no tener pícaros entre sus individuos.

12° — Los pícaros del Norte son diversos de los del Mediodía. La picardía de las mujeres es distinta de la de los hombres; la de un derviche no se parece a la de un mandarín; y la de un militar tampoco se asemeja a la de un letrado.

13° — Unos descubren cierta sencillez en la misma picardía. Otros parecen manifestar malicia en la misma virtud.

14° — Los pícaros de invierno se reducen a esfera más pequeña que los pícaros de estío.

15° — Los malos gobiernos, las leyes mal calculadas, las falsas religiones, los usos, las costumbres, los idiomas, las opiniones, los empleos, los oficios, el espíritu de corporación, el calor, el frío, la humedad, la sequedad, la atmósfera, el sistema físico de cada país, influyen en la producción de tantos bichos.

16° — En una estación debe haber más pícaros que en otra, porque en una hay más necesidades que en otras, y las necesidades estimulan a serlo; en unas se afecta la máquina de distinto modo que en otras; y las afecciones del cuerpo influyen en las del alma.

17° — Un pícaro poderoso calcula daño más grande y toma menos cuidado para ocultar su voluntad. Un pícaro pobre es tímido; maquina daño más pequeño y trabaja para esconder su intención.

18° — Si se pensara en la clasificación de pícaros, se sucederían unos a otros los sistemas, como se han sucedido en la de serpientes y víboras. Uno los clasificaría por las causas que influyen en su producción; otro, por la especie y cantidad de daño que hacen; otro, por la fisonomía política, literaria, etc., con que se ocultan; otro, por la pasión que sirven. Al fin se adoptaría el último por ser más nuevo o por la necesidad de fijarse en alguno. Formada entonces la nomenclatura, se observarían a vista de un pícaro sus caracteres distintos; se buscaría la clase, orden, género y especie a que correspondiese; y, puesto en la que le toca, se sabrían sus artes, objeto y medios, viendo los de su género.

19° — Dijo una verdad quien dijo que los lacayos son pícaros y los aprendices deben serlo.

20° — Todo aquello que presenta objetos de deseo y embaraza su goce, produce pícaros. Sociedades: ved aquí vuestra imagen; creáis mil necesidades; irritáis los deseos; presentáis objetos a cada momento, y solo concedéis su uso a pocos seres privilegiados.

21° — En todos los pueblos del globo se odia al pícaro y se ama al justo; y en todas partes se ve triunfante y alegre la picardía y ajada y triste la virtud. No es contradicción. Sucede lo primero porque el hombre huye de todo lo que le hace daño y busca lo que le hace bien; y lo segundo, porque la astucia y número crecido de pícaros aumenta su poder, y la sencillez y número escaso de justos influyen en su debilidad.

22° — Los hombres se unieron en sociedad para aumentar la fuerza que sofoca o repele el mal; y las sociedades, produciendo pícaros en número tan grande, aumentan la fuerza que hace el mal. Esta es triste contradicción.

24° — Hay picarillos en la infancia, en la juventud, en la virilidad y en la vejez. Pero el viejo ha observado sus propias picardías, las del hombre viril, las del joven y las del infante, mientras que este ha observado solo las suyas. El viejo es pícaro más experimentado y, por consiguiente, más pícaro. Esta es la escala en igualdad de casos.

25° — Cada especie distinta debe tener fisonomía diversa, porque el hábito de acciones semejantes da igual movimiento a los músculos; los pone en situación que les da el hábito. La hipocresía es pintada en la cara de un Tartufo; la adulación, en el aspecto de un cortesano; y la fiereza, en los ojos de un bandolero.

26° — La observación constante del rostro de un triste, alegre, airado, etc., dio al fin la fisonomía técnica de cada pasión. La observación asidua del rostro de cada especie de pícaros daría también la fisonomía de cada uno, y si no hay equivocaciones en lo primero, podría avanzarse la ciencia al grado de no haberlas en lo segundo.

27° — Esta ciencia sería útil, especialmente para los reyes, los ministros de Gobierno y los gobernadores; los magistrados; las doncellas; los jóvenes; y los pastores que danzaron en Belén.

28° — El pícaro respeta al justo aun haciendo mal; y el justo teme al pícaro siendo justo.

29° — Uno y otro, el pícaro y el hombre de bien, trabajan para poseer el objeto respectivo de sus deseos. Pero el primero dilata, extiende los suyos a todo lo que apetece; cree consumir menor cantidad de movimiento para llegar al término de sus votos; prefiere la picardía a la hombría de bien.

30° — La picardía es, en este sentido, una especie de pereza.

31° — El ejercicio es, en esta clase, maestro como en las demás. Un pícaro se vuelve más pícaro ejercitando la picardía.

32° — Un pícaro conoce a otro pícaro al momento, por una palabra, un ademán, una mirada. Un justo tarda mucho en conocerle; no le conoce a veces hasta después de ser inmolado. Los primeros hablan un mismo idioma; y el segundo no entiende el de los pícaros.

33° — Hay pícaros que desenvuelven en sus planes tanto talento como los creadores de ciencias. Hacer que millones de hombres libres fuesen esclavos de un individuo es problema resuelto por César, más difícil que los de Arquímedes.

34° — Las ciencias, formadas por muchos individuos en la marcha lenta de los siglos, no pueden gloriarse de haber sido justos todos sus padres, así como el hidalgo de Castilla no puede jactarse de haber sido Lucrecia todas sus abuelas. Catilina arengaba a sus cómplices empleando las reglas mismas del arte con que Catón declamaba en el Senado; y el conquistador se sirve, para destruir, de las mismas matemáticas con que Cassini llevaba aguas de salud a los pueblos.

35° — Las ciencias han sido creadas por pícaros y hombres de bien; y sirven a unos y otros.

36° — Las morales, únicas que levantan la voz contra el pícaro, son también las únicas contra las cuales se vuelve el pícaro. Es como el tigre que ruge y muerde las cadenas que le ligan.

DERECHO CIVIL DERECHO CONSTITUCIONAL Y HUMANIDADES

Como jurista, la obra de Valle es inmensa; y ni siquiera intentamos, por esa razón, glosar algo de su pensamiento. Recordemos que se graduó de abogado a muy temprana edad, luego de cubrir un luminoso itinerario estudiantil. Desde ese tiempo se afirmaron en la conciencia de las clases letradas sus grandes capacidades en las disciplinas de Justiniano.

Haremos tan solo una breve reseña de los temas que trató, tanto en doctrina como en Derecho Positivo.

En Derecho Constitucional escribió sobre: Acta de Independencia, Código Legislativo, Quiénes deben integrar los Tres Poderes, Nombramiento de Jueces y Magistrados del Supremo Tribunal de Justicia, Contra la Unanimidad de Votos para Condenar a un Diputado, Constitución Federal y otros.

En Derecho Penal: Contra la Pena de Azotes, Cómo Puede Evitarse la Pena de Muerte, Proyecto de Ley sobre Delitos contra la Seguridad Exterior de la República, etc., etc.

En Derecho Internacional: Nuestra Soberanía y el Derecho de No Intervención, Nulidad de la Anexión a México, etc.

En Legislación Militar: Las Leyes Militares y el Derecho de Recusación.

Existe asimismo, como documento memorable, la crítica a las leyes que tuvimos durante la Colonia, crítica que constituye el impacto más decisivo contra el antiguo régimen, en la dura lucha por la independencia. Comienza con un análisis de los yerros que contenían las Partidas, y dice que "dar al siglo quince las leyes del siglo trece, sujetar la América a las leyes de España, era violentar la naturaleza, trastornar las relaciones". Y en seguida expone:

"De la Jurisprudencia de Roma se dedujeron las leyes que plagaron la de España de sutilezas, definiciones y etimologías; las que sustituyeron en lugar de los fueros de la nación las disposiciones del Código y Digesto romano; las que quitaron al hombre el derecho sagrado de constituir apoderados en las causas que más le interesan; las que multiplicaron los curiales que en todo país laborioso deben ser reducidos al mínimo posible; las que hollaron los derechos del hombre dando a los padres la facultad de empeñar y vender a sus hijos; las que formaron una nomenclatura depresiva de los que nacen fuera de matrimonio; las que, dividiéndolos en clases más o menos degradadas y privándolos de los derechos que conceden a los demás, los envilecieron con injusticia, los alejaron del gobierno y los separaron de las demás clases; las que infaman a los hijos inocentes por el delito de sus padres, reos de traición; las que dieron al fisco y quitaron a los herederos que no han delinquido los bienes del traidor; las que horrorizaron a la naturaleza y a la razón, mandando que se atormentase a los testigos para que declarasen y a los acusados para que confesasen, y declarando nula esta misma declaración o confesión dada en el tormento; las que complicaron la teoría sencilla de los pactos y, haciendo enredosas las obligaciones, multiplicaron los pleitos y dieron armas al espíritu de cavilación.

"De las opiniones de Italia se infirieron las leyes que autorizan varias disposiciones de las decretales falsas y verdaderas; las que deprimen la jurisdicción real y extienden la de Roma; las que exentan al clero de pechos reales y personales y gravan a las demás clases con la carga que debía pesar sobre todas; las que multiplicaron los feriados, y, multiplicándolos, aumentaron el número de días en que el propietario no puede demandar su propiedad, ni el pobre quejarse de las injusticias del rico; las que opusieron obstáculos a la población, oponiéndolos al matrimonio; las que autorizaron las donaciones y herencias que, llevando a manos muertas la propiedad territorial, la separan del giro y circulación; las que multiplicaron los juramentos y, multiplicándolos, atacaron la jurisdicción civil, aumentaron los procesos y oscurecieron más el caos tenebroso del foro; las que dicen que los reyes son vicarios de Dios, y deducen de aquí diversas consecuencias y raciocinios.

"Las leyes de los bárbaros hicieron nacer las que escandalizaron a la naturaleza, permitiendo a los padres devorar a sus mismos hijos; las que dieron a los jueces la facultad de ahorcar a su arbitrio, quemar o arrojar a bestias bravas a los reos de pena capital; las que prodigaron la pena de azotes, que ha abolido la razón, y la de muerte, que debe abolirse o reducirse al menor número posible de casos; las que deprimieron a unos y elevaron a otros, imponiendo a los individuos de una clase la pena que prohibían pronunciar contra los de otra siendo reos de un mismo delito; las que condenan a muerte a los que hurtan diez ovejas o cuatro yeguas; las que autorizan la doctrina escandalosa de poder enajenar a placer las villas y lugares de un reino como rebaños de ovejas; las que acumulaban en el rey todos los poderes: legislativo, ejecutivo y judicial".

Luego hace un repaso de las instituciones contenidas en la Recopilación de Castilla, para entrar en la Recopilación de Indias, sobre la cual se expresa así:

"No es posible examinarla sin recordar sentimientos dolorosos. Ese Código es una de las causas primeras de nuestra degradación y miseria. Ese Código es donde se ven compiladas las leyes que han mantenido aislada la América; las leyes que hablan mucho de obligaciones y deberes y muy poco de acciones y derechos; las leyes que tenían presente la distancia del gobierno español para encarecer la subordinación a los funcionarios, y no tenían en consideración aquella misma distancia para castigar los abusos de los funcionarios; las leyes que, estableciendo el sistema injusto de encomiendas, hicieron renacer en el Nuevo Mundo, con nombre y forma distinta, el sistema feudal que había en el Antiguo; las leyes que estimulaban a conquistar nuevas tierras y no tomaban igual interés en la población de las conquistadas; las leyes que han sido origen de la distribución poco justa de las tierras; las leyes que procuraban fundar las poblaciones en derredor del oro y la plata sobre montañas estériles y embarazaban la población de las costas, hermosas por su fecundidad y riqueza; las leyes que, por este sistema, mantenían las cosechas distantes de los puertos, y, prohibiendo al labrador la exportación libre de sus frutos, parecían dictadas para que la agricultura no prosperase

400

en el país donde puede hacer progresos más maravillosos; las leyes que, oponiendo obstáculos a la agricultura, estorbos a la industria y trabas al comercio, han embarazado el curso que debían tener las fuentes de riqueza; las leyes que en un aspecto presentaban al indio como el ser más privilegiado, y en otro no le permitían montar una caballería, ni tener bailes, ni haber armas defensivas ni ofensivas; le tenían en pupilaje perpetuo y mandaban que, de grado o por la fuerza, se le llevase a los trabajos de minas; las leyes que alejaban las clases unas de otras, y, prohibiendo al español la residencia en pueblos de indios, impedían la ilustración de estos y no permitían vivir en sociedad a los que eran individuos de ella; las leyes que ordenaban la venta escandalosa de oficios, que no debían darse por dinero a quien ofreciese más numerario, sino a los que fuesen más dignos y acreditasen mayores servicios; las leyes que se manifestaban minuciosas en puntos fútiles o de pequeño provecho y omisas en otros del más alto interés; las que jamás supieron equilibrar las autoridades provinciales, ni poner frenos bastante poderosos a las audiencias en lo judicial y a los presidentes y virreyes en lo político; las leyes que en tres siglos no han podido hacer rico al país de la riqueza; las leyes que han mantenido la paz y sosiego de la América, pero no la paz y sosiego de los pueblos ricos, gozosos y alegres con su existencia, sino la paz de los sepulcros, el silencio de los desiertos, la calma de los cementerios donde no se ven más que cadáveres, o indios momios, desnudos y salvajes.

"La Legislación de España... Permítaseme decirlo. Tulio no agravió a Roma criticando sus leyes, ni Marina ofendió a Castilla censurando las suyas. La legislación que España dio a la América ha hollado el santo derecho de propiedad, prohibiendo al propietario el uso de ella en la exportación libre de sus frutos; ha hollado el derecho sagrado de igualdad, creando esclavos en beneficio de los encomenderos, mineros y señores; ha hollado el derecho de libertad, prohibiendo (más de lo que dictaba la razón) la de pensar, hablar y escribir, que se deriva del mismo principio de donde se deduce la de ver, oír y moverse".

Por todo lo expuesto, ya puede colegirse que Valle poseía una cultura ecuménica.

Es digno de toda admiración su inquebrantable amor hacia la ciencia, y en virtud de ese culto se mantuvo, en medio del fragor de la tormenta política, entre las tinieblas del oscurantismo reinante, como un nuevo Damocles bajo la constante amenaza de los intereses creados y entre el pantano de las más negras intrigas. Era una pasión de azul, más fuerte que su vida, una misión excelsa, confiada a él por el Gran Arquitecto para abrir surcos de luz en la conciencia de estos pueblos.

Había leído a los clásicos griegos y latinos, ingleses, franceses, españoles, italianos y portugueses en sus propios idiomas.

Y sostuvo nutrida correspondencia con sabios americanos y europeos de su tiempo, tales como Jeremías Bentham, el conde de Pecchio, el conde de Sack, Vicente Cervantes, Álvaro Flores Estrada, el barón de Humboldt, José Joaquín de Mora, Andrés Manuel del Río y otros. Hacia el primero de ellos profesó Valle una veneración filial. Y ese sentimiento fue ampliamente correspondido por el insigne sabio de la rubia Albión, quien ejerció, por medio de sus discípulos americanos, una decisiva influencia en el destino institucional de este hemisferio.

Las ideas de Valle sobre los problemas que atañen a la esencia y misión del hombre son de alta trascendencia y tuvieron amplia resonancia. Por ejemplo, refiriéndose a la odiosa institución de la esclavitud, tiene declaraciones tan enérgicas como estas:

"Cesará el comercio que más ofende a la razón: no venderá el hombre a sus semejantes y la libertad de América hará que se respete la de África".

"...Solo el hombre libre sabe respetar la libertad de los demás".

"Estos sentimientos de justa libertad; estas sensaciones de igualdad bien entendida, harán nacer la moral que no puede existir entre amos y esclavos, entre opresores y oprimidos. No hollarán los unos los derechos de los otros; el hombre se respetará a sí mismo en sus semejantes; y la moralidad, que es el respeto mutuo de los derechos de todos, brillará al fin en las tierras donde ha sido más sofocada".

La Asamblea Nacional Constituyente de las Provincias Unidas del Centro de América, a iniciativa del presbítero José Simeón Cañas, abolió la esclavitud el 17 de abril de 1824. Fue Centroamérica una de las primeras tierras en lanzar ese humano grito de liberación y Valle fue el primero que puso en libertad a sus propios esclavos en el momento preciso de suscribir, como Jefe del Ejecutivo, aquel decreto memorable.

En su Memoria sobre la Educación, encontramos este párrafo: "No es el castigo; no es el rigor el método más eficaz de educación. Es el cariño; es el amor. No hagas odioso lo que quieras que sea deseado y amado. ¿Cómo es posible aprender lo que se repugna y detesta? Un maestro debe ser un padre amante de sus discípulos, y aquel que lo es de sus hijos no habla otro idioma que el del amor. Si es permitido citar ejemplos, yo oso indicar el que es más experimental para mí. Jamás he castigado a mi hijo; nunca lo he visto con ceño ni tratado con rigor. Solo tiene ocho años; y a esta edad, en un país donde casi no hay otros objetos de instrucción que los de la Naturaleza, posee ya algunos principios de Gramática Castellana, de Aritmética, de Geografía y de Moral; traduce regularmente el francés; sabe distinguir y denominar las figuras principales de Geometría y las partes más notables de un vegetal. Hombres que os encargáis de la educación de la juventud, amad a vuestros discípulos como yo amo a mi hijo y todo os será fácil para activar sus progresos".

En el mismo documento encontramos otro pensamiento de admirables proyecciones. "Hay un sistema de Agricultura —dice— para desenvolver todas las capacidades de la tierra, labrándola y poniéndola por la labranza en aptitud de dar todas las producciones posibles. Debe haber otro sistema de hominis cultura para desarrollar todas las facultades del hombre, cultivándolo y poniéndolo por el cultivo en estado de producir cuanto sea capaz de dar".

¿Y quién podía sospechar que, un siglo después, estas palabras tomarían perfil de realidad? En efecto, en 1927 fue creada, por la Primera Conferencia Panamericana sobre Eugenesia y Homicultura, la Oficina Central de esta materia, con sede en La Habana.

Y, finalmente, en varios escritos de Valle, como en las anotaciones hechas al discurso de M. Barón, profesor de Literatura General; en la instalación del Museo de Ciencias y Bellas Artes de Bruselas; en su Elogio fúnebre al sabio Goicoechea; en Palemón, Menalco y Tirreno; en la Democratización de las Ciencias; y en la misma Memoria sobre Educación, revela su profundo conocimiento en lenguas vivas y muertas, Mitología, Historia de la Civilización, Filosofía, Historia del Arte, Literatura General, Historia de la Religión, así como en todas las ciencias incorporadas bajo el nombre genérico de Humanidades.

ESTADISTA. ORADOR. PERIODISTA.
PRECURSOR Y VIDENTE

La prudencia observada en los momentos cruciales de la Historia, la habilidad para hurtar los zarpazos de tantos adversarios embozados, su encendido amor a la Patria, su apego a la legalidad, su dominio de las ciencias sociales y políticas, la rotunda fuerza de su personalidad, el feliz ejercicio de la oratoria y del periodismo y otras cualidades semejantes, hicieron de Valle un político de alto vuelo y un estadista de vastas concepciones.

Contra la afirmación de algún escritor del pasado siglo, de que Valle no era un gran orador (*), abundan los testimonios sobre las excelsas cualidades demostradas en la Asamblea. En México, por ejemplo, causó sensación su verbo grandilocuente y cuentan que el anuncio de su presencia causaba viva expectación entre las masas. "Hoy va a hablar el señor Valle", decían. Y se apresuraban a buscar posiciones para oír con ventaja los discursos del gran centroamericano.

Y no de otra manera pudo asestarle golpe definitivo al Imperio, arrebatándole a puro fuego verbal la soñada deidad istmeña.

Dentro del periodismo, Valle dejó crecido acervo de artículos de diverso género. En 1820 fundó el "Amigo de la Patria", al servicio de la independencia. Años después editó "El Redactor General", donde publicó trabajos importantísimos como estos:

La descripción geográfica de la República y estados de que se compone.

Los derechos que tiene Centroamérica para ser independiente de todas las naciones del mundo.

El extracto de la Constitución Política que ha jurado.

La necesidad de la justa libertad de imprenta como una de las primeras garantías del sistema constitucional.

Los puntos a que debe volverse la vista de los jefes de los estados que quieren reunir y comunicar los datos necesarios para ir formando nuestra estadística.

Los progresos que puede hacer nuestra agricultura, y utilidad de que los labradores escriban los pensamientos u observaciones que les haya dado la experiencia.

La instrucción sobre el cultivo y beneficio de la grana, que empieza a ser uno de los ramos importantes de nuestra industria.

El proyecto interesante de hacer navegable el Ulúa, poblar los campos que fecunda y atraer al Estado de Honduras la riqueza que el comercio lleva a La Habana.

El decreto de la Asamblea Nacional y artículos de la Constitución en que se ofrecen a los extranjeros los derechos de ciudadanía, asilo y protección.

El arancel equitativo de nuestras aduanas y los principios que le sirven de base.

El cuadro de Suchitepéquez, uno de los partidos más fecundos del Estado de Guatemala.

Tratado de abril del presente año entre Centroamérica y Colombia.

Estado y progreso de nuestra Nación hasta el 25 de febrero último y de las otras de América hasta fines del año anterior o principios del presente.

El aviso de diversas obras publicadas en Europa, y suscripción en esta oficina de otras que conviene publicar.

Los principios del Derecho de Gentes que deben respetar las repúblicas de América para ser felices y no entorpecer su marcha política.

Los elementos que tienen las naciones del Nuevo Mundo para estrechar más que las del Antiguo los vínculos de alianza y amistad.

Los recursos de América para sostener su independencia en el caso de agresión.

Y así como estos, hubo de tratar otros temas vitales para la suerte del Hemisferio.

Como secuela directa de su sabiduría, y no por obra de la casualidad, Valle lanzó atrevidas afirmaciones que con el tiempo devinieron sustentáculos de vigorosas doctrinas, instalándolo, por consiguiente, en su plataforma de precursor. Y en otros casos, y por la misma razón, previó sucesos que nadie sospechaba en aquel tiempo y que, con el rodar de los años, acaecieron con matemática precisión.

Su voz tiene una incontrastable verdad profética cuando anuncia la llegada de un aventurero que, aprovechándose del caos, impone el yugo de la opresión a los pueblos que, trémulos y desangrados, no pueden sacudírselo. Y más aún cuando dice: "La América no caminará un siglo atrás de la Europa; marchará a la par primero, la avanzará después, y será al fin la parte más ilustrada por las ciencias como es la más iluminada por el sol".

Como precursor puede considerársele respecto del derecho de soberanía centroamericana y el deber de no intervenir en los asuntos de los demás estados. El 12 de abril de 1823, es decir, ocho meses antes de que el presidente Monroe leyera en el Congreso su famoso Mensaje, José Cecilio del Valle proclamaba:

"Un Estado no debe mezclarse o tener intervención en el gobierno de otro. En la América no debe imitarse la política injusta de la Europa. Que Chile se constituya como le parezca; que Guatemala elija el gobierno que le convenga; que México forme la Constitución que le interese. Ni Chile tiene derecho para mezclarse en los asuntos de Guatemala, ni en Guatemala lo hay para introducirse en los de México, ni en México puede haberlo para intervenir en los de Chile y Guatemala. Si unos quieren mezclarse en la administración de otros, la América será como la Europa, un caos de sangre, de muerte y de horror".

Por aquel tiempo, uno de los principios que informaban el Derecho Público, especialmente en Europa, era la intervención, mediante la cual, y por mantener incólume el equilibrio político, los países fuertes podían inmiscuirse, pretextando razones de necesidad, en los asuntos de los estados débiles.

Después del Congreso de Aquisgrán (1818), los miembros de la Pentarquía se reunieron sucesivamente en Troppau (1820), Laybach (1821) y Verona (1822). En tales conferencias se acordaron varias intervenciones. De esta manera Austria intervino en Nápoles y en Piamonte en 1821; Francia en España, 1823; Inglaterra en Portugal en 1826, y así sucesivamente.

Este pensamiento, como es natural, amenazaba influir en el Derecho Público Americano.

Ha corrido un siglo y la intervención no ha sido totalmente erradicada de estos predios. Aún subsisten fuertes resabios de ella en lo económico y en lo político.

La Doctrina Monroe, justo es reconocerlo, fue el primer baluarte para la causa de América. Sin ella, varias potencias europeas habrían hecho presa fácil de nuestras incipientes nacionalidades que, desangradas y divididas por guerras intestinas, no habrían podido resistir. Los Estados Unidos fueron entonces los defensores de la integridad del Hemisferio ante los intentos de reconquista por el imperialismo extracontinental.

Más tarde, algunos gobernantes estadounidenses, haciendo personalísimas interpretaciones de la Doctrina, la convirtieron en instrumento para "arreglar la casa de los vecinos".

En todo caso, Valle, al declarar en 1823, en su estudio sobre Nuestra Soberanía y el Principio de No Intervención, que "una familia no tiene derecho para fomentar divisiones en otra; que un pueblo no lo tiene para engendrar discordias en otro; que una nación no lo tiene para intervenir en los negocios de otra", está vigorizando los fundamentos de una doctrina que, con el tiempo, iba a convertirse en la raíz pivotal del Derecho Internacional Americano.

Otro de los aspectos comprendidos en la previsión de Valle es la construcción del Canal Interoceánico, obra gigantesca que ha venido siendo el sueño de grandes estadistas desde Bolívar y Morazán, hasta los campeones de la democracia contemporánea.

Las argumentaciones de Valle ante la Asamblea Nacional cuando, en 1829, una compañía holandesa solicitó concesión para construir el Canal de Nicaragua, pueden servir de guía a los hombres de este tiempo, en el doble aspecto financiero y político. Allí preconizaba él las grandes ventajas que acarrearía la construcción del canal. Oigámosle: "El Mundo Antiguo se acercaría al Nuevo. El océano no sería el sepulcro de tantos hombres. El movimiento del comercio sería más rápido. Las especulaciones se multiplicarían. La tierra sería más labrada, las fábricas serían más animadas y los almacenes más llenos. La marina se aumentaría poderosamente. El género humano estrecharía sus relaciones. La población del mundo se duplicaría o triplicaría. Las luces de Europa pasarían a la India y a la América. La civilización universal haría progresos infinitos. Las razas se mejorarían, cruzándose unas con otras. La especie humana sería más bella, más ilustrada, más rica y poderosa".

En lo que Valle no está de acuerdo es en el otorgamiento de la concesión para construir dicho canal a favor de una compañía extranjera. Estima que la empresa debe realizarse por los hijos del país. Señala cuantas ventajas le parecen ofrecerse, y advierte peligros para el caso contrario: "Un Gobierno que sea padre de los pueblos que dirige, tampoco debe buscar compañías extranjeras para que vengan a levantar obras que pueden ser peligrosas, y recibir sus productos y gozar privilegios por multitud de años. Si la Hacienda Pública tiene fondos, con ellos emprende las obras; si no los hay en la Tesorería, los pide en empréstito y trabaja con los que recibe".

Y más adelante: "Pero supóngase que una compañía extranjera concluyese el canal en más breve tiempo y con menores gastos. Aun en este caso opino que la empresa debe ejecutarse por cuenta de la Nación. La dilación y el aumento de gastos son males menores que los que pudiéramos sufrir haciéndose la obra por cuenta de compañías extranjeras"... "Una compañía que ha de gastar millones en la apertura del canal es una empresa de muchas relaciones, de muchas influencias, de mucha riqueza y poder. Cualquier diferencia o disputa sobre el espíritu o inteligencia de cualquier artículo de la contrata, nos haría entrar en lucha con una compañía que, por sus relaciones, podría hacer que tomase parte su Gobierno...".

Con claro criterio de nuestros problemas, Valle no es enemigo del capital extranjero. Estima necesaria su presencia para robustecer el sistema arterial de nuestras endebles economías. Su juicio es adverso en el presente caso, porque la construcción de un canal interoceánico pone en peligro la soberanía de su territorio. Veamos lo que dice: "Yo no soy enemigo de las compañías extranjeras. He deseado, he procurado que las haya en algunos ramos de la industria; sigo constante en mis deseos, y creo que al fin tendré la satisfacción de haberlos llenado. Mis raciocinios se fijan exclusivamente en la Compañía extranjera del Canal de Nicaragua, porque en ella veo caracteres que no puedo ver en otras". (*)

No está de más recordar que estos escritos fueron publicados cuarenta años antes de abrirse el primer canal interoceánico en el mundo: Suez, cuya construcción e internacionalización produjeron los efectos previstos por Valle en su luminoso estudio. Y la inauguración del Canal de Panamá (1914) y la internacionalización del Canal de Kiel en 1919, según el Tratado de Versalles, aclararon más aún las predicciones del sabio centroamericano.

En efecto, el comercio aumentó; las relaciones se intensificaron; la civilización ha caminado vertiginosamente y, en fin, grandes ventajas han sobrevenido para la vida de los pueblos. Pero la soberanía sufrió vergonzosos achatamientos; la intervención política, militar y económica prosperó con su secuela de dolorosas experiencias. La cruz sigue siempre a cuestas, sin esperanza de un tercer día para la resurrección.

En ciencia político-social, Valle es un liberal avanzado, pues, antes de que Sismondi proclamara en Europa la intervención del Estado en favor de la colectividad, el ilustre americano abogaba por la intervención del Estado para educar y proteger a los obreros, a quienes conceptúa como productores de riqueza.

Al afirmar Valle que un obrero no es un siervo, y que no es una servidumbre la que se establece entre el capitalista y el asalariado, sino que es un pacto el que se celebra, estaba colocando la piedra angular del Derecho Social que años más tarde habría de hacer grandes progresos en Europa. Cuando hablaba de la necesidad de que los obreros se asocien con propósitos de ayuda mutua, aún no aparecían en el centro de la civilización las cooperativas (Rochdale, 1844), como paso de transición hacia las organizaciones sindicales. Valle murió diez años antes de que en Europa se organizara la primera cooperativa.

Los trabajos de Valle sobre educación son, a la luz de numerosos documentos, capaces de merecer la atención de los pedagogos más exigentes. A él se debe la legislación que establece la enseñanza laica, gratuita y obligatoria, e impartida por el Estado.

Conocemos, además, su honda preocupación por el destino del hombre y su deseo de crear una ciencia llamada Homicultura, lo cual advino un siglo después de sus predicciones, como ya se explicó.

No obstante estos y otros aspectos en los cuales José Cecilio del Valle aparece como precursor, es en su doctrina jurídico-política sobre Panamericanismo donde se define su ancha figura continental.

Este punto merecerá especial cuidado en ulteriores capítulos de nuestro libro.

(*) En 1838, el Gobierno Federal de Morazán consideró nuevamente el asunto del canal, habiendo designado una comisión para que practicara el reconocimiento del río San Juan y rindiera informe sobre la factibilidad de la empresa. Encabezaba dicha comisión el señor Baily, el mismo que, a nombre de la Compañía Holandesa, solicitara la concesión nueve años antes, yendo como segundo el poeta y agrimensor José Batres Montúfar. Pero todos estos esfuerzos abortaron por obra de los grandes intereses que más tarde vinieron a desenmascararse en el Tratado Clayton-Bulwer (1850).

EL SABIO HONDUREÑO JOSÉ CECILIO DEL VALLE EN LA NOVENA CONFERENCIA PANAMERICANA por Alejandro Alfaro Arriaga

José Cecilio del Valle falleció en la Ciudad de Guatemala, el 2 de marzo de 1834. LA NOVENA CONFERENCIA INTERNACIONAL AMERICANA se celebró en Bogotá, Colombia, del 30 de marzo al 2 de mayo de 1948. Sin embargo, el sabio hondureño se hizo presente en la Conferencia de Bogotá, como estuvo en las anteriores, con sus ideas expresadas 126 años antes, cuando, frente a su escritorio, en 1822, como el Abad de San Pedro, él también supo soñar. Veamos cómo.

CAPÍTULO I: VALLE INICIADOR DE LAS CONFERENCIAS PANAMERICANAS

El doctor Ramón Rosa, literato hondureño, escribió en 1882:

"Si el erudito publicista don José María Torres Caicedo, tan profundo conocedor de la genealogía, desarrollos y vicisitudes de las ideas e instituciones de los pueblos latinoamericanos, hubiese tenido a la vista los escritos de Valle, correspondientes a los comienzos del año de 1822, no hay duda de que, al escribir su interesante libro La Unión Latinoamericana, habría tenido como autores de tan fecundo pensamiento, de tan vasto proyecto, a Bolívar y Valle; a aquellos dos genios que, sin conocerse, sin relacionarse, sin cambiar sus ideas, por una de esas raras visiones que sólo corresponden a los excepcionales talentos, concibieron y formularon, en apartadas tierras y casi al mismo tiempo, una misma idea, que es la idea de hoy, que es la idea del porvenir: la unión de la América Latina para asegurar sus derechos, su tranquilidad, su engrandecimiento y su ventura."

Cuando se habla del panamericanismo, lo corriente es que el lector se entere de una nueva exaltación a Simón Bolívar como el máximo precursor de aquel excelso ideal. No negamos, desde luego, el mérito que corresponde al Libertador como adalid en los prístinos delineamientos del panamericanismo; pero todo americano sincero, todo hombre de estudio que haga la exégesis del pensamiento de José Cecilio del Valle, tiene que concluir en que este notable americano trazó, con un mejor sentido de análisis, hace más de un siglo, el ideal que hoy comparten vigorosamente 21 pueblos libres, colocados sobre el más vasto y fecundo continente de la tierra y empeñados en asegurar —como quería el doctor Rosa— los derechos, la tranquilidad, el engrandecimiento y la ventura de América.

Cronológicamente, corresponde a don Juan Martínez de Rosas, patriota chileno, un primer puesto entre los iniciadores del panamericanismo. Martínez de Rosas habló en 1810 de una "Confederación americana de garantía mutua".

El 12 de junio de 1818, Simón Bolívar, en carta contestación dirigida a Juan Martín Pueyrredón, Supremo Director de las Provincias Unidas del Río de la Plata, escribió:

"Excelentísimo señor: cuando el triunfo de las armas de Venezuela complete la obra de su independencia, o que circunstancias más favorables nos permitan comunicaciones más frecuentes y relaciones más estrechas, nosotros nos apresuraremos, con el más vivo interés, a entablar, por nuestra parte, el pacto americano que, formando de todas nuestras repúblicas un cuerpo político, presente la América al mundo con un aspecto de majestad y grandeza sin ejemplo en las naciones antiguas. La América así unida, si el cielo nos concede este deseado voto, podrá llamarse la reina de las naciones y la madre de las repúblicas."

Y anteriormente, en su "carta profética" (Kingstone, 6 de septiembre de 1815), había expresado:

"Yo deseo más que otro alguno ver formar en América la más grande nación del mundo, menos por su extensión y riquezas que por su libertad y gloria."

Y adelante, volviendo sobre el mismo tema, exclama:

"Es una idea grandiosa pretender formar de todo el Mundo Nuevo una sola nación con un solo vínculo que ligue sus partes entre sí y con el todo. Ya que tiene un origen, una lengua, unas costumbres y una religión, debería, por consiguiente, tener un solo gobierno que confederase los diferentes estados que hayan de formarse; mas no es posible, porque climas remotos, situaciones diversas, intereses opuestos, caracteres desemejantes, dividen a la América. ¡Qué bello sería que el istmo de Panamá fuese para nosotros lo que el de Corinto para los griegos!"

José Cecilio del Valle, el 23 de febrero de 1822, decía:

"La América se dilata por todas las zonas; pero forma un solo continente. Los americanos están diseminados por todos los climas; pero deben formar una sola familia.

Si la Europa sabe juntarse en Congreso cuando la llaman a la unión cuestiones de alta importancia, ¿la América no sabrá unirse en Cortes cuando la necesidad de ser o el interés de existencia más grande la obliga a congregarse?

Oíd, americanos, mis deseos. Los inspira el amor a la América, que es vuestra cara patria y mi digna cuna.

Yo quisiera:

1° Que en la provincia de Costa Rica o de León se formase un Congreso general, más respetable que el de Viena, más importante que las dietas donde se combinan los intereses de los funcionarios y no los derechos de los pueblos.

2° Que cada provincia de una y otra América mandase para formarlo sus diputados o representantes con plenos poderes para los asuntos grandes que deben ser objeto de su reunión.

3° Que los diputados llevasen el estado político, económico, fiscal y militar de sus provincias respectivas para formar, con la suma de todos, el general de toda la América.

4° Que, unidos los diputados y reconocidos sus poderes, se ocupasen en la resolución de este problema: trazar el plan de que ninguna provincia de América sea presa de invasores externos ni víctima de divisiones intestinas.

5° Que, resuelto este primer problema, trabajasen en la resolución del segundo: formar el plan más eficaz para elevar las provincias de América al grado de riqueza y poder a que pueden subir.

6° Que, fijándose en estos dos objetos, formasen: 1°, la federación grande que debe unir a todos los Estados de América; 2°, el plan económico que debe enriquecerlos.

7° Que, para llenar lo primero, se celebre el pacto solemne de socorrerse unos a otros todos los Estados en las invasiones exteriores y divisiones intestinas; que se designase el contingente de hombres y dinero con que debiese contribuir cada uno al socorro del que fuese atacado o dividido; y que, para alejar toda sospecha de opresión, en el caso de guerra intestina, la fuerza que mandasen los demás Estados para sofocarla se limitase únicamente a hacer que las diferencias se decidiesen pacíficamente por las Cortes respectivas de las provincias divididas, y obligarlas a respetar la decisión de las Cortes.

8º Que, para lograr lo segundo, se tomasen en cuenta las respectivas necesidades y se formase el tratado general de comercio de todos los Estados de América, distinguiendo siempre con protección más liberal el giro recíproco de unos con otros.

Congregados para tratar de estos asuntos los representantes de todas las provincias de América, ¡qué espectáculo tan grande presentarían en un Congreso no visto jamás en los siglos, no formado nunca en el antiguo mundo ni soñado antes en el nuevo!

No es posible enumerar los bienes que produciría. La imaginación más potente se pierde desenvolviendo unas de otras, sucesivamente, todas las consecuencias que se pueden deducir.

Se crearía un poder que, uniendo las fuerzas de 14 o 15 millones de individuos, haría a la América superior a toda agresión: daría a los Estados débiles la potencia de los fuertes y prevendría las divisiones intestinas de los pueblos, sabiendo éstos que existía una federación calculada para sofocarlas.

Se formaría un foco de luz que, iluminando la causa general de la América, enseñaría a sostenerla con todos los conocimientos que exigen sus grandes intereses.

Se derramarían desde un centro a todas las extremidades del continente las luces necesarias para que cada provincia conociese su posición comparada con las demás, sus recursos e intereses, sus fuerzas y riquezas.

Se unirían sabios que, teniendo a la vista el mapa económico y político de cada provincia, podrían meditar planes y discutir medidas de bien para todas las provincias en particular y para la América en general.

Se ensancharían las relaciones de los americanos unidos por el lazo grande de un Congreso común; aprenderían a identificar sus intereses y formarían, a la letra, una sola y grande familia.

Se comenzaría a crear el sistema americano, o la colección ordenada de principios que deben formar la conducta política de la América, ahora que empieza a subir la escala que debe colocarla un día al lado de la Europa, que tiene su sistema y ha sabido elevarse sobre todas las partes del globo.

La América entonces, la América, mi patria y la de mis dignos amigos, sería al fin lo que es preciso que llegue a ser: grande como el continente por donde se dilata; rica como el oro que hay en su seno; majestuosa como los Andes que la elevan y engrandecen."

No era entonces una novedad la idea relacionada con la federación de Estados. En el siglo XV, el rey de Bohemia propuso a los demás monarcas europeos la formación de un Estado cristiano, con un Congreso permanente para arreglar sus disputas y diferencias. El célebre filósofo Kant también habló, a mediados del siglo XVIII, de un Congreso permanente de los Estados libres. Pero, si como Horacio dijo, nada hay nuevo bajo la luz del sol, lo sorprendente en el caso que nos ocupa es que un centroamericano, en la tranquilidad de su mesa de estudio, sin el respaldo de las armas que dan fuerza, sin el oropel de las oportunidades que improvisan hombres, supo, con originalidad y método, con precisión y espíritu práctico, trazar el plan más concreto de solidaridad y unión entre los pueblos de América. Con razón dicen de él sus muy acuciosos descendientes José del Valle y Jorge del Valle Matheu que: "Ningún prócer, periodista ni publicista concibe mejor la existencia de un sistema netamente continental, de un sistema netamente de las tres Américas".

El doctor Pedro de Alba, ilustre americanista, en breve pero certero estudio que hace sobre la significación que tienen Simón Bolívar y José Cecilio del Valle en el movimiento panamericano, expresaba en 1942:

"No hay tema de los incluidos en agendas de las últimas conferencias panamericanas que no haya sido previsto por José Cecilio del Valle. Defensa del continente, lo mismo contra las fuerzas disolventes internas que contra las amenazas extranjeras; pactos de solidaridad, democracia en marcha, acuerdos económicos. Medidas de cooperación intelectual, equilibrio de producción y de consumo, facilidades de transportes, marina mercante y flota protectora de la integridad americana: tópicos que han figurado desde la primera conferencia panamericana de Washington, de 1899, hasta la última reunión de ministros de Relaciones Exteriores (tercera) en Río de

Janeiro, se encuentran enunciados con lenguaje claro y sencillo en la obra del sabio Valle."

CAPÍTULO II: VALLE Y LA CARTA DE LA ORGANIZACIÓN DE LOS ESTADOS AMERICANOS

José Cecilio del Valle escribió:

"Que unidos los Diputados y reconocidos sus poderes se ocupasen en la resolución de este problema: trazar el plan de que ninguna provincia de América sea presa de invasores externos, ni víctima de divisiones intestinas".

La Carta de la OEA establece en su naturaleza y propósitos, Art. I:

"Los Estados Americanos consagran en esta Carta la organización internacional que han desarrollado para lograr un orden de paz y de justicia, fomentar su solidaridad, robustecer su colaboración y defender su soberanía, su integridad territorial y su independencia".

Art. 4. — La Organización de los Estados Americanos, para realizar los principios en que se funda y cumplir sus obligaciones regionales de acuerdo con la Carta de las Naciones Unidas, establece los siguientes propósitos esenciales:

a) Afianzar la paz y la seguridad del continente.

b) Prevenir las posibles causas de dificultades y asegurar la solución pacífica de las controversias que surjan entre los Estados miembros.

c) Organizar la acción solidaria de éstos en caso de agresión.

Aunque no expresó el plan que soñó Valle, los Estados Americanos se hallan a cubierto de los invasores externos cuando establecen entre sus propósitos esenciales "afianzar la paz y la seguridad del continente". Esta seguridad alude a la agresión que pudiera sufrir cualquier Estado americano por una potencia extracontinental. La Doctrina Monroe, adoptada implícitamente por todos, refuerza este propósito.

La colaboración estrecha entre los Estados Americanos, procurando la solución de los problemas políticos, jurídicos y económicos que se susciten entre ellos, habrá de contribuir a la extinción, lenta pero segura, de las divisiones intestinas. No es difícil comprobar que, en muchos casos, los países indohispánicos han sido culpables entre sí de las infecundas guerras intestinas al abrir sus fronteras a los descontentos y prestarles apoyo directo, en no pocos casos, a los revoltosos.

Si, al tenor de la Carta de la OEA, los países de América procuran solucionar sus problemas en forma sincera y franca, será efectivo el plan que insinuó Valle para que ningún Estado americano sea víctima de divisiones intestinas.

José Cecilio del Valle sentó:

"Que, resuelto este primer problema (el de defensa colectiva), trabajasen en la resolución del segundo: formar el plan más eficaz para elevar las provincias de América al grado de riqueza y poder a que pueden subir".

La Carta de la OEA reza:

"Art. 4º, letra e) Promover, por medio de la acción cooperativa, su desarrollo económico, social y cultural".

"Art. 59 (Principios), letra i) La cooperación económica es esencial para el bienestar y la prosperidad comunes de los pueblos del continente".

La acción cooperativa en el orden económico puede elevar a los países americanos a un alto grado de riqueza, dada la potencialidad de sus recursos naturales; y aquella misma acción en el orden social y educativo les dará también el poder que se alcanza por la cultura y por la solución de sus ingentes problemas sociales. ¿Cuándo se trazará el plan eficaz que soñó el sabio para que alcance el mayor grado de riqueza y de poder el mundo de Colón?

CAPÍTULO III: VALLE Y EL CONVENIO ECONÓMICO DE BOGOTÁ

El sabio dice:

"Que para lograr lo segundo (el plan económico que debe enriquecer a los países americanos) se tomasen en cuenta las respectivas necesidades, y se formase el tratado general de comercio de todos los Estados de América, distinguiendo siempre con protección más liberal el giro recíproco de unos con otros".

El Convenio Económico de Bogotá establece:

"Art. 3. — Los Estados Americanos declaran su intención de cooperar individual y colectivamente y con otras naciones para la realización del principio de facilitar el acceso, en igualdad de condiciones, al comercio, productos y medios de producción, incluyendo los adelantos científicos y técnicos necesarios para su desarrollo industrial y económico en general.

Asimismo, reafirman la resolución de que, como política general, se tome en cuenta la necesidad de compensar la disparidad que se aprecia frecuentemente entre los precios de los productos primarios y los de las manufacturas, estableciendo la necesaria equidad entre los mismos."

"Art. 7. — Los Estados Americanos reconocen su interés común en el mantenimiento de condiciones económicas favorables al desarrollo de una economía mundial equilibrada y expansiva, y un alto nivel del comercio internacional, en tal forma que contribuya al fortalecimiento económico y al progreso de cada Estado."

"Art. 30. — Los Estados convienen en cooperar entre sí y con otras naciones productoras y consumidoras, con la finalidad de celebrar convenios intergubernamentales que impidan o corrijan desajustes en el comercio internacional de productos primarios, básicos y esenciales para las economías de los países productores del hemisferio, tales como las tendencias y situaciones de desequilibrio persistente entre la producción y el consumo, de acumulaciones de excedentes considerables o de fluctuaciones acentuadas de precios, sin perjuicio de lo establecido en el párrafo segundo del artículo 39."

Como puede notarse, hay entre los Estados Americanos un marcado interés común y una intención manifiesta de hacer toda clase de facilidades al comercio internacional, quitando las barreras que impiden el libre acceso y circulación de los productos. Quizá continúe en sueño el tratado general de comercio de todos los Estados Americanos, pero ya alguien lo soñó, y los sueños son caminos de realidades.

Valle pensó:

"No hay independencia sin gobierno: no hay gobierno sin hacienda: no hay hacienda sin riqueza: no hay riqueza sin paz y sosiego.

Consolidar la independencia, darle atención a la hacienda, fomentar los artículos de riqueza, mantener la paz y sosiego de los pueblos, son los objetos que ocupan a nuestro justo y laborioso gobierno."

La concatenación del sabio Valle la encontramos en menor extensión, pero con delineamientos análogos, en el tercer punto del único considerando del Convenio Económico de Bogotá, cuyo texto expresa:

"Que, en la Conferencia Interamericana para el Mantenimiento de la Paz y la Seguridad del Continente, han considerado (los Estados Americanos) que la seguridad económica, indispensable para el progreso de todos los pueblos americanos, es en todo momento la mejor garantía de su seguridad política y del éxito de su esfuerzo conjunto para el mantenimiento de la paz continental."

El sabio Valle, con mejor sentido analítico, coloca como base la independencia para alcanzar la paz y el sosiego, sin desconocer los factores económico y político. El Convenio Económico de Bogotá considera a la seguridad económica base indispensable para la seguridad política y para el éxito en el mantenimiento de la paz continental.

Al hablar del Tratado General de Comercio de los Estados Americanos, comenta el sabio:

"...y procurando la creación y fomento de la marina que necesita una parte del globo separada por mares de las otras."

El Convenio Económico de Bogotá expresa:

"Art. 35. — Los Estados procurarán la eliminación de medidas discriminatorias y restricciones innecesarias aplicadas por los gobiernos a la navegación comercial internacional, con el fin de promover la disponibilidad de los servicios marítimos para el comercio mundial sin discriminación. La ayuda y fomento acordados por un gobierno a su marina mercante nacional, con miras a su desarrollo y para fines de seguridad, no constituyen en sí mismos una discriminación, siempre que dicha ayuda y fomento no estén fundados en medidas concebidas con el propósito de restringir a los buques de cualquier bandera la libertad de participar en el comercio internacional."

CAPÍTULO IV: VALLE Y LA CARTA INTERNACIONAL AMERICANA DE GARANTÍAS SOCIALES

Hablando de "Garantías Sociales", asienta José Cecilio del Valle:

"La opinión es la fuerza primera de los pueblos, la que los hace poderosos, la que les da dirección, la que los eleva al heroísmo. Un pueblo convencido es fortaleza que no se puede destruir. El convencimiento de sus hijos forma el espíritu público; y el espíritu público es la garantía más grande.

Demostrad a los pueblos todos los bienes de la independencia absoluta: manifestadles que si los hijos de las demás naciones de América quieren ser independientes, en los de Guatemala es justo que haya ese mismo deseo: hacedles ver que en una voluntad decidida se estrellan las fuerzas que intentan oprimirla: recomendadles que la justicia triunfa al fin sobre obstáculos de toda clase: que nuestra independencia es justicia clara e indudable. La ocupación más gloriosa de un hombre de letras es la de formar ese espíritu público y dar dirección juiciosa a la opinión."

El sabio Valle estaba, cuando así escribía, obsesionado por la idea de consolidación de la independencia de las provincias de Centroamérica; pero en su pensamiento se distingue el valor cabal que da a la opinión pública como "fuerza primera" en la formación del espíritu público, que es la "garantía más grande" en la consolidación de la independencia absoluta.

La Carta Internacional Americana de Garantías Sociales, adoptada en la IX Conferencia Internacional Americana, al manifestarse acorde:

"En que el presente grado de la evolución jurídica exige a los regímenes democráticos garantizar simultáneamente el respeto a las libertades políticas y del espíritu, y la realización de los postulados de la justicia social", se manifestó acorde con el pensamiento del sabio Valle. No puede haber opinión pública si falta la libertad completa; pero ésta no es posible en pueblos que todavía se tardan en resolver sus problemas sociales. Estos problemas han preocupado ya a los redactores de la Carta de Garantías Sociales al ofrecer su protección por igual a hombres y mujeres, y considerar básicos en el derecho social de los países americanos los principios que rigen la actividad laboral.

Tratando de las garantías sociales, expresa Valle:

"Las leyes no deben ser como las curvas que se inclinan a un lado y se apartan de otro: no deben ser protectoras de este o aquel partido: deben ser perpendiculares, equidistantes de ambos extremos: deben ser racionales, meditadas y dictadas solo para el bien de la nación."

A este propósito, la Resolución XXII, Justicia Social, del Acta Final de la Novena declara:

"El firme y decidido propósito de realizar un estado de justicia social que, por la acción concurrente de todos los factores nacionales y mediante la legislación progresista necesaria, elimine la miseria, el abandono y la explotación del hombre por el hombre, y asegure la dignificación del trabajo y la humanización del capital."

CAPÍTULO V: VALLE Y LA RESOLUCION XXXII. PRESERVACION Y DEFENSA DE LA DEMOCRACIA EN AMERICA

El Sabio escribió:

"Que para llenar lo primero (formación de la federación grande que debe unir a todos los Estados de América) se celebrase el pacto solemne de socorrerse unos a otros todos los Estados en las invasiones exteriores y divisiones intestinas".

No pensaba entonces el Sabio en las doctrinas totalitarias ni en el comunismo extremista; quizá haya pensado únicamente en los países conquistadores de allende el Océano.

Sin embargo, aquel pacto solemne que él soñara ha sido constituido al condenar las Repúblicas representadas en la Novena Conferencia Internacional Americana:

"En nombre del derecho de gentes, la injerencia en la vida pública de las naciones del Continente Americano de cualquier potencia extranjera o de cualquier organización política que sirva intereses de una potencia extranjera",

y resolver que adoptan… "dentro de sus territorios respectivos y de acuerdo con los preceptos constitucionales de cada Estado, las medidas necesarias para desarraigar e impedir actividades dirigidas, asistidas o instigadas por gobiernos, organizaciones o individuos extranjeros, que tiendan a subvertir, por la violencia, las instituciones de dichas Repúblicas; a fomentar el desorden en su vida política interna; o a perturbar, por presión, propaganda subversiva, amenazas o en cualquier otra forma, el derecho libre y soberano de sus pueblos a gobernarse por sí mismos de acuerdo con las aspiraciones democráticas".

CAPÍTULO VI: VALLE Y LA MUJER AMERICANA

No podía pasar inadvertida al Sabio esa compañera del hogar que, según se dice, llena, desde que dejó de ser considerada cosa, las tres cuartas partes de la literatura mundial. Dirigiéndose a la mujer como partícipe de la condición mala o buena del hombre exhorta:

"Centroamericanas, no olvidéis jamás. Vuestra suerte, venturosa o desgraciada, depende de las leyes que se dicten, del gobierno que se establezca".

Al firmar los Estados Americanos la "Convención Interamericana sobre concesión de los derechos políticos a la mujer" y la "Convención Internacional sobre concesión de los derechos civiles…", la capacitan, o tratan de capacitarla para que, en igualdad política y jurídica con el hombre, participe en la elaboración de las leyes y en la escogencia del gobierno que la haga venturosa o desgraciada, como preveía Valle.

CONSIDERACIÓN FINAL

De lo expresado, en donde fulgura un aspecto del pensamiento del Sabio, llegamos a la conclusión de que José Cecilio del Valle es uno de los genios tutelares de América; no un hombre-símbolo, como pudiera ocurrirse, porque los símbolos tienen mucho de imaginación y artificio y no poco fanático nacionalismo, y Valle es realidad palpitante, hombre afirmativo, desde cualquier ángulo que se le enfoque.

Hemos tenido hombres de talla única que han podido ser paradigmas en la Europa arrogante, aunque se haya dicho allá, con exceso de pedantería, que en América no se produce el genio. Con esos hombres de talla única, tal Jorge Washington, Abraham Lincoln, Simón Bolívar, José de San Martín —creadores y forjadores de pueblos— figura José Cecilio del Valle; pero su americanidad es singular porque, colocado en el centro del continente, él se proyectó al Norte lo mismo que al Sur. Aquellos brillaron en América respaldados en su genio y abroquelados en las armas triunfadoras; el pensamiento de cada uno se expandió ya a la región austral, ya a la región boreal, e incidentalmente hablaron de la América toda, porque su tarea estaba circunscrita. Simón Bolívar fue el primer americano en hablar —cuando las circunstancias lo dejaron tranquilo en Jamaica— de una sola nación formada de todo el Nuevo Mundo; pero al mismo tiempo estimó no ser posible, porque climas remotos, situaciones diversas, caracteres desemejantes, dividen a la América. José Cecilio del Valle, desde la altura de su posición americanista, pudo principiar, con voz llena y pleno convencimiento, el credo que debiéramos aprender los americanos:

"LA AMÉRICA SERÁ DESDE HOY MI OCUPACIÓN EXCLUSIVA. AMÉRICA DE DÍA CUANDO ESCRIBA. AMÉRICA DE NOCHE CUANDO PIENSE. EL ESTUDIO MÁS DIGNO DE UN AMERICANO ES LA AMÉRICA."

Y, no obstante lo dicho, en las nueve conferencias panamericanas no se registra mención alguna a la obra de José Cecilio del Valle. ¿Desconocimiento?, ¿falta de iniciativa? Si por descuido así fuese, es tiempo de hacerle justicia. Otros grandes americanos han recibido el homenaje consagratorio en Conferencias Interamericanas: Woodrow Wilson, Eugenio María de Hostos, Federico Henríquez y Carvajal como ciudadanos eminentes de América; Andrew Carnegie, Carlos Finlay, como benefactores de la humanidad; José Enrique Rodó, José María Heredia como grandes figuras de la literatura americana.

Valle es americano y, como tal, no pertenece a la nacionalidad que le fija el jus soli. Su nombre es orgullo de América y debe figurar, por decisión de los Estados Americanos, entre los que señalan a los hombres tutelares de América. Tienen la palabra los Honorables Señores Delegados a la Décima Conferencia Interamericana, reunida en Caracas, Venezuela.

El Sabio escribió:

"Que para llenar lo primero (formación de la federación grande que debe unir a todos los Estados de América) se celebrase el pacto solemne de socorrerse unos a otros todos los Estados en las invasiones exteriores y divisiones intestinas".

No pensaba entonces el Sabio en las doctrinas totalitarias ni en el comunismo extremista; quizá haya pensado únicamente en los países conquistadores de allende el Océano.

Sin embargo, aquel pacto solemne que él soñara ha sido constituido al condenar las Repúblicas representadas en la Novena Conferencia Internacional Americana:

"En nombre del derecho de gentes, la injerencia en la vida pública de las naciones del Continente Americano de cualquier potencia extranjera o de cualquier organización política que sirva intereses de una potencia extranjera",

y resolver que adoptan... "dentro de sus territorios respectivos y de acuerdo con los preceptos constitucionales de cada Estado, las medidas necesarias para desarraigar e impedir actividades dirigidas, asistidas o instigadas por gobiernos, organizaciones o individuos extranjeros, que tiendan a subvertir, por la violencia, las instituciones de dichas Repúblicas; a fomentar el desorden en su vida política interna; o a perturbar, por presión, propaganda subversiva, amenazas o en cualquier otra forma, el derecho libre y soberano de sus pueblos a gobernarse por sí mismos de acuerdo con las aspiraciones democráticas".

CAPÍTULO VI: VALLE Y LA MUJER AMERICANA

No podía pasar inadvertida al Sabio esa compañera del hogar que, según se dice, llena, desde que dejó de ser considerada cosa, las tres cuartas partes de la literatura mundial. Dirigiéndose a la mujer como partícipe de la condición mala o buena del hombre exhorta:

"Centroamericanas, no olvidéis jamás. Vuestra suerte, venturosa o desgraciada, depende de las leyes que se dicten, del gobierno que se establezca".

Al firmar los Estados Americanos la "Convención Interamericana sobre concesión de los derechos políticos a la mujer" y la "Convención Internacional sobre concesión de los derechos civiles...", la capacitan, o tratan de capacitarla para que, en igualdad política y jurídica con el hombre, participe en la elaboración de las leyes y en la escogencia del gobierno que la haga venturosa o desgraciada, como preveía Valle.

LOS AUTORES EN ESTA ANTOLOGÍA

HONDUREÑOS[59]

RAMÓN OQUELÍ. (Tegucigalpa, 10 de julio de 1934 – 18 de agosto de 2004)

Historiador y ensayista. Estudió Derecho en Madrid. Perteneció al grupo intelectual Vida Nueva, que agrupó a la gran mayoría de escritores de la Generación del 50. Formó parte, junto con Roberto Sosa, Víctor Meza y Filander Díaz Chávez, del Consejo de Redacción del periódico del Alma Máter, Presencia Universitaria.

En 1989 recibió el Premio de Estudios Históricos Rey Juan Carlos, otorgado por la embajada de España a historiadores destacados por su obra.

Ensayos: Notas sobre Ramón Rosa (1968); La honradez intelectual de Ramón Rosa (en Cuatro aproximaciones a Ramón Rosa, 1976); Para actualizar el Mariñas (1983); Presencia de Ortega en América (1984); Los hondureños y las ideas (1985); La fama de un héroe (1984); La víscera entrañable (1983); Mixturas (1991).

Antologías: Antología mínima de Ortega y Gasset (1984); Antología de José Cecilio del Valle (1989); El pensador y su mundo (1973); Gente y situaciones (dos volúmenes, 1994 y 1995).

Bibliografía: Bibliografía sociopolítica de Honduras (1991).

RAFAEL HELIODORO VALLE. (Tegucigalpa, 3 de julio de 1891 – Ciudad de México, 29 de julio de 1959)

Poeta, narrador, historiador, periodista y diplomático. Ramón Oquelí, refiriéndose a la figura intelectual de Valle, lo describe como "el más grande polígrafo hondureño del siglo XX".

---

[59] Los datos de los autores hondureños fueron tomados del libro Diccionario de literatos hondureños del poeta e historiador José González, Premio Nacional de Literatura 2008.

Sus padres fueron don Felipe Valle y doña Ángela Hernández. Una vez terminados los estudios primarios, se matriculó en la Escuela Normal de Varones, que dirigía en 1906 el gran educador guatemalteco Pedro Nufio. En 1908 partió a México para realizar estudios mediante una beca concedida por el gobierno de Miguel R. Dávila.

Valle comenzó sus estudios en la Escuela Normal de Tacuba, de donde regresó a Honduras en 1912, graduado de maestro. Manuel Bonilla lo nombró profesor de la Escuela Normal de Varones, donde publicó la revista La Juventud Hondureña.

Ante la muerte del presidente Bonilla y el ascenso al solio presidencial del Dr. Francisco Bertrand Barahona, Valle fundó, junto con otros intelectuales, el Ateneo de Honduras, marcando así un liderazgo en las letras hondureñas.

En 1914 ingresó al servicio exterior hondureño, aceptando el cargo de cónsul en Mobile, Alabama. Más tarde fue transferido a Belice con el mismo cargo. En 1918 partió hacia Washington, formando parte de la delegación hondureña que asistió al litigio fronterizo con Guatemala. En 1921 regresó a México, donde realizó estudios de Ciencias Históricas en la Universidad Nacional Autónoma de México, graduándose en 1948.

En 1949 fue nombrado embajador de Honduras en los Estados Unidos, cargo que desempeñó hasta 1955. Mientras residió en Washington, fundó el Ateneo Americano de Washington, siendo su primer presidente, y dirigió el boletín que esa institución publicaba.

En Honduras fue miembro fundador de la Academia Hondureña de la Lengua. En México, además de ejercer como catedrático en la Universidad Nacional, tuvo a su cargo la sección de bibliografía de la Secretaría de Educación Pública. Trabajó en los diarios El Universal Ilustrado, El Universal y Excélsior.

En 1940 la Universidad de Columbia, Nueva York, le confirió el Premio María Moors Cabot de Periodismo. Fue colaborador de diarios y revistas en toda América: Diario de la Marina (Cuba), La Prensa (Argentina), El Comercio y La Crónica (Perú), La Prensa y La Opinión (EE. UU.).

En México, donde murió, se instituyó un premio que lleva su nombre, otorgado a destacadas personalidades del mundo intelectual iberoamericano, como Edmundo O'Gorman, Rubén Bonifaz Nuño, Ernesto de la Torre Villar, Luis E. Valcárcel, Germán Arciniegas y, en 1986, Alí Chumacero.

Poesía: El rosal del ermitaño (1911), Como la luz del día (1913), El perfume de la tierra natal (1917), Ánfora sedienta (1922), Unísono amor (1940), Contigo (1943), La sandalia de fuego (1952), Poemas (1954), La rosa intemporal (antología, 1909–1957; 1964).

Prosa: Anecdotario de mi abuelo (1915), Tierras de pan llevar (1939), Flor de Mesoamérica (1955).

Antología: La nueva poesía de América (1923), Índice de la poesía centroamericana (1941), José del Valle (1943), Cartas hispanoamericanas (1945), Ramón Rosa (1946), Tres pensadores de América: Bolívar, Bello y Martí (1946), Semblanzas de Honduras (1947), Oro de Honduras (escritos de Ramón Rosa, dos volúmenes, 1948 y 1954), Flor de plegarias (1954), Historia de la cultura en Honduras (1981).

Bibliografía: Índice de escritores (1928), Bibliografía mexicana (1930), Bibliografía de José Cecilio del Valle (1934), Bibliografía de historia de América (1938), Bibliografía de Ignacio Manuel Altamirano (1939), Cronología de la cultura (1939), Bibliografía maya (1941), Bibliografía del periodismo en la América española (1942), Bibliografía cervantina en la América española (1950), Bibliografía de Hernán Cortés (1953), Bibliografía de Rafael Landívar (1953), Bibliografía de Sebastián de Aparicio (1954).

Biografía: Iturbide, varón de Dios (1944).

Su viuda, Emma Romero de Valle, publicó Corona a la memoria de Rafael Heliodoro Valle (1963).

En 1991, al cumplirse el primer centenario de su nacimiento, el Estado hondureño organizó una comisión presidida por el intelectual y diplomático Rafael Leiva Vivas. En esa ocasión, la Editorial Universitaria publicó el volumen Ensayos escogidos de Rafael Heliodoro Valle.

La investigadora mexicana María de los Ángeles Chapa publicó en su país el libro Rafael Heliodoro Valle, humanista de América, que se considera la obra más importante para acceder a la vida y obra del autor. En 2009, el Instituto Hondureño de Antropología e Historia de

Tegucigalpa publicó Guía de la correspondencia de Rafael Heliodoro Valle, en homenaje a los 50 años de su desaparición física.

JORGE FIDEL DURÓN. (Comayagüela, 23 de abril de 1902 – Tegucigalpa, 20 de septiembre de 1995)

Periodista e investigador literario, hijo del también hombre de letras e historiador Rómulo Ernesto Durón. Fue ministro de Educación Pública, de Relaciones Exteriores y rector de la UNAH, donde dirigió la revista del mismo nombre. También dirigió la revista Honduras Rotaria, órgano del Club Rotario, al que perteneció.

Fue miembro y secretario perpetuo de la Academia Hondureña de la Lengua. En 1973 se le concedió el Premio Nacional de Literatura Ramón Rosa. Durante muchos años mantuvo en los principales periódicos de Honduras una reseña bibliográfica anual de gran trascendencia.

Novela: El barrio encantado (publicada por entregas en la revista Tegucigalpa en 1931; editada completa en 1989).

Teatro: Prisión y fuga de Francisco Morazán (1941), Últimos días de Francisco Morazán (1942).

Crónica: Cosas de tiempos pasados (1966).

Bibliografía: Repertorio bibliográfico hondureño (1943), Índice de bibliografía hondureña (1946).

Ensayo: Lo actual y lo eterno en José Cecilio del Valle (1941).

RÓMULO ERNESTO DURÓN. (Comayagüela, 6 de julio de 1865 – Tegucigalpa, 3 de agosto de 1942)

Historiador, poeta y biógrafo. Rafael Heliodoro Valle, al referirse a su persona, expresó:

"Fue Durón un verdadero explorador en un bosque tropical de papeles; y, en medio de la zozobra en que vive un hombre de estudio en nuestro país, pudo hacer excelente acopio de materiales que le permitieron dibujar, en parte, la fisonomía de muchos acontecimientos."

Durón reconstruyó en el siglo XX la trama de la historia hondureña en su sucesión cronológica e historiográfica, dotándola de una armazón interpretativa. Le cabe el privilegio de haber sido el primer hondureño en publicar una antología en prosa y verso. En 1905 rescató y publicó las Pastorelas de José Trinidad Reyes.

Fue director de la Revista de la Universidad (1909–1913). En 1914 dirigió el periódico político Paz y Unión y, en 1917, la revista La Lectura. Fue miembro de la Academia Hondureña de la Lengua.

Poesía: Ensayos poéticos (1887), Crepusculares (1893), Floriana (1917).

Cuento: La campana del reloj (1908).

Antología: Honduras literaria (dos tomos, 1896 y 1899); Hojas literarias (1906); Pastorelas del presbítero José Trinidad Reyes (1905).

Traducciones: De Byron, Moore y Poe (1917).

JULIO ESCOTO. (San Pedro Sula, 28 de febrero de 1944)

Narrador, ensayista y editor. Realizó estudios de literatura en la Escuela Superior del Profesorado. Residió en Costa Rica, donde fue director de EDUCA y editor del Instituto Interamericano de Cooperación para la Agricultura (IICA). También fue miembro del consejo editorial del suplemento cultural La Prensa Literaria, dirigido por Pablo Antonio Cuadra en Nicaragua.

Premios: Premio Gabriel Miró de narrativa (España, 1983).

Premio Froylán Turcios de cuento (Honduras, 1967).

Premio Nacional de Literatura Ramón Rosa (Honduras, 1975).

Premio Fundación para el Museo del Hombre Hondureño (1990).

Fue finalista de los certámenes Miguel Ángel Asturias (Guatemala, 1968 y 1970) y Sésamo de Novela Breve (España, 1983).

Radicado en San Pedro Sula, fundó la empresa Centro Editorial, donde publicó la revista Imaginación, especializada en narrativa. En 2005 la UNAH le otorgó el Premio José Trinidad Reyes por el conjunto de su obra. En 2009, el dramaturgo Damario Reyes, de San Pedro Sula, realizó un montaje teatral de la novela Bajo el almendro, junto al volcán. En 2019 la Academia Hondureña de la Lengua le otorgó el Premio Ramón Amaya Amador.

Cuento: Los guerreros de Hibueras (1967), La balada del herido pájaro y otros cuentos (1969), Todos los cuentos (1999), Historia de los operantes (2000).

Novela: El árbol de los pañuelos (1972), Días de ventisca, noches de huracán (1980), Bajo el almendro, junto al volcán (1988), El general Morazán marcha a batallar desde la muerte (1992), Rey del albor, madrugada (1993), El génesis en Santa Cariba (2006), Magos, monjes, mayas, Copán (2009), Downtown Paraíso (2018).

Ensayo: Casa del agua (1975), El ojo santo (1990), José Cecilio del Valle, una ética contemporánea (1990), Lectura postraumática del año de la guerra (2009), Hombres de a caballo (2016).

Antología: Antología de la poesía amorosa en Honduras (1975).

Literatura infantil: Los mayas (1954), El Morazanito (1994).

ELISEO PÉREZ CADALSO. (El Triunfo, Choluteca, 22 de noviembre de 1920 – Tegucigalpa, 3 de febrero de 1999)

Poeta, narrador, periodista, ensayista y diplomático. Hijo de Guataco Cadalso Flores y María Pérez Vega. Realizó estudios de Derecho.

Como diplomático, representó a Honduras en El Salvador y fue ministro de Relaciones Exteriores. Fue funcionario de la ODECA, donde ocupó el cargo de Director de Asuntos Culturales. Siendo diputado al Congreso Nacional, mocionó la creación de los Premios Nacionales de Arte, Ciencia y Literatura.

En 1974 su libro de cuentos Hondón catracho fue premiado en los Juegos Florales Permanentes de Guatemala. Recibió el Premio Nacional de Literatura Ramón Rosa en 1977. Fue miembro de la Academia Hondureña de la Lengua.

Poesía: Vendimia (1943), Jicaral (1947).

Cuento: Ceniza (1955), Achiote de la comarca (1959), Hondón catracho (1974), El rey del tango y otros relatos (1980).

Testimonio: Puntos y comas de la diplomacia (1971).

Ensayo: Guillén Zelaya en el neomodernismo de América (1950), Poesía y muerte en el camino de Martí (1953), Valle, apóstol de América (1954), Habitante de la Osa, vida y pasión de Juan Ramón Molina (1966), Vigencia universal de Darío (1969).

En 2003 María del Carmen Discua le dedicó el ensayo El cuento de Eliseo Pérez Cadalso. En 2004, la periodista Martha Luz Mejía publicó una aproximación biográfica. En 2005, su viuda María Teresa

Arias editó Medio siglo de amor: epistolario lírico de Eliseo Pérez Cadalso.

ALEJANDRO ALFARO ARRIGA. Nació en Naranjito, Santa Bárbara, el 17 de julio de 1907. Falleció en Tegucigalpa, el 7 de noviembre de 1976)

Poeta y ensayista. Hijo de Martín Alfaro y Eusebia Arriaga. Después de realizar sus estudios primarios en Naranjito, partió hacia Santa Bárbara, donde cursó estudios de magisterio, los cuales culminó en la Escuela Nacional de Varones en 1926.

En 1931 viajó a Guatemala, donde obtuvo el título de Bachiller en Ciencias y Letras un año después. Gran parte de sus poemas fueron antologados en la revista Tegucigalpa en 1930, a través de Jorge Fidel Durón.

Realizó estudios de Jurisprudencia en la Universidad Central, hoy Universidad Nacional Autónoma de Honduras, de donde egresó en 1937. Posteriormente, efectuó estudios superiores en la Universidad de Boulder, Colorado, en 1942.

Fue subsecretario de Relaciones Exteriores en 1956 y consejero de Estado.

Ensayo: Prosodia castellana (1937), Lecciones de Etimología (1941), El sabio hondureño, don José Cecilio del Valle, en la IX Conferencia Internacional Americana (1954), Rubén Darío, precursor de la prosodia castellana (1964).

EXTRANJEROS
JORGE MARIO GARCÍA. Nacimiento: 13 de julio de 1931, Ciudad de Guatemala, Guatemala

Fallecimiento: 13 de septiembre de 2021, Ciudad de Guatemala, Guatemala

Abogado, académico, catedrático, constitucionalista, escritor, historiador y politólogo guatemalteco. Se desempeñó como procurador de los Derechos Humanos de 1993 a 1997; anteriormente fue magistrado de la Corte de Constitucionalidad, de 1986 a 1993.

Trabajos editados: Obra escogida, La constitución guatemalteca de 1985, Centroamérica, desafíos y perspectivas

Libros: Breve historia constitucional de Guatemala. La reforma liberal en Guatemala: vida política y orden constitucional. La constitución guatemalteca de 1985. Centroamérica en la Corte de Cádiz. Constitución y Constituyente de 1945 en Guatemala. El estatuto indígena en la Constitución de Guatemala de 1945. Honduras: evolución política constitucional 1824-1936. Centroamérica: desafíos y perspectivas.

CARLOS MELÉNDEZ CHAVERRI. Nacimiento: 23 de junio de 1926, Heredia, Costa Rica. Fallecimiento: 12 de junio de 2000, Heredia, Costa Rica.

Historiador y escritor. Obras: El Negro en Costa Rica (en colaboración con Quince Duncan). Nueva historia de Costa Rica (con la colaboración de Adela Ferreto de Sáenz). Historia de Costa Rica. Cavallón en Costa Rica (con la colaboración de Jorge Lines). La ciudad del lodo. Juan Vázquez de Coronado, conquistador y fundador de Costa Rica. Hernández de Córdoba, capitán de conquista en Nicaragua. Costa Rica, tierra y poblamiento en la Colonia. Conquistadores y pobladores. Orígenes históricos sociales de los costarricenses. El presbítero José Matías Delgado en la forja de la nacionalidad centroamericana. La Ilustración en el antiguo Reino de Guatemala. José Cecilio de Valle, sabio centroamericano. Gregorio José Ramírez (con la colaboración de José Hilario Villalobos).

Juan Santamaría, el hombre y el héroe. Volumen II de la Historia General de Costa Rica. Heredia. Ayer, hoy y siempre. Añoranzas de Heredia.

www.ingramcontent.com/pod-product-compliance
Lightning Source LLC
Chambersburg PA
CBHW071132130626
46553CB00004B/1347